불발、
부처님 발우 이야기

대원
불교
문화
총서
4

권오민 지음

불발佛鉢, 부처님 발우 이야기

불타 정법의 상징이자
3아승지겁 백겁에 걸친
불타 수행의 결정체

운주사

머리말

2015년 여름 파키스탄 카이버 팍툰콰의 주도州都 페샤와르를 답사 여행하였다. 그곳의 옛 이름은 푸루샤푸르, 일찍이 쿠샨 제국의 수도였고, 현장玄奘 법사가 갔을 때에는 간다라국의 대 도성이었다. 푸루샤푸르는 쿠샨의 카니시카 왕이 세운 높이 7백 척의 대탑大塔이 작리부도雀離浮圖라는 이름으로 중국에까지 널리 알려진 도시였다. 북위의 송운과 혜생 일행이 천축에 간 것도 여기에 효명제의 태후 영靈이 보시한 7백 척의 깃발을 내걸기 위해서였다.

페샤와르의 구 도심, 세티 거리 끝자락에 지금은 시민공원으로 이용되는 '전사들의 무덤'이라는 뜻의 고르 카트리(Gor khatri)가 있다. 이곳은 한때 카니시카 대탑지로 추정되기도 하였지만, 오늘날 카니시카 왕이 중천축의 파탈리푸트라를 정벌하고 배상금 대신 얻어온 불발佛鉢, 즉 부처님의 발우를 모신 탑사塔寺로 추정한다. 카이버 팍툰콰 주 관광협회가 발행한 페샤와르 관광안내서에서도 이곳을 '불발탑(the Tower of Buddha's Bowl)으로 알려진 불교사원'이 있었던 곳으로 소개하고 있다. 물론 이러한 추측은 법현이나 현장의 여행기에 따른 것이다. 법현은 그의 『고승법현전』에서 이 불발탑에 대해 비교적 자세히 소개하고 있다.

페샤와르를 답사 여행한 후 고르 카트리에 대한 여행기를 쓰면서 찾아본 불발 관련 이야기는 그 끝을 알 수 없을 정도로 무궁무진하였다. 기독교에도 성배聖杯 이야기가 있다지만, 그에 비할 바가 아니었다. 성배 이야기는 최후의 만찬에서 예수가 유월절 식사를 제자들과 함께한 뒤 술잔을 가리키며 "이것은 죄를 사하여 주려고 너희와 많은 이들을 위해 흘린 나의 피, 곧 언약의 피니라"(마태복음 26: 28)고 말한 데 기원을 둔다. 전설에 따르면 어떤 신자가 이 잔으로 십자가에 못 박힌 예수의 피를 받았는데, 이것이 마법의 힘을 지닌 것으로 소문났고, 아서 왕과 원탁의 기사 이야기와 관련되어 마침내 하나의 이야기로 꾸며졌다. 아서 왕의 전설에서 기사들은 성배가 질병과 상처를 치유할 수 있는 힘을 지닌 것으로 여겨 이를 찾아 나서게 되었고, 이후 이에 관한 수많은 전설이 생겨나게 되었던 것이다.(그러나 다른 한편 성배는 베드로의 순교 이후 로마 황제의 박해를 피해 스페인의 알라곤 지방으로 옮겨졌고, 그것이 오늘날까지 발렌시아 대성당에 보관되어 있다고도 한다.)

이에 반해 부처님의 발우 이야기는 초기경전인 아함이나 6부의 율장은 물론 아비달마 논장에도 관련 에피소드가 언급되며, 일련의 불전佛傳 문헌에서는 불타의 대각 후 첫 번째 공양과 이에 사용된 발우에 관한 이야기를 별도의 장章으로 배정하기도 하였다. 이후 불발 이야기는 꼬리에 꼬리를 물고 이어져 신화와 역사, 전설로 교차하며 확대되었다. 유사類似 역사일지 모르지만 사이사이 전기나 구법승들의 여행기에 따라 관련 연대기의 확인도 가능하다. 뿐만 아니라 이들 수많은 단편의 이야기들은 하나의 이야기로 연결될 수 있는 맥락도 지닌다. 하나의 이야기로 구성될 경우 가히 한 편의 대서사, 대하드라마를 방불케 할 것이다. 그러나 이는 학술의 영역이 아니다.

불교에서 불발은 처음부터 특별한 것이었다. 그것은 사천왕이 바친 것으로, 단순히 음식을 담는 그릇이 아니라 법에 의해 이루어진, 법을 담는 그릇, 먹어도 먹어도 줄어드는 법이 없는 법기法器였다. 『연화면경』에 따르면 불발은 3아승지겁에 다시 백겁을 더한 길고도 긴 수행의 결정체로 불타 정법의 상징이었다. 불발을 이같이 인식하는 한 그것은 성물로 신앙의 대상일 수밖에 없다. 이에 따라 간다라에서는 불발 또한 불사리佛舍利와 마찬가지로 불탑에 안치하여 예배하였고, 사천왕이 부처님께 발우를 바치는 모습이나 불제자가 불발에 예배하는 모습은 간다라 불교미술의 하나의 소재가 되었다.

그러나 불법 역시 세상에 출현한 이상 '무상'이라는 보편적 법칙에서 벗어날 수 없고, 불발 역시 그러하였다. 불발은 불법과 흥망을 함께하였다. 정법의 시대에는 찬탄 예배되었지만, 정법이 사라진 말법의 시대에는 파괴를 면할 수 없었다. 아니다. 불발이 깨어짐으로 말미암아 계법戒法도 파괴되고 세간도 황폐해진 말법의 시대가 도래하게 되었다고 간다라 사람들은 생각하였다. 그들에 의하면 말법의 시대, 불발은 바야흐로 간다라를 떠나 인천人天의 또 다른 세계로 유전流轉하며, 종국에는 미래세의 부처인 미륵불의 세계에 이른다. 부처가 비록 삼세에 걸쳐 수없이 출현할지라도 불법은 하나이듯 불발 역시 그러하여 현겁賢劫의 천불千佛은 하나의 발우를 함께 사용한다고 여겼기 때문이다.

불발을 미래세의 새로운 주인인 미륵불에게 전하는 일도 당연히 사천왕의 몫일 것이지만, 여기에는 매우 특별한 버전의 이야기도 존재한다. 석가모니불이 각별히 신뢰하였던 마하가섭을 통해 전한다는 이야기가 바로 그것이다. 가섭존자는 왕사성의 계족산 지하 암굴에서 석존의 가사와 발우를 든 채 반열반(멸진정)에 든 상태로 57억 년 후에 출현할 미륵불을 기다린다. 그러나 다른 한편 중국의 선종에서는 마하가섭에게 전해진 불발은 깨달음의 신표로서 보리달마를 거쳐 역대 조사에게로 이어졌다고 말한다. 그들은 6조 혜능의 전기를 서술하며 이와 관련된 매우 드라마틱한 이야기를 구성하기도 하였다. 혹은 『삼국유사』와 『송고승전』에서는 각기 문수보살과 미륵보살이 자장율사와 진표율사에게 전해 주었다고 설하기도 한다. 해서 그들이 창건한 통도사와 금산사, 진표의 제자 영심이 창건한 법주사는 어떤 식으로든 불발과 관련이 있다.

물론 불발과 관련된 이러한 이야기들은 다 논리적으로나 실증적으로 입증되는 '진실'이 아니라 감흥에 근거한 '세간의 이야기'일 뿐이겠지만, 이를 생산한 이들의 불법에 대한 정서만은 진실이었을 것이고, 이는 실제 불교 전개의 한 동력이 되었다. 주지하듯이 불교에서는 대개 이치(正理)에 따른 진실(法性)을 추구하였다. 그것이 통상 우리가 말하는 깨달음의 대상, '깨달아야 할 것'이었다. 그런데 경량부라는 불교학파는 이치가 아니라 불타의 말씀(經)을 지식의 근거(量)로 삼는 이들이었고, 그들의 선구인 비유자譬喩者는 여러 갈래가 있었을 것으로 생각되지만 어원적으로 비유(dṛṣṭānta: 世間現喩), 즉 세간의 이야기로써 불법을 이해하고 해설하려는 이들이었다. 그들은 말하자면 불교대중화 운동에 앞장선 이들로, 『이야기 집성(Dṛṣṭāntapaṅkti)』의 한역인『대장엄론경』의 저자 마명馬鳴도 그러한 이들 중의 한 명이었다. 마명은 바로 카니시카 왕이 파탈리푸트라에서 불발과 함께 3억 금의 전쟁 배상금 대신 데려온 이였다.

　필자는 오랜 기간 '경량부'라는, 역사에서 사라진 불교학파에 관심을 기울여 왔다. 이들의 학적 상대는 주로 이치에 따른 진실만을 추구하는, 아비달마에 대해 '널리 해설하는 이들'이라는 뜻의 비바사사毘婆沙師였다. 그들 비바사사의 논의는 자연히 현학적이라 할 만큼 번잡 난해하고 방대한 것이었다. 이러한 이치 중심의 학적 전통은 중관이나 유식, 천태, 화엄으로 이어진다. 사실 불법에 비밀은 없고 불타는 처음부터 열린 성전관을 채택하였지만, 불법을 이치에 맞게 (논리적으로) 해설하기 위해 논사들이 생산해낸 개념과 논리, 문헌들은 그야말로 수미산과 같아 일반대중의 접근은 원천적으로 불가능하였다고 말할 수 있다. '비유(avadāna 혹은 dṛṣṭānta)'라는 말로 일컬어진 이야기 불교는 어쩌면 이에 대한 반동일 수도 있다. 불발 관련 이야기 역시 그러한 것이라 할 수 있다.

　30여 년의 교직에서 은퇴하며 조금은 색다른 책으로 이를 기리고 싶었다. 이것이 이 책을 쓰게 된 연유였다. 그러나 불발 관련 이야기가 다만 허황된 이야기가 아님을 밝히기 위해서는 이와 관련된 수많은 사실도 함께 밝혀야 했고, 비록 대중 교양서를 지향하였을지라도 관련된 수많은 자료 또한 무시할 수 없었다. 그러다 보니 '불발 이야기'가 단순한 이야기가 아니게 되었고, 책의 탈고도 시한에 맞추지 못하였다. 퇴직한 지 일 년이 다 되어가는 시점에서야 불전佛典에서의 불발 관련 이야기를 정리하는 정도에서 탈고하게 되었다. 당연히 이에 대한 해석도 다각도로 모색해 보아야 했지만 충분치 못하였음을 고백하지 않을 수 없다. 그렇더라도 필자가 이해하는 오늘날의 불교 트랜드는 '이치'가 아니라 '이야기'이기에 그다지 의미 없는 일은 아닐 것이다.

이제 다시 그간의 여러 인연들에 감사의 마음을 전한다. 아울러 이 책으로 30여 년의 교직을 회향할 수 있게 해준 대한불교진흥원에도 감사의 말씀 전한다.

2023년 6월

저자

佛鉢

佛鉢

佛鉢

제1장 트라푸사와 발리카 두 상인의 첫 공양

세존께서 [세 번째] 7일 간의 삼매에서 깨어났을 때, 무찰린다 나무
밑에서 라자야타나 나무 아래로 자리를 옮겨 다시 7일간 다리를 꼬
고 앉은 채로 삼매의 상태에서 해탈의 즐거움을 누리셨다. 그때 타풋
사(Tapussa)와 발리카(Bhallika)라는 두 상인이 웃칼라 지방에서 세존이
계시는 곳으로 향해 가고 있었다. 그런데 [전생에] 두 상인의 친척이
었던 천신天神이 그들 앞에 나타나 세존께 공양을 올리라고 권유하
였다.

"형제들이여, 이제 막 완전한 깨달음을 성취하신 세존께서 라자야타
나 나무 아래 계신다네. 그러니 그곳으로 가 세존께 보릿가루 죽과 꿀
에 갠 경단을 공양하시게. 그러면 그대들은 밤과도 같은 기나긴 세월
(長夜) 동안 이익과 안락을 얻을 것일세."

이에 타풋사와 발리카 두 상인은 보릿가루 죽과 꿀에 갠 경단을 가지고
세존의 처소로 가 세존께 공경 예배한 뒤 한쪽으로 물러나 말하였다.

"세존이시여, 원컨대 저희들의 음식을 받으소서. 그러면 저희들은 밤
과도 같은 기나긴 세월 동안 이익과 안락을 누릴 것입니다."

(남전『율장』「대품 대건도」)

1. 두 상인의 음식 공양

보리수나무 밑에서 깨달음을 얻은 이후 일곱 번째 7일 마지막 날, 세존께서는 무화과나무 숲(Tārāyaṇa: 多演林 혹은 乳林)의 한 나무 아래서 다리를 꼰 자세로 앉아 중생들이 겪는 생로병사의 괴로움을 관찰하시고 소리 높여 노래하였다.

세간의 중생들은 언제나
5욕락欲樂에 불타고 있나니
갈애를 버리려고 늘 생각하라.
이로 인해 욕락은 더욱 치성하나니.

그때 북인도(北天竺國) 출신의 상인 형제가 상단을 이끌고 부근을 지나고 있었다. 형의 이름은 트라푸사(Trapuṣa: 帝履富娑)였고 동생의 이름은 발리카(Bhallika: 婆履)였다. 그들은 지혜가 총명하고 사리에도 밝아 세상 돌아가는 이치에 매우 익숙하였을 뿐더러 성품 또한 유순하고 선량하여 상단(카라반)의 무리들을 잘 이끌었다. 이 나라에서 물건을 사 저 나라에서 파는 무역업으로 큰 이익을 얻곤 하였는데, 그날도 5백 대의 수레에 진귀한 보배를 가득 싣고 본국으로 돌아가는 중이었다.
이들의 상단에는 무리들을 이끄는 잘 길들여진 두 마리의 소가 있었다. 이름조차 〔우량종이라는 뜻의〕 선생(善生, sujāta)과 〔말귀를 잘 알아듣는다는 뜻의〕 명칭(名稱, *kīrti)이었다. 어느 쪽으로 가야 하는지도 잘 알고 있었을 뿐만 아니라 가는 길이 안전한지 위험한지도 능히 잘 알고 있어 푸른 연꽃(優鉢羅花, utpala: 靑蓮花)으로 지시할 뿐 굳이 몽둥이로 때리거나 채찍질할 일이 없었다. 그 밖의 다른 소들이 구제할 수 없는 상태에 놓일지라도 이들로 인해 부릴 수 있었다.

그런데 상단이 무화과나무 숲에 이르렀을 때 길도 평탄하여 매우 편안하였음에도 소의 발이 땅을 걸리고 수레의 끌채가 부러졌다. 그리하여 5백 대의 수레는 졸지에 길가에 멈춰 섰다. 무리를 이끄는 두 마리 소를 앞장 세웠지만 역시 나아갈 수 없었다. 몽둥이로 때리고 채찍질하여도 전진하지 못하였다. 이에 상인들은 두려운 마음에서 서로 말하였다.

"두 소가 가지 않으니, 필시 길 앞에 두려워할 만한 무언가가 있는 모양이다."

그리하여 무장한 기마 순찰대를 보내 전방에 무엇이 있는지 살피게 하였다. 그들이 돌아와 상단 행수에게 말하였다.

"저희가 가보니 앞에는 아무런 위험도 없었습니다. 그런데 무엇 때문에 두 소가 앞으로 나아가려고 하지 않는지 모르겠습니다."

그때 숲을 지키는 신이 홀연히 나타나 상인들에게 말하였다.

"그대 상인들은 두려워하지 말라. 그대들은 미망 속에서 오랫동안 생사生死를 헤매다가 이제야 큰 이익을 얻게 되었구나. 왜냐하면 이제 막 정각正覺을 이루시어 세상에 출현하신 불세존께서 이 숲에 계시기 때문이니라. 정각 이후 식사하지 못한 지

49일이나 되었으니, 그대들은 온갖 종류의 음식을 갖고 가 올려야 하리라."

그제야 길들인 두 소가 곧장 부처님을 향해 나아갔고, 상인들도 소를 따라갔다. 그리고 얼마 되지 않아 저 멀리 32상相 80종호種好를 지닌 여래를 보았다. 그의 몸은 갓 떠오르는 해처럼 빛나고 있었다. 다들 부처님을 보고 기이하다고 생각하면서도 공경하는 마음을 내어 말하였다.

"이분은 브라흐만(梵王)이신가, 인드라(帝釋)이신가, 사천왕이신가? 아니면 해와 달의 천신이신가, 산신이신가, 강의 신이신가?"

그때 세존께서 상인들에게 가사를 조금 들어 보이시니, 그들은 그가 출가자로서 여래如來임을 바

[사진1] 고행상 대좌에 새겨진 트라푸사와 발리카 두 상인 형제의 음식 공양상. 2~3세기 탁티바히. 페샤와르박물관.

로 알아보고 기쁜 마음으로 서로 말하였다.

"출가자의 법은 먹을 때가 아니면 먹지 않는 것이니, 맛난 버터와 꿀(酥蜜), 사탕수수(甘蔗), 우유죽(乳糜) 등을 마련해 두었다가 때가 되면 올리도록 하자."

그리하여 상인들은 온갖 종류의 맛난 음식을 장만하여 여래 앞으로 나아가 오른편으로 세 번 돌고 한쪽에 서서 말하였다.

"세존이시여, 저희들을 가엾게 여기시어 보잘 것 없는 이 공양을 받으소서."*

*T3, 601c8-602a7.

이 이야기는 『방광대장엄경』 제24「상인몽기품商人蒙記品」 중에서 부처님께서 정각을 성취한 이후 북인도의 두 상인 형제를 만나는 첫 대목이다. 이야기는 계속하여 과거에 출현하였던 부처의 선례에 따라 사천왕으로부터 상인들의 음식을 담을 발우를 공양 받는 이야기로 이어지지만,* 이후 상인들의 또 다른 음식 공양 이야기가 이어진다. 아마도 다른 날의 또 다른 공양이거나 다른 버전의 이야기가 편입되었을 것이다. 이본異本 역인 『보요경』에는 전하지 않지만, 범본梵本인 『랄리타비스타라』에도 나오는 내용이다.

*이에 대해서는 제2장에서 다룬다.

그때 그들 상인들은 큰 무리의 소떼를 이끌고 장삿길을 순행하는 중이었는데, 이른 아침 소몰이꾼이 짠 우유가 제호醍醐로 변하는 것을 보고 기이하게 생각하여 바로 제호를 갖고 상단 행수에게 가 말하였다.

"짜는 우유마다 다 제호가 되니 어쩐 일인지 모르겠습니다. 이

를 좋은 일(길조)이라고 해야 하겠습니까, 불길한 일이라 해야
하겠습니까? 저희는 지금도 잘 모르겠습니다."

그때 상단 무리 중의 어떤 바라문이 재물을 탐하여 이같이 말하
였다.

"이는 불길한 일이니 크게 제사를 지내야 할 것입니다."

그러나 상단 행수의 먼 조상으로 범천梵天의 세계에 태어난 이
가 있었는데, 그때 바라문의 몸으로 나타나* 상인들에게 게송
으로 말하였다.

*『랄리타비스타라』에
의하면 전생에 친족
관계였던 시칸디Si-
khaṇḍi라는 바라문.

그대들 옛날 이 같은 큰 서원 일으켰네.
"여래께서 만약 보리(깨달음) 증득하시면
우리 응당 부처님께 음식 바칠 것이니
우리의 음식 받으시고 진리(法)의 바퀴 굴리소서."

이제 여래께서 정각을 이루셨으니
그대들 서원 역시 완전하게 이루어지리라.
세존께서는 그대들의 맛난 음식 받으시고
위없이 높고 큰 진리의 바퀴 굴리시리라.

그대들이 지금 짠 우유, 제호가 된 것은
이분 대 선인仙人의 위력 때문으로
좋은 별자리에 따른 상서로운 조짐이라.
그렇기 때문에 하는 일마다 다 행운 있으리.

범천은 게송을 다 설하고서 다시 형상 숨기고 천상으로 돌아가니, 상인들은 이를 듣고 모두 다 크게 기뻐하였다. 그리하여 제호에 가장 좋은 쌀을 넣어 죽을 쑤고 여기에 좋은 향의 꿀을 섞어 전단나무로 만든 발우에* 담아 무화과나무 숲으로 가 여래께 올리며 아뢰었다.

"세존이시여, 오로지 원컨대 저희들을 가엾게 여기시어 저희의 이 음식을 받으소서."

세존께서는 상인들이 올린 음식을 받아 잡수시고 전단나무 발우를 공중에 던졌다. 발우를 만든 전단나무는 한 푼의 값어치가 백천의 값진 보배와 맞먹을 정도로 비싼 것이었다. 그때 선범善梵이라는 범천이 전단나무 발우를 받아 범천궁으로 돌아가 탑을 세워 안치하고 공양하였다. 그 탑에는 〔부처님이 이 법문을 설하는〕 오늘에 이르기까지 천신들이 향과 꽃을 공양하여 끊어지는 일이 없었다.

그때 세존께서는 상인들을 게송으로 축원하였다.

그대들 향하는 길, 모두 다 행운(吉祥)이기에
일체의 재보財寶가 모든 이에게 충만하고
그대들 좌우 두 손 행운으로 가득 찰 것이니
그대들 몸짓(身形) 하나하나가 다 행운이니라.

구하고자 하는 재보 저절로 이르고
행운의 꽃다발로 머리를 장식하였으니

*『랄리타비스타라』에서는 보배 발우. 발우의 재질에 대해서는 제2장 3-1에서 다룬다.

제1장 트라푸사와 발리카 두 상인의 첫 공양   25

해와 달과 별과 여러 하늘들이며
제석천과 사천왕이 다 지켜 주리라.

가려고 했던 곳 이미 행운이었고
돌아가는 길 역시 안락하리라.
음식을 보시한 이 같은 공덕으로
미래세 위없이 높은 도 이루게 되리니
말도삼파불末度三幡佛이라 이름하리라.

여래께서는 이같이 상단의 두 행수와 상인들에게 〔축원과 함께〕 미래세 부처가 될 것이라는 최초의 기별을 줌(授記)에 상인들은 일찍이 없었던 기별을 받고서 다 같이 합장하며 말하였다.
*T3, 602b22-c27.
"저희들은 지금부터 여래께 귀의하겠나이다."*

불타 정각 이후 두 상인이 올린 첫 공양 이야기는 세간과의 첫 번째 만남이라는 점에서, 혹은 이타행의 첫걸음인 초전법륜의 직전 단계라는 점에서 모든 불전佛傳에 설해지고 있는데, 어느 정도 분량을 갖는 것만 정리하면 다음과 같다.

① 남전 『율장 대품』 제1 「대건도大犍度」
② 남전 『본생경(Jātaka)』 중 「인연 이야기(Nidānakāthā)」
③ 『사분율』 「수계건도受戒犍度」
④ 『오분율』 「수계법受戒法」

⑤『근본설일체유부비나야』「파승사破僧事」

⑥『마하승기율』「명잡송발거법明雜誦跋渠法」 중 제9 발우법(鉢法)

⑦『랄리타비스타라(Lalitavistara)』제24장「트라푸사와 발리카」

⑧『방광대장엄경』제24「상인몽기품商人蒙記品」

⑨『불설보요경』제22「상인봉초품商人奉麨品」혹 어떤 본에서는
　「사천왕상발품四天王上鉢品」(⑧의 異本역)

⑩『불본행집경』제35「이상봉식품二商奉食品」

⑪『불설태자서응본기경佛說太子瑞應本起經』권2

⑫『과거현재인과경過去現在因果經』권3

⑬『중허마하제경衆許摩訶帝經』

　이 밖에 초전법륜 이전과 이후의 불전에 대해 설하고 있는『수행본기경修行本起經』과『중본기경中本起經』에서는 각기 제5「출가품」마지막 장면과 제1「전법륜품轉法輪品」첫머리에서 "〔그때〕두 명의 상인(賣客) 제위提謂와 파리波利를 제도하고 3귀의와 5계를 수여하여 청신사淸信士, 즉 우바새로 만들었다"라고만 설할 뿐 음식공양에 관한 전후의 사정은 생략하고 있다.[*]

　이들 여러 불전에서 두 상인의 첫 공양 관련 이야기는 자세하거나 간략함의 차이뿐만 아니라 순서나 내용, 세부적인 주제 상에도 차이가 있다. 이를테면『방광대장엄경』에서는 앞서 인용한 것처럼 불타로부터 축복과 수기授記를 받은 두 상인이 '지금부터 여래께 귀의하겠나이다'는 말로 이야기를 끝맺고 있지만, 다른 불전에서는 '불타와 법에 귀의한다'(①②③④⑦)거나 여기에 미래의 승가를

[*] T3, 472b13-15; T4, 147c6-9. 두 불전은 다 후한의 강맹상이 공역자로 참여하였다.

더하여 3귀의歸依를 설하고 있으며(⑩⑪⑫⑬), 또 어떤 불전(③④ ⑩)에서는 불타의 축원만을 전할 뿐 수기는 전하고 있지 않다.『방광대장엄경』에서는 전하지 않지만, 어떤 불전(②③⑥⑩)에서는 두 상인이 기념으로 세존의 머리카락(혹은 머리카락과 손톱)을 얻었다거나 이에 공양하기 위해 고향에 돌아가 불탑을 세웠다는 내용과 함께 이러한 공덕으로 인해 미래세 부처가 될 것이라는 수기를 설하고 있다. 흥미롭게도 불타 전기만을 전하는 문헌에서는 상인들이 올린 공양을 드신 후 축원과 수기를 내리지만, 율장의 불전에서는 반대로 먼저 축원과 수기를 내리고 그들이 물러간 뒤에 공양을 드는 것으로 묘사하고 있다.

아무튼 두 상인의 공양과 관련하여 이들 여러 불전에서 설하고 있는 주제를 정리하면 이러하다.

(1) 두 상인의 인연
(2) 두 상인의 음식 공양
(3) 사천왕의 발우 공양
(4) 최초의 우바새, 2귀의 또는 3귀의
(5) 축원과 성불의 수기授記
(6) 머리카락과 손톱 선물과 불탑 건립

제2장에서 상론할 (3)을 제외한 나머지 주제에 대해 좀 더 자세히 알아보자.

2. 최초의 불제자, 트라푸사와 발리카

1) 박트리아 출신의 상단 행수

부처님에게 최초로 공양을 올린 트라푸
사(Trapuṣa, 팔리어는 Tapussa: 提謂)와 발리
카(Bhallika, 혹은 Bhalluka: 波利),* 그들은 누구
인가?

그들은 형제 사이로 남전 팔리어 주석
서에 의하면 웃카라의 포카라바티의 상
단商團 행수行首, 즉 카라반(隊商)의 통
솔자 아들로 태어났다. 그들 역시 상
단의 행수였다. 상인商人이나 매객(賣
客, vaṇija 팔리어는 vāṇija)으로도 지칭
되지만, 한역불전에서는 대개 상주
(商主, sārthavāhā 팔리어는 satthavāha)
로 일컬어진다. 불교에 귀의한 이

[사진2] 두 상인 형제의 음식 공양. 2~3세기 간다라 마르단. 페샤와르 박물관.

후 장자(長者, śreṣṭhin 팔리어는 seṭṭhi)나 거사(居士, gṛhapati, 팔리어는
gahapati)로 호칭되기도 하는데, 이 또한 거대한 부를 지닌 자산가,
즉 호상豪商이나 거상巨商을 의미한다.

불타시대에 점차 물산의 집산지를 중심으로 도시와 대도시가 생
겨났고, 정치적 경제적 실권을 장악한 왕(rājān)이나 대왕, 상인과
거상들이 사회의 새로운 리더로 등장하였다. 불전에 자주 언급되
는 마가다의 왕 빔비사라나 코살라의 왕 파사익, 기원정사를 기진

*이 두 상인의 이름은
『수행본기경』과 『중
본기경』, 『태자서응본
기경』, 『불설보요경』,
『살바다비니비바사』,

혹은『대당서역기』등에서는 제위提謂와 파리波利로,『과거현재인과경』에서는 발타라사나跋陀羅斯那와 발타라리跋陀羅梨,『중허마하제경』에서는 포살布薩과 바리가婆梨迦로,『불본행집경』에서는 제리부사帝梨富娑와 발리가跋梨迦로,『방광대장엄경』에서는 제리부사帝履富娑와 바리婆履로,『사분율』에서는 조爪와 우바리優婆離로,『오분율』에서는 이위離謂와 파리波利,『마하승기율』에서는 제예부사帝隸浮娑와 발리가跋梨伽,『근본설일체유부비나야파승사』에서는 황과黃瓜와 촌락村落 등으로 옮기고 있다.

*별명은 급고독장자 (給孤獨長者, Anātha-piṇḍika gahapati).

*Jason Neelis: 183-228.

한 수닷타(Sudatta) 장자* 등이 그러한 이였다. 이들은 다 같이 신흥 사문종교의 후원자였다. 그런 까닭에 거사나 장자는 남성 불교신자, 즉 우바새(upāsakā)를 가리키는 대명사가 되었다.

불타 당시는 가히 상업시대라고 할 만한 시대였다. 불전佛典에는 수많은 나라와 도시가 등장하며, 이들 도시와 도시, 나라와 나라 사이에는 대규모 교역이 이루어졌다. 카라반에 의한 교역은 일상이었기에 불법의 비유로도 등장한다. 이를테면 불·법·승의 삼보와 계戒에 대한 확고한 믿음인 4불괴정不壞淨에서 불은 카라반의 통솔자(商主)에, 법은 보배 섬(寶渚)과 같은 카라반의 목적지에, 승은 카라반의 구성원(商呂)에, 계는 카라반에 필요한 자재와 양식(資糧)에 비유되기도 하였다. 수닷타 장자 역시 코살라의 수도 슈라바스티(사위성)에서 마가다의 수도 라자그리하(왕사성)로 교역하러 왔다가 부처님을 만나 자신의 고향에 정사(기수급고독원. 줄여 기원정사)를 지어 초청하게 된 것이었다. 슈라바스티에서 라자그리하까지는 오늘날의 거리로 5백여 킬로, 당연히 통상로가 나 있었다.

한 연구에 의하면 당시 교역의 중심지였던 코살라의 슈라바스티를 중심으로 고다바리 강 상류 파팃타나(Patiṭṭhāna, 오늘날 아우랑가바드)에 이르는 남쪽 길(Dakkiṇāpatha: 南路)과, 라자가하(라자그리하)에서 사밧티(슈라바스티)를 거쳐 푸르샤푸르(오늘날 파키스탄의 페샤와르)에 이르는 북쪽 길(Uttarāpatha: 北路)이 주요 통상로였다.* 예컨대『숫타니파타』제5장「피안에 이르는 길」에는 앗사카(Assaka)와 알라카(Aḷaka) 사이를 흐르는 고다바리 강변에 살고 있던 코살라 출신의 바라문 바바린(Bāvarin)이 정각자인 승리자(Jina),

즉 부처님께서 고국의 왕도인 사밧티에 계신다는 말을 듣고 직접
만나 보고자 남쪽 길을 통해 그곳에 이르렀지만, 그는 이미 라자가
하로 떠난지라 다시 북쪽 길을 통해 그곳으로 여행하는 장면이 나
온다.(여기서의 지명은 팔리어)

바바린은 16명의 제자 바라문들과 함께 북방의 사밧티를 향
해 출발하였다. 그들은 아라카국(Aḷaka)의 수도 파팃타나
(Patiṭṭhāna 범어는 Pratiṣṭhana, 남쪽 통상로의 종점)로 들어가 거기
서 마힛사티(Māhissati), 웃제니(Ujjenī), 고낫다(Gonaddha), 베디
사(Vedisa), 바나사(Vanasa), 코삼비(Kosambī), 사케다(Sāketa)를
거쳐 사밧티(Sāvatthī, 즉 Śrāvastī)에 도착하였다. 〔그러나 그때
불타는 마가다의 수도 라자가하에 가 있었기 때문에 다시〕 북
쪽 통상로(Uttarāpatha)의 동쪽으로 들어가 세타브야(Setavya),
카필라밧투(Kapilavatthu), 쿠시나라(Kusinārā), 파바(Pāvā), 보
가나가라(Bhoganagara), 베살리(Vesālī)를 거쳐 마가다의 왕도
(Māgadhapura)에 도착하였다.[*]

*『숫타니파타』 1006-
  1013.

트라푸사와 발리카 역시 남전『율장 대품』(①)이나『자타카』
의 「인연 이야기」(②)에 의하면 교역 차 웃카라 지방에서 중인도
(majjhimadesa), 즉 우루벨라에서 가까운 불타의 성도지(오늘날 붓다
가야) 근처의 큰길을 지나는 중이었다. 웃카라(Ukkala)는 오늘날 인
도 동부 오릿사(Orissa)의 옛 이름이다. 그런데 팔리어(『테라가타』)
주석서에서는 타풋사와 발리카의 고향을 보다 구체적으로 〔웃카

*본장 제4절 참조.

라의) 아시탄자나(Asitañjana) 또는 포카라바티(Pokkhravatī)라고 해설한다.* 그렇지만 이러한 지명들은 서북인도와 관련 있다. 아시탄자나는 고대 서북인도의 나라였던 캄보자(Kamsabhoja)의 수도이며, 포카라바티(범어는 푸쉬칼라바티Pushkalavati)는 스와트 강과 카불 강이 합류하는 파키스탄 서북쪽 페샤와르 근교 차르사다의 옛 이름이다.

북전北傳의 불전에서는 트라푸사와 발리카가 북인도(북천축) 출신임을 암시한다. 『방광대장엄경』에서는 두 상인에 대해 다만 북방 또는 북천축 출신의 상단 행수(商主)로 무역을 통해 많은 이익을 얻고서 5백 대의 수레에 진귀한 보물을 가득 싣고 본국으로 돌아가는 도중이라 하였다. 『마하바스투』나 『불본행집경』에서는 좀더 구체적으로 묘사한다.

북쪽 교역로(uttarāpatha) 상에 '웃칼라'라고 이름하는 지방/마을이 있다. 그 웃칼라 지방/마을의 부유하고 큰 재산과 부를 지닌, 덕성을 갖추었고 많은 권속을 거느린 트라푸사와 발리카라고 하는 대상隊商의 우두머리가 5백 대의 수레에 화물을 가득 싣고서 남쪽 길(dakṣiṇāpatha)을 따라 오고 있었다.*

*Mahāvastu, ed. Senart, p.303.

그때 북천축으로부터 트라푸사(帝梨富娑)와 발리카(跋梨迦)라고 하는 상주商主 두 사람이 그곳(불타의 성도지 부근)으로 왔다. 그들 두 상주는 지혜가 풍부하고 사려 깊고 뜻이 반듯하였다. 그들은 중천축에서 생산된 갖가지 화물을 5백 대의 수레에 가득

신고 큰 이익을 얻고자 중천축으로부터 북천축으로 돌아가는
길이었다.*

*T3, 801a15-19.

한편 현장법사의 『대당서역기』 「박갈국縛喝國」 조에서는 이들에
관한 이야기를 보다 구체적으로 전하고 있다. 이에 따르면 두 상인
의 이름은 각기 자신들의 고향, 즉 박트리아(Bactria)의 도성 서북쪽
의 두 성, 트라푸사성(提謂城)과 발리카성(波利城)의 이름에서 유래
한 것이다. 박트리아는 오늘날 아프가니스탄 북부 발크(Balkh) 지
역으로, 뒤에 설하겠지만 그곳에 그들이 불타로부터 선물 받은 여
래의 머리카락과 손톱을 봉안한 불탑佛塔이 있다고 하였다.

미얀마 불교전통에서는 이들 두 상인을 몽족으로, 웃칼라를 미
얀마의 한 지역이나 미얀마의 이라와티 강 하구에 거주하던 웃칼
라 사람들이 오늘날 인도 오릿사 지방에 건설한 도시로 이해하지
만(후술), 이러한 이해는 비교적 후대에 생성된 것이다. 더욱이 『과
거현재인과경』에서도 트라푸사(跋陀羅斯那)와 발리카(跋陀羅梨)의
공양을, 초전법륜을 위해 바라나시로 떠난 여래가 무량의 천신들
을 앞뒤로 거느리고서 트라푸사와 발리카라는 마을(多謂娑·跋利村)
에 도착하여 받는 것으로 그리고 있다.*

*T3, 643b16-19.

이런 등의 사실로 비추어볼 때, 트라푸사와 발리카는 중앙아시
아의 박트리아로부터 힌두쿠시를 넘어 간다라를 지나 중인도 마가
다의 수도 라자그리하로, 나아가 동부 오릿사 지방까지 넘나들며
상품을 교역한 상단(카라반)의 행수(商主)였을 것으로 추측된다. 그
들은 『랄리타비스타라』에 따르면 남쪽지방(dakṣiṇāpatha)로부터 북

*Lalitavistara, ed, Lef-
mann, p.381

쪽지방(uttarāpatha)으로 향하는 도중이라고 하였다.* 그렇다면 그
들은 이미 슈라바스티 남쪽(웃칼라 지방)으로 여행하였다가 다시
북쪽으로 향하는 도중이었을 것이다.

오늘날 그랜드 트렁크 로드(Grand Trunk Road: 'GT로드'로 약칭)로
일컬어지는, 벵골 만의 치타공에서 간다라의 페샤와르를 거쳐 아
프가니스탄의 카불에 이르는 통상로는 16세기 수르 왕조의 초대
황제 쉐르 샤 수리(Sher Shah Suri, 1540~1545년 재위)에 의해 확장된
것으로, 이미 마우리아(아쇼카 왕) 시대 북방의 캄보자(카슈미르 푼
치 일대)와 간다라(두 나라 모두 불타시대 16대국 중의 하나)에 이르는
길이라는 뜻의 '웃타라 파타(uttarāpatha: 北路)'라는 이름으로 불리
고 있었다. 북방으로의 길은 동쪽 갠지스 강 하구 탐라립티카(오늘
날 탐루크)에서 제국의 수도 파탈리푸트라(오늘날 파트나)를 거쳐 푸
루샤푸르(오늘날 페샤와르)에 이르는 2천6백 킬로미터의 장도였다.

트라푸사와 발리카는 화물을 가득 실은 5백 대의 수레를 이끌고
서 이 길을 통해 고향으로 돌아가는 길에 이제 막 성도한 불타와
조우하게 된 것이다. 그들은 숲의 신의 권유가 없었더라도 새로운
각자覺者에게 공양을 올렸을 것이다. 그것이 당시의 관례였다. 그
렇지만 불타전기 작가들은 보다 드라마틱한 요소를 더하였다. 수
레를 끌던 소가 앞으로 나아가려고도 하지 않고 수레의 끌채가 부
서지는 등의 변고가 일어났을 때, 숲의 신이 나타나 말하였다.

그대 상인들은 두려워 말라. 그대 상인들이여! 이곳에는 어떤
불행한 일도 재앙도 없으니, 두려워할 필요가 없다. 상인들이

34

[사진3] 그랜드 트렁크
로드. 파키스탄의 마르
갈라와 칼라 치타 사이.
(wiki)

여! 이곳에서는 오로지 여래이자 세존, 아라한, 삼먁삼붓다(무
상정등각)께서 처음으로 무상의 보리를 성취하시어 오늘 이 숲
에 머무르고 계실 뿐이다. 다만 그분 여래께서는 도를 얻은 이
래 오늘에 이르기까지 49일이 지나도록 먹을 것을 얻지 못하였
다. 그대 상인들이여! 만약 때를 안다면 다 함께 저 세존, 타타
가타(여래), 아라한, 삼먁삼붓다(정등각)의 처소로 나아가 그분
에게 최초로 버터와 꿀로 갠 보리떡 경단(麨酪蜜摶)을 바치면,
그대들은 밤과도 같은 기나긴 세월동안 안온하고 안락하며 크
나큰 이익을 얻게 될 것이다.*

*『불본행집경』 제35 「이
상봉식품」(T3, 801b7-
16).

2) 최초의 공양

대각 이후 부처님의 첫 식사는 어떤 음식이었을까? 불전마다 조금
씩 다를 뿐더러 우리와는 음식문화가 다르기 때문에 바로 이해되

지도 않는다. 일단 각 불전에서 전하고 있는 트라푸사와 발리카가 올린 음식을 찾아보면 다음과 같다.

①남전『율장 대품』과『본생경』중「인연 이야기」: mantha와 madhupiṇḍika. 일본의『남전대장경』에서는 이를 초麨 혹은 초자麨子와 밀환蜜丸으로, 최봉수는 보리죽과 꿀로 번역하고 있다.*

*최봉수(1998): 46.

②『사분율』의「수계건도」,『과거현재인과경』: 밀초蜜麨.『한글대장경』에서는 각기 미숫가루, 꿀과 미숫가루로 번역하고 있다.

③『오분율』의「수계건도」,『마하승기율』「발우법」,『태자서응본기경』: 초밀麨蜜.『불설보요경』제22「상인봉초품」: 화초밀和麨蜜. 『한글대장경』에서는 각기 미숫가루, 보릿가루와 꿀, 미숫가루와 꿀, 그리고 '미숫가루에 꿀을 섞은 것'으로 번역하고 있다.

④『근본설일체유부비나야』「파승사」: 낙장酪漿과 초밀麨蜜.『한글대장경』에서는 음료수와 주먹밥으로 번역하고 '젖으로 만든 음료'와 '꿀로 뭉친 밥'이라 해설하고 있다.

⑤『랄리타비스타라』: madhutarpaṇa와 ikṣulikhitaka. 사다카다 아키라는 '꿀로 만든 음식과 껍질 벗긴 사탕수수(蜜の食べ物と皮を剥いだ砂糖きび)로,* 비조야 고스와미는 달콤한/맛난 보리죽과 껍질 벗긴 사탕수수(honeyed paste and sugarcane)로 번역하였다.*

*定方 晟(2002): 112.

*Bijoya Goswami
  (2004): 348.

⑥『방광대장엄경』제24「상인몽기품」: 수밀酥蜜·감차甘蔗·유미지속乳糜之屬.『한글대장경』에서는 '소蘇와 꿀·사탕무·젖죽 등'으로 번역하고 있다.

⑦『마하바스투』: madhusarpisaṃyuktaṃ tarpaṇam. J. J. 존스

는 꿀에 버터기름을 곁들인 보양식(refreshment of honey mixed with ghee)으로 번역하였다.*

⑧『불본행집경』제35「이상봉식품」: 초낙밀화단麨酪蜜和搏.『한글대장경』에서는 '보릿가루·우유·꿀 경단'으로 번역하고 있다.

⑨『중허마하제경』: 종종음식種種飲食, 미묘향결품미美妙香潔品味.『한글대장경』에서는 '미묘한 향과 청결한 맛의 온갖 음식'으로 번역하고 있다.

『중허마하제경』을 제외한 모든 불전에서 공통적으로 등장하는 술어는 초麨=보릿가루와 밀蜜=꿀이다. '초'는 대개 사전에 따라 보릿가루로 번역하고 있는데, 남전에 의하면 원어는 mantha(①)이다. '휘젓다', '흔들다'는 뜻의 어근 'math' 혹은 'manth'에서 파생한 mantha는 휘젓는 막대기나 휘저어진 혼합음료, 이를테면 볶은 보릿가루(즉 미숫가루)를 혼합한 우유, 혹은 음료의 내용물인 볶은 보릿가루를 의미한다. 이는 마치 우리가 '미숫가루' 하면 빻은 곡식가루를 의미하기도 하고 그 곡식가루를 용해한 음료를 지칭하는 것과 같다.

그런데 남전의 두 불전에 의하면 두 상인은 분명 보릿가루와 꿀 두 가지를 공양하였는데, 부처님은 이 두 가지를 어떻게 드신 것인가? 따로 드신 것인가, 보릿가루에 꿀을 섞어 드신 것인가? madhupiṇḍika에서 madhu는 꿀이고, piṇḍa는 〔한입 정도의〕 음식 덩어리라는 정도의 의미이다. 그렇다면 공양은 두 가지를 따로 받았을지라도 먹을 때는 보릿가루를 꿀에 개어 경단 형태로 만들어

*J. J. Jones(1949).

제1장 트라푸사와 발리카 두 상인의 첫 공양 37

먹었을 것이다. 『보요경』에서 전하고 있는 화초밀和麨蜜이 바로 이 두 가지를 섞은 형태의 음식이었다. 그런데 보릿가루를 꿀에 개어 먹기도 하는 것인가?

북전의 불전에 언급된 초麨, 즉 보릿가루의 원어는 『랄리타비스타라』나 『마하바스투』로 볼 때 mantha가 아니라 tarpaṇa(팔리어는 tappaṇa)이다. 이 말은 보통 한역불전에서 밥(飯)이나 〔우유〕죽(乳糜)으로 번역되는데, '만족'이라는 뜻의 이 말이 어떻게 이같이 번역된 것인가? 산스크리트 사전에서는 이 말을 '기쁘거나 만족스러운 것', '만족', '포만감' '신성한 불의 연료', '〔만족스러운, 혹은 신을 만족시키는〕음식(food)' 등으로 설명하며, 아유르베다 문헌에서는 식사(meal)나 곡물(grain), 그것도 활기를 불어넣고, 기쁨과 만족을 주며, 배를 즐겁게 하고, 지적 능력을 고무시키며, 아주 향기롭고, 차가우며, 뭔가 알 수 없는, 꿀과 같은 미묘한 맛의 식사/곡물로 설명한다.[*] 불교 혼성 산스크리트 사전에서 tarpaṇa는 특별한 종류의 음식, 곡물가루(meal), 이를 반죽한 것(dough), 반죽한 음식(paste)의 뜻이다.[*] 따라서 『중허마하제경』에서 설한 '미묘한 향과 청결한 맛의 온갖 음식'은 tarpaṇa의 번역으로 보인다.

정리하면 tarpaṇa는 보리나 귀리 등의 가루를 반죽하여 만든, 신성하고도 맛있을 뿐더러 원기를 회복시키는/기운을 북돋우는 음식, 말하자면 보양식 같은 음식이다. 팔리어 사전에서 tappaṇa 역시 포만감을 주고(satiating) 원기를 북돋우는(refreshing; a restorative) 음식이라는 뜻이다.[*]

그렇다면 보리나 귀리 등의 가루를 반죽하여 만든 음식이라

*https://www.wisdomlib.org/definition/tarpana (2021. 12. 25)

*https://gandhari.org/dictionary?section=bhsd (2021. 12. 25)

*T. W. Rhys Davids: 297.

38

함은 어떤 음식을 말함인가? 『마하바스투』티베트 역본에서는 tarpaṇa를 skyo ma로 번역하고 있다.[*] 이 역시 〔아기나 환자를 위해〕 보리나 귀리 등 곡물가루를 반죽하여 만든, 일종의 유동식(pap, paste, dough, porridge)을 뜻하는데, 티베트 사전에서는 '매우 얇은 짬빠(tsampa)'로 해설하고 있다.

*定方 晟(2002): 98.

짬빠는 오늘날 티베트인들의 주식이다. 이는 보리를 볶아 빻은 가루로, 말하자면 미숫가루이다. 티베트인들은 이를 수유차酥油茶[*]와 함께 먹는다. 먼저 입에 짬빠 가루를 한 줌 털어 넣은 후 수유차로 녹여 먹기도 하지만, 대개는 작은 그릇에서 짬빠를 수유차에 개어 작은 덩어리로 만들어 먹는다. 혹은 큰 그릇에다 많은 양의 짬빠를 수유차로 반죽하여 큰 덩어리로 만들어 놓고서 조금씩 떼어 먹기도 한다. 혹은 이것으로 죽을 쑤어 먹기도 하고 빵을 구워 먹기도 한다.

*차에 버터와 소금, 우유(야크 젖)를 섞은 것.

『랄리타비스타라』에서는 이를 madhu-tarpaṇa라고 하였고, 『마

[사진4] 티베트의 한 호텔식당에 비치된 짬빠와 버터가루, 설탕, 우유.

*https://www.wisdo
mlib.org/definition/
madhu#hinduism-
general (2021. 12.
25)

하바스투』에서는 madhusarpisaṃyuktaṃ tarpaṇa라고 하였다. madhu의 일차적 의미는 꿀, 달콤한 것(음식)이지만, 달콤한 알코올의 음료, 소마(soma) 주스(즉 포도주), 우유나 우유로 만들어진 모든 음식(milk or anything produced from milk) 등의 의미도 갖는다.*
그래서 madhu를 『방광대장엄경』에서는 '수밀酥蜜'로,『근본설일체유부비나야파승사』에서는 '낙장밀酪漿蜜'로 번역하였을 것이다. 따라서 한역불전에서의 '밀초蜜麨'나 '초밀麨蜜'은 madhu-tarpaṇa의 역어로 '꿀과 보릿가루'라는 글자대로의 뜻이라기보다 버터를 녹인 차(즉 酥油茶)와 이것으로 갠 보릿가루이며,『방광대장엄경』에서의 '수밀(酥蜜=madhu)'과 '유미지속(乳糜之屬=tarpaṇa)'도 이를 나타낸 것이라 할 수 있다.

그리고 부처님께서는 보릿가루에 수유차를 곁들여 따로 먹었을 수도 있지만, 오늘날 티베트 사람들처럼 보릿가루를 수유차에 개어 먹기 좋은 크기의 덩어리로 떼어 먹었을 것이다.『마하바스투』에서의 madhu-sarpi-saṃyuktaṃ tarpaṇa라는 표현은 정확히 이를 나타낸 것이다. sarpi는 우유로 만든 일종의 정제된 버터(gee, 범어는 ghṛta: 酥 또는 醍醐)로, '꿀처럼 달콤한(향기로운/맛난=madhu) 버터기름(酥油, gee=sarpis)으로 갠(=saṃyuktaṃ) 보릿가루 반죽(=tarpaṇa)'을 의미한다. 이것을 『불본행집경』에서 '초낙밀단麨酪蜜摶', 혹은 '초낙밀화단麨酪蜜和摶'으로 번역하였다. 보릿가루(麨=tarpaṇa)를 꿀같이 달콤한(향기로운/맛난) 버터기름(酪蜜=madhu)에 개어, 먹기에 적당한 덩어리로 만든 것(和摶)이라는 정도의 의미일 것이다.

그런데 『랄리타비스타라』와 『방광대장엄경』에서는 버터차(酥蜜 =madhu)와 보릿가루 반죽(乳糜之屬=tarpaṇa)을 별도의 음식으로 언급하고, 여기에 한 가지를 더 곁들이고 있다. 껍질을 벗긴, 혹은 정제된 사탕수수(ikṣu: 甘蔗)가 그것이다. 이에 따른다면 정각 후 부처님이 처음으로 드신 음식은 버터차와 볶은 보릿가루 반죽에 껍질을 벗긴, 혹은 정제된 사탕수수였다. 그래서 두 상인에게 수기를 주면서 그때의 이름을 '꿀 또는 버터차(madhu)로부터 생겨난 부처/승리자'라는 뜻의 '말도삼파불末度三皤佛'(『방광대장엄경』), 혹은 '마두삼바바(Madhusaṃbhava)라는 이름의 승리자(jina)'(『랄리타비스타라』)라 하게 될 것이라고 기별하였던 것이다. 『보요경』에서는 이를 '밀성蜜成이라는 이름의 여래·응공·정변지 … 불세존'으로 기술하고 있다. 힌두교에서도 마두는 여러 신들의 이름이었다.

참고로 율장에서는 수(酥, sarpi 팔리어는 sappi)와 밀(蜜, madhu)에 유(油, tela, 호마유)와 석밀(石蜜, phāṇita, 사탕수수 즙)을 더한 네 가지 (혹은 酥를 熟酥 sappi와 生酥 navanīta로 나눈 다섯 가지)를 병든 비구가 7일간 보존하며 먹을 수 있는 음식으로 허용하였다. 이를 함소약含消藥, 혹은 미식美食의 오종약五種藥, 칠일약七日藥이라 한다.*

*이에 대한 보다 자세한 내용은 平川彰 (2004): 450~476 참조.

3) 최초로 성불의 기별을 받은 자

세존께서는 북천축의 두 상인 트라푸사와 발리카가 보시한 음식을 사천왕이 바친 정결한 발우(제2장 참조)에 받아 드시고 그들과, 그들과 함께 여행하는 이들에게 이르셨다.

"그대 상인들은 이리 와 나로부터 '불·법·승에 귀의하는 삼귀

의'를 받고, 또한 5계를 받으라. 그러면 응당 그대들은 밤과도 같
은 기나긴 세월(長夜) 안온하고 안락하며 크나큰 이익을 얻게 되
리라."*

*『불본행집경』(T3, 802
b6-7).

1절에서 인용한 대로『방광대장엄경』과 이본역인『보요경』의 경
우 두 상인은 불타로부터 수기를 받은 후 "지금부터 여래께 귀의하

[사진5] 트라푸사와 발리
카. 인도네시아 자바 보로
부두르 사원 5세기. (wiki)

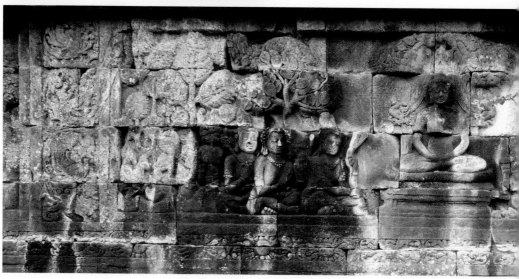

42

겠나이다"라고 맹세함으로써 불제자가 되었다고 전하지만, 다른 대다수의 불전에서는 불타와 법에 귀의하였다고 전하며,* 『태자서 응본기경』과 『과거현재인과경』에서는 여기에 미래에 생겨날 승가 (이를 '四方僧伽'라고 한다)에 귀의하였다는 사실도 함께 전하고 있는데 반해 『불본행집경』에서는 이처럼 5계까지 주어 그들을 명실상부의 불제자로 묘사하고 있다.

이로써 트라푸사와 발리카 두 상인 형제는 재가자로서 수기까지 받은 최초의 불제자가 되는 영광을 누리게 되었다. 불타는 훗날 기원정사에서 불제자들 중 각 분야의 첫 번째(agga, 범어는 agra)에 대해 논의하면서 이같이 말한다.

나의 가르침에 귀의한 우바새(남자신자) 제자들 중의 첫 번째는

*승가는 그때 아직 성립하지 않았기에 제외되었다.

[사진6] 트라푸사와 발리카. 키질 제10굴. 5~6세기. (wiki)

*『앙굿타라니카야』
1.14「으뜸품」: 대림
스님 옮김(1), p.138.

바로 타팟수(Tapassu)와 발리카(Bhallka) 두 상인이다.*

불전에서도 이 같은 사실을 놓칠 리 없다.

그때 타풋사와 발리카 두 상인은 세존께서 음식을 다 드시고 그
릇에서 손을 거두는 것을 보고서는 세존의 발에 머리를 조아리
며 아뢰었다.
"세존이시여, 세존과 법法에 귀의합니다. 세존께서는 저희를 우
바새(남자신자)로 받아 주소서. 오늘부터 목숨이 다할 때까지 귀
의하겠나이다."
그리하여 그들은 세간에서 〔세존과 법이라는〕 두 의지처에 귀

*남전 『율장』「대품 대
건도」 4.5; 최봉수 옮
김, p.47.

의한 최초의 우바새가 되었다.*

*『사분율』「수계건도」
(T22, 782a11-13).

우바새 중에서 최초로 〔귀의불歸依佛 귀의법歸依法의〕 두 귀의
를 받은 이, 바로 상인 형제 두 사람이 으뜸이다.*

그들 두 상인은 인간세상에서 최초로 3귀의와 5계를 받고 우바
새優婆塞라는 이름을 얻었으니, 트라푸사(帝梨富娑) 등의 두 상

*『불본행집경』 35「이
상봉식품」(T3, 802
b9-11).

인이 바로 그들이었다.*

여기서 의문이 생긴다. 그렇다면 그들은 부처님으로부터 법을
들은 첫 번째 제자이기도 한 것인가? 그러나 그럴 경우 부처님의
첫 설법, 즉 초전법륜은 바라나시 근교 녹야원에 이루어진 것이 아

니라 붓다가야 무화과나무 숲에서 이루어졌다고 해야 한다. 이 점은 불전작가들도 숙지하고 있었다. 3귀의는 물론이고 불과 법의 2귀의를 설한 불전에서조차 법에 대해 설하는 장면을 별도로 연출하고 있지 않다. 그렇지만 그들 상인들에게 불·법·승 3귀의를 준 이상, 승가의 경우 미래의 승가(將來僧), 즉 사방승가四方僧伽로의 귀의가 가능하지만 법의 경우 미래에 출현할 법이 별도로 존재하는 것은 아니기 때문에 어떤 경우에도 그때 이미 설해졌다고 하지 않으면 안 된다.

불전작가들은 이때 법을 그들에게 베푼 축원에 담고 있다. 공양 후 상인들에게 '3귀의'를 주었다고 설하고 있는 『과거현재인과경』에서는 이같이 축원하고 있다.

지금 보시한 이 음식, 먹는 이로 하여금 기력을 충만하게 하기 위함이었으니, 보시한 자 (역시) 좋은 형색(色)을 얻고 힘을 얻고, 충심(膽)을 얻고 기쁨을 얻어 행복(安快)하고 병 없이 주어진 목숨 보존함에 착한 신들이 항상 지켜 주리라. 밥의 보시는 (탐·진·치) 삼독三毒의 뿌리를 끊고, (몸과 목숨과 재물의) 세 가지가 견고해지는 법의 과보(三堅法)를 얻고, 총명한 지혜로 불법을 독실하게 믿어 태어나는 곳마다 정견正見으로 어둡지 않게 되고, 현생에서도 부모처자와 친척 권속들이 모두 다 번성하며, 온갖 재앙변고도, 불행한 일도 없으리라. 일가친척 중에 만약 죽어 악도惡道에 떨어진 자 있으면, 지금의 보시로 인해 다시 인간과 하늘세계로 환생할 것이라. 사견邪見을 일으키지 않고 더욱 부지런히 공덕을 닦으며, 항상 제불여래를 가까이 모시어 미묘한 말씀을 듣고 진리를 통찰(見諦)하고 깨달음을 얻어 원하는 것 모두 갖추게 되리라.*

*T3, 643b24-c5.

불·법의 2귀의를 설하고 있는 『사분율』에서는 축원을 하나의 게송으로 설하고 있다.

보시를 하는 이, 반드시 그 이익을 얻나니
*T22, 782a8f.
보시로 즐거움을 삼으면 후세 반드시 안락하리라.*

이처럼 축원에서는 주로 보시에 따른 인과법이 설해지고 있다. '여래께 신명을 바치겠다'고 하여 다만 1귀의를 설한 『보요경』에서도 역시 축원 중에 인과법이 설해지며, 여기서는 음식을 보시한 공덕으로 미래세 무상도를 이룰 것이라는 앞서의 『방광대장엄경』과는 달리 축원에 따른 발심의 공덕에 근거하여 수기授記를 주고 있다.

"능히 지혜로운 마음(慧意)이 있으니, 학문을 연마하고, 불타와 법과 승가를 공경하며, 온갖 악을 버리고 스스로 방자하지 않다면 종극에는 행운(吉祥)을 만나게 되리라. 복을 심으면 복을 얻고, 도를 행하면 도를 얻는다. 이미 부처님을 친견하여 한마음으로 받들어 섬겼으니, 이제 마땅히 첫째가는 복(第一福)을 받게 될 것이다. 현생에 천지신명의 도움(祐)을 받았으니, 즐거이 진리(諦)를 깨닫게 될 것으로, 언제나 부귀의 즐거움을 누리다 스스로 열반에 이르게 될 것이다."

그들은 이러한 축원을 듣고서 다 위없이 높고 바른 진실된 도(無上正眞道)의 마음을 일으켰다. (중략) 이에 세존께서는 그들의 원만한 공덕을 찬탄하였다.

"이러한 공덕으로 상인들은 미래세 부처가 되리니, 밀성蜜成이라는 이름의 여래·응공(至眞)·정변지(等正覺)·명행족·선서·세간해·무상사·조어장부(道法御)가 될 것이고, 불세존이 될 것이다."*

*T3, 527a10-21.

3귀의를 설하고 있는 『불설태자서응본기경』에도 『보요경』과 거의 동일한 문장의 축원이 실려 있다.* 이는 필경 서진西晉의 축법호가 『보요경』을 번역하면서(308년) 전시대(223~253년 무렵) 오吳의 지겸이 번역한 『태자서응본기경』을 참작하였기 때문일 것이다.

*T3, 479b19-23.

아무튼 형식이야 어찌되었건 트라푸사와 발리카 두 형제는 부처님으로부터 말씀(법문)을 들었고, 그래서 그의 첫 번째 제자가 되었다. 게다가 밀성, 즉 마두삼바바(Madhusaṃbhava: 末度三鉢佛)라는 이름의 부처가 될 것이라는 기별을 받기까지 하였다. 이러한 불전상의 논설로 인해 후세 심각한 교학적 문제가 제기된다.

그렇다면 불교사에서 부처님의 첫 법문(초전법륜)을 들어 첫 번째 제자로 기록된 교진여憍陳如 등의 다섯 비구를 어떻게 이해해야 할 것이며, 이들 상인 형제의 성불 근거로 설해진 인과법의 교학적 위상을 어떻게 규정해야 할 것인가? 성문의 도로서 4성제를 설한 초전법륜과는 그 성격을 달리 이해하지 않으면 안 된다.

첫 번째 문제. 오늘날 누구나 부처님이 바라나시 근교 녹야원에서 4성제를 설한 것을 초전법륜으로 이해하지만, 이를 '초전법륜'으로 규정하기 위해서는 불타법문(전법륜)의 본질은 무엇인가? 하는 어려운 교학적 문제가 먼저 해결되지 않으면 안 된다. 여기서의 주제는 두 상인의 음식 공양이기 때문에 요점만 이야기하기로 하자.

불타법문의 본질을 만약 말씀(語, vac)이라고 할 경우(『대비바사론』에 따르면 이는 대중부의 주장이다) 당연히 무화과나무 숲에서의 설법이 초전법륜이 될 것이고 두 상인이 첫 번째 제자일 것이다. 그러나 불교전통(설일체유부 계통)에서는 법문의 본질을 다만 말씀이 아니라 성도聖道, 즉 무루도로 이해하였다. 그래서 바라나시에서의 설법을 초전법륜으로 간주하게 된 것이다. 그렇다면 무루성도는 이미 보리수나무 밑에서 정각과 함께 일어났지 않은가? 이에 설일체유부에서는 전법륜轉法輪을 자신의 상속에서 일어나는 것과 다른 이의 상속에 일어나게 하는 것, 두 가지로 해석한다. 보리수 아래에서는 스스로 법륜을 굴리신 것이고, 바라나시에서는 다른 이에게 굴리신 것이다. 그리고 부처님은 다른 이를 이롭게 함을 본분사(正事)로 삼았기 때문에 다른 이에게 굴린 것을 '초전법륜'이라 한다는 것이다.*

두 번째 문제. 그렇지만 대승불교, 그중에서도 '일체 중생 실유불성悉有佛性'이라는 기치 하에 진여일심의 여래장을 중심으로 하는 동아시아 불교에서는 트라푸사와 발리카 두 상인에 대해 설한 불

*이 이야기는 『대비바사론』 제8 「정온定蘊」에서 법륜法輪에 대해 논의하면서 언급된다.(T27, 912b10-21)

타의 말씀을 법문(법륜)으로 인정하지 않을 이유가 없다. 남북조시대, 이른바 교상판석敎相判釋으로 일컬어지는 불교의 사상적 분류는 대개 점교漸敎와 돈교頓敎와 부정교不定敎로 대별하고, 점교를 다시 인천교人天敎 · 유상교有相敎 · 무상교無相敎 · 동귀교同歸敎 · 상주교常住敎로 분류하였는데, 두 상인에 대한 인과의 법문을 인천교에 포함시켰던 것이다.

인천교란 규봉종밀(780~841)의 『도서都序』에 의하면 인천인과교人天因果敎의 준말로, 선악의 업보에 대해 설한 것을 말한다. 즉 인과의 법칙은 누구도 예외가 없기에 일체 중생들로 하여금 삼악도(지옥 · 축생 · 아귀)의 고통을 두려워하고 인간과 하늘세계(人天)의 즐거움을 추구하게 하며, 나아가 보시 · 지계 · 선정 등 일체의 선행을 닦아 그 같은 세계에 태어날 수 있게 하는 가르침이기 때문에 '인천교'라고 말한 것이다.

이에 따라 원효나 원측은 『열반경』이나 『해심밀경』에 대해 해설하면서 점교의 5시 중 첫 번째인 인천교를 부처님께서 성도하시고 나서 트라푸사(提胃)와 발리카(波利)를 위해 설한 오계五戒와 십선十善으로 해설하고 있으며,* 나아가 법장 등의 화엄교가는 트라푸사와 발리카 등 5백 명의 상인에게 성불의 수기授記를 주었다는 『보요경』설에 따라 이를 3승 등의 가르침과도 통하는 점이 있다고 보았다. 즉 이는 인천교 등의 법에 포함되지만 '모든 중생은 불성을 갖는다'는 일승과 동시에 설해진 것으로 이해하였던 것이다.*

이렇듯 동아시아의 불교도들은 부처님이 정각 후 첫 공양을 올린 트라푸사와 발리카 두 상인들에게 행한 축원의 말씀을 법문(즉

* 원효, 『열반종요』
(K1, 546b15-16); 원측, 『해심밀경소』 권1
(K1, 133a16).
* 법장, 『화엄일승교의분제장』 권1(T45.
482c22-483a1); 균여, 『석화엄교분기원통초』 권2(K4, 287a7-11; b18-c2).

人天教)으로 간주하였을 뿐만 아니라 이를 삼승과도 통하는 법문으로 이해하였다. 이는 아마도 동아시아 불교에서 출가와 재가, 무루와 유루의 구분을 금과옥조로 삼지 않았을 뿐더러 4성제를 설한 초전법륜 또한 중생의 근기에 따라 설한 방편설(이를 不了義라고 한다)로 이해하였기 때문에 가능한 일이었는지도 모른다.

4) 현성으로서의 두 상인

그런데 앞서 인용한 『앙굿타라니카야』 1.14 「으뜸품」에 상응하는 『증일아함경』 제6 「청신사품淸信士品」에서는 두 상인을 삼과三果의 현성賢聖으로 찬탄하고 있다.

*T2, 559c9f.

> 나의 〔우바새(淸信士)〕 제자 중 최초로 진리의 약(法藥)을 듣고 현성賢聖의 도를 성취하여 삼과三果를 증득한 이는 〔두 명의〕 상인이 바로 그들이다.*

불교일반에서 '진리의 약'은 4성제를 말한다. 중생의 괴로움을 고질병에, 불타를 뛰어난 약을 처방하는 훌륭한 의사에 비유한 것은 널리 알려진 사실이다. 즉 트라푸사와 발리카 두 상인은 훗날 4성제의 통찰을 통해 성문 4과果 중 재가자도 이를 수 있는 예류과·일래과·불환과를 증득하였기 때문에 다만 불타와 법에 귀의한 우바새 중의 첫 번째가 아니라 삼과를 성취한 첫 번째 우바새로 찬탄하고 있는 것이다.

불환과는 더 이상 욕계에 태어나지 않고 색계천에 태어나 반열반하는 계위이기 때문에 재가자도 가능하였다. 실제 『맛지마니카야』 제73경(「Mahāvacchagotta Sutta」)에서는 고타마의 제자로서 흰옷을 입고 (다시 말해 세속에 머물며) 감각적 욕망을 즐기면서 불타의 가르침을 실천하고 훈계를 받들어 행하여 의심을 건너고 회의를 극복하여 무외無畏를 얻은 우바새는 백 명이 아니라 이백 명, 삼백 명, 사백 명, 아니 오백 명보다 훨씬 많다고 설하고 있다.

트라푸사와 발리카는 비록 재가자였지만 아마도 그들의 영광이 반영되었을, 그들의 이름을 딴 경전도 존재한다. 남전 『앙굿타라니카야』 제6집에 들어 있는 「타풋사경(Tapussa-sutta)」과 「발리카 등의 경(Bhalikādi-sutta)」(AN 6. 119, 120)이 바로 그것이다. 앞의 경에서는 타풋사를 비롯한 발리카와 급고독 등 20명의 장자(gahapati)가 갖춘 여섯 가지 법에 대해 설하고 있다.

[사진7] 두 상인의 공양. 2~3세기 모라모라두. 탁실라박물관.

비구들이여, 여섯 가지 법을 갖춘 타풋사 장자는 여래에 대해 확고함을 가졌고, 불사不死를 보았고 불사를 실현하였다. 무엇이 여섯 가지인가?
부처님에 대한 흔들림 없는 청정한 믿음, 법에 대한 흔들림 없는 청정한 믿음, 승가에 대한 흔들림 없는 청정한 믿음, 성스러운 계와 성스러운 지혜와 성스러운 해탈이 그것이다. 비구들이

*대림 스님 옮김(4), p. 322f.

여, 이러한 여섯 가지 법을 갖춘 타풋사 장자는 여래에 대해 확고함을 가졌고, 불사不死를 보았고 불사를 실현하였다.*

『앙굿타라니카야』 제9집에 들어 있는 「타풋사경(Tapussa-sutta)」 (AN 9. 41)은, 젊은 비구들이 재가자에게는 높은 절벽에서 뛰어내리는 것과도 같은 '욕락(欲樂, 감각적 즐거움)으로부터의 출리出離'를 적정寂靜으로 간주하게 된 인연에 대해 설한 것이다.*

*여기서 불타는 9차제정에 따른 출리의 적정을 설하고 있다.

『테라가타주석』에 의하면, 이들 두 상인은 훗날 부처님께서 바라나시의 녹야원에서 첫 번째 법륜을 굴린 후 마가다의 수도 라자가하(왕사성)에 머물고 있을 때 카라반을 이끌고 다시 그곳을 방문하였다가 불타의 법문을 듣게 되었다. 형 타풋사는 〔재가자로 있으면서〕 예류과를 얻지만, 동생 발리카는 출가하여 비구가 되었고, 어느 시기 아라한이 되어 6신통을 얻었다.

『테라가타』 제7송은 존자 발리카가 남긴 것이다.

폭류가 약한 갈대 둑 무너뜨리듯이
죽음 왕의 군사 무찌른 이, 두려울 것 없는 승리자
왜냐하면 그는 스스로를 다스리는 자로서
열반을 얻어 마음이 확고하였기 때문이라네.

*2권, 송宋나라 무제武帝(420~422) 때 부국北國의 비구 담정曇靖 찬.

한편 북전에도 비록 현존하지는 않을지라도 『출삼장기집』이나 『개원석교록』 등에 전하는 중경衆經 목록을 통해 그들의 이름을 딴 경전이 존재하였음을 알 수 있다. 『제위파리경提謂波利經』*도 존재

하였고,『제위경提謂經』이라는 단독 이름의 경도 존재하였다.『제
경요집諸經要集』제2 경탑부敬塔部에는 이 경의 한 대목이 인용되
고 있다.

『제위경』에서 말하였다.

장자 제위(Trapuṣa)가 부처님께 말하였다.

"꽃을 뿌리고 향을 피우며 등불을 밝혀 예배하는 것을 바로 공
양이라고 합니다. 그런데 탑을 돌게 되면 어떤 복을 얻게 되는
것입니까?"

부처님께서 말씀하셨다.

"탑을 돌면 다섯 가지 복덕이 있으니, 첫째는 내세에 단정하고
좋은 몸을 얻고, 둘째는 좋은 목소리를 얻으며, 셋째는 하늘에
태어나고, 넷째는 왕후王侯의 집에 태어날 수 있으며, 다섯째는
열반(泥洹)의 도를 증득하는 것이다."

"어떤 인연에서 단정하고 좋은 몸을 얻는 것입니까?"

"부처의 상(佛像)을 보고 기뻐하였기 때문이다."

"어떤 인연에서 좋은 목소리를 얻는 것입니까?"

"탑을 돌면서 경을 외웠기 때문이다."

"어떤 인연에서 하늘에 태어날 수 있는 것입니까?"

"탑을 돌면서 계율을 범하지 않겠다고 생각하였기 때문이다."

"어떤 인연에서 왕후의 집에 태어날 수 있는 것입니까?"

"머리와 얼굴을 조아려 부처님의 발에 예배하였기 때문이다."

"어떤 인연에서 열반의 도를 증득할 수 있는 것입니까?"

"그러고도 남은 복이 있기 때문이다.'

부처님께서 〔계속하여〕 말씀하셨다.

"탑을 도는 데에는 세 가지 법이 있다. 첫째는 발을 들 때에는 반드시 발을 든다고 생각하고, 둘째는 발을 내려놓을 때에는 반드시 발을 내려놓는다고 생각하며, 셋째는 좌우를 돌아보지 말고 사찰 경내의 땅에 침을 뱉지 않는 것이다. 오른쪽으로 도는 것은 경과 율에 그런 규칙이 있기 때문이다. (중략) 또한 항상 세 번 돌아야 한다고 말한 것은 삼존三尊을 공양하고, 삼독三毒을 그치게 하며, 삼업三業을 청정하게 하고, 삼악도三惡道를 소멸하며, 삼보三寶를 만날 수 있음을 나타내기 때문이다."*

*T54, 22c2-17.

3. 최초의 불탑 건립

1) 불조탑佛爪塔과 불발탑佛髮塔

『제위경』에서 불탑에 대해 설한 것은 제위, 즉 트라푸사가 불탑과 특별한 연관이 있기 때문이다. 남전 『본생경(Jātaka)』 중 「인연 이야기(Nidānakātha)」에서도 "두 상인은 부처님으로부터 기념으로 머리카락을 얻어 고향으로 돌아와 탑묘(cetiya, 범어는 caitya)를 세워 이를 봉안하였다"고 전하고 있다. 『불본행집경』에서는 보다 자세하다.

원컨대 두 발 가진 이들 크게 길吉하고
네 발 가진 것들 역시 크게 편안하리라.

54

어딜 가든, 어디에 이르든 모두 행복(吉祥)하고
향하는 곳마다 다 뜻대로 이루어지리라.(하략)

부처님께서 축원을 마쳤을 때 두 상주商主가 함께 말하였다.
"세존이시여! 저희들에게 기념할 만한 물건을 하나 주소서. 고
향에 돌아가 세존을 뵙지 못할 적에 그 물건으로 탑을 세워 예
배함으로써 대성大聖이신 세존을 추억하여 잊지 않고자 합니
다. 저희들은 몸과 목숨이 다할 때까지 공양하고 존중하도록 하
겠나이다."
그러자 세존께서는 바로 상인들에게 부처의 몸인 머리카락과
손톱을 주고서 그들에게 말하였다.
"그대들 상주여! 여기 머리카락과 손톱을 그대들이 나를 잊지
않게끔 그대들에게 주리라. 만약 그대들이 이 물건을 나와 다름
없는 것으로 여긴다면, 훗날 다시 돌 하나가 공중에서 내려와
그대들 처소에 이를 것이니, 그대들이 만약 그것을 보거든 마땅
히 탑을 세워 [이를 안치하고] 공양 존중토록 하라."*   *T3, 802c21-803a1.

불탑에 대해서는 말하지 않지만 『사분율』에서도 이 같은 이야기
를 전한다.

그때 [2귀의를 받은] 상인 형제가 부처님께 말하였다.
"저희들은 지금 이곳을 떠나 고향(本生處)으로 돌아가려 합니
다. 고향에 이르면 어떻게 복을 짓고 무엇에 예배 공경하고 공

양해야 하겠습니까?"

그때 부처님께서 그들의 지극한 뜻을 아시고 머리카락과 손톱을 주며 말하였다.

"그대들은 이것을 가지고 고향으로 가 예배 공경하고 공양하여 복을 짓도록 하라."*

*T22, 782a13-16.

그들은 당연히 불타의 교시에 따라 그들 고향에 탑을 쌓고 여래의 머리카락과 손톱을 봉안하였을 것이다. 현장은 그의 『대당서역기』 「박갈국縛喝國」 조에서 이 이야기를 전하면서 이것이 석가모니의 불법에서 최초로 세워진 스투파, 즉 불탑임을 강조하고 있다.(후술)

오늘날 탑(stūpa, 팔리어는 thūpa)이라 하면 대개는 부처님이 열반에 든 후에 남긴 유골, 즉 사리舍利를 모신 조형물 정도로 이해하지만, 탑은 그 종류가 매우 다양하다. 크게 두 가지 형태가 있다. 불타를 비롯하여 독각·성문(聖法을 얻은 제자)·전륜성왕의 사리 등의 유물을 안치한 것과 불타께서 태어난 곳(룸비니), 정각을 이룬 곳(붓다가야), 처음으로 설법한 곳(사르나트), 열반에 든 곳(쿠시나가라)을 비롯하여 성스러운 전설이 깃든 성소聖所를 기념하여 세운 것이 바로 그것으로, 전자를 방분方墳이라는 뜻의 탑파塔婆, 즉 스투파(stūpa)라 하였고, 후자를 '악을 멸하고 선을 낳은 곳'이라는 뜻의 지제支提, 즉 차이트야(caitya: 塔廟 또는 靈塔)라고 하였다. 말하자면 탑파가 사리를 봉안한 탑이라면 지제(혹은 塔廟)는 사리를 봉안하지 않은 탑이다.* 예컨대 초전법륜지인 바라나시 근교 사르나트의

*『법원주림』 제35 「敬塔篇 중 興造部」(T53, 580b16-17); 『마하승기율』 권33 「明雜誦跋渠法 중 '枝提'」(T22, 498b20-21).

다메크 대탑은 사리탑이 아니라 성소를 기리기 위한 기념탑인 것이다.

그러나 기념탑 역시 스투파로 표현하기도 한다. 법현과 현장은 그들의 여행기에서 5백 명의 상인들이 부처님께 음식을 바친 곳에도, 사천왕이 발우를 바친 곳에도 스투파가 세워져 있었던 사실을 기록하고 있다. 또한 사리(유골)뿐만 아니라 부처의 손톱이나 머리카락, 치아, 가사, 발우를 봉안한 탑도 스투파로 불려졌다. 이를 각기 불조발탑佛爪髮塔, 불치탑佛齒塔, 불의탑佛衣塔, 불발탑佛鉢塔이라 한다.

불조발탑은 여래 재세 시절 이미 존재하였던 것으로 보인다. 불전 상에 머리카락 스투파(keśastūpa: 髮窣觀波)와 손톱 스투파(nakhastūpa: 爪窣觀波)라는 독립된 술어가 나타날 뿐만 아니라 『십송율』에서는 자자법自恣法에 대해 설하면서 기원정사를 지어 승가에 기진한 급고독給孤獨 장자가 여러 나라로 유행하시는 부처님에

[사진8] 불발(머리카락) 공양. 2~3세기 간다라. 페샤와르박물관.

대한 그리움을 달래기 위해 머리카락과 손톱을 얻어 이를 봉안한 탑을 세우는 것을 허락하고 있으며,*『살바다부비니마득륵가薩婆多部毘尼摩得勒伽』에서는 급고독장자가 세운 이러한 탑을 스투파(偸婆)라 한다고 규정하고 있다.*

*T23, 599a5f.

　현장은 그의『대당서역기』에서 인도 각지 20여 곳의 여래의 발탑과 조탑을 순례하였다고 기록하고 있다. 이로 볼 때 당시 불탑신앙의 한 형태로서 부처님의 머리카락과 손톱 탑에 대한 신앙도 성행하여 인도 전역, 특히 간다라를 중심으로 한 서북 인도지역에 다수 세워졌던 것으로 보인다.

2) 여래의 머리카락 인연

굳이 철학적 논점(법성)에 따르지 않더라도 세간 일상에서도 인간의 몸에서 분비되어 나오는 것은 똥오줌 할 것 없이 불결한 것이라 여긴다.(그러나 다른 한편 손톱과 머리카락을 자신의 신표로 삼기도 한다. 전쟁에 나아갈 때 전사에 대비하여 이를 남기기도 하는 것이다.) 아무리 세존의 머리카락과 손톱이라 할지라도 이를 어찌 청정한 것이라 하겠는가? 이는 가상으로 관찰하는 백골이나 신체의 부패상과는 달리 지금 바로 눈으로 확인할 수 있는(이를 '現見等至'라고 한다) 더러운 것 중 첫 번째로 언급되는 것이었다.

　『성실론』제178「부정상품不淨想品」에서는 이같이 설하고 있다.

몸으로부터 나온 손톱과 머리칼, 때, 눈물, 침 따위는 다 더러운 것이다. 또한 죽은 시체가 더러운 것이라면 이 몸 또한 죽었을 때와 무엇이 다르겠는가? 따라서 그러한 것들은 본래부터 항상 더러운 것임을 알아야 한다. 살아있을 때에는 다만 '나'라고 하는 (전도된) 마음에 덮여 있기 때문에 그것을 깨끗한 것으로 여기고, 죽은 사람의 그것과 접촉하게 되면 더럽다고 말하지만, 머리카락이나 손톱 따위는 언제나 죽어 있는 물건(死物)이다. 또한 (비록 눈에 보이지 않을지라도) 헤아릴 수 없을 만큼 많은 죽은 벌레 역시 항상 몸에 달라붙어 있다. 그러므로 이 몸은 본래부터 더러운 것임을 알아야 한다.*   *T32, 349c11-17.

트라푸사도 이 같은 사실을 모를 리가 없었을 것이다. 그 또한 『불본행집경』에서 이같이 생각하고 있다.

"머리카락과 손톱은 몸에서 떨어져 나온 것들이다. 결코 좋은 것(勝妙)이라고는 할 수 없으며, 귀하게 여길 만한 것(尊重)도 아니다. 이에 공양할 마음이 없다."

『사분율』「수계건도」에서는 부처님께 바로 묻고 있다.

"머리카락과 손톱은 세간의 사람들도 천하게 여겨 버리는 것들인데, 어찌하여 세존께서는 이를 저희에게 주면서 공양하라 하십니까?"

이에 대한 세존의 해명은 두 전승이 조금 다르다. 먼저 『불본행집경』에서의 해명은 이러하다.

이루 헤아릴 수 없는 무량無量 무변無邊의 옛날, 연등燃燈이라는 이름의 여래·아라한 삼먁삼불타(정등각)·선서·세간해·무상사·조어장부·천인사·불세존께서 세간에 출현하여 연화성에 오셨을 때 소년(摩那婆, mānava: 儒童) 바라문이 푸른 우발라 꽃(연꽃) 다섯 송이를 들고 부처님 위로 뿌리면서 보리심을 일으켰다. 그러자 세존께서 수기를 내리셨다.

"그대 소년은 미래세 아승기겁을 지나 마침내 성불하여 석가모니라는 이름의 여래·아라한·삼먁삼불타(정등각)…가 되리라." 그때 소년 바라문이 바로 나였다. 그때 나는 집을 버리고 수염과 머리를 깎고 그 〔연등〕세존의 법으로 출가하였다. 내가 출가한 후 하늘의 신들이 내가 〔깎아 버린〕 머리카락을 취하여 한 올을 10억의 신들이 나눠 공양하였다. 내 이제 아뇩다라삼먁삼보리를 성취하고서 부처의 눈(佛眼)으로 그들을 관찰해 보니, 각기 부처님 곁에 있으면서 열반을 증득하지 않은 이 아무도 없구나. 당시 나는 아직 탐·진·치를 면하지 못하였음에도 내 머리카락과 손톱에 공양한 천만 억의 무량 중생들이 다 열반을 얻었거늘, 하물며 일체 번뇌의 속박을 다하고 탐욕과 미움과 어리석음을 모두 다 제거한 오늘의 그것은 어떠할 것인가? 그럼에도 그대들은 어찌 나의 청정하고 더러움 없는 머리카락과 손톱에 대해 크게 존중하지 않으려는 것인가?*

*T3, 803a15-b5.

『사분율』에서는 발마국의 승원왕勝怨王의 태자로서 일체 중생의 생로병사의 괴로움을 없애주기 위해 출가한 정광定光보살이 마침내 여래가 되었다는 이야기로부터 시작하여 정광여래(연등불의 다른 이름)의 교화, 승원왕과 이웃 제염바제 왕의 갈등, 이를 해결하고자 제염바제 왕이 정광여래를 초대하고, 여래의 위신력에 놀란 승원왕 역시 정광여래를 초대한 일, 설산 남쪽의 소욕少欲에 한가함을 즐기는 진보珍寶 선인과 제자 미각彌却, 12년째 지혜제일을 얻기 위해 큰 제사를 연 연화성의 바라문 대신 야야달과 그의 딸 소라바제, 승원왕의 대신으로 12년간 아야달의 제사에서 첫째 자리를 차지한 '열두 가지 못난 이' 등 수많은 인물들을 등장시켜 매우 복잡한 구성을 연출하고 있다.

미각 소년(摩納, māṇava)은 발마국 사람들이 길을 고르고 청소하고 장엄하는 등 요란을 떠는 것이 정광여래를 맞이하기 위한 것이라는 말을 듣고 그도 여래를 친견하고자 하였다. 아야달의 제사에서 지혜제일에게 상으로 주어진 그의 딸 소라바제도 마다하고 얻은 5백 냥으로 산 연꽃 다섯 송이와 소라바제가 준 두 송이를 들고 동문 밖으로 나아갔다.

그때 소년은 멀리서 여래를 뵙고 마음속으로 기뻐하며 일곱 송이의 꽃을 정광여래의 머리 위로 뿌리니, 부처님의 위신력에 의해 바로 공중에서 꽃 일산(花蓋)으로 변화하였다. 그것은 너비가 12유순이나 되었고, 줄기는 위로, 잎은 아래로 향하였다. 향기가 두루 퍼져 온 나라를 뒤덮어 미치지 않은 곳이 없었으며, 아무리 보아도 싫증나지 않았다. 부처님이 가는 대로 꽃 일산도 따라 움직였다.

그때 성안 사람들이 모두 입고 있던 새 옷을 벗어 땅바닥에 펼쳤다. 소년도 입고 있던 두 벌의 사슴가죽 옷 중 하나를 벗어 땅바닥에 펼쳤지만 성안 사람들이 그것을 집어던져 버렸다.

"아! 정광여래께서는 이 가엾은 이를 보지 못하셨구나."

정광여래께서는 바로 소년의 생각을 아시고 땅을 변화시켜 진흙길로 만들자 그 위에 옷을 펼치려는 자 아무도 없었다. 상인들은 마땅히 알아야 한다. 소년은 다시 이같이 생각하였다.

"성안 사람들이 어리석고 분별이 없어 응당 옷을 펼쳐야 할 곳에서는 펼치지 않는구나!"

그리고는 바로 사슴가죽 옷을 진흙길 위에 펼쳤다. 그렇지만 진흙길을 다 덮지는 못하였다. 상인들은 마땅히 알아야 한다. 소년은 5백 년 동안 항상 상투를 틀어 한 번도 풀지 않았다. 소년이 세존께 여쭈었다.

[사진9] 미각 소년의 연등불 예배. 2~3세기 탁티바히. 페샤와르박물관.

62

"세존이시여, 제 머리카락이라도 밟고 지나가시겠습니까?"

부처님께서 대답하였다.

"그리하마."

소년은 바로 상투를 풀어헤쳐 진흙길 위에 펼치고서 마음으로 서원하였다.

"만약 지금 정광여래께서 나에게 수기授記를 주시지 않는다면 나는 여기서 말라 비틀어져 목숨이 다할지라도 끝내 일어나지 않으리라."

그때 정광여래께서는 이 소년의 지극한 마음과 과거생에 심은 선근善根의 온갖 공덕이 완전히 갖추어져 있음을 아시고 왼발

[사진10] 2세기 스와트. 메트로폴리탄박물관.

로 그의 머리카락을 밟고 지나가시면서 말하였다.

"소년이여! 그대 일어나라. 그대는 미래 이루 헤아릴 수 없는 아승기겁을 거친 뒤 '석가모니'라는 이름의 여래·지진(至眞, 아라한)·정등각·명행족·선서·세간해·무상사·조어장부·천인사·불세존이 될 것이다."*

*T22, 785b7-28.

미각 소년이 바로 두 상인으로부터 공양을 받은 세존임은 두말할 나위도 없다.* 그때 풀어헤쳐 길에 깐 보살의 머리카락은 보통의 머리카락이 아니다. 무량겁에 걸친 보살도로의 염원이 담긴 머리카락이다. 부처님은 계속하여 말씀하였다.

*야야달과 그의 딸 소라바제는 석가족의 집장〔執杖釋〕과 그의 딸 고타미〔瞿夷〕 야소다라, 열두 가지 못난 이는 제바달다, 진보선인은 미륵보살.

상인들은 마땅히 알아야 한다. 보살도를 배우는 이, 〔그의〕 손톱과 머리카락에 공양하는 자는 반드시 위없이 높은 도(無上道)를 이룰 것이다. 부처의 눈으로 관찰하건대 〔그러한 자로서〕 무여열반계에 들어 반열반하지 않는 자 천하에는 없었거늘, 하물며 탐욕도 미움도 어리석음도 없는 이의 그것은 어떠할 것인가? 이는 보시 중의 첫 번째로 가장 존귀한 복이 될 것이니, 받는 복 중의 첫 번째이거늘 어찌 보응이 없을 것인가?*

*T22, 785c22-26.

3) 최초의 불탑

『사분율』에서 형 트라푸사의 이름을 '손톱(爪)'으로 전한 것은 (동생 발리카는 우바리優婆離로 전한다) 필경 그가 부처님의 손톱 탑(佛爪塔)을 세운 것과 관련 있을 것이다. 『불본행집경』이나 『사분율』

에서는 그들이 고향으로 돌아가 탑을 세웠다는 말이 없지만, 현장법사는『대당서역기』「박갈국 縛喝國」조에서 그들의 이후 행적에 대해 기록하고 있다.

트라푸사(提謂)와 발리카(波利) 두 장자는 부처님께 장차 본국으로 돌아가서 여래의 손톱과 머리카락을 어떻게 예배 공경해야 하는지에 대해 물었다. 당시로서는 아직 불탑이 존재하지 않았기 때문에 아마도 당연한 질문이었을 것이다. 이에 여래께서는 실제 시범을 보여주고

[사진11] 삼의에 발우를 뒤집어엎은 단순한 형식의 암각 스투파. 7세기. 파키스탄 칠라스.

있다. 먼저 승가리(僧伽胝, 大衣, 즉 가사. 위에 걸치는 겉옷)를 반듯하게/네모나게 접어 밑에 깔고, 그 다음에 울다라승(鬱多羅僧, 상의)과 승기지(僧祇支, 내의)도 접어 깐 다음,* 그 위에 발우를 엎어 놓은 뒤 석장錫杖을 세웠다.* 이른바 복발覆鉢형이라고 하는 전형적인 스투파 형식인 것이다.

그들은 각기 자신들의 고향 제위성提謂城과 파리성波利城으로 돌아가 (현장에 의하면 두 상인의 이름은 각기 자신들의 고향에서 따온 것이었다: 전술) 부처님이 말한 것과 비슷한 모양으로 스투파를 세웠다. 높이는 3장丈 남짓이었다고 한다. 1장은 10척尺이니, 1척을 대

*승가리와 울다라승, 승기지를 삼의三衣라고 한다. 삼의에 대해서는 제2장 1-1 '삼의 일발三衣一鉢' 참조.
*T51, 873a9-11.

략 30cm로 치면 9m 정도가 된다.

*『대당서역기』 권1 (T51, 873a12f).

"이는 석가모니의 불법 중에서 최초의 스투파였다."*

현장법사의 말이다. 박갈국, 즉 박트리아는 오늘날 아프가니스탄 북부 발크(Balkh) 지역이다. 현장에 의하면 당시(680년) 이 나라에는 백여 곳의 가람에 3천여 승도가 있었다.(모두 소승법을 학습하였다.) 특히 대도성 서남쪽의 나바(Nava: 納縛) 승가람에는 부처님이 사용하던 물통과 빗자루,* 부처님의 치아가 보관되어 있었고, 2백여 척(60m)에 달하는 스투파를 비롯하여 신통을 나타내는 스투파만 수백여 기, 그렇지 않은 일반 스투파는 수천 기에 달하였다고 한다.

*이 두 가지는 철저한 무소유를 주장한 자이나교의 공의파空衣派 수행자들도 지니고 다녔던 것으로, 사문의 상징으로 여긴 물건들이다. 제2장 1-1 '삼의일발' 참조.

법승(불멸 500년, AD 2세기 아비달마 논사)은 여기서 '아비달마철학의 핵심'이라는 뜻의 『아비담심론』을 저술하였고, 현장 또한 여기서 반야가라(般若羯羅, Prajñākara, 중국말로 慧性)라는 소승 삼장으로부터 한 달간 『아비달마대비바사론』을 배웠다. 현장은 전하고 있다. "대설산(힌두쿠시) 이북에서 논論을 지은 논사들은 대개는 이 절에서 아름다운 풍속(美業)을 이어갔다."

이러한 여러 사실로 볼 때 당시 이 사원의 규모나 위상이 어떠하였는지 짐작하기 어렵지 않다. 9세기 후반에 활동한 아랍 역사가인 이븐 알파키(Ibn al-Faqi)는 나바 승가람을 메카의 카바(이슬람 최고의 성소)에 비교하기도 하였다.*

*이주형(2003): 325.

아무튼 당시 사람들은 이 나라의 대도성을 '작은 왕사성'이라 불

렀다고 한다. 자신들의 왕도가 불타가 설법을 가장 많이 한 마가다
국의 왕사성(라자그리하)에 버금간다고 여긴 그들의 자부심은 혹
트라푸사와 발리카로부터 비롯된 것은 아닐까? 오늘날 아프가니
스탄의 불교를 소개하는 곳이면 으레 트라푸사와 발리카의 이야기
로부터 시작한다. 아프가니스탄은 이들을 통해 인도의 다른 어떤
지역보다도 불교를 먼저 받아들인 나라로, 이 점에서 자부심을 가
질 만한 것이다.

4. 동남아시아에서의 타풋사와 발리카

그러나 다른 한편 트라푸사와 발리카가 최초의 불제자이고 그들이
세운 스투파가 최초의 불탑이라면 이에 대한 전설은 박트리아만의
전유물은 아닐 것이다. 마치 황룡사 장육존상을 아쇼카 왕이 보낸
황철 5만 7천 근과 황금 3만 푼으로 주조하였다거나, 고구려(요동)
의 보배탑은 아쇼카 왕이 세운 것이라는 우리의 전설처럼 남아시
아 다른 불교국가에서도 최초의 불탑에 대한 전설을 공유한다.

 그들은 이들이 언급된 『앙굿타라니카야』나 『테라가타』의 주석
을 통해 두 형제 상인의 일대기를 구성하였다. 간추리면 이러하다.

> 미래의 타풋사(트라푸사의 팔리어)와 발리카는 파두뭇타라
> 부처님(Padumuttara Buddha: 24불 중 10번째) 시대 함사바티
> (Haṃsāvatī)의 고귀한 집안에 재생하였다. 그들은 이 부처님에
> 게 삼보를 의지처로 삼은 (다시 말해 삼보에 귀의한) 첫 제자로

두 명의 제자가 있음을 알고 그들도 이같이 되기를 염원하였다. 이후 그들은 선업의 삶을 살았기 때문에 더 이상 악취에 태어나는 일이 없었다.

미래의 발리카는 무불無佛 시대, 31번의 생의 사이클 동안 수마나(Sumana)라는 이름의 독각獨覺에게 온갖 과일을 공양하는 이로 재생하였고, 이로 인해 좋은 가문에 재생하였다. 시기(Sikhī: 尸棄) 부처님 시대, 아루나바티(Arunavatī)의 한 바라문 집에 태어났다. 그는 우지타(Ujita)와 오지타(Ojita)라는 두 상인 형제가 대각 이후 일곱 번째 7일을 보내고 여덟 번째 7일에 접어든 부처님에게 첫 번째 공양을 올렸다는 소식을 듣고 친구(미래의 타풋사)와 함께 시기 부처님을 찾아가 예배한 후 다음 날의 음식 공양은 자신들의 것을 받아달라고 청하였다. 다음 날, 그들은 부처님께 특별한 공양을 올리며 말하였다.

[사진12] 인도 뭄바이 근교 글로벌 위빠사나 파고다(Global Vipassana Pagoda) 벽화. (wiki)

"부처님이시여, 우리가 이러한 선행으로 인해 미래세 부처님께는 첫 번째 공양을 올릴 기회를 갖도록 하소서."

두 친구는 선업을 행하면서 다양한 온갖 존재로 재생하였다. 캇사파(Kassapa: 迦葉) 부처님 시대, 그들은 가축 상인의 집안에 태어났고, 오랜 기간 승가에 우유 음식을 제공하였다. 그리고 마침내 고타마 부처님 시대, 그가 완전한 깨달음을 얻기 전 그들은 큰 카라반을 이용해 무역하는 상인의 두 아들로 다시 태어났다. 그들의 고향은 아시탄자나(Asitañjana)*로 불리는 곳이었다. 형은 타풋사였고, 동생은 발리카였다.

(이후의 일은 앞서 설명한 대로이다.: 필자)

두 형제는 부처님과 법에 귀의한 후, 고향으로 떠나기 앞서 부처님에게 청하였다.

"세존이시여, 저희를 가엾게 여기시어 저희가 매일 예배할 만한 물건을 베풀어 주소서."

부처님은 오른손으로 그의 머리를 훑어 그들에게 여덟 가닥의 머리카락을 선물로 주었다. 형제들은 머리카락을 금으로 만든 함에 넣어 고향으로 가져갔다. 고향에 돌아온 그들은 아시탄자나 입구에 이를 안치한 묘당(cetiya)을 세웠는데, 포살 날이면 거기서는 빛이 뿜어져 나왔다.*

스리랑카 전설에 따르면 타풋사와 발리카는 여행을 계속하여 인도로부터 스리랑카의 북동부 티리야야(Thiriyaya)에 도착하였고, 유물의 일부를 그곳 언덕에, 오늘날 기리한두 세야(Girihandu Seya, 혹

*『테라가타』 주석서에서는 포카라바티Pokkharavatī.

*Ven. Mingun Sayadaw(1990).

[사진13] 미얀마의 대
표사원 쉐다곤 파고다.
(wiki)

은 Nithupathpana Vihara)로 불리는 스투파를 세워 봉안하였다. 이
곳 사원 구내에서 발견된 바위 비문에 의하면 이 사원은 트라팟수
카(Trapassuka)와 발리카(Vallika)라는 이름의 상인조합에 의해 조
성되었는데, 이것이 싱할라 연대기에는 타팟수(Tapassu)와 발루카
(Bhalluka)로 기록되었다는 것이다. 이 스투파 또한 스리랑카 최초
의 불탑임은 두말할 나위도 없다.

한편 미얀마 불교전통에서 타풋사와 발리카는 몽국(Mon country)
의 아시탄자나(Asitanjana) 출신 상인 형제로 인도로 무역여행을 갔
다가 부처님에게서 얻은 머리카락 일부를 웃칼라파(Ukkalapa) 왕에
게 바쳤고, 왕은 이를 석가모니 이전 구류손·구나함·가섭불의 유
물과 함께 싱굿타라 언덕의 스투파에 봉안하였다. 이것이 오늘날
미얀마를 대표하는 쉐다곤 파고다(Shwedagon Pagoda)*이다. 그들

*정식 명칭은 '위대한
황금 언덕의 탑'이라
는 뜻의 쉐다곤 제디
도우Shwedagon Zedi
Daw.

역시 이 탑을 2,600년 전에 조성된, 세상에서 가장 오
래된 스투파로 여기지만, 고고학적의 조사에 의
하면 이 탑은 6세기에서 10세기 사이에 세워진
것이다.

이와 관련하여 고엥카 위빠사나 연구소의 공
식 웹사이트에서는 절충(?)의 해석을 제시한다.
웃카라(오릿사)는 미얀마의 이라와티 강 입구
에 거주하던 웃카라 사람들이 건설한 도시로,
자신들의 고향 땅을 기리기 위해 그같이 이름
하였다. 여기에는 인도 여러 지역에서 온 사
업가들도 정착하였는데, 박트리아에서 온 타
풋사와 발리카도 그러한 이들 중의 한 명이었
다. 이들이 부처님에게서 얻은 머리카락을 웃
칼라파티(Ukkalapati) 왕에게 바쳤고, 왕은 이
를 보타타웅과 술래, 쉐다곤 파고다(불탑)에
봉안하였다는 것이다.*

[사진14] 두 상인 형제의 음식공양. 3~4
세기 남인도 파니기리 탑문. (온전한 형태
의 도상은 제5장 사진9)

한편 최근 인도 자이푸르 지구 타라푸르(Tarapur)의 일련의 작은
바위 동굴에서 기원전 2세기의 브라흐미 문자로 된 비문과 함께
동굴 위쪽 언덕에서 스투파의 유적이 발견되었다. 인도 고고학 조
사국의 금석학자 J. 자이프라카시(Jayprakash)의 해독에 의하면 여
기서는 타풋사와 발리카라는 이름을 구체적으로 언급하고 있다.
이에 따라 인도 당국에서는 이들 두 상인은 인도인이고 첫 번째 불
탑 역시 인도에 세워졌다는 가설을 제기하기도 하였다.*

*https://www.vridh
amma.org/Tapus
sa-and-Bhallika
(2021. 12. 20).

*Ven S. Dhammika.

[사진15] 두 상인의 음식 공양과 사천왕 봉발. 조
계사 대웅전 벽화.

　트라푸사와 발리카가 세운 불탑
이 어디에 존재하는가? 하는 문제
는 그들이 첫 번째 불제자이고 그들
이 세운 불탑이 불교 최초의 불탑이
라는 상징성에서 비롯된 문제라고
말할 수 있지만, 그것은 근본적으로
그들이 정각 이후 부처님께 처음으
로 공양을 올린 이들이었기 때문에
제기된 문제였다.

제2장 사천왕의 발우 봉납

그때 세존께서는 이같이 생각하였다.

"나는 외도들처럼 손으로 음식을 받을 수 없다. 과거의 부처님들은 유정들의 이익을 위해 어떻게 음식을 받았던가?"

이에 청정천淸淨天이 허공에서 말하였다.

"세존께서는 아소서. 과거의 여래들께서는 유정들을 위해 발우로 음식을 받으셨으니, 세존께서도 역시 그와 같이 해야 함을 아소서."

그때 세존께서는 아직 발우가 없는지라 마음으로 구하였다.

"나는 발우를 얻은 뒤에〔상인들의〕음식을 받으리라."

이에 사천왕四天王이 세존께서 원하는 바를 알고서 각기 돌 발우(石鉢)를 하나씩 갖고 왔다. 돌 발우는 깨끗하고 가벼우며, 미세하고 모양도 색깔도 아름다워 가히 사람이 만든 것이 아니었다. 사천왕은 각기 발우를 들고 세존의 처소에 이르러 부처님 발에 예배하고 한쪽으로 물러나 말하였다.

"세존이시여, 저희들은 이 돌 발우를 돌산에서 갖고 와 바치는 것이오니, 원컨대 자비를 내려 받아 주소서."

그때 세존께서는 이같이 생각하였다.

"사천왕이 각기 돌 발우를 갖고 와 내게 보시하니, 내가 만약 이 중의 하나만 받는다면 나머지 세 천신이 원망할 것이고, 나아가 두 개나 세 개를 받는다고 해도 역시 그러할 것이니, 일단 그것을 모두 받아 나의 신통력으로 하나의 발우로 만들어 그들의 원을 들어주리라."

이같이 생각하고서 바로 네 개의 발우를 받아 부처의 신통력으로 겹쳐 포개어 마침내 하나의 발우로 만들었다. 그리고 유정들의 이익을 위해 이 발우로 상인들의 공양을 받았다.

(『근본설일체유부비나야파승사』 권제5)

1. 사천왕, 부처님께 발우를 바치다

1) 삼의일발三衣一鉢

불타시대 '사문(沙門, śramaṇa)'으로 일컬어진 출가수행자들은 세속적 삶을 거부하였다. 사문이라는 말은 종교적 목적을 위해 노력하는 자라는 정도의 의미이지만, 고행자를 의미하는 말이기도 하였다.[*] 그들이 추구한 해탈은 존재 본성에 대한 통찰(darśana)을 통해 성취되는 것이었는데, 그러한 통찰은 세속에 대한 욕망과 집착에서 벗어날 때 가능한 것이었다. 그것이 이른바 출가였다. 따라서 사문의 삶은 당연히 세속적 삶을 포기하겠다는 맹서(誓戒)로부터 시작한다.

아쇼카 왕의 암각비문에 의하면 아지비카, 자이나, 그리고 불교가 출가를 지향하는 사문종교의 대표자였다. 아지비카(Ājīvika)는

* Monier-Williams, Sanskrit-English Dictionary, p.1096,

오늘날 역사에서 사라졌지만 아쇼카 왕이 동굴을 기진하는 등 불타 당시 유력하였던 종교단체로, 불타가 깨달음을 얻은 후 초전법륜을 위해 사르나트의 녹야원으로 가던 도중 최초로 만난 출가수행자도 아지비카 교도였고, 불타의 열반 소식을 마하가섭에게 전한 이도 그들이었다. 그들의 교조는 육사외도의 일인인 막칼리 고살라(Makkhali Gosāla)였다.(일설에 의하면 세 번째 교조) 그는 자이나교의 교조 마하비라*와 6년간 함께 수행하였지만, 어느 시기 마하비라의 온건한 고행주의로 인해 결별하였다. 아지비카라는 말

*불교에서의 명칭은 離繫, 즉 니르그란타 (Nirgrantha: 尼乾).

[사진1] 불타 열반시 가섭존자와 아지비카교도. 2~3세기 간다라. 프리어미술관. (wiki)

은 '생활방법'을 의미하는 ājīva에서 유래한 것으로 '그들만의 특별한 방식으로 생활하는 자'를 뜻한다. 혹은 '〔세속적〕 삶을 버리고 (a-jīva) 타인의 시물施物로 생활하는 자들'로 이해되기도 한다. 그들은 철저한 고행과 나행 그리고 걸식의 생활을 영위하는 유행자(遊行者, paribbājaka)였다.*

예컨대 『맛지마니카야』 제36경(Mahāsaccaka Sutta)에서 마하삿차카는 이들의 수행에 대해 이같이 설하고 있다.

〔아지비카 수행자로서〕 난다 왓차(Nanda Vaccha), 키사 상킷차(Kisa Saṅkicca), 막칼리 고살라(Makkhali Gosāla)가 있습니다. 이들은 나체수행자이고, 관습을 거부하며 살고, 손으로 〔음식을 받아〕 핥아먹고, 〔음식을 주려고〕 오라 해도 오지 않고 서라 해도 서지 않으며, 초대에도 응하지 않고, 그릇에서 떠 주는 음식도 받지 않고, (중략) 한집에서만 음식을 받고, 한 입의 음식만 받으며 … 하루에 한번만, 이틀에 한번만, 이런 식으로 보름에 한번만 음식을 먹으며 삽니다.*

비록 막칼리 고살라에 의해 온건한 고행주의로 비난받았을지라도 자이나교 역시 엄격한 고행주의를 표방한다. 그들의 입교 조건인 5가지 위대한 서약(mahāvrata)은 살아있는 것을 해치지 않는 것, 진실만을 말하는 것, 남의 물건을 훔치지 않는 것, 성적 금욕, 그리고 무소유였다. 무소유(aparigraha)의 경우, 마하비라는 의복은 물론이고 걸식乞食에 필요한 그릇마저도 소유하지 않았다. 물과 음식

*그러나 불교 내부에서 아지비카는, 한역漢譯불전에서 사명邪命으로 번역되고, 그것은 8정도의 정명正命과 반대되는 개념으로 이해됨으로써 점상占相이나 꿈의 해몽, 예언, 주술 등으로 생활의 방편을 삼는 종교집단으로 간주되었다.

*대림 스님 옮김(2), p. 159.

을 손바닥으로 받아먹었다.

그들은, 이러한 전통이 그들이 첫 번째 지나(jina, 승리자)로 일컫는 리샤바(Ṛṣabha) 지나에 의해 정립된 것이라 여긴다. 오늘날에서조차 보수적 교파라고 할 수 있는 디감바라(空衣派)의 수행자는 완전한 나행裸行에 발우를 포함한 어떠한 소유물도 갖지 않는다. 다만 앉거나 걸을 때 벌레를 쓸어내기 위한 공작 털로 만든 일종의 빗자루(mayūra-picchī)와 인도전통에서 금욕의 상징인 조롱박 형태의 물 단지(kamaṇḍalu)만을 소지할 뿐이다. 그러나 이조차도 개인의 소유물은 아니다.

이에 비해 불교의 5계戒는 비교적 온건하다. 앞의 네 가지는 동일하지만, 다섯 번째 무소유는 불음주不飮酒로 대체되었다. 불교에서는 출가자의 소유물로서 삼의三衣와 일발一鉢을 인정하였다. 삼의란 말하자면 상의와 속옷, 그리고 겉옷─이는 전통적으로 인도말의 역어로 호칭한다. ①울다라승(鬱多羅僧, uttarāsaṅga, 무릎 아래부터 상체까지 모두 감싸는 상의), ②안타회(安陀會, antarvāsa, 치마처럼 생긴 내의), ③승가리(僧伽梨, saṃghāti, 숄처럼 위에 걸치는 겉옷, 重衣 또는 大衣)─으로, 외도와 구별되는 사문의 표식이었다. 그리고 일발은 발우 하나로, 발우(鉢盂, pātra: 鉢多羅)는 탁발을 위한 출가자의 그릇이다.

불교에서 허용한 출가사문의 소유물로는 이 밖에도 앉거나 누울 때 까는 좌구(坐具, niṣīdana: 尼師壇), 즉 깔개와 물에서 작은 벌레 따위를 거르는 녹수낭漉水囊도 있지만(이상 '비구六物'), 가사와 발우(즉 衣鉢)는 세존께서 마을로 탁발 나갈 때를 묘사하는 정형구─"자리에서 일어나 가사袈裟를 걸치고 발우를 들고(卽從座起 著衣持鉢)"-에 언급될 만큼 출가자의 필수적인 소지품이었고, 후대 불타 정법의 상징이나 깨달음의 신표로 간주되기도 하였다. 이에 불교에서는 오늘날 자이나교로 일컬어지는 니르그란타(Nirgrantha 팔리어는 Nigaṇṭha: 離繫)의 도를 무참외도無慚外道, 즉 '부끄럼도 없는 외도'로 호칭하였고, 그들의 계행을 '소같이 사는 것(牛戒)'이나 '개같이 사는 것(狗戒)'이라 조소하였다.

아무튼 부처님도 보살 시절 왕사성에 왔다가 발우가 없어 연잎을 얻어 밥을 빈 적이 있지만,* 손으로 음식 받는 모습이 좋게 보이지 않았는지 발우를 사용해야겠다고 생각하였고, 이 같은 생각의 정당성을 마치 자이나교의 교조 마하비라가 무소유의 전통을 첫 번째 지나에서 찾은 것처럼 과거세 부처님들의 선례에서 구하고 있다.

*『불본행집경』제29「권수세리품勸受世利品」.

부처님께서는 생각하셨다.
"일찍이 옛날의 부처님들도 사람들의 보시를 가엾은 마음으로 받으실 때 발우를 사용하는 것을 여법하게 여겼다. 다른 도의 사람들처럼 손으로 음식을 받는 것은 옳지 못하다."*

*『태자서응본기경』;『보요경』(T3, 479a28-29; 526b29f).

부처님께서는 이같이 생각하셨다.
"내가 만약 이들〔상인들〕의 공양을 발우(應器)로 받지 않는다면 저 외도 천마天魔들은 필시 헐뜯고 비방하며 말할 것이다. '어찌 과거의 정등정각(삼먁삼보리)이 중생들을 이익 되게 한다

78

면서 이 같은 방식으로 (즉 손으로) 공양을 받았겠는가?'"

부처님이 이같이 생각함에 저 브라흐만 천자(梵天子)가 부처님 께 아뢰었다.

"세존이시여, 과거의 정등정각께서는 중생들을 이익 되게 하고 자 모두 다 발우를 가지고서 단월(檀越, 신자)이 베푼 음식 공양 을 받으셨나이다."*

이 밖에 『근본설일체유부비나야파승사』, 『마하승지율』, 『출요 경』 등에서도 외도들처럼 손으로 음식을 받는 것은 옳지 못한 일 로 과거의 부처님들도 발우로 음식을 받았음을 밝히고 있지만, 『방 광대장엄경』 『불본행집경』 『과거현재인과경』이나 『사분율』 『오분 율』 등의 불전에서는 다만 발우로 음식을 받는 것이 과거 모든 부 처님들의 선례였다는 사실만을 밝히고 있다.

과거의 제불·여래·지진至眞·등정각께서는 무엇으로 음식을 받으셨을까? 손으로는 받지 않았을 것이다.*

*『사분율』「수계건도」 (T22, 781c29-782a2).

세존께서는 이렇게 생각하셨다.

"과거의 모든 부처님은 다 발우로 음식을 받았고, 미래의 모든 부처님 역시 그러하실 것이니, 나도 지금 마땅히 발우로써 보시 를 받아야 하리라."*

*『오분율』(T22, 103a22-23).

제2장 사천왕의 발우 봉납

2) 사천왕의 돌 발우 봉납

부처님께서 과거 제불의 선례에 따라 발우를 사용해야겠다고 생각하였을 때, 사천왕이 멀리서 이러한 뜻을 바로 알고서 팔을 한 번 굽혔다 펼 정도의 짧은 시간에 함께 알나산頞那山 꼭대기에 이르니, 생각했던 바대로 바위 사이에서 네 개의 발우가 저절로 나타났다. 그것은 향기롭고도 정결하여 어떠한 더러움도 없었다. 사천왕은 각기 발우 한 개씩 갖고 돌아와 다 같이 부처님께 올리며 말하였다.

"바라옵건대 상인들을 가엾게 여기시어 〔이것으로 그들의 공양을 받아〕 그들로 하여금 큰 복을 얻게 하소서."*

*『태자서응본기경』(T3, 479b1-4).

『태자서응본기경』에서는 이처럼 사천왕이 각기 발우를 바쳤다고 간략히 설하고 있지만, 『방광대장엄경』「상인몽기품」이나 『불본행집경』「이상봉식품」에서는 보다 자세하다. 발우의 재질에 대한 고민과 함께 사천왕 각각의 발우 공양과 그들에 대한 축원이 더해지기 때문이다.

세존께서는 다시 이같이 생각하셨다.
'내 이제 어떤 그릇으로 두 상인이 올린 음식을 받아야 할 것인가?'
세존께서 이같이 생각하자 사천왕이 각기 사방으로부터 신속하게 금으로 된 발우를 하나씩 가지고 왔다. 그들은 부처님 발

[사진2] 사천왕 봉발.
2~3세기 간다라. 옥스
포드대학 애슈몰린박물
관(c).

에 예배하고 한쪽으로 물러나 금 발우 네 개를 세존께 올리며
이같이 말하였다.

"오로지 원하옵건대 세존이시여! 이 발우로 두 상인이 올린 음
식을 받으소서. 저희들을 가엾게 여기시어 저희가 밤과도 같은
기나긴 세월(長夜)동안 큰 이익과 큰 안락을 얻게 하소서."

그러나 세존께서는 출가한 이로서 금 발우를 지니는 것은 이치

에 맞지 않다는 이유에서 이를 받지 않으셨다. 그러자 사천왕은
네 개의 금 발우를 버리고 다시 네 개의 은 발우를 세존께 올리
며 말하였다.

"세존이시여, 이 그릇으로 음식을 받는 것이 좋을 듯합니다. (중
략) 오로지 원하옵건대 저희가 밤과도 같은 기나긴 세월동안 큰
이익과 큰 안락을 얻게 하소서."

세존께서는 이 역시 받지 않으셨다. 다시 네 개의 파리(頗梨,
sphaṭikā: 수정) 발우를 갖고 왔지만 역시 받지 않으셨고, 다시 네
개의 유리琉璃 발우를 갖고 왔지만 역시 받지 않으셨으며, 다시
네 개의 붉은 진주 발우를 갖고 왔지만 역시 받지 않으셨다. 다
시 또 마노(瑪瑙, agate: 녹색 옥) 발우를 가지고 왔지만 역시 받
지 않으셨고, 다시 네 개의 차거(車渠, musāra-galva: 백 산호) 발
우를 가지고 와 세존께 올렸지만 여래께서는 이 역시 받지 않으
셨다.*

*『불본행집경』(T3, 801
b28-c13).

이상의 금, 은, 수정, 유리, 붉은 진주, 녹색 옥, 백 산호로 만든 발
우는 출가 수행자에게 어울리지 않는다. 그것은 세간에서도 탐내
는 발우이기 때문이다. 발우에는 후술하듯 이러한 고급 재질의 발
우 이외에도 나무 발우나 질그릇 발우도 있지만 그것은 외도가 사
용하는 것이거나 위생상에 문제가 있었다.(후술) 이리하여 마침내
돌로 된 발우가 선택되었다.

그런데 여러 불전에서는 사천왕이 돌 발우를 얻는 방식에 대해
서도 각기 다르게 전하고 있다. 남전『율장 대품』을 비롯한『과거

[사진3] 사천왕 봉발.
2~3세기 샤흐리바롤.
페샤와르박물관.

현재인연경』이나 『사분분』 『오분율』의 불전에서는 출처의 언급 없이 사천왕이 돌 발우를 하나씩 갖고 왔다고 하였지만, 앞서 인용한 것처럼 『태자서응본기경』에서는 알나산頞那山 꼭대기의 바위 사이에서, 『근본설일체유부비나야파승사』에서는 돌산(石山)에서 갖고 왔다고 하였으며, 『중허마하제경』에서는 사천왕이 각자 자신들의 하늘에서 솜씨 좋은 기술자(妙工)를 시켜 아주 짧은 시간에 만들었다고 하였다. 혹은 『출요경』에서는 '솜씨 좋은 장인이 만든 것이 아니라 저절로 성취된 것'이라 하였고, 『대지도론』에서는 사대왕중천의 사방의 산(즉 수미산과 사대주 사이의 7金山) 꼭대기에서 저절로 생겨난 것이라 하였다.

이에 반해 『방광대장엄경』이나 『불본행집경』에서는 옛날 푸른 몸의 천신(靑身天)이 자신들(사천왕)에게 바친 것을 갖고 온 것이라고 하였다. 그것은 말하자면 훗날 출현할 석가모니 부처님을 위한 것으로, 일시 그들에게 맡겨둔 것이었다.

그때 북방의 비사문천왕毘沙門天王이 다른 세 천왕에게 말하였다.

"내가 기억하건대, 옛날 청신천(靑身天 또는 靑色天)이 네 개의 돌 발우를 갖고 와 우리에게 준 적이 있습니다. 우리가 그것으로 밥을 먹으려고 하자 비로차나(毘盧蔗那 vairocana, 혹은 遍光)라는 이름의 천자(devaputra)가 와서 말했습니다.

'천왕이여! 그대들은 이 돌 발우를 사용하지 말라. 그대들은 다만 이를 갖고 있으면서 탑묘(cetiya)와 같은 것이라 생각하여 이에 공양해야 한다. 왜냐하면 미래 석가모니라는 이름의 여래(또는 승리자)께서 출현하면 그분께 바쳐야 하기 때문이다.'

여러 천왕들이여, 이제 바야흐로 때가 되었으니, 이 돌 발우를 세존께 올리는 것이 좋을 듯합니다. 이것이야말로 법에 의해 이루어진 불괴不壞의 그릇(dharmamayabhedya-bhājanā), 돌로 만들어진 불괴의 그릇(śailāmayabhedya bhājanā)이니 〔여래께서는〕 이것으로만 음식을 받을 수 있고 다른 것으로는 받을 수 없습니다. 자, 그러니 이것으로 〔상인들의 음식을〕 받도록 하는 것이 어떻겠습니까?"

이에 사천왕은 각기 그들의 친척과 권속에 둘러싸여 서둘러 자신들의 궁전으로 돌아가 각자 돌 발우를 들고 왔다. 구름이 뭉게뭉게 피어오르는 듯한 문양의 감청색 발우는 반듯(端正)하여 가히 기뻐할 만한 것이었다. 그들은 여기에 하늘의 꽃(天花)을 가득 담고, 좋다는 온갖 향을 칠하고, 좋다는 온갖 미묘한 음성으로 발우를 공양(찬탄)하며 서둘러 부처님 처소로 돌아왔다.

[사진4] 사천왕 봉발.
2~3세기 모라모라두.
탁실라박물관.

그리고 다 함께 네 개의 발우를 부처님께 바치며 아뢰었다.
"세존이시여, 오로지 원하옵건대 이 돌 발우를 받으소서. 이 발
우로 저 두 상인이 바친 음식을 받으소서. 저희들을 가엾게 여
기시어 저희가 밤과도 같은 기나긴 세월동안 큰 이익과 큰 안락
을 얻게 하소서."(괄호 안의 범어는 『랄리타비스타라』에 의함)*

*T3, 602a17-29;
  801c13-802a1; ed.
  Lefmann p.383.

그러나 상인들의 음식을 받는 데 4개의 발우가 필요한 것은 아
니었다. 그렇다면 누구의 발우를 받아야 할 것인가? 세존께서 생각
하였다.

"사천왕들은 청정한 믿음으로 나에게 네 개의 발우를 바쳤다. 그렇지만 나 또한 네 개의 발우를 갖는 것은 이치에 맞지 않다. 그러나 만약 이 중 한 명의 발우만 받으면 다른 세 명은 섭섭하게 생각할 것이고, 두 개나 세 개를 받더라도 역시 그러할 것이다. 그러니 사천왕이 바치는 네 개의 발우를 모두 받아야 하리라."

세존께서는 사천왕으로부터 네 개의 발우를 모두 받았다. 그리고 사천왕 각자에 대해 축원하였다. 축원은 장차 각자가 시여한 발우의 특성에 상응하는 공덕을 얻게 될 것이라는 인과응보성의 형식을 띤 것으로, 우리는 이를 통해 당시 불발에 대한 불교도들의 생각을 엿볼 수 있다. 불발은 앞서 인용한 것처럼 단순히 밥을 얻기 위한 그릇이 아니라 법(즉 진실)에 의해 이루어진, 다시 말해 진리를 깨달은 자만이 성취할 수 있는 불괴의 그릇으로 탑묘(cetiya)처럼 공양하고 예배해야 할 것이었기 때문이다. 『불본행집경』(T3, 802a)에 따라 기술하면 이와 같다.

불타는 먼저 동방의 제두뢰타(提頭賴吒, dhṛtarāṣṭra: 持國) 천왕의 발우를 받고서 이같이 축원한다.

훌륭하신 세존께 좋은 발우 베풀었으니
그대 결정코 미묘한 법기(妙法器) 되리라.
이미 나에게 청정한 발우를 바쳤으니
필시 지혜와 정념의 마음 더욱 늘어나리라.

여기서 불타는 훌륭(善)하신 세존께 바친 '좋은(好) 발우'와 '청정

86

(淨)한 발우'에 '미묘한 법의 그릇(妙法器)'과 '지혜와 정념의 마음
(智慧正念心)'을 대응시키고 있다. 즉 불발을 정등각의 방편인 지혜
와 정념이나 이러한 법을 담는 그릇에 빗대고 있는 것이다. 우리말
에서도 '그릇'은 어떤 일을 해나갈 만한 능력이나 도량, 혹은 그러
한 능력이나 도량을 가진 사람을 비유적으로 가리키는 말로, 불타
또한 출가 직후 스승으로 삼았던, 당대 최고의 선인仙人이었던 아
라다카라마(팔리어로는 알라라카라마)로부터 같은 찬탄을 들었다.*
훗날 불발을 불타 수행의 결정체나 정법의 상징으로 여기게 된 것
도 이러한 생각에 기인하였을 것이다. 참고로 『방광대장엄경』에서
이 축원은 북방의 비사문천왕에 대한 것으로 이러하다.(괄호 안의
범어는 『랄리타비스타라』에 의함)

  "그대, 선서善逝께 발우를 바쳤으니, 최상승의 그릇(上乘器,

[사진5] 사천왕 봉발.
시크리 스투파 부분. 2
세기 간다라. 라호르박
물관.

*제5장 2-2 '음식을 담
  는 그릇과 법을 담는
  그릇' 참조.

bhājanam agrayāna) 되리라. 내 지금 그대의 〔발우〕 보시 받았으니, 그대 정념(念, smṛti)과 정혜(慧, mati) 갖추게 되리라."

다음으로 남방의 비류륵차(毘留勒叉, virūḍhaka: 增長) 천왕의 발우를 받고서 이같이 축원한다.

내 진실(眞如)을 관찰하건대, 발우를 베푼 이
그는 〔지혜와〕 정념의 마음, 더욱 늘어날 것이고
이 세상 능히 양육하여 편안하게 한 이
묘락妙樂 청정淸淨의 몸 신속히 성취하리라.

게송의 문맥으로 본다면 미래세 정념·정혜의 묘락과 〔사념捨念〕 청정(즉 제3, 제4정려)의 몸 신속히 성취하게 되는 까닭은 부처님께 발우를 바쳤기 때문으로, 이러한 인과는 진실(眞如)이다. 불발은 이 세상을 양육하는 것, 말하자면 일체 공덕의 원천이다. 『방광대장엄경』에서 이 축원은 동방의 제두뢰타에 대한 것으로 이러하다.

"발우를 여래께 보시하였기에 정념과 정혜 더욱 늘어나고, 세세생생 즐거움에 즐거움이 계속되며, 부처의 보리(佛菩提, śītibhāva: 淸凉, 寂滅寂靜) 신속히 증득하리라."

다음으로 서방의 비류박차(毘留博叉, virūpākṣa: 廣目) 천왕의 발우를 받고서 이같이 축원한다.

그대 청정한 마음으로 청정한 발우 베풀고
청정하고도 진실된 마음 여래에게 바쳤으니

미래세 청정한 마음 신속히 얻어
인천人天의 세간으로부터 칭찬의 마음 얻으리라.

이 또한 미래세 부처와 같은 청정한 마음(淨心)을 성취할 수 있는
것은 청정한 발우(淨鉢)를 여래에게 공양하였기 때문이다. 『방광대
장엄경』에서도 역시 서방의 천왕에 대한 축원으로 이러하다.
"나 청정한 마음으로 그대의 청정한 그릇(pariśuddha bhājana) 받
았으니, 그대 청정한 마음을 얻어 인천의 공양 받게 되리라."
그리고 북방의 비사문(毘沙門, vaiśravaṇa: 多聞) 천왕의 발우를 받
고서 이같이 축원하였다.

청정하게 계를 지니신 불세존에게
모든 감관 잘 제어하고서 온전한 발우 베풀고
결함 없는 불괴不壞의 마음 거듭 베풀었으니
그대, 미래세 청정한 밭을 얻게 되리라.

여기서 '청정하게 계를 지녔다'고 함은 계율을 털끝만큼도 어기
지 않는 것으로, 미래세 이같이 털끝만큼의 계율도 어기지 않을 청
정한 밭(淨田)을 얻게 되는 것은 어떠한 하자도 없는 온전한 (완전
무결한) 발우(全鉢)를 바쳤기 때문이다. 『방광대장엄경』에서 이 축
원은 남방의 비루륵차 천왕에 대한 것으로 이러하다.
"여래의 계율, 물샐 틈(chidra) 없다. 그대 새는 곳 없는 발우를 베
푼 것은 그대의 마음에 어떠한 틈(결함)도 없기 때문이니, 미래세의

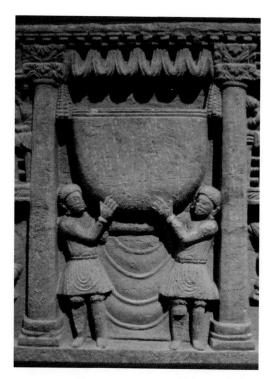

[사진6] 4제際가 선명
한 불발. 3~4세기 아프
가니스탄. 동경박물관
(c). 완전한 형태의 도
상은 제7장 사진10.

과보 역시 어떠한 틈(결함)도 없으리라."

이렇게 하여 부처님께서는 사천왕으로
부터 네 개의 돌 발우를 모두 받았다. 그리
고 받은 순서대로 왼손에 포개어 올려놓
고 오른손으로 누르자 신통력에 의해 합쳐
져 하나의 발우가 되었다. 그렇지만 네 개
의 발우가 포개진 것임을 나타내는 구연부
口緣部의 네 가장자리(이를 4際 koṭi라고 한
다) 모습만은 선명하였다. 어떤 불전, 이를
테면 『태자서응본기경』『과거현재인연경』
『보요경』 등에서는 "일부러 발우가 포개
진 네 개의 가장자리를 나타내었다('使四際
現')"고 적고 있다. 아마도 향후 이것이 부
처의 발우임을 식별하기 위한 징표로 삼기 위해서였을 것이다.

이리하여 부처님은 마침내 하나의 (혹은 한 벌의) 발우를 얻게
되었고, 이것으로 상인들의 공양을 받았다. 현장법사는 붓다가야
성도지 주변, 나이란자나(尼連禪河) 강가의 여러 성지를 순례하면
서 두 상인 장자가 음식(麨蜜)을 바친 곳과 사천왕이 감청색 돌 발
우를 바친 곳도 찾고, 관련된 전설도 전하고 있다. 그곳에는 이 같
은 전설을 기리는 스투파가 세워져 있었다고 하였다.

90

2. 사천왕, 그들은 누구인가?

1) 호세護世의 왕

사천왕, 그들은 누구인가? 그들이 누구이기에 부처님의 발우를 담당하게 된 것인가? 이에 대해 알아보기 전에 그들의 세계에 대해 살펴보지 않으면 안 된다. 불교의 세계관에 따르면 수미산을 중심으로 아홉 산(九山)과 그 사이 여덟 바다(八海)가 둘러쳐져 있고, 아홉 번째 산 바깥 바다(外海) 남쪽에 섬부주瞻部洲, 동쪽에 승신주勝身洲, 서쪽에 우화주牛貨洲, 북쪽에 구로주拘盧洲라는 4대주大州가 있어 여기에 인간들이 산다. 특히 섬부주(Jambu-dvīpa: 閻浮提)에는 금강좌가 있어 부처의 출현은 여기서만 가능하다.

수미산 중턱부터 그 위쪽은 하늘의 세계이다. 수미산 중턱에 네 층이 있어 아래부터 순서대로 견수·지만·항교라는 야차(藥叉, yakṣa) 신이 살며, 네 번째 층의 동·남·서·북방에 네 천왕*과 그들의 권속들이 산다. 해와 달을 포함하여 이들 수미산 중턱 세계를 총칭하여 사대왕중천이라 한다. 그 위의 삼십삼천과 함께 땅에 있는 하늘세계라는 뜻에서 지거천地居天이라 한다.

수미산 꼭대기에는 삼십삼천이 있다. 중앙의 제석천을 중심으로 사방에 각기 8천이 있어 삼십삼천(Trāyastriṃśadeva)*이라 이름한 것이다. 이 하늘 중앙의 선견궁은 제석천(帝釋天, Śakradevānam-indra: 釋提桓因)의 왕성이다. 석가모니의 어머니인 마야부인이 죽은 뒤 다시 태어난 곳이 바로 이곳 삼십삼천(즉 도리천)으로, 불타는 어머니를 위해 이 하늘 선법당善法堂에 올라 설법하기도 하였

*전항에서 언급한 제두뢰타(dhṛtarāṣṭra: 持國), 비류륵차(virūḍhaka: 增長), 비류박차(virū-pākṣa: 廣目), 비사문(vaiśravaṇa: 多聞천왕).

*이를 도리천忉利天으로 음역하기도 한다.

다. 전설에 따르면 당시 섬부주의 불교도들은 이때 부처님을 보고픈 마음에서 불상을 만들었으며, 설법하고서 내려온 곳인 상카샤를 팔대 영지靈地 중의 한 곳으로 꼽았다.

수미산 위로는 다시 야마천, 도사다천(구역은 도솔천), 낙변화천, 타화자재천이 있는데, 앞의 두 하늘과 함께 욕계의 6천이라 한다. 이를 욕계천(欲天)이라 한 것은 그곳 중생들 역시 어떤 식으로든 음욕(kāma)을 추구하기 때문이다. 그 위로는 색계의 하늘이다. 이는 음욕에서 완전히 벗어난 세계이다. 여기에는 네 단계가 있는데, 선정의 네 단계와 결부시켜 이해하기도 한다.

첫 번째 단계가 범중천, 범보천, 대범천으로 이루진 이른바 범천梵天이다. 아비달마의 해설에 따르면 광대한 선행(廣善)에 의해 태어나기 때문에 '범, 즉 브라흐만'(Brahman)이라 하였는데, 이러한 범천들 중 가장 위대한 천신을 '대범천'이라 하였고, 이에 의해 소유 교화되고 다스려지는 하늘을 '범중천', 이를 호위하는 하늘을 '범보천'이라 하였다. 그 위로는 빛으로 상징되는 소광천少光天, 무량광천無量光天, 극광정천極光淨天이, 다시 그 위로는 정신적 즐거움(淨)만을 추구하는 소정천少淨天, 무량정천無量淨天, 변정천遍淨天이 존재하며, 색구경천色究竟天은 네 번째 단계의 가장 높은 하늘이다.

지금 여기서 우리의 관심사는 부처님께 발우를 바친 (혹은 전한) 사천왕이다. 사천왕은 한국의 불교도들에게 익숙한 천신이다. 대웅전 수미단(말하자면 수미산 정상 삼십삼천의 선법당)에 안치된 부처님을 만나기 위해서는 반드시 한마음으로 일주문을 지나 사천왕문을 거쳐야 하기 때문이다. 앞서 언급한 제두뢰타(持國) 등의 4천왕은 순서대로 동·남·서·북방의 세계를 보호하는 호세(護世, lokapalas)의 천신이다. 이 중 북방의 비사문(多聞) 천왕은 힌두신화에서도 역시 북방의 수호자로서 야차들의 신인 쿠베라의 불교적 명칭이며, 동방의 제두뢰타(dhṛtarāṣṭra), 즉 지국천왕은 힌두신화 『마하바라타』에서 쿠루의 전쟁 상황을 전하는 맹인 왕으로 역시 나라를 지키는 자라는 뜻이다.

사천왕에 관한 논의는 불교의 세계관에 대해 다루고 있는 『장아함경』 「세기경世記經」이나 『기세경起世經』의 「사천왕품」 등에서 이루어지며, 『불설사천왕경』과 같은 단독의 경전도 존재한다. 여기서는 사천왕의 역할에 대해 이같이 설하고 있다.

중생의 목숨은 번갯불 같아 홀연히 사라지니, 재일齋日에는 몸과 마음을 살펴 근신하고 입조심을 해야 한다. 이날은 천신들이 사람들의 선악행을 살핀다. 수미산 꼭대기에 〔욕계의〕두 번째 하늘인 도리천(忉利天, 즉 삼십삼천)의 천제天帝는 환인(桓因, Indra: 帝釋)으로, 복덕이 훌륭하여 4천왕을 관장한다. 곧 4천왕은 환인의 네 방위를 호위 하는 왕으로 각기 한 방위씩 다스리면서 재일에는 사자를 보내 하늘 아래 세계에 사는 일체 중생들의 마음(생각)과 입(말)과 몸(행실)의 선악을 살피는데, 15일과 30일에는 직접 내려오기도 한다. (중략) 사천왕은 이같이 명령한다.

"삼가 중생들의 길흉吉凶을 살펴라."

부처와 법과 비구승에 귀의하고 청정한 마음으로 재일을 지키며, 가난한 이에게 보시하고 지계持戒·인욕忍辱·정진精進·선정禪定을 닦으며, 경을 익히고 널리 설하여 눈 어두운 이 눈뜨게 하고, 양친께 효도하고 삼보를 받들어 섬기며, 머리 조아려 법을 받고 네 가지 평등심(즉 慈·悲·喜·捨의 4무량심)을 행하여 중생을 자비로써 살핀 자, 이날 모두 분별하여 제석(帝釋, 즉 환인)에게 보고한다.

만약 공덕을 많이 닦고 정진하여 게으르지 않은 이라면 제석과 신하들과 삼십삼천의 중생 모두가 함께 기뻐한다. 제석은 그들의 수명을 늘려주라 명령하고 선신善神들을 보내 그들의 몸을 호위케 하는데, 그가 얼마나 많은 계율을 지켰느냐에 따라 그 수가 달라진다. (중략)

만약 중생들의 목숨을 구제하지 않고 도둑질하고 남의 처를 범하며, 이간질하고 욕하고 거짓말하고 다른 이를 저주하며, 질투하고 성내고 어리석으며, 도를 거슬러 효도하지 않으며, 부처와 법을 어기고 비구승을 비방하며, 선악을 반대로 논하는 이 같은 이들이라면, 4천왕이 보고할 때 제석과 천신들은 모두 기뻐하지 않으며, 선신들도 더 이상 그를 지켜주지 않는다. 해와 달은 빛을 잃고 별들도 길을 잃으며, 바람과 비도 시절과 어긋나게 된다. 그러나 이는 세상 사람들로 하여금 지난날의 허물을 고쳐 마음을 씻고 몸가짐을 엄숙히 하여 (중략) 청정한 도로 나아가게 하기 위함이다.*

*『불설사천왕경』(T15, 118b1-c3).

94

대승경전 중에도 같은 성격의 경전이 존재한다. 『금광명경』 「사천왕품」이 바로 그것이다. 여기서는 다음과 같은 네 천왕의 다짐으로 시작한다.

세존이시여, 우리 네 왕과 28부部의 귀신(즉 야차)들과 무량의 백천 귀신은 사람의 눈보다 청정한 천안天眼으로써 항상 이 남섬부주를 보살피고 옹호하겠나이다. 세존이시여, 이로 인해 〔세간에서는〕 우리를 호세왕護世王, 즉 '세상을 지키는 왕'이라 부릅니다. 만약 이 나라(國土)에 쇠퇴하는 일이 있거나, 원적이 국경을 침략하거나 기근과 질병 등의 온갖 재난이 닥칠 때, 어떤 비구가 이 경을 수지受持하면 우리 네 왕은 다 함께 그 비구에게 이같이 권유할 것입니다.
"빨리 그 나라의 도시나 작은 마을로 가 『금광명경』이라는 이름의 미묘한 경전을 널리 유포하여 이처럼 나라를 쇠퇴하게 하는 백천 가지 일들을 다 우리들의 힘으로써 멸진시키소서."
세존이시여, 이 『금광명경』을 수지한 이가 국왕의 국토에 이르게 되면, 국왕은 이들의 처소로 찾아가 이와 같은 미묘한 경전을 들어야 하며, 듣고는 기뻐하여 다시 이들을 보호 공경해야 합니다. 세존이시여, 그러면 우리 네 왕은 지극한 마음으로 국왕과 이 나라 백성들을 옹호하여 모든 재난을 없애 주고 안락을 얻도록 하겠습니다.*

*T16, 341a6-18.

이러한 사정으로 인해 『금광명경』은 예로부터 호국경전으로 인

[사진7] 운문사 작압
전 사천왕 석주. 순서
대로 각기 칼·삼지창·
불꽃·탑을 든 지국·증
장·광목·다문천왕. 통
일신라 후기 또는 후삼
국시대. 문화재청 국가
문화유산포털(c)

식되었고, 이를 근거로 금광명도량金光明道場을 열기도 하였다. 신
라 문무왕 때는 경주 낭산狼山 남쪽에 사천왕사四天王寺를 건립하
였는데, 도리천(즉 삼십삼천)의 제석과 그가 관장하는 사천왕을 통
해 나라를 지키기 위함이었다. 그곳은 일찍이 선덕여왕이 죽으면
서 도리천에 묻어줄 것을 유언하여 장사지낸 곳이기도 하였다.

　사천왕이 어떻게 세상을 보호하는 왕이 될 수 있었던가? 나아가
그런 사천왕이 어떻게 부처님께 발우를 바치게 되었던가?

2) 불전에서의 사천왕

불전佛傳 상에 등장하는 사천왕 역시 '호세왕護世王' 또는 '호세사

천왕護世四天王'이라는 이름으로 불린다. 그렇지만 불전 상에서 사천왕의 가장 큰 역할은 부처님께 발우를 바치는 일이다. 이 일을 왜 세상을 보호하는 왕이 담당하게 된 것인가? 부처님께 발우를 바치는 일과 세상을 보호하는 일은 무슨 연관이 있는 것인가?

앞서 인용한 『사천왕경』에서 사천왕이 세상을 보호하는 방식은 일체 중생들의 신身·구口·의意 3업의 선악, 즉 10악업과 10선업을 살피는 것이었다. 살아있는 것을 죽이는 것(殺生), 주어지지 않은 물건을 취하는 것(偸盜), 그릇된 방식으로 여인을 취하는 것(邪婬)이 신체적인 악업이라면, 자신의 생각과는 다르게 말하는 것, 즉 거짓으로 말하는 것(妄語), 남을 손상시키기 위해 이간질하는 말(兩舌), 남을 헐뜯기 위해 내뱉는 욕설(惡口), 진실이 아닌 꾸며낸 말(綺語)은 언어적인 악업이며, 탐욕(貪)과 증오(瞋)와 무지(癡)는 의식적인 악업이다. 그리고 이러한 10가지 악업에서 벗어난, 이를테면 살아있는 것을 죽이지 않는 것 등의 행위가 10선업이다.

불교에서 세상을 보호하는 일이란 다름 아닌 불법(선업)을 지키는 일이다. 사천왕은 세상을 보호하는 천왕인 동시에 불법을 지키는 천왕이다.

여래께서 열반에 들고자 하실 때 세속의 마음에 들어 이렇게 생각하였다.
'사천왕들은 마땅히 내가 있는 곳으로 올까?'
이에 사천왕들은 이미 부처의 마음을 알고 부처님 계신 곳에 이르러 오른쪽으로 세 번 돌고 머리를 땅에 대고 예를 올리고서 한쪽에 물러나 앉았다.

부처님께서 사천왕에게 말씀하셨다.

"나는 지금 오래지 않아 열반에 들 것이다. 내가 열반에 든 후 그대들 천왕은 불법佛法을 옹호해야 하리라."

그리고 특별히 제두라타提頭羅吒에게 말씀하셨다.

"그대는 동방의 불법을 옹호하도록 하라."

비루륵毘樓勒에게 말씀하셨다.

"그대는 지금 남방의 불법을 옹호하도록 하라."

비루박차毘樓博叉에게 말씀하셨다.

"그대는 지금 서방의 불법을 옹호하도록 하라."

비사문毘沙門에게 말씀하셨다.

『아육왕전』(T50, 126 b19-26)."그대는 지금 북방의 불법을 지키도록 하라."

우리나라 절에서 사천왕문을 거쳐 비로소 대웅전(법당)에 들어가게 되는 것은 선법당善法堂이 존재하는 수미산 꼭대기 삼십삼천에 오르려면 사천왕천을 거쳐야 한다는 의미도 있지만, 법당에 들어가려면 불법을 수호하는 사천왕의 검문(?)을 받아야 한다는 의미도 있다. 그러나 사천왕이 불법을 수호하는 것은 이렇듯 여래가 반열반에 든 이후의 일이다. 그렇다면 반열반에 들기 전의 사천왕의 임무는 무엇인가?

이 또한 두 가지 관점에서 이야기할 수 있다. 만약 정각 이전이라면 보살을 옹호하여 그로 하여금 신속히 불법을 성취하게 하는 일이며, 정각 이후라면 여래 세존을 옹호하여 그로 하여금 불법을 세상에 구현하게 하는 일이다. 이는 물론 불전을 장식하는 모든 천신들, 욕계6천과 색계17천, 그중에서도 특히 욕계 인간세계와 가장 가까운, 혹은 지거천地居天인 사천왕과 제석천, 그리고 세간의 주인인 대범천의 소임이기도 하였다.

　　그때 사천왕과 석제환인(제석천), 야마천, 도솔천, 낙변화천, 타화자재천, 사바세계의 주인 범천왕, 범중천, 범보천, 묘광천, 소광천, 광엄천, [5]정거천淨居天과 아가니타(색구경)천과 마혜수라(대자재)천과 그 밖의 무량의 백천 천신들이 구름같이 모여 서로 말하였다.

　　"보살께서 장차 하생하려 함에 우리가 가서 모시지 않으면 무정한 일일 뿐더러 은혜도 모르는 일입니다. 우리가 모시고 지키지 않으면 누가 그 일을 능히 맡을 수 있겠습니까? 보살이 남섬부주로 내려가 입태入胎하는 순간부터 태어나 어린이가 되고 성년이 되어 유희遊戲하며 욕락을 즐기다가 출가 고행하고, 보리좌菩提座로 나아가 마구니의 항복을 받고, 정법의 바퀴를 굴리고, [외도를 조복시키는] 큰 신통력을 드러내고, [모후를 위해] 도리천忉利天에 [올랐다가] 내려와 열반에 들기까지 언제나 받들고 섬겨 끝끝내 그를 떠나지 않아야 할 것입니다."*

*『방광대장엄경』제5 「강생품」(T3, 546b22-c3).

　　보살이 불법을 성취하고 이를 세상에 구현하기 위해서는 무엇보다 먼저 도솔천에서 한시라도 빨리 인간세계의 남섬부주로 하생하지 않으면 안 된다. 이에 그들 천중天衆들은 보살에게 하생을 청한다.

대범천과 제석천과 백천의 천중은

공경의 마음으로 부처님 뵙기를 기원하며

사천왕도 장차 발우를 바칠 것이오니

*『방광대장엄경』제2
「도솔천궁품」(T3,
541b15f.)

오로지 바라옵건대 신속히 하생하소서.*

여기서 사천왕이 바치겠다고 약속한 발우는 성불의 보증수표와 같은 의미로 읽힌다. 이는 곧 보살께서 도솔천에서 하생만 하면 과거의 모든 부처님이 그러하였듯이 정각을 성취하고 사천왕으로부터 발우를 얻게 된다는 약속이기 때문이다.

그러나 보살이 하생하여 고귀한 종성으로 태어났을지라도 집을 떠나지 않으면 안 된다. 출가 역시 그들 천중들의 바람이었다. 『방광대장엄경』제13 「음악발오품音樂發悟品」에서 사천왕은 범천과 제석천 등과 함께 보살의 출가를 재촉한다.

천룡天龍 등과 범천왕과 제석천과 사천왕이 항상 온갖 종류의 공양거리로 보살께 공양하며 환희 찬탄하면서도 또 다른 때 저마다 이같이 생각하였다.

'보살께서는 (억겁에 걸친) 기나긴 세월동안 중생(의 삶)을 성취하시어 4섭법(攝法, 布施·愛語·利行·同事)으로 그들을 거두어 살핀지라 중생들의 근기 이미 성숙하였거늘, 보살께서는 어째서 깊은 궁전에만 계실 뿐 출가 성도하여 그들을 제도하지 않으실까? 만약 때를 놓치게 되면 (모든 것은) 변천하여 그들의 선심도 보전하기 어려우니, 이후 정각을 성취할지라도 중생들을

제도할 수 없게 될까 염려된다.'

그리하여 보살에게로 가 예배하고 [출가하기를] 희망하며 이같
이 말하였다.

"[우리가] 어떻게 하면, 보살께서 출가하시어 도를 배워 보리좌
에 앉아 모든 마구니들의 항복을 받고 등정각等正覺을 이루고,
10력力과 4무소외無所畏와 18불공법不共法을 완전히 갖추고, 무
상無上의 [사제四諦] 법륜을 세 번에 걸쳐 12번 굴리고 큰 신통
을 나타내어 중생들의 바램(意樂)을 모두 만족시킬 수 있겠나이
까?" (중략)

존자께서는 옛날 큰 보시 이미 행하시어
일체의 재보 능히 다 버리시고
중생들을 위해 진리의 비(法雨) 내리겠다 하셨으니
지금이 집을 떠나야 할 바로 그때입니다.

존자께서는 어떠한 결함도 없는 청정한 계
옛날부터 수많은 겁劫에 걸쳐 항상 수습하며
중생들을 번뇌로부터 해탈시키겠다 하셨으니
지금이 집을 떠나야 할 바로 그때입니다. (하략)*   *T3, 565b10-566a18.

『방광대장엄경』 제15 「출가품」에서는 제석천과 사천왕이 보살
의 출가 환송 장면을 실로 장엄하게 그려내고 있다. 이는 아마도
여러 천신들 중에서 그들의 염원이 가장 컸기 때문일 것이다.

그때 보살은 자리에서 일어나 칠보로 된 그물 발을 걷어올리고 나와 합장한 채로 서서 시방세계의 모든 부처님을 생각하였다. 생각하자마자 천주天主 제석환인과 사대천왕과 일월천자가 〔환송 차〕 각기 자신들의 무리를 거느리고 와 있는 것을 보았다.

동방의 제두뢰타提頭賴吒 천왕은 건달바왕을 거느리고 동쪽에서 왔다. 온갖 재주를 부리며 풍류를 울리고 춤추며 노래하는 무량 백천의 건달바를 이끌고 카필라성에 도착하여 세 겹으로 에워싸고서 공중에 떠 있는 채로 합장하고 머리 숙여 보살께 예배하였다.

남방의 비루륵차毘婁勒叉 천왕은 구반다왕을 거느리고 남쪽에서 왔다. 저마다 향수를 가득 담은 보배 병을 손에 쥔 무량 백천의 구반다를 이끌고 카필라성에 도착하여 세 겹으로 에워싸고서 공중에 떠 있는 채로 합장하고 머리 숙여 보살께 예배하였다.

서방의 비루박차毘婁博叉 천왕은 여러 용왕들을 거느리고 서쪽에서 왔다. 저마다 갖가지 진귀한 보배와 진주와 영락과 온갖 종류의 꽃과 향을 손에 쥐고서 향과 꽃과 온갖 보배를 구름처럼 흩으며, 또한 미묘하고 향기로운 바람을 일으키는 무량 백천의 큰 용들을 이끌고 카필라성에 도착하여 세 겹으로 에워싸고서 공중에 떠 있는 채로 합장하고 머리 숙여 보살께 예배하였다.

북방의 비사문毘沙門 천왕은 야차왕을 거느리고 북쪽에서 왔다. 손에 세상의 백천 개의 등불과 횃불보다 빛나는 보주寶珠를 받든 채, 투구와 갑옷을 입고, 활과 칼과 창과 방패와 바퀴 모양의

창과 궁노弓弩 등을 잡은 무량 백천의 대 야차들을 이끌고 카필
라성에 도착하여 세 겹으로 에워싸고서 공중에 떠 있는 채로 합
장하고 머리 숙여 보살께 예배하였다.

또한 그때 천주 제석환인은 삼십삼천에서 하늘의 꽃다발과 가
루 향과 바르는 향과 의복, 보배 일산, 수없이 많은 휘장과 깃
발, 영락을 지닌, 그의 권속인 일체 모든 하늘과 백천만의 대중
들과 함께 왔다. 카필라성에 도착하여 세 겹으로 에워싸고서 공
중에 떠 있는 채로 합장하고 머리 숙여 보살께 예배하였다.*

*T3, 574a29-b24.

이러한 장면은 『불본행집경』 제21 「사궁출가품捨宮出家品」에서
도 동일하게 그려지고 있다. 나아가 보살이 출가하려 함에 야차들
은 보살이 타고 갈 말(犍陟)의 네 다리를 받들어 땅에 닿지 않게 하
였는데, 『방광대장엄경』에 따르면 이는 사천왕의 명에 의한 것이

[사진8] 보살의 출가.
스와트박물관.

었다. 『수행본기경』의 경우 사천왕이 직접 말의 발을 들기까지 한다. 말의 발이 땅에 닿아 땅이 진동하면, 다시 말해 말발굽 소리가 나게 되면 궁궐 안팎의 사람들이 보살의 출가를 알아챌 것이기 때문이었다.

3) 사천왕과 봉발奉鉢

이처럼 불전 상에서의 사천왕의 임무는 제석천과 대범천을 도와 보살이 도솔천에서 하생하고 왕성을 넘어 출가하여 무사히 불도를 성취하게끔 돕는 것이었다. 그중에서도 가장 중요한 일은 두말할 나위도 없이 보살이 정각을 성취할 때 발우를 바치는 것이다. 이는 천중들이 보살의 하생을 청할 때의 약속이기도 하였다.(전술)

사천왕의 봉발은 『반야경』에서도 마하반야바라밀다를 성취할 때 얻어지는 과보로 설해진다. 예컨대 『마하(대품)반야바라밀경』 (구마라집 역) 제2 「봉발품奉鉢品」(이를 해설한 『대지도론』에서는 「보응품報應品」)에서는 보살마하살이 반야바라밀다를 닦으면 그 과보로 사천왕이 발우를 바친다는 이야기로 논의를 시작한다.

부처님께서 사리불에게 말씀하셨다.
"만약 보살마하살이 반야바라밀을 행하여 능히 이 같은 〔정등각의〕 공덕을 짓게 된다면, 이때 사대천왕은 모두 다 크게 환희하며 말할 것이다. '우리들은 이제 옛날의 천왕들이 〔앞서 출현하였던〕 이전 부처님께 발우를 바쳤듯이 이 보살에게도 네 개의 발우를 바쳐야 하리라.'"*

*T8, 221a22-24.

104

[사진9] 사천왕 봉발.
2~3세기 모라모라두.
탁실라박물관.

혹은 제62 「마수품魔愁品」에서도 사천왕천은 보살이 반야바라밀
다를 배울 때 보살의 처소에 와 다음과 같이 말하고 있다.

"선남자여, 부지런히 그리고 신속히 〔반야바라밀다를〕 배워야
할 것입니다. 〔보리수하 보리〕 도량에 앉아 아뇩다라삼먁삼보

리를 성취할 때 과거의 부처님들이 네 개의 발우를 받은 것처럼 역시 (네 개의 발우를) 받게 될 것이니, 저희가 갖고 와 보살께 올릴 것입니다."*

*T8, 356a16-19.

이렇듯 부처님에게 발우를 바치는 일은 불전佛傳에서도 대승경전에서도 사천왕의 역할로 그려지고 있다. 불전작가들은 왜 정각자에게 발우를 바치는 일을 사천왕에게 배당하였을까? 발우는 형색(형태와 색채)을 갖춘 물질적 존재이기 때문에 이를 구할 수 있는 하늘은 욕계, 그중에서도 지거천地居天일 수밖에 없다. 그리고 그중에서도 온갖 공덕의 미묘한 땅인 수미산 꼭대기 삼십삼천보다 네 층급으로 이루어진 수미산 중턱, 아홉 산의 광대한 세계인 사대왕중천의 천왕에게 발우를 구하여 바치게 하였을 것이라고 생각하는 것이 합리적 추측일 것이다. 『태자서응본기경』(T3, 479b2f)이나

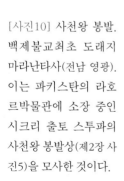

[사진10] 사천왕 봉발. 백제불교최초 도래지 마라난타사(전남 영광). 이는 파키스탄의 라호르박물관에 소장 중인 시크리 출토 스투파의 사천왕 봉발상(제2장 사진5)을 모사한 것이다.

『고승법현전』(T51, 865c10f)에서 사천왕이 불발을 얻었다는 알나산頞那山은 바로 『대지도론』(T25, 252c2)에서 말한 사대왕중천의 사방의 산, 즉 수미산과 사대주 사이의 일곱 금산金山 중의 하나인 알습박갈나산(頞濕縛羯拏山, Aśvakarna)의 약어*이기 때문이다. 그리고 불발은 이후 불타정법의 상징으로 그려지기 때문에 봉발奉鉢은 자연히 불법 수호의 의무를 지닌 사천왕의 몫이 되었을 것이다.

* 혹은 비나달가산毘那怛迦山 Vinataka, 즉 빈나산頻那山의 오사誤寫일 수도 있다.

정각자인 불타에게 발우를 바치는 일은 사천왕의 고유한 역할이다. 앞의 「봉발품」의 경설에 대한 『대지도론』의 해석(제2 「釋報應品」)에 따르면 천중들의 공양에는 각기 고유한 역할이 있다. 이는 삼세 모든 부처님에게 공통된 법도였다.

문: 천신들은 공양할 것이 많은데 어찌하여 발우를 바치는 것인가?

[사진11] 사천왕 봉발. 3세기 간다라. 빅토리아 앨버트박물관(c).

답: 사천왕은 발우를 바치지만, 그 밖의 다른 천신은 〔다른 것을〕 공양한다. 천신들의 공양에는 각기 정해진 법이 있다. 예컨대 부처님께서 막 태어나실 때 석제환인(제석천)은 천의天衣로 부처님의 몸을 받았고, 범천왕은 몸소 일산을 잡았으며, 사천왕은 사방에서 그를 지켰고, 정거천淨居天은 보살로 하여금 세간에 대해 싫어하는 마음을 낳게 하려고 〔네 대문 밖에서〕 늙은 사람, 병든 사람, 죽은 사람과 출가사문의 모습으로 변화하였다. 또한 출가할 때 사천왕은 사자(使者, 야차)에게 명하여 〔성을 넘는〕 말의 발을 잡아 〔소리 나지 않게 하였으며〕 각기 사방에서 보살을 보호하였다.

[사진12] 사천왕 봉발 중 일부. 4세기 간다라. 빅토리아 앨버트박물관 (c).

그리고 제석천은 〔보살이 출가할 때〕 자른 머리카락을 주위 그의 하늘(삼십삼천)의 왕성 동문東門 밖에 머리카락 탑(髮塔)을 세웠고, 또 보살의 보배 옷(寶衣)을 가져다 왕성 남문南門 밖에 옷 탑(衣塔)을 세웠으며, 부처님께서 〔정각을 위해〕 보리수菩提樹 아래 이르렀을 때에는 좋은 풀을 구해 바쳤다. 그리고 집금강執金剛보살은 항상 금강을 쥐고서 보살을 호위하였으며, 범천왕은 부처님께 법륜法輪을 굴리기를 청하였다. 이렇듯 각각의 천신에게는 〔부처님이 출현할 때마다〕 언제나 행해야 하는 법도가 있으니, 이러한 이유에서 사천왕은 발우를 바친 것이다.*

*T25, 315a15-26.

108

[사진13] 사천왕 헌발
獻鉢. 운문사 대웅보전
내부벽화.

참고로 욕계 6천과 색계 17천 중 불전을 장엄하는 중요 역할은
거의 대개 대범천과 제석천과 사천왕*에 배당되고 있다. 이유는 분
명하지 않다. 이들은 그들의 별칭처럼 '세간을 지키는 왕(護世王)',
'하늘의 주인(天主)', '나아가 세간의 주인(世主)'이기 때문에 선택
되었을지 모른다. 혹은 『태자서응본기경』에 따르면 보살은 97겁
전 가죽옷을 벗어 진흙창에 깔고, 그것으로 부족하자 다시 머리를
풀어헤쳐 그 위로 정광불(즉 연등불)께서 지나가시도록 한 공덕으
로 목숨을 마치고 바로 첫 번째 천상天上에 태어나 사천왕이 되었
고, 다시 인간세계로 내려와 전륜성왕이 되고, 다시 도리천(즉 삼십
삼천)에 태어나 천제석이 되었다가 범천에 올라 범천왕이 되었다.*
그래서 언제나 보살의 사정을 누구보다 잘 아는 세 천신이 불전을
장엄하는 주요 신으로 선택되었는지도 모른다.

*이를 보통 梵釋四王이
라 한다.

*T3, 473b1-8.

3. 부처의 발우와 비구의 발우

1)『사분율』등 율장에서의 돌 발우

일찍이 부처님은 사천왕으로부터 금·은 등의 일곱 가지 보배로 만들어진 발우를 받았지만, 이치에 맞지 않다는 이유로 이를 수용하지 않았다. 후술하듯 부처님은 이를 비구의 발우로도 허용하지 않았다. 구하기도 어려웠을 뿐만 아니라 세속에서 귀한 것일지라도 출가 수행자에게는 귀한 것이 아니었기 때문이다. 그렇다면 왜 하필 돌 발우였을까? 그런데 부처님께서는 비구들의 경우 질그릇 발우(瓦鉢)와 쇠 발우(鐵鉢)만 허락하고 돌 발우 역시 소지를 금하였다. 그 이유가 무엇인가?『대지도론』에서도 부처님만이 갖는 18가지 불공법不共法에 대해 논의하면서 이 같은 의문을 제기한다.

> "부처님께서는 계율을 제정할 때, 〔돌 발우 등〕여덟 가지 발우의 소지를 금지하였다. 그리고 비구들에게는 두 종류의 발우, 즉 질그릇 발우와 쇠 발우의 사용만을 허용하면서 당신은 돌로 된 발우를 사용하였다. 〔그 이유가 무엇인가?〕"*

*T25, 251b12-14.

율장의 본론이라 할 수 있는「바라제목차(戒經)」에서 발우에 관한 규정은 비구의 소유물에 관한 규정* 중에 언급된다. "가외의 발우는 10일 이상 지녀서는 안 된다."(사타법 제21조) "발우가 다섯 군데 이상 금이 가지 않았으면 새 발우를 구해서는 안 된다."(동 제22조)

*이를 '사타법捨墮法'이라 한다.

율장에서는 이 두 조문의 인연에 대해 설하면서 발우에 관해 이야기한다. 앞의 조문은 어떤 비구들이 값진 발우를 여분(이를 '長鉢'이라 한다)으로 소유함에 따라 제정된 것으로, 아난다가 가섭존자에게 주기 위해 값진 소마국의 발우를 얻었지만 그가 10일 후에 돌아온다고 하였기 때문에 '10일까지'라는 단서조항이 더해지게 된 것이다. 그리고 뒤의 조문은 발우가 깨어졌다는 핑계로 자꾸만 새 발우를 구하기 때문에 제정된 것이다. 이를 어길 경우 해당 발우를 승가에 반환하고 참회해야 한다.

비구가 사용하는 발우는 기본적으로 쇠 발우와 질그릇 발우 두 가지이다.『사분율』「30사타법」에 의하면 질그릇 발우에는 생산지와 색깔에 따라 소마국蘇摩國 발우, 오가라국烏伽羅國 발우, 우가사국憂伽賖國 발우와 검은 발우(黑鉢), 붉은 발우(赤鉢) 다섯 가지가 있다. 그리고 크기에 따라 상·중·하(혹은 대·중·소) 세 가지로 구분하기도 한다.* 그런데 왜 비구는 돌 발우나 나무 등 그 밖의 다른 재질의 발우를 사용할 수 없는 것인가? 이에 대해서는 보유의 성격을 지닌 「잡건도」(권52)에서 해설한다.

마가다의 왕 빔비사라는 왕궁을 보수하면서 이층 궁궐의 기둥으로 사용하던 값진 시사바尸賖婆 나무로 발우를 만들어 비구들에게 보시하였는데, 부처님은 이를 허락하지 않았다. 나무 발우는 외도의 법도라는 것이 그 이유였다. 돌 발우도 허락하지 않았다. 여래의 '진리의 발우(法鉢)'라는 것이 그 이유로, 이를 가지면 투란차(偸蘭遮, sthūlātyaya, 중죄의 미수죄)를 범한 것이라 하였다.* 이하 계속하여 금 발우, 은 발우, 유리 발우, 보배 발우 역시 허락하지 않았다. 이를 사용하는 것은 세속(白衣)의 법도라는 것이 그 이유였다.

*『사분율』(권9)에 의하면 상발上鉢은 3두斗, 하발下鉢은 1두 반. 발우의 크기에 대해서는 平川彰,『비구계연구Ⅱ』(2004): 421-423 참조할 것.

*T22, 952a3f.

그렇지만 쇠 발우는 허락하였다. 뿐만 아니라 출가자 중 쇠 장인이 이를 만들기 위한 화로나 망치, 풀무, 숫돌 등의 도구를 만드는 것도 허락하였고, 마지막 마무리로 쇠 발우를 불에 구어 연기에 그을리는 방식을 직접 일러주기도 하였다.

『사분율』「잡건도」에 상응하는『오분율』「잡법雜法」에서의 해설은 좀 더 자세할 뿐만 아니라 돌 발우에 대한 입장도 조금 다르다.

어느 때 어떤 비구들이 금·은·칠보·상아·동·돌·나무로 발우를 소지하고 있음에 거사들이 비난하였다.

"이 비구들은 언제나 '적은 욕심에 만족할 줄 안다'고 말하면서 이렇듯 왕이나 대신들처럼 좋은 발우를 소유하고 있다."

이에 부처님께서는 비구들을 모아 놓고 말씀하였다.

"지금부터 앞서 언급한 여러 발우의 소유를 허락하지 않는다. 만약 금·은 내지 돌 발우를 소유하면 이는 다 돌길라(突吉羅, duṣkṛta, 참회가 요구되는 죄)이고, 나무 발우를 가지면 투란차이다."*

*T22, 169c26f.

또 어느 때 우가라優柯羅라는 바라문에게 딸이 한 명 있었는데, 늘 백동白銅으로 만든 발우에 밥을 먹었다. 그녀는 출가한 뒤에도 여전히 같은 발우로 탁발하자 거사들이 비난하였다.

"사문 석자釋子가 동 발우를 사용하니 외도와 구별할 수 없다."

이에 부처님께서 말씀하였다.

"외도가 사용하는 동 발우(銅鉢)를 허락하지 않는다. 만약 이를 범하면 돌길라이다. 쇠 발우(鐵鉢)와 질그릇 발우(瓦鉢)와 소마국의 발우(蘇摩鉢)만 허락한다.* *T22, 170a1-3.

한편『십송율』「잡송」에서는 전후 관련 설명 없이 금·은·유리·마니주·동·백랍·나무·돌로 된 여덟 가지 종류의 발우의 소지를 불허하고, 이를 소지할 경우 모두 돌길라로 간주하였다. 역시 쇠 발우와 질그릇 발우만을 허락하였다.* *T23, 269b6-8.

이처럼 각각의 부파에서 전한 율장에 따라 발우에 관한 이야기가 조금씩 다르지만, 기본적으로는 앞서 인용한 "여덟 가지 발우의 소지를 금하고 질그릇 발우와 쇠 발우의 사용만을 허용한다"는『대지도론』의 논설과 같은 입장이다. 여기서 여덟 가지 발우란 금·은·유리·마니주와 같은 보배로 만든 발우와, 백동과 백랍, 나무, 돌로 만든 발우를 말한다. 금한 이유는 전승에 따라 조금씩 다르지만, 금·은 등의 보배 발우는 세간이 좇는 법도였기 때문이며, 동이나 나무 발우는 외도들의 법도(또는 표식)였기 때문이다.

그렇다면 돌 발우의 사용을 금한 이유는 무엇인가?『사분율』에서는 여래의 설법을 법륜(法輪, dharma-cakra)이라 하고 승원의 북을 법고(法鼓, dharma-dundubhi)라 하듯이, 돌 발우를 여래의 법발(法鉢, *dharma-pātra), 즉 진리의 그릇이라 하였다. 따라서 이는 누구나 사용할 수 있는 것이 아니다. 제1장(2-3 '최초로 성불의 기별을 받은 자')에서 부처님 정각 후 트라푸사와 발리카 두 상인들에게 행한 말씀을 '법륜'이라 하지 않는 것은 그것으로 인해 그들에게 무루의 성도聖道가 일어나지 않았기 때문이라 하였다. 이로 볼 때 법발, 즉 '진리의 그릇'인 돌 발우 역시 무루성도를 성취한 성자만 사용 가능하다. 그래서 비구가 돌 발우를 사용하는 경우,『오분율』(화지부 율장)이나『십송율』(설일체유부 율장)에서는 마음으로 (고의라면 한 명의 비구 앞에서) 참회해야 하는 죄인 돌길라로 규정하였고,『사분율』(법장부의 율장)에서는 단순 미수죄인 투란차로 규정하였던 것이다.

2) 돌 발우의 이중성

그런데『대지도론』「초품 중 18불공법 석론」에서는 비구가 돌 발우를 비롯한 여덟 가지 발우를 소지해서는 안 되는 이유에 대해 율장과는 조금 다르게 설명한다.

먼저 금과 은 등으로 만든 보배 발우의 경우, 일단 보배는 사람들이 탐하는 것이기 때문이고 얻기 어렵고, 〔얻더라도〕이에 탐착할 것이기 때문에 손에 드는 것조차 허락하지 않았다. 보배라고 할 만한 것은 다른 비구가 잠시 맡겨둔 것(이를 '淨施'라고 한다)이라 할지라도 소지해서는 안 된다. 출가자에게 있어 그것은 귀중한 것이 아니기 때문이다.

나무 발우는 때나 기름이 스며들어 깨끗하지 않기 때문에 소지를 불허하였다. 질그릇 발우나 쇠 발우 역시 굽지 않은 것이라면 때나 기름이 스며들어 비위생적일 수 있지만, 구운 것은 그렇지 않다. 그래서 질그릇 발우나 쇠 발우 또한 굽지 않은 것은 허락하지 않았다.

돌 발우에는 거친 것과 고운(미세한) 것이 있다. 거친 것은 때나 기름이 낄 수 있지만, 고운 것은 그렇지 않기 때문에 세존께서 소지하게 된 것이다. 『대지도론』에서는 계속하여 비구가 돌 발우를 소지해서는 안 되는 이유에 대해 논설한다.

첫째, 돌 발우는 무겁기 때문이다. 부처님의 경우 아기일 적에도 1만 마리의 흰 코끼리(香象)보다 더 센 힘을 지니고 있었기 때문에 무겁다고 여기지 않지만, 비구들의 경우 그것은 무겁기 때문에 그들을 사랑하고 염려하는 마음에서 허락하지 않은 것이다. 부처님의 시자侍者였던 나타(羅陀, Rādha)나 미희가(彌喜迦, Meghika), 아난다(阿難, Anānda) 등이 부처님의 발우를 들고 다닐 수 있었던 것은 부처님의 위신력이나 불타를 공경하고 존중한 힘 때문이었다. 그리고 아난다는 실제 육체적인 힘이 무척 셌기 때문에 무겁게 느끼지 않았고 부처님도 그런 그를 가엾게 여기지 않았다.

둘째, 거친 돌 발우의 경우 때나 기름이 끼기 때문에 사용을 불허하였다면, 고운(미세한) 돌 발우는 얻기가 어려웠기 때문에 불허하였다. 부처님의 고운 돌 발우는 사대왕중천의 사방의 산* 꼭대기에서 저절로 생겨난 것으로, 사천왕 이외 다른 이들은 이러한 발우를 가질 수 없다. 설혹 구하거나 만들 수 있다 하더라도 그것은 매우 어려운 일로서 대개는 중도에 포기하고 만다. 그래서 돌 발우를 비구들의 일상의 발우로 허락하지 않은 것이다.

셋째, 불타는 제자들과의 차별을 나타내기 위해 돌 발우를 사용한 것으로, 이는 마치 사람들의 존중을 받는 국왕의 식기食器가 일반인들의 식기와 다른 것과 같다. 사람들은 부처님의 발우가 비구들의 발우와는 다른 것을 보고 더욱더 존중 공양하는 등 청정한 믿음이 배가되기도 하는 것이다.

*수미산을 둘러싼 4대 주 안쪽의 7산.

넷째, 부처님의 돌 발우는 사람이 바친 것이 아니라 사천왕이 바친 것으로, 이는 가섭(迦葉, Kāśyapa)이나 지바카(耆域, Jīvaka)가 올린 10만 냥의 의복처럼 잘라 다른 사람들과 나누어 승가리로 만들 수 있는 것도 아니거니와 그때는 아직 승가(衆僧)가 존재하지 않았기 때문에 돌 발우의 소지를 허락할 상황도 아니었다. 설령 이후 돌 발우의 소지를 허락하였을지라도 남섬부주에서는 이를 좋아하지 않기 때문에 줄 만한 사람도 없고 줄 사람도 없다.

다섯째, 부처님께서는 "비구들은 항상 공덕을 숨겨야 한다"고 설하였다. 그런데 만약 어떤 비구가 돌 발우를 수지한다면 이는 얻기 어려운 것이기 때문에 사람들은 그것을 하늘이나 용에게서 얻은 것이라 여길 것이다. 나아가 사람들이 "이 비구는 부처님과 공덕을 함께하려 한다"고 말(비방)할까 염려하여 허용하지 않은 것이다.

여섯째, 의복의 경우 혹 어떤 사람이 "부처님은 승가 안에 계시면서(佛在僧中) 단월(檀越, 신자)이 주는 좋은 옷을 혼자만 입으시고 비구들에게는 허락하지 않는다"고 말(비방)할 수도 있을 것이기 때문에 동일한 옷의 착용을 허락하였지만, 청정하지 않은 비구라면 사람들이 주지도 않을 것이고 청정한 비구라면 적은 욕심에 만족하기 때문에 주더라도 입지 않을 것이다. 그러나 돌 발우의 경우 비구들은 이를 바라는 일도 없기 때문에 허락하지 않은 것이다.*

*T25, 252c5-253a18.

돌 발우의 불허의 문제는 본질적으로 여섯째의 어떤 사람의 말처럼 "불타를 승가의 일원으로 볼 것인가, 아니면 승가와는 별도의 존재로 볼 것인가?" 하는 물음과 직결된 문제이다. 이는 『성실론』에 의하면 당시 불교학계의 논쟁점이 된 10가지 문제 중의 하나(僧

中有佛說)로, 불타를 승가의 일원으로 본 이들은 화지부化地部였다.

그들은 "불타는 승가의 상수上首이기에 어떤 사람이 그에게 보시하면 이는 바로 승가에 보시하는 것이라고 할 수 있다"는 경설에 따라 불타도 승가에 포함된다고 주장하였다. 뿐만 아니라 "불타 역시 승가에 포함되기 때문에 승가에 보시하면 큰 과보를 얻지만 불타께 별도로 보시할 경우 그렇지 않다"고 주장하기까지 하였다. 그러나 이때 승가가 지금 구성되어 있는 비구 등 7중衆의 현전現前승가인지, 언제 어디서라도 존재하는 이념상의 승가, 즉 사방四方승가인지는 분명하지 않다. 앞서 트라푸사 또한 사방승가에 귀의하였기 때문에 그때도 3귀의가 가능하다고 하였다. 바로 이 같은 점에서 설일체유부에서는 "불타는 승가에 포섭되기는 하지만, 성문(즉 불제자)승가에는 포섭되지 않는다"고 하였던 것이다.[*]

*T27, 678b25f; T29, 558c9-16; 권오민 (2012): 89-91 참조.

이 같은 점에서 본다면 돌 발우는 다분히 이중성을 지닌다. 『대지도론』에서는 돌 발우를 불허한 것은 무겁다거나 줄 사람도, 주는 사람도 없기 때문이라 해명하지만, 이는 들 수만 있다면, 주는 사람만 있다면 소지할 수 있다는 말이다. 다른 한편 본질적으로 승가에 허용되는 것이 아니라면, 다시 말해 돌 발우를 포함한 여덟 종류의 발우를 계율로 금하였다면, 이는 예외 없이 불타에게도 적용되어야 한다. 돌 발우는 본질적으로 불허할 만한 이유도 없지만, 현실적으로 소지를 허용하기도 어렵다.

이에 따라 근본설일체유부율의 주석인 『근본살바다부율섭根本薩婆多部律攝』(권7)에서의 발우 해설은 엉거주춤하다. 돌 발우를 질그릇 발우의 일종으로 간주함으로써 앞의 문제를 해소한다. 여기

서는 "가외의 발우는 10일 이상 지녀서는 안 된다"는 사타법 제21
조에 대해 해설하면서 이같이 부연 설명한다.

발우에는 쇠 발우와 질그릇 발우 두 종류가 있다. 이에 준하여
돌 발우는 바로 질그릇 발우의 일종임을 알아야 한다. 만약 그
렇지 않다고 한다면 세존께서는 어찌 〔계율을 어기면서까지〕
하늘(사천왕)의 돌 발우를 받았을 것이며, 청정하지 않은 줄 알
면서 스스로 이를 사용하였을 것인가?*

*T24, 561c14-16.

그러면서 율장에서 금한 여덟 가지 종류의 발우에서 돌 발우를
빼고 동 발우를 적동赤銅 발우와 백동白銅 발우로 구분하고 있다.

또한 금·은·유리·수정으로 만든 네 종류의 발우가 있으니, 이
를 만약 아직 받지 않았다면 받아서는 안 될 것이고, 만약 이미
받았다면 버려야 할 것이다. 또한 놋쇠(鍮石)·적동赤銅·백동白
銅·나무로 만든 네 종류의 발우가 있으니, 이를 만약 아직 받지
않았다면 받아서는 안 될 것이고, 만약 이미 받았다면 뜻에 따

T24, 561c16-19. 라 약단지로 사용할 수 있다.

4. 사천왕이 바친 발우의 행방

1) 바이샬리 사람들과의 이별 선물
세존께서 정각 후 처음으로 두 상인이 올린 음식을 받아 드신, 사

천왕이 바친 그 발우, '가사와 발우를 챙기다(攝衣鉢)'는 말이 불타의 유행遊行을 나타내는 말이 될 정도로 어딜 가든 항상 함께하였던 그 발우는 그 후 어떻게 되었을까?

『증일아함경』 42. 「팔난품八難品」 제3경에 의하면 불타는 바이샬리의 암라원에 있다가 열반처인 쿠시나가라로 떠나면서 이별을 아쉬워하는 그곳 사람들에게 선물한다. 당시 바이샬리는 밧지국의 수도로, 불타는 일찍이 그곳 사람들의 예例로써 7불퇴법을 설하기도 하였고, 유녀 암라팔리(Amrapāli, 팔리어는 Ambāpali)의 초대를 받아 얻기 어려운 다섯 가지 보배에 대해 설하고서 그녀의 집을 승원(암라팔리원, 또는 암라원)으로 기증 받기도 하였으며, 당신의 반열반 후 교단이 의지해야 할 법과 율의 기준으로서 (다시 말해 성전 편찬의 지침이 될) 4대 교법을 설하기도 하였던 곳이다. 경에서는 그때의 장면을 이같이 설하고 있다.

[사진14] 암라팔리의 공양(하단 왼편)과 보살의 출가. 2세기 간다라. 빅토리아 앨버트박물관 (c).

어느 때 부처님께서는 바이샬리(毗舍離)의 암라원(Amrapalivana, 㮈氏園)에서 5백 명의 대 비구들과 함께 있었다. 그때 세존께서는 바이샬리 성을 뒤돌아보시고 다음과 같은 〔작별의〕 게송을 읊으셨다.

지금 보는 저 바이샬리
이후 다시는 보지 못할 것이고
또한 들어가지도 못할 것이니
이제 그만 작별하고 떠나야 하리라.

바이샬리 사람들은 게송을 듣고 슬픔에 잠겨 세존을 따르며 눈물 흘리지 않는 이가 없었다. 그들은 서로 말하였다.
"머지않아 여래께서 열반에 들 것이니 세간은 광명을 잃어버리겠구나!"
그러면서 계속하여 세존을 따라갔다.
세존께서는 말씀하셨다.
"이제 그만 멈추어라, 그만 멈추어라! 그대들은 더는 슬퍼하지 말라. 부서질 것은 아무리 부서지지 않게 하려 해도 끝내 그렇게 되지는 않느니라. 나는 일찍이 네 가지 법에 대한 깨달음을 얻었고, 또한 이 네 가지 법을 사부四部의 대중들에게 설하였다. 무엇이 네 가지인가? '일체의 현상(行)은 무상하다.' 이것이 첫 번째 법이다. '일체의 현상은 괴로운 것이다.' 이것이 두 번째 법이다. '일체의 현상에는 나라고 할만한 주체가 존재하지 않는다.' 이것이 세 번째 법이다. '열반은 〔괴로움의〕 완전한 멸진이다.' 이것이 네 번째 법의 근본이다. 이치가 이러하니 여래도 머지않아 세상을 떠나게 될 것이다. 그대들은 이 네 가지 법의 근본을 알아 일체 중생들에게 그 뜻을 널리 설해야 하리라."

그리고서 바이샬리 사람들로 하여금 그만 성으로 돌아가게 하기 위해 신통으로 큰 구덩이를 나타내어 여래는 비구들과 함께 저편에 계시고 이 나라 사람들은 이쪽에 있게 하였다.

그때 세존께서는 당신의 발우를 허공에 던져 그들에게 주며 말하였다.

"그대들이 이 발우에 잘 공양하고 또한 뛰어난 재능의 법사에게 공양한다면 언제나 한량없는 복을 얻게 될 것이다."

세존께서는 그들에게 발우를 던져주시고서 바로 〔열반처인〕 쿠시나가라(拘尸那竭國)로 가시었다.* *T2, 748c24-749a19.

부처님께서 바이샬리 사람들(즉 릿차비)에게 당신의 발우를 주고서 헤어진 그곳, 그곳은 카라마종족에 대해 "진리란 신탁神託에 의해, 성전이나 전통 혹은 이지적 탐구에 의해 알려지는 것이 아니라 일상의 경험에서 확인되어야 한다"는 내용의 『카라마경(Kalamasutta)』을 설한 케사풋타 마을, 오늘날 그곳은 인도 비하르주 참파란지구(바이샬리에서 55km 떨어진)의 케사리야(Kesariya, Kalama Sutta를 설한 케사풋타 마을)로, 여기에는 릿차비족이 이를 기리기 위해 조성하였다는 둘레 120m 높이 32m(원래는 45m)의 대탑이 현존하는데, 인도네시아의 보로보두르 대탑과 동일한 스타일

[사진15] 인도 비하르
주의 케사리야 스투파.
(wiki)

이다. 이 대탑은 현장법사도 순례하였던 성소로『대당서역기』에도 이 같은 사정이 기록되어 있다.

〔바이샬리〕 대성 서북쪽으로 5~60리를 가면 커다란 스투파(大塔)에 이르는데 릿차비족 사람들(栗呫婆子 Licchava, 구역은 離車子)이 여래와 헤어진 곳이다. 여래께서는 바이샬리 성으로부터 쿠시나가라로 가는 길이었는데, 릿차비족 사람들이 부처님께서 장차 열반에 들 것이라는 소식을 듣고 따라 나와 슬피 울며 배웅하였다. 세존께서 그들의 슬픔과 사모의 정이 말할 수 없을 정도로 지극한 것을 보고 신통력으로 〔자신과 그들 사이에〕 큰 강을 나타내었다. 천 길 낭떠러지 깊은 절벽 아래로 급류가 소용돌이치며 흘러 릿차비족 사람들은 비통해하면서도 더 이상 따라갈 수 없었다. 여래께서는 〔그들에게〕 발우를 남기시어 그 것으로 여래를 추념追念하게 하였다.*

*T51, 909a29-b6.

122

한편 법현은 현장과는 반대로 쿠시나가라로부터 바이샬리로 여행하였기 때문에 부처님이 릿차비족에게 발우를 선물한 이야기를 쿠시나가라 條에서 하고 있다. 법현은 이를 현장과 달리 바이샬리 인근 콜후아(Kolhua)에 현존하는 아쇼카 왕의 석주와 관련시켜 이야기한다.

이곳(拘夷那羯城)에서 동남으로 12유연(由延, yojana)을 가 릿차비족(梨車族) 사람들이 반열반에 들려는 부처님을 뒤쫓아 간 곳에 이르렀다. 그때 부처님께서 더 이상 따라오는 것을 허락하지 않았지만 그들은 부처님을 사모하여 돌아가려 하지 않았다. 그

[사진16] 바이샬리의 아쇼카 석주. (wiki)

래서 부처님은 신통력으로 크고 깊은 구덩이를 파 그들이 건너올 수 없게 하고, 발우를 주어 이에 대한 믿음을 일으켜 각자의 집으로 돌아가게 하였다. 그곳에는 석주石柱가 세워져 있는데, 거기에는 글이 새겨져 있었다.*

*『고승법현전』(T51, 861
 c8-11).

다른 한편 『아육왕전』, 『대지도론』, 『부법장인연전』 등에 의하면 부처님께서는 열반에 들기 전 마하가섭에게 법장法藏을 부촉하고서 당신의 가사(승가리)와 발우를 미래세의 부처인 미륵불에게 전하도록 하였고, 가섭은 이에 따라 계족산에서 선정(멸진정)에 든 상태로 미륵불의 출현을 기다린다고 하였다. 『증일아함경』 제48 「십불선품」 제3경이나 동일한 내용의 『불설미륵하생경』, 혹은 『아육왕경』 등에서는 가사만 전한다고 하였지만, 『대비바사론』이나 『대지도론』 등에서는 가사와 발우 그리고 석장(지팡이)을 함께 전하도록 하였다고 설하고 있다. 이 세 가지는 불타 정법의 상징으로 항상 함께하는 것이었다. 마하가섭이 불발을 미륵불에게 전하는 이야기에 대해서는 제8장에서 보다 자세하게 논의하게 될 것이다.

가섭존자가 석가모니 부처님의 가사와 발우를 들고 계족산에서 미륵불을 기다린다는 이야기는 불교세계에 오래되고도 널리 퍼진 전설이다. 만약 그렇다고 한다면 부처님께서 바이샬리 사람들에게 이별의 선물로 주었다는 불발은 무엇인가? 다른 불발인가? 그런데 우리는 사천왕이 바친 불발 말고도 또 다른 불발의 존재를 『방광대장엄경』에서 확인할 수 있다.

2)『방광대장엄경』에서의 불발과 그 행방

제1장(1절 '두 상인의 음식 공양')에서도 인용하였듯이『랄리타비스타라』와 이것의 한역인『방광대장엄경』에는 두 상인이 사천왕이 바친 돌 발우에 버터와 꿀(酥蜜) 등을 담아 올렸다는 이야기와는 별도의 버전인 듯한 형식으로 세존의 또 다른 공양 이야기가 전해진다. 즉 상단의 소들에게서 짠 우유가 제호醍醐로 변하는 희유한 일이 일어남에 두 상인은 여기에 가장 좋은 쌀을 넣어 죽을 쑤고 다시 좋은 향의 꿀을 섞어 보배 발우(『방광대장엄경』에서는 전단나무 발우)에 담아 올렸다는 것이다. 그리고 공양 후 이 발우의 행방에 대해 각기 다음과 같이 묘사하고 있다.

〔상인들은〕 그 값어치가 백천(즉 십만) 량(量, pala)에 달하는 아부 찬드라(abhu-candra)라고 하는 보배로 만든 발우(ratnapātra)를 어떤 더러움도 없이 깨끗하게 닦아 음식을 가득 담았다. 꿀을 담은 그 보배 발우를 들고 스승이 계신 무화과나무 숲으로 갔다.

"이 맛난 음식을 받으시고 우리에게 은혜를 베풀어 주소서."

스승께서는 이들 두 상인이 전생에 일으킨 보리심을 아시고 자비심으로 음식을 받아 드셨다. 식사가 끝나자 발우를 공중(nabhastala, 아래 하늘)에 던졌다. 그때 수브라흐마(subrahma: 善梵)라는 천신이 그 최상의 보배로 만들어진 발우를 받아들었다. 그 발우는 지금도 범천세계에 있으며, 다른 천신들과 함께 이에 제사 지내고 있다.[*]

[*] Lalitavistara, ed. Lefmann, p.387; 定方晟(2002): 114.

그때 세존께서는 상인들이 올린 음식을 받아 잡수시고 그 전단
나무로 만든 발우를 공중에 던졌는데, 발우를 만든 전단나무 한
푼의 값어치는 백천〔량〕의 값진 보배와 맞먹을 정도로 비싼 것
이었다. 그때 선범善梵이라는 범천이 전단나무 발우를 받아 범
천궁으로 돌아가 탑을 세워 안치하고 공양하였다. 그 탑에는
〔부처님이 이 법문을 설하는〕 오늘에 이르기까지 천신들이 향
과 꽃을 공양하여 끊어지는 일이 없었다.*

*『방광대장엄경』(T3,
  602c11-15).

이에 반해 『랄리타비스타라』의 이본역인 『보요경』에서는 상인
들이 올린 음식을 사천왕이 바친 발우에 받아 잡수신 후 이를 허공
에 던졌다고 전한다.

부처님께서는 〔상인들이 올린 음식을〕 잡수시고 발우를 허공에
던졌다. 그러자 바로 선범善梵이라는 천자가 그것을 받아 어떠
한 장애도 없이 범천梵天으로 들고 올라갔다. 억천의 범천들이
다 함께 공양하고, 오른편으로 돌며 받들어 섬겼다.*

*T3, 527a15-18.

아무튼 『랄리타비스타라』와 『방광대장엄경』의 경우 상인들은
또 다른 음식(우유죽)을 사천왕이 바친 돌 발우가 아니라 각기 보배
발우와 전단나무 발우에 담아 올리고 있다. 그런데 좀 이상하다.
승가가 성립한 후의 이야기이기는 하지만, 율장에서는 보배 발우
는 세간에서도 탐하는 것이고, 나무 발우는 외도들의 발우이기 때
문에 이것의 사용(소지)을 금하였는데 어찌 여기다 음식을 담아 드

126

신 것일까?

더욱이 율장 「잡사雜事」에서는 발우법에 대해 설하면서 릿차비 종족이 부처님께 전단나무 발우에 흰 석밀과 환희단歡喜團*을 가득 담아 바치자 음식만 취하고 전단나무 발우를 돌려주면서 "이는 외도의 발우이기 때문에 부처가 소지할 만한 것이 아니다"고 말하기까지 하였다. 그럼에도 제자 빈두로賓頭盧가 전단나무 중에서도 최상품인 우두牛頭전단으로 만든 발우를 신통으로 얻어오자 이를 쪼개어 향으로 쓰게 하였다.*

혹은 『십송율』(37권)에서는 빈두로를 이같이 꾸짖기도 하였다. "어찌 명색이 '비구'라는 자가 발가벗고 나다니는 외도(赤裸外道, 즉 자이나교)들의 물건인 나무 발우를 얻고자 구족계(大戒)도 받지 않은 사람들 앞에서 인간세계를 초월하는 성법(聖法, 즉 신통)을 나타냈단 말인가?"*

이러한 전단나무(혹은 보배) 발우를 정각 이후 첫 번째 식사 그릇으로 사용하였다는 것은 어딘가 이상하다. 그래서 『보요경』의 역자(서진의 축법호)는 이 대목을 삭제한 것이 아닐까? 아니면 『랄리타비스타라』와 『방광대장엄경』의 경우 불전의 다른 이야기가 편입된 것일지도 모른다. 혹은 어떤 이는, 불타의 돌 발우가 지상의 도시(간다라의 페샤와르)에 있다고 주장해 온 사람들이 그와 상충하는 경전의 서술, 즉 그 돌 발우가 범천계에 있다는 『보요경』의 서술을 〔보배/전단나무 발우로〕 고친 것이라 추측하기도 한다.*

세존께서 식사를 끝낸 뒤 발우를 '공중에 던졌다'는 말도 이상하다. '던지다(kṣipa: 擲)'는 말에는 '버리다'는 뜻도 있고 '모욕하다',

* 보릿가루나 꿀/버터 기름 등 여러 재료를 섞어 먹기 적당한 덩어리로 만든 음식.

* 『오분율』 제5 「잡법雜法」(T22, 170a3-12).

* T23, 269a22-23.

* 이주형(2007): 118.

'파괴하다'는 뜻도 있다. 그것은 불교의 출가수행자가 지녀서는 안될 것이기 때문에 버린 것이고, 범천은 '버릴 바에야 차라리 내가 주워 가겠다'고 생각하여 자신의 세계로 갖고 간 것인가? 그렇다면 그것은 불발佛鉢이 아니다. 불발은 버리거나 파괴할 수 있는 것이 아니다.

뒤에 설하겠지만 불발은 현겁賢劫의 천불千佛이 함께 사용하는 것이기 때문에* 생겨난 곳으로 다시 돌아가며, 사천왕에 의해 다음 부처에게로 전해져야 한다. 불발의 공양은 오로지 사천왕의 몫이다. 두 상인이 우유죽을 담아 올린 보배/전단나무 발우는 불발이 아니다. 아마도 그래서 공중에 던져버렸을 것이다.

*제7장 2-2-1 '현겁의 천불, 하나의 발우' 참조.

사실 이와 유사한 이야기가 정각 이전에 있었다. 고행을 포기한 보살은 나이란자나 강에서 목욕하고 강가 마을 여인으로부터 금발우(5가지 보배 발우의 하나)에 우유죽 공양을 받았다. 이 역시 음식을 취한 뒤 발우를 강물에 던져버렸고, 용왕이 이를 주워 용궁으로 가져가 예배하였다. 혹은 제석천이 이를 빼앗아 자신의 하늘로 갖고 가 공양하였다. 이 이야기 역시 독립된 장*으로 설해질 만큼 다양한 에피소드로 구성된 서사이다.

*『불본행집경』에서는 제30「향보리수품」,『방광대장엄경』에서는 제18「왕니련하품」

비록 불발은 아닐지라도 보살이 고행을 포기하고 금 발우에 받았던 우유죽 공양에 관해 이야기하지 않을 수 없다. 이제 장을 바꾸어 이에 대해 이야기해 보자.

제3장 나이란자나 강가 마을 여인의 공양

그때 태자는 생각하였다.

"나는 하루에 참깨 한 톨과 쌀 한 톨만 먹었다. 이틀에, 나아가 이레에 참깨 한 톨과 쌀 한 톨만 먹었다. 그리하여 몸은 야윌 대로 야위어 바짝 마른 고목과도 같다. 그렇지만 고행으로 6년을 채웠음에도 아직 해탈하지 못하였으니, 이는 올바른 도가 아님을 알아야 하리라. 이는 옛날〔부왕의 농경제 때〕염부나무 아래서 사유思惟하였던 법보다 못한 것이다. 그 어떤 속박에서도 벗어난 평안함(離欲寂靜), 이것이야말로 가장 참되고 바른 도일 것이다. 내가 만약 이처럼 야윈 몸으로 그같은 도를 얻는다면, 저 외도들은 내가 반열반에 이르게 된 것이 스스로 굶었기 때문이라 말할 것이다. 내 비록〔고행을 통해〕뼈 마디마디마다 나라연那羅延의 힘을 갖는다 할지라도 이로써 도의 결과(즉 정등각)를 취하지 않으리라. 마땅히 음식을 먹고 난 후에 도를 이룰 것이다."

이같이 생각하고서 자리에서 일어나 나이란자나 강(Nairañjanā: 尼連禪河)으로 가 목욕하였다. 목욕을 다 하였음에도 몸이 너무 야위어 스스로 나올 수 없었다. 천신이 내려와 나뭇가지를 눌러 줌에 이를 잡고 겨우 나올 수 있었다.

그때 숲 밖의 〔마을에〕 난다바라(Nandabala: 難陀波羅)라는 이름의 소치는 여인이 살고 있었는데, 정거천이 내려와 권유하였다.

"태자께서 지금 숲속에 계시니 그대 공양하면 좋을 것이다."

여인이 이를 듣고 크게 기뻐하였다. 그때 땅속에서 천엽千葉의 연꽃이 저절로 생겨났는데, 꽃송이 위에 우유죽(乳糜)이 있었다. 여인은 이를 보고 기이하게 생각하였지만, 곧장 우유죽을 가지고 태자의 처소로 가 머리를 땅에 조아리고서 발에 예배하고 이를 바쳤다.

(『과거현재인과경』)

*고행 후 공양을 올린 여인을 수자타(즉 善生)라고 한 것은 『자타카』의 「인연 이야기」와 『랄리타비스타라(방광대장엄론경)』뿐이며, 대개의 불전에서는 난다(歡喜)와 난다바라(歡喜力)로 전한다.(본장 2-3-1 참조) 따라서 '수자타'라고 말할 경우, 다른 수많은 불전의 전승을 부정하는 것일 뿐더러 불교교단의 첫 번째 우바이의 영예가 오도될 공산이 크기에 이 책에서는 '나이란자나 강가 마을 여인'이라 호칭할 것이다.

1. 고행의 포기

1) 고행에 대한 다양한 관점

불타전기 상에서 6년에 걸친 고행은 깨달음에 이르는 중요한 도정이었다. 그렇지만 불타는 끝내 이를 포기하였다. 그리고 포기는 나이란자나(팔리어는 네란자라) 강에서 목욕하고, 강가 마을(장군촌)의 여인으로부터 우유죽을 공양 받는 것으로 마무리된다.* 이런 점에서 여인의 우유죽 공양 역시 불전 상에서 고행 못지않은 중요한 사건으로 다루어졌다. 고행의 포기를 상징한다는 점에서 부정적으로 취급된 경우 또한 없지 않았지만, 보리수나무 아래 금강도량으로 나아가는 인연이기도 하였기 때문에 이를 둘러싸고 많은 이야기가 생산되었다.

사천왕의 도움*으로 무사히 출가한 보살은 사냥꾼으로 변장한 제석천과 옷을 바꿔 입고 숲속을 유행遊行하다 카필라 성에서 멀리 벗어나기 위해 갠지스 강을 건너 마가다국의 왕도 라자그리하(왕사성)로 들어간다. 거기서 걸식하다 빔비사라 왕과 만나 무상정등각을 성취하면 다시 왕을 찾기로 약속하고, 근처 기사굴산(Gṛdhrakūṭa, 영취산)의 선인들의 숲(仙人林)에서 여러 수행자들을 만났다.

*제2장 2-2 '불전에서의 사천왕' 참조.

최상의 지혜로 이욕離欲의 적정(寂靜, 열반)을 증득하였다고 소문난 우드라카 라마푸트라(Udraka Rāmaputra, 팔리어는 Uddaka Rāmaputta)도 만났고, 아라다 카라마(Arāḍa Kālāma, 팔리어는 Āḷāra Kālāma)도 만났다. 그들로부터 각기 '아무 것도 존재하지 않는' 경지의 명상(無所有處定)과 '아무 것도 존재하지 않는다'는 의식마저 사라진 경지의 명상(非想非非想處定)을 배웠다. 그렇지만 그것은 수행자를 열반으로 인도하는 것이 아니라 바로 그러한 경지의 정신세계에 태어나게 하는 행법일 뿐이었다.

그리하여 보살은 진정한 열반을 추구하여 마가다국을 계속 유행하다 우루벨라 지방의 장군촌을 끼고 흐르는 나이란자나 강가 숲에 이르러 고행을 닦기로 결심한다. 고행은 인도 종교의 일반적 수행법으로, 특히 당시 유력한 사문종교였던 니르그란타, 즉 자이나교도, 아지비카도 이를 중요한 수행도로 강조하였다.

자이나교에 의하면 고행에는 외적 고행과 내적 고행 두 가지가 있다. 단식과 감식減食, 혹은 버터나 우유 등 맛있는 음식의 제한이나 거부, 독거獨居, 특정의 자세를 취하거나 맨몸으로 더위와 추위를 감당하는 것 등의 신체적 난행難行이 외적 고행이라면, 참회나 교조인 티르탕카라에 대한 예배, 봉사, 경전의 학습, 명상 등이 내적 고행이다.*Tattvārthādhigama Sūtra IX.19f. 여기에는 다시 세부적인 행법들이 열거되지만, 그들에게 있어 고행은 궁극적으로 영혼(jīva, 자아)의 정화를 위한 것이었다. 고행(tapas)은 말 그대로 열熱의 의미이기 때문에 영혼을 속박하고 있는 업의 물질을 소진하는 가장 유효한 방식으로 간주되었다. 그들은 이를 날이 더워지면 망고열매가 빨리 익어 떨어지는 것에 비유하였다. 인도의 전통철학인 요가학파에서도 고행은 경전의 학습과 최고신에 대한 헌신과 더불어 그들의 최고목적인 삼매에 이르는 기초적 수행이었다.*Yoga Sūtra Ⅱ.1. "고행과 독송, 최고신에 대한 헌신이 실행의 요가(kriyāyoga)이다." 그들에게 있어 삼매는 진실의 자아(puruṣa)가 세계로부터 해방된 상태였다.

불전佛傳에서도 이 같은 사실을 바로 지적한다. "외도들은 아견我見에 집착하여 몸과 마음을 괴롭히는 고행으로써 해탈을 추구한다."*T3, 580c23f.

『방광대장엄경』「고행품」에서는 이같이 말하고서 그들이 닦는 온갖 형태의 고행을 열거한다. 이러한 고행은 대체로 의식주와 관련된 난행難行이지만, 온몸에 재를 칠한다든지 삼지창이나 해골을 꿰어 들고 다니는 것과 같은 종교적 상징도 포함되는데, 이는 오늘날에도 힌두교 수행자(사두)에게서 흔히 볼 수 있는 모습들이다.

어떤 이는 그릇을 들고 이리저리 돌아다니며 걸식하는 것으로, 혹은 손으로 받은 한 덩이 밥으로 하루를 때우는 것으로, 혹은 걸식을 하지 않고 〔재가자가〕 와서 주는 대로 받는 것으로, 혹은 어떤 이는 초대를 거부하고 반드시 자신이 직접 구걸하는 것으로 해탈을 구하기도 한다.

혹 어떤 이는 항상 풀이나 나무뿌리·줄기·가지·잎·꽃·열매, 연근, 짐승 똥, 쌀겨 즙汁과 쌀뜨물, 기름 찌꺼기를 먹는 것으로, 혹은 사탕·소蘇·기름·석밀石蜜·순주淳酒·첨초甛醋 등의 온갖 맛 있는 것을 먹지 않는 것으로 해탈을 구하기도 한다.

혹 어떤 이는 한 집에서 밥을 빌고, 혹은 두 집, 세 집, 내지 일곱 집에서 밥을 비는 것으로, 혹은 하루에 한 끼 먹거나 이틀에 한 끼, 내지 반 달, 한 달에 한 끼 먹는 것으로 해탈을 구하기도 한다.

혹 어떤 이는 음식을 점진적으로, 단번에, 많이, 적게, 달을 따라 더 먹기도 하고 덜 먹기도 하는 것으로, 혹은 하루에 손가락으로 한 번 집을 만큼, 내지 일곱 번 집을 만큼 먹는 것으로, 혹은 하루에 보리 한 톨, 참깨 한 톨, 쌀 한 톨 먹는 것으로, 혹은 오로지 깨끗한 물만 마시는 것으로 해탈을 구하기도 한다. 혹 어떤 이는 〔모든 것은〕 신의 것이라 외치며 스스로 굶어죽으면서 자기 뜻대로 천인天人 중에 태어날 것이라 말한다.

혹은 어떤 이는 올빼미 깃털로 옷을 만들어 입는 것으로, 나무 껍질을 입는 것으로, 소나 양 가죽, 넝마(糞掃)를 입는 것으로, 한 가지의 옷(一衣) 내지 일곱 가지의 옷(七衣)을 입는 것으로, 어떤 이는 검거나 붉은 〔넝마로만〕 만든 옷을 입는 것으로, 혹은 벌거벗고 다니는 것으로, 혹은 손에 삼지창(三杖)을 들고 다니는 것으로, 혹은 해골을 꿰어 걸고 다니는 것으로 해탈을 구하기도 한다.

혹은 하루에 한 번, 두 번, 내지 일곱 번 목욕하는 것으로, 혹은 전혀 목욕하지 않는 것으로, 혹은 온몸에 재를 칠하고 돌아다니는 것으로, 혹은 숯검정을, 먼지나 똥을 칠하고 돌아다니는 것으로, 혹은 시든 꽃을 들고 다니는 것으로, 혹은 다섯 가지 뜨거운 것으로 몸을 지지는 것으로, 〔매운〕 연기를 맡는 것으로, 스스로 높은 바위에서 떨어지는 것으로, 언제나 한 발로 서 해와 달을 우러러보는 것으로, 혹은 가시덤불로 엮은 평상이나 재나 똥, 혹은 질그릇, 돌, 판자, 절굿공이 위에 드러눕는 것으로 해탈을 구하기도 한다.

혹은 '옴(oṃ)'이나 '바사(vaṣa: 婆娑)', '스바다(svadhā: 蘇陀)', '사바하(svāhā: 娑婆訶)'라는 말을 내뱉는 것으로, 혹은 주술을 행하고 베다를 읊조리는 것으로 해탈을 구하기도 한다.

혹은 브라흐만(梵王), 인드라(帝釋), 마혜슈바라(Maheśvara: 摩醯首羅), 두르가(Durgā: 突伽), 나라야나(那羅延), 쿠마라(拘摩羅), 카차야니(Kātyāyanī: 迦旃延, 천신의 이름), 마트리카(Mātṛka: 摩致履伽), 바수(Vāsu: 婆蘇), 아슈빈(Āśvin: 阿水那, 서광의 신), 바이슈라바나(Vaiśravaṇa: 毘沙門), 바루나(Varuṇa: 婆婁那, 폭풍의 신), 아디트야(Āditya: 阿履致, 광명·무한의 신), 찬드라(Candra: 旃陀羅, 달의 신) 등등의 천신과 귀신들에게 의지하여 해탈을 구하기도 하며, 혹 어떤 이는 땅과 불·물·바람·허공이나 산천·강·못·골짜기·대해·숲·나무·덩굴·무덤·네거리·외양간·가게 등에 귀의하는 것으로, 혹은 칼이나 수레바퀴, 창 등의 일체의 병기를 섬기는 것으로 해탈을 구하기도 한다.*

그렇다면 보살이 닦은 고행은 어떠한 것이었던가? 후술하듯이 『방광대장엄경』등에서는 고행의 전형으로 호흡(들숨과 날숨)의 억제와 중지, 하루에 보리 한 톨만 먹는 단식을 말하고 있지만, 전승에 따라 한결같지 않다. 『오분율』의 불전에서는 고행에 관한 이야기 자체를 전하지 않으며, 『사분율』의 경우 다만 한 줄, "그때 보살께서는 그곳(鬱鞞羅, 즉 우루벨라)에서 여섯 해 동안 고행을 닦으셨다"*고만 서술하고 있다. 이에 반해 『근본설일체유부비나야파승사』에서는 『방광대장엄경』과 같은 내용을 매우 자세하게 전하는데, 보살의 고행에 대해 설하는 대표적 경전인 『맛지마니카야』 제36경(Mahāsaccaka Sutta)과도 거의 일치한다.(후술)

내용과 구성 또한 상이하다. 예컨대 남전 『자타카』의 「인연 이야기(nidānakathā)」에서는 다만 최상의 고행으로 참깨 한 톨, 쌀 한 톨로 목숨을 유지하다 완전한 단식에 이르렀고, 그래서 신들이 그의 모공을 통해 생명의 수액(감로)을 주입하였다고만 설할 뿐이다. 그러나 『수행본기경』과 『태자서응본기경』에서는 이러한 단식과 함께 지식념持息念과 같은 불교적인 수행법도 닦았다고 전한다. 나아가 『태자서응본기경』의 경우, 고행을 포기하고 나이란자나 강가 마을의 여인들로부터 공양을 받고 난 다음 보리수하 금강좌에 올랐다고 설하는 통상의 불전과는 달리 고행과 정각의 과정을 따로 구분하지 않으며, 두 여인의 공양과 두 상인의 공양을 모두 성도 이후의 사건으로 나란히 기록하고 있다. 이에 반해 『증일아함』

* (T3, 580c23-581a24). 『불본행집경』 제29 「정진고행품」(T3, 765c15-766b21)에서도 외도들이 닦는 온갖 형태의 고행을 열거하고 있다.

*T22, 781a3.

제31 「증장품」 제8경에서는 호흡의 억지와 하루에 쌀 한 톨, 참깨 한 톨만 먹는 감식과 함께 외도들의 난행, 예컨대 가시덤불이나 쇠 못이 박힌 널판자 위에 드러눕는 등의 고행도 닦았다고 설하고 있다.(후술)

이러한 불전 상의 차이는 필경 그것이 편찬된 지역과 시대, 소속 부파의 성향, 혹은 불전작가들의 관심도가 반영된 것이라고밖에 말할 수 없을 것이다. 외도들의 고행에 부정적인 이들은 불전에서 이를 완전히 배제하거나 지식념과 같은 불교적인 수행법으로 대체 하였을 것이다. 그러나 대다수 불전에서는 보살의 고행을 호흡의 억지와 단식에 한정시켜 설한다. 대신 이에 수반되는 극심한 고통 을 지극히 사실적으로 묘사함으로써 −보살이 느낀 고통을 실제 체험 한 것처럼 느끼도록 생생하게 그려냄으로써− 구도를 향한 보살의 강 렬한 의지를 드러내 보이고자 하였다. 나아가 이를 통해 보살이 추 구한 구도의 위대함을 찬탄하고자 하였기에, 혹은 고행의 포기라 는 극적인 반전을 염두에 두었기에, 비록 외도의 수행법일지라도 보살의 고행은 누구도 경험하지 못한 것이었다고 강조하기에 이르 렀다.

2) 불교 수행법으로서의 고행

"부처님이 외도들의 수행법인 고행을 닦았을 리가 없다. 그것도 6 년이나 닦고서 포기하였다면 이는 어리석은 일이 아닌가?" 불전작 가들은 이렇게 생각할 수도 있었을 것이다. 이에 따라 일군의 불전 에서는 보살의 고행을 불교적인 수행으로 서술하기도 한다. 예컨대 『수행본기경』에서는 다른 불전 상에서 우루벨라 장군촌(Senā-nigama) 인근 숲에서의 고행 장면을 이같이 서술한다.

〔아라다 카라마(阿蘭)와 우드라카 라마푸트라(迦蘭)의 처소에서 두 번째 선행(禪行: 정려)을 성취한〕보살은 다시 사나천斯那川에 이르렀다. 시냇물은 고요하고 곧게 흘렀으며, 주위에는 과일나무도 많았다. 곳곳에 샘물이 솟았고 목욕할 만한 연못도 있었는데, 어떠한 벌레도 없었고, 벌이나 모기·등에·파리도 없어 깨끗하였다. 하천 〔근처〕에는 사나(斯那, senā. 즉 '장군')라는 도사가 5백 명의 제자 등을 가르치며 도술을 닦고 있었다.

이곳에서 보살은 사라娑羅나무 아래 앉아 일체〔중생〕을 위해 위없이 높고 바른 진실의 도를 구하고자 하였다. 천신들이 〔하늘의 음식인〕감로甘露를 바쳤지만 보살은 일절 받지 않았다. 하루에 참깨 한 톨과 쌀 한 톨만으로 정기精氣를 이어갈 것이라고 스스로 맹세하였기 때문이다.

단정하게 앉은 지 6년, 몸은 야월 대로 야위어 피골이 상접하였지만, 정신은 지극히 현묘하고 고요하여 적묵寂默의 일심으로 일관하였다. 그러면서 내적으로 들숨과 날숨(安般, āna-apāna)을 사유하고 ─〔사유의〕첫 번째는 헤아리는 것(數)이고, 두 번째는 따르는 것(隨), 세 번째는 머무는 것(止), 네 번째는 관찰하는 것(觀), 다섯 번째는 돌아가는 것(還), 여섯 번째는 청정한 것(淨)이다─, 세 가지 4법(4념주, 4정단, 4신족)에 뜻을 두었으며, 12문(門: 연기)에서 벗어나는 일에도 흐트러짐이 없었다. 그리하여 신통에 통달하고 탐욕의 악법(불선법)을 버려 5개(蓋: 욕탐·진에·惛眠·掉悔·疑)가 더 이상 존재하지 않았으며 5욕欲도 느끼지 않았다. 악법이 저절로 사라짐에 진리를 떠올려 분별(念計)함이 분명해져 마치 강건한 이가 원수를 무찌르는 것과 같았다. 이에 마음이 청정해져 세 번째 선행을 성취하였다.*

*T3, 469b28-c10.

여기서 '들숨과 날숨을 사유하는 것'이란 들이쉬는 숨과 내쉬는 숨에 마음을 집중하여 그것의 횟수나 장단을 관찰하는 수행법인 지식념(持息念, 또는 安般念), 바로 수식관數息觀을 말한다. 『수행본기경』에서는 이러한 호흡명상을 완전하게 성취하기 위한 여섯 조건의 명칭만 나열하였지만, 해설하면 첫째 헤아리는 것(數, gaṇanā)은 마음을 오로지 들숨과 날숨에 집중하여 하나에서 시작하여 열까지 헤아리는 것, 둘째 따르는 것(隨, anugama)은 들숨과 날숨이 어디까지 이르는지, 예컨대 들숨이 몸안에 들어와 목구멍, 심장, 배꼽, 엉덩이, 나아가 발가락에 이르기까지 그것을 좇아 사유하는 것, 셋째 머무는 것(止, sthāna)은 마음을 코끝이나 미간 등 숨이 머무는 곳에 집중한 채 이러한 숨이 몸을 차갑게 하는 따뜻하게 하는지 관찰하는 것, 넷째 관찰하는 것(觀, upalakṣaṇā)은 숨(즉 바람)과 함께 존재하는 4대종과 소조색, 그리고 이에 근거하여 일어나는 심·심소를 관찰하는 것, 다섯 째 돌아가는 것(還, vivartanā, 신역은 轉)은 숨(바람)을 대상으로 한 이상의 지각을 이후에 생겨나는 4선근(煖·頂·忍·世第一法)으로 이전시키는 것, 여섯째 청정한 것(淨, pariśuddhi)은 이로부터 승진하여 견도見道에 들어가는 것이다.* 아

*이상 지식념持息念의 여섯 종류/단계에 대해서는 『대비바사론』권26(T27, 134c26-135b12); 『구사론』권22(T29, 118a22-b19); 권오민 역, pp. 1027~1030 참조.

비달마 논서에 의하면 지식념은 4념처와 마찬가지로 염(念, smṛti, 팔리어는 sati)의 힘으로 대상에 머물기 때문에 지식념이라 한 것일 뿐 지혜(慧, 통찰)를 본질로 하는 불교의 한 관법이다.

이처럼 『수행본기경』에서는 다른 불전에서의 고행 장면에 단식斷食과 함께 지식념과 4념주·4정단·4신족과 12인연법을 닦아 바야흐로 제3정려를 성취하였다는 내용을 설하고 있는 것이다.*

『수행본기경』(197년 後漢의 竺大力과 康孟詳 공역)보다 약 50여 년 뒤에 번역된 『태자서응본기경』(223~253년 사이 吳의 支謙 역)에서도 이에 관한 한 동일한 내용을 동일한 문장으로 전하고 있다.* 다만 차이라면 『수행본기경』에서는 이 단계에서 제3정려(禪行)를 성취하였다고 한 데 반해 『태자서응본기경』에서는 초정려(一禪行)를 성취하였다고 전하고 있다는 점이다.

또한 『보요경』 역시 이것의 이본異本이라 할 수 있는 『랄리타비스타라』나 『방광대장엄경』과 내용을 달리한다. 「고행품(duṣkaracaryā-parivarta)」이라는 이름의 장章에서 극단적인 호흡의 억지와 단식에 대해 설하고 있는 두 본과는 달리 『보요경』 「육년근고행품」에서는 '근고행勤苦行'이라는 새로운 개념을 제시한다. 이는 누구도 이를 수 없는, 등정각까지 마지막 일생을 남겨둔 보살만이 행할 수 있기 때문에 고행에 '근'(精進 virya의 구역)이라는 말을 더한 것으로, 4선禪을 닦고 들숨과 날숨을 헤아리는 것으로 묘사하고 있다.*

이러한 불전에서의 고행은 정법에 어긋나는 것도, 포기해야 할 것도 아니다. 이는 정각에 이르기 위한 일련의 도정이었다. 따라서

<aside>
*이 경에 의하면 초정려는 태자시절 농경제 때 염부나무 밑에서, 제2정려는 아라다 카라마를 만나 자·비·희·사의 4무량심을 일으키고서 성취한다.

*T3, 476c23-477a1.

*T3, 511a3-9.
</aside>

나이란자나 강가 마을의 여인(사나의 두 딸, 혹은 장자의 딸)으로부터 공양을 받은 것은 단식의 고행이 무의미해서가 아니라 장차 변방의 어떤 무식한 외도들이 "(석가모니도) 굶어 득도하였다"고 비방할까 염려되었기 때문이다.*

*『보요경』(T3, 511c21).

3) 단식斷息과 단식斷食의 고행

『수행본기경』 등에서도 하루에 참깨 한 톨, 쌀 한 톨만 먹는 감식의 고행을 설하고 있지만, 모든 불전에서의 고행의 기본은 단식이다. 그런데 어느 정도 볼륨을 갖는 불전, 이를테면 『근본설일체유부비나야파승사』, 『방광대장엄경』, 『불본행집경』, 『중허마하제경』 등에서는 여기에 다시 호흡의 억지를 더하여 이에 따른 고통을 지극히 사실적으로 묘사한다. 이는 불타 정각의 전후사정을 설한 『맛지마니카야』 제36 「마하삿차카경(Mahāsaccka-sutta)」이나 제100 「상가라와경(Saṅgārava-sutta)」, 『증일아함경』 제31 「증상품」 제8경 등에서도 언급된다.

　『유부비나야파승사』와 「마하삿차카경」은 내용상 거의 일치하는데, 고행에 관한 부분만을 간추리면 다음과 같다.

　보살은 우루벨라 서쪽 나야니 마을(那耶尼 혹은 勝軍聚落), 나이란자나 강가 숲에서 선정(寂定)을 닦아 모든 번뇌를 끊기로 결심하였다. 그곳은 숲이 무성하고 물이 맑은, 풍요롭고도 아름다운 곳이었다.
　먼저 나무 밑에 단정히 앉아 아랫니와 윗니를 맞닿게 모으고 혀를 입천장에 붙이고서 마음을 억누르고 호흡을 조절하며 마음을 다스렸다. 그러자 사나운 자(猛士)가 약한 이를 휘어잡아 꺾고 억누르며 괴롭히면 그의 온몸에서 땀이 흘러내리는 것처럼 보살의 모든 모공에서 땀이 흘러내렸다. 계속 참고 정진함에 밀려드는 고통을 감수하였지만, 마음은 결코 바른 선정에 안주할 수 없었다.

그래서 모든 기관(根, 즉 입과 코)을 막아 날숨과 들숨(氣)이 드나들지 못하게 하였다. 그러니 숨이 나가지 못하고 정수리로 치고 올라감

[사진1] 고행상. 3~5세기 간다라. 메트로폴리탄 미술관.

에 마치 힘센 자(力士)가 철 방망이로 정수리를 내려치는 것처럼 아팠다. 이같이 계속 정진함에 밀려드는 고통을 감수하였지만, 마음은 결코 바른 선정에 안주할 수 없었다.

이에 날숨을 안으로 끌어안고 선정에 들었다. 그러자 숨이 정수리에서 내려와 귀(고막)를 치니 바람이 가득 찬 풀무주머니가 터지는 것과 같은 굉음이 나 바른 선정에 들 수조차 없었다.

더욱 정진하여 날숨을 부풀린 배 안으로 거둬들여 선정에 드니, 숨이 배로 내려가 풀무자루에 바람이 가득 찬 것처럼 배가 부풀어 올랐다. 그래서 더욱 배를 부풀려 선정에 들자 숨이 다시 위로 올라가 정수리를 타격함에 마치 힘센 자가 질긴 가죽 끈으로 머리를 힘껏 졸라맬 때처럼 머리가 터질 듯 아팠다. 다시 갑절로 노력하여 배를 더욱 부풀려 선정에 드니, 숨이 배에 가득차 마치 백정이 날카로운 칼로 소의 배를 도려내는 것처럼 배가

아팠다. 또다시 정진을 배가하여 배를 더욱 부풀려 선정에 들자 숨이 온몸에 가득 차 마치 힘센 두 사람이 약한 이를 들어 맹렬히 타오르는 불길 속으로 던져 넣을 때처럼 온몸이 불같이 뜨거워졌다.

이에 어떤 천신은 보살이 죽었다고 생각하였고, 아직 죽지 않았지만 곧 죽을 것이라 생각하기도 하였다. 물론 어떤 천신은 보살은 죽지 않았고 죽지도 않을 것임을 알고 있었다. 아무튼 이같은 극심한 고행에도 바른 선정에 들 수 없었고 마음의 평안(寂定)도 얻어지지 않았다. 그래서 석존은 일체의 음식을 끊기로 결심하였다.

천신들이 다가와 말하였다.

[사진2] 고행상. 라호르 박물관.

"위대한 분(大士)이시여! 이제 당신께서 인간의 음식을 싫어하니, 우리가 감로(甘露, 혹은 하늘의 음식)를 모공으로 넣어드리려 하니, 받아주소서."

보살은 거절하였다. 인간의 음식을 끊겠다고 말해놓고 이제 와 감로를 받는다면 앞서의 결심은 거짓인 셈이 되기 때문이었다. 대신 목숨의 유지를 위해 아주 적은 양의 음식을 먹기로 하였다. 팥이나 콩을 삶은 물(혹은 팥이나 콩으로 끓인 죽)을 아주 조금씩 먹었다. 그런 까닭에 보살의 몸은

살이 빠지고 팔다리는 말라 비틀어져 마치 80 먹은 노파의 몸과 같았다. 정수리는 말라 쭈글쭈글하다 다시 부풀어 올라 마치 줄기에서 끊어져 햇볕에 말라 시들어버린 덜 익은 열매와 같았다. 또한 눈동자는 움푹 패여 들어가 마치 눈이 빠진 사람과 같았지만, 우물 속 깊이 보이는 별처럼 반짝였다.

또한 아주 적은 양의 음식만을 먹은 까닭에 피골이 상접하여 양쪽 갈비뼈가 앙상하게 드러나 마치 3백 년 된 초가집의 서까래와 같았다. 등뼈는 하프(箜篌)처럼 야위고 굽어 일어서려고 하면 앞으로 엎어지고, 앉으려 하면 뒤로 넘어졌다. 허리를 꼿꼿이 하여 서려고 해도 몸이 말을 듣지 않았고, 손으로 몸을 문지르면 털이 모두 빠졌다.

이에 어떤 천인은 보살을 검은(黑) 사문이라 하였고, 또 어떤 천인은 거무튀튀한(黯色) 사문이라고 하였으며, 또 어떤 천인은 푸르죽죽한(蒼色) 사문이라고 하였다. 이전의 단정하고도 아름다웠던 빛깔도 윤기도 사라졌다.*

*T24, 119c26-120c27; 『맛지마니카야』 제36경, 대림 스님 옮김(2), pp.170~178 참조.

[사진3] 불타의 고행상. 2~3세기 간다라 시크리. 라호르박물관.

이 같은 고행의 사실적 묘사는 파키스탄(간다라) 마르단의 시크리 불교승원 터에서 발굴되어 현재 라호르박물관에 전시되고 있는 부처의 고행상에서 바로 확인할 수 있다. 앞서 인용한 대로 피골이 상접하여 앙상하게 드러난 갈비뼈와 그 위로 너무나 도드라져 터질 것만 같은 핏줄,

움푹 팬 눈, 그러면서도 형형한 눈빛, 불전에서는 이를 깊은 우물 바닥 밑에서 반짝이는 별빛에 비유하였다.

간다라 지역에서는 다수의 고행상이 발굴되었는데, 한 연구에 의하면 이러한 고행상은 간다라 이외 지역에서는 만들어지지 않았다고 한다.* 당연히 이러한 사실적 묘사의 불전도 간다라에서 작성되었을 것이다. 흥미로운 사실은 역시 마르단의 탁티바히 불교승원 터에서 발굴되어 현재 페샤와르 박물관에 전시되고 있는 고행상의 대좌에는 나이란자나 강가 마을의 여인이 아니라 트라푸사와 발리카 두 상인의 공양도가 새겨져 있다는 점이다.(제1장 사진1) 왜 일까?(후술)

*이주형(2003): 165.

4) 난행으로서의 고행

『증일아함경』 제31 「증상품」 제8경에서는, 부처님은 보살시절 하루에 참깨 한 톨, 쌀 한 톨만 먹는 감식의 고행과 숨 쉬지 않는 무식선無息禪을 닦는 것 이외 앞서 길게 인용한 외도들의 온갖 난행도 함께 닦았다고 기술하고 있다.

보살은 애당초 단식을 결심하였을 때, 송아지의 똥을 주워 먹고, 송아지 똥이 없으면 큰 소의 똥을 주워 먹는 것으로 식사를 대신하려고 하였다. 이에 천신들이 감로로써 목숨을 보존시켜 주겠다고 청함에 하루에 참깨 한 톨과 쌀 한 톨만 먹는 감식 고행을 감행하였고, 이것으로 아무런 이익을 얻지 못하자 다시 숨 쉬지 않는 선정에 드는 혹독한 고행을 감행하였다.

이와 함께 또 다른 육체적 난행도 경험하였다. 경에서는 이같이 말하고 있다.

혹은 가시덤불이나 쇠못이 박힌 널판자 위에 드러눕기도 하였
으며, 새처럼 높이 매달려 있기도 하였고, 물구나무서기도 하였
으며, 양 발목을 서로 교차시켜(交脚) 의자에 걸터앉아 있기도
하였다. 혹은 수염과 머리를 길러 아예 깎지 않기도 하였고, 뜨
거운 햇볕에 맨몸을 드러내거나 불로 지지기도 하였으며, 한 겨
울에 얼음 위에 앉기도 하였고, 몸을 물속에 담그고 있기도 하
였다. 혹은 침묵한 채 아무 말 하지 않기도 하였다.

혹 어느 때는 〔하루〕 한 끼니만 먹기도 하였고, 두 끼, 세 끼, 네
끼를 먹기도 하였으며, 나아가 일곱 끼를 먹기도 하였다. 혹은
야채나 과일만 먹기도 하였고, 벼나 깨를 먹기도 하였으며, 풀

[사진4] 고행상. 2~3세
기 간다라. 페샤와르박
물관.

뿌리를 캐어 먹고 나무열매를 따먹기도 하였다. 꽃향기를 먹기도 하였고, 온갖 종류의 과일열매를 먹기도 하였다.

혹 어느 때는 벌거벗고 다니기도 하였고, 혹 어느 때는 넝마 옷을 입기도 하였으며, 사초莎草 풀로 만든 옷을 입기도 하였고, 털옷을 입기도 하였으며, 사람의 털로 몸을 가리기도 하였다. 혹은 머리를 기르기도 하였고, 혹 때로는 남의 머리카락을 취하여 〔머리에 얹어〕 점점 높이 올리기도 하였다.*

*T2, 671b15-24.

그러나 이러한 난행은 물론이고 호흡의 억지나 단식과 같은 고행은 강렬한 구도심을 일으켜 보다 높은 단계의 고행을 감행함으로써 그 고통을 감당할 수 있었지만, 진리 통찰을 위한 바른 선정에는 끝내 들 수 없었다. 이에 보살은 생각하였다.

모든 이들은 〔생사의〕 괴로움에서 벗어나고자 온갖 고행을 닦지만, 그리고 내가 닦은 고행은 그 누구도 뛰어넘을 수 없는 것이었지만 〔이는 다만 자신만 괴롭히는 것일 뿐 어떠한 이익이 없다.〕 이는 바른 길이 아니거니와 정지正智·정견正見도 아니어서 이러한 길(방법)로는 위없이 높고 평등한 깨달음(無上等覺)에 이를 수 없다.

그렇다면 무엇을 바른 길로 삼고, 정지·정견으로 삼아야 위없이 높고 평등한 깨달음에 이를 수 있을 것인가? 지난날을 돌이켜 생각해 보건대, 아버지 정반왕이 석가족의 농경제 의식을 거행할 때 염부나무 아래 앉아 불선不善을 버리고 욕망과 악법을

떠나는 길을 찾던 중 적정寂靜의 안락과 기쁨의 상태를 수반한
초선初禪을 얻은 적이 있었다. 이것이 바로 성도의 흐름에 이르
는(預流) 길일 것이며 정지·정견의 위없이 높고 평등한 깨달음
에 이르는 길일 것이다. 그렇지만 나의 몸은 지금 너무 쇠약해
져 있기 때문에 이를 능히 잘 닦을 수도, 성취할 수도 없다. 이
제 마음대로 숨도 쉬고 밥과 콩과 요구르트 등의 온갖 음식도
두루 먹고, 기름으로 몸도 마사지하고 따뜻한 물로 목욕도 하
리라.*

*『근본설일체유부비
나야파승사』(T24,
121b19-29).

*『방광대장엄경』(T3,
583a19-22).

이에 함께 수행하던 교진여 등 다섯 명의 현자(跋陀羅, bhadra)들
은 보살이 맛난 음식(美食)을 받으려 한다는 말을 듣고 모두 생각
하였다. "사문 고타마는 이와 같은 〔격심한〕 고행을 닦
았음에도 세간을 초월하는 수승한 지혜(出世勝
智)를 얻지 못하였거늘 하물며 이제 다시 맛
난 음식을 먹고 즐거움을 느끼면서 어찌 그것
을 얻을 수 있을 것인가?"* 그리하여 보살을
버리고 바라나시의 녹야원으로 떠나갔다.
한편 보살은 선정에 따른 신통의 힘과
지혜의 힘만으로도 쇠약해진 몸을 회복하
여 보리도량(菩提場)으로 나갈 수 있었지
만, 이는 일체 중생을 가엾이 여기는 마음
이 아닐 뿐더러 이전의 모든 부처가 보리(깨
달음)를 증득한 방식도 아니었다. 이리하여

[사진5] 고행상. 2~3세
기 자말가리. 페샤와르
박물관.

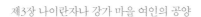

마침내 나이란자나 강가 장군촌의 여인들이 정각을 목전에 둔 보살께 공양을 올리는 영광을 갖게 되었다.

2. 나이란자나 강가 마을 여인의 공양

1) 고행 후 '우유죽 공양'의 전승 문제

불전佛傳문학에서는 보살이 고행을 단념한 후 인근 장군촌의 여인(수자타 혹은 난다와 난다바라)으로부터 우유죽 공양을 받는다고 전하지만,『잡아함』제604경과 근본설일체유부 계통의 율장을 제외한 어떠한 경과 율에서도 이를 전하고 있지 않다.* 이는 매우 이상한 일이다.

『잡아함』제604경 또한 「아육왕경(Aśokāvadāna)」으로, 여기서는 우파굽타(優波崛, 제4 法藏)가 아쇼카 왕에게 불적佛蹟을 안내하면서 "이곳이 두 여인이 보살께 우유죽을 바쳤던 곳입니다"*고 말한 것이 고작이다. 근본설일체유부 계통의 율장 또한 비유(譬喩, avadāna)가 대량으로 편입되어 그 분량이 엄청나게 늘어남에 따라 주요 내용들을 독립적으로 편찬한 것이라는 점에서 다른 율장과는 성격을 달리하는 문헌이다.

고행에 대해 매우 자세하게 기술하였던『맛지마니카야』제36경이나『증일아함경』제31「증상품」제8경에서는 "이렇게 극도로 야윈 몸으로 행복(sukha, 즉 열반)을 얻기란 쉽지 않다. 나는 쌀밥과 보리죽 같은 덩어리진 음식을 먹으리라"라고 하거나 "이같이 쇠약한 몸으로 높은 경지의 도(上尊之道)를 구할 수 없다. 얼마간의 정미한

*森 章司 참조. 참고로『방광대장엄경(Lalitavistara)』이나『불본행집경(Mahavastu)』등의 불전佛傳은 부처님에 관한 일종의 이야기책으로 경(Sūtra)이 아니다. 한역되면서 경으로 불려졌다.

*T2, 167a18.

기운(精微之氣)을 먹어 기력을 회복한 후에 도를 닦아야 하리라"는
정도로만 언급할 뿐이다.*

*대림 스님 옮김(2), p.
181; T2, 671c3-6.

혹은 두 상인의 공양에 대해 비교적 자세하게 기술하였던 『오분
율』 「수계법」에서는 이에 관한 언급이 아예 없으며(고행에 관한 언
급도 없다), 『사분율』 「수계건도」에서도 역시 "이와 같이 신체적 고
행으로써는 즐거움(樂法)을 얻지 못하니 차라리 밥을 조금 먹어 기
력을 보충하는 것이 좋을 것이다"*는 정도로만 언급할 뿐 여인을
등장시키지 않는다. 더욱이 고행에 대해 언급("그곳 우루벨라에서 6

*T22, 781a13-14.

년간 고행하였다")하기 앞서 울비라(鬱鞞羅, 우루벨라) 대장大將 마을
의 대장에게 바라婆羅·울바라鬱婆羅·손다라孫陀羅·금바가라金婆
伽羅라는 이름의 네 딸이 있었는데, 이들이 "만약 보살이 출가하여
도를 배우면 제자가 되고, 집에 있으면서 세속법을 익히면 그의 처
첩이 될 것"을 서원한 사실을 전하면서도 이들을 고행을 단념한 이
후의 우유죽 공양과 관련시키고 있지 않다.

다만 여래법신의 상주불변을 설하는 『대반열반경』이나 일체 모
든 존재가 다 공空이라는 반야바라밀다를 천명하는 『대반야경』과
같은 대승경전에서 그 같은 진실을 드러내는 방편의 사례로 우유
죽 공양을 언급한다. 이를테면 여래의 법신은 무량의 아승지겁 이
래 음식을 섭취한 적이 없지만 성문들을 위해 "일찍이 난타難陀와
난타바라難陀波羅라는 두 명의 소치는 여인(牧牛女)이 바친 우유죽
을 받고서 무상의 정등각(아뇩다라삼먁삼보리)을 증득하였다"고 설
하였다는 것으로, 이를 포함하여 이른바 팔상八相으로 일컬어지는
여래의 일대 생애(도솔천에서의 하생으로부터 시작하여 쿠시나가라에서

*『대반열반경』(T12,
 372b8-11; 488a25-
 29).
*『대반야바라밀다경』
 (T7, 944c4-10)

의 반열반)는 성문·연각의 왜곡된 견해(曲見)라는 것이다.* 혹은 실제로는 공양 받은 것이 아니지만 소치는 여인은 우유죽을 바쳤다고 여긴다는 것이다.*

이에 반해 남전『자타카』의「인연 이야기」를 비롯한 거의 모든 종류의 불전과 근본설일체유부 계통의 율장에서는 고행에 대해 언급하는 곳이면 으레 나이란자나(팔리어는 네란자라) 강가 장군촌 여인의 우유죽 공양에 대해서도 언급한다. 특히 근본설일체유부 율장의 경우『비나야』,『필추니비나야』,『출가사』,『파승사』,『잡사』등에서 환희(歡喜, Nanda)와 환희력(歡喜力, Nandabala), 혹은 환희와 희력喜力, 난타難陀와 난타력難陀力, 혹은 두 명의 소치는 여인(牧牛女)의 우유죽 공양에 대해 언급하며, 이 중『파승사』는 다른 어떤 불전보다 자세하다.

『근본설일체유부비나야』등에는 비유(avadāna)가 대량으로 편입되어 있다거나, 여러 불전 상에서 우유죽을 공양한 시주施主의 이름이나 이야기의 편차가 매우 크다는 사실 등을 고려할 때, 경과 그 밖의 율장에서 고행을 단념한 이후 우유죽 공양에 대해 언급하는 않은 것은 이 이야기가 결집結集에 포함되지 않은, 전적으로 불전작가들에 의해 구성된 것이기 때문은 아닐까? 아니면『자타카』의「인연 이야기」를 비롯한 다수의 불전에서 우유죽 공양의 목적이 배필(혹은 아들)을 얻기 위한 것이고, 공양의 대상이 나무 신神이었기 때문에* 경과 율에 포함시키기가 곤란하였을지도 모른다. 또한 그래서 페샤와르 박물관 소장 고행상 대좌에 이를 새기지 않고 상인들의 공양상(제1장 사진1)을 새겼는지도 모르겠다.

*「인연 이야기」에서
 수자타는 그가 공양
 을 올린 이가 보살인
 지 끝내 알지 못한
 다.(후설)

150

이제 나이란자나 강가 마을 여인의 공양에 대해 이야기해 보자.

2) 고행 전후의 공양

『자타카』의 「인연 이야기」를 비롯한 대다수의 불전에서는 보살의 고행 포기에 대해 설한 다음 바로 우루벨라 장군촌의 수자타(善生)의 우유죽(乳糜) 공양에 대해 이야기한다.* 그러나 이때 수자타의 공양은 보살이 고행을 포기한 직후가 아니라 이제 바야흐로 무상정등각을 증득하기 위해 보리좌(菩提座, bodhimaṇḍa)에 오르는 바로 그날 아침의 공양이다. 다시 말해 대부분의 불전에서는 고행 전후의 식사에 대해서는 생략하였다.

이에 반해 불타전기를 매우 자세하게 설하는 『불본행집경』에서는 보살이 고행을 시작한 때로부터 보리도량으로 나아가는 그날 아침 공양까지 도합 세 번의 공양 이야기를 전한다. 고행 전후의 두 번의 공양 이야기는 「고행정진품」에서, 보리좌에 오르는 그날 아침의 우유죽 공양 이야기는 「향보리수품」에서 전한다. 이에 따라 다만 한 가지, 그날 아침의 공양 이야기만을 전하는 다른 불전과 비교할 때, 등장인물과 구성에서 상당한 혼선이 야기된다.

첫 번째 공양 이야기는 보살이 왕사성 인근의 가야산, 즉 가야시리사산(伽耶尸梨沙山, 즉 象頭山)에서 내려와 마가다의 여러 마을을 유행하다 가야 남쪽 우루벨라 마을에서 공양 받은 이야기이다. 가야시리사산에서는 세 가지 비유*로써 고행과 욕망의 관계에 대해 사유하였는데, 이는 이후 누구도 흉내 낼 수 없는 고행을 닦는 계기가 되었다.

*혹은 그 중간에 나이란자나/네란자라 강에서의 목욕 장면을 넣기도 한다.

*축축한 나무와 소똥(혹은 부시막대)을 물에 놓고 불을 피우려는 것, 축축한 나무 등을 땅에 놓고 불을 피우려는 것, 마른 나무와 소똥을 땅에 놓고 불을 피우려는 것.

보살은 마침 밥 먹을 시간이 되어 우루벨라 마을에 들어가 먼저 도공의 집에 들러 질그릇(瓦器)을 얻어들고 차례로 걸식하다 촌장 난제가難提迦 집에 이르렀다. 수자타(須闍多, Sujātā: 善生)라는 이름의 촌장의 딸*이 보살의 용모에 반하였지만 아뇩다라삼먁삼보리를 구하여 무상의 법륜을 굴리고자 한다는 그의 말을 듣고 질그릇에 온갖 향기롭고 맛난 음식을 가득 담아주었다. 그리고 앞으로도 필요한 의복과 음식과 와구(깔개)와 탕약을 항상 제공할 것을 약속하고, 깨달음을 얻으면 성문의 제자로 삼아주기를 청하였다.

*이후 계속되는 논설에서 '수자타', 즉 善生은 마을 이름이기도 하고, 촌장의 이름이기도 하며, 촌장 딸의 이름이기도 하다.

이후 보살은 나이란자나 강에 이르러 누구도 흉내 낼 수 없는 호흡 억지의 고행을 닦았고, 이로 인해 마을 사람들은 그를 대사문大沙門이라 불렀다. 그 후 다시 어떠한 음식도 먹지 않는 완전한 단식고행을 닦으려고 하였지만, 천신들의 청에 따라 하루에 참깨 한 톨, 쌀·콩·팥·녹두 한 톨에, 손바닥에 고일 정도의 국물만으로 목숨을 유지하고자 하였다. 그때 우루벨라에서 멀지 않은 곳에 그 지역에서 가장 큰 바라문 종성(가문)인 사나야나斯那耶那 집에 카필라바스투 출신의 바라문 제바提婆가 객으로 와 있었는데, 그가 이러한 음식들을 제공하였다.

두 번째 공양 이야기는 고행을 단념하고서 군장軍將 사나야나斯那耶那의 두 딸로부터 공양 받은 이야기이다. 고행을 단념한 보살은 6년간 시중을 들었던 제바 바라문에게 보릿가루, 삶은 콩과 같은 거친 음식과 목욕할 때 바를 기름을 요청하였다. 그렇지만 그는 그럴 만한 재력이 없어 사나야나 바라문에게 주선해 주기를 부탁하였다. 사나야나는 마가다의 빔비사라 왕으로부터 우루벨라와 가까운 한 마을을 얻어 봉읍封邑으로 삼았는데, 마을 이름도 사나야나(즉 군장/장군촌)였다.

사나야나에게는 난다(難陀, Nanda)와 바라(婆羅, Bala)라는 두 딸이 있었다. 너무나 단정하고 아름다웠기에 배필로 삼을 만한 이가 없었다. 그러다 설산 아래 석가족의 성읍인 카필라성의 정반왕과 마야부인의 태자가 32가지 대인상大人相을 구족하고 80종호가 원만할 뿐더러 점상가가 "집에 있으면 전륜성왕이 되어 4천하를 다스리고, 출가하면 반드시 타타가타(여래), 아라한, 삼먁삼불타(정등각자)가 되어 그 이름이 멀리 퍼지게 될 것"이라고 예언하였다는 소문을 듣고 장래 자신들의 남편으로 점찍어 두었다.

군장 사나야나는 제바 바라문에게서 보살의 소식을 전해 듣고서 공덕을 쌓을 수 있는 좋은 기회라 여겨 딸들에게 공양하기를 권하였다. 이에 두 딸은 집에 늘 있던 음식과 기름 등을 갖고 보살의 고행처로 가 올리고서 자신들의 원을 말하였다. 보살은 자신이 바로 카필라성의 태자였지만, 지금은 아뇩다라삼먁삼보리를 성취하여 무상無上의 법륜을 굴리려 한다고 말하고서, 그때 성문의 제자라도 되기를 원한다는 그녀들의 청은 허락하였다. 이후 두 여인은 날마다 음식과 기름을 보내왔고, 이에 보살을 따르던 (교진여 등의) 다섯 선인은 그와의 결별을 선언하고 바라나시 녹야원으로 떠나갔다.

첫 번째 이야기에서 우루벨라 난제가 촌장의 딸 수자타는 남전 『자타카』의 「인연 이야기」에서 보살에게 우유죽을 올린 여인의 이름이고, 두 번째 이야기에서 군장 사나야나는 「인연 이야기」에서 여인(즉 수자타)의 아버지 이름(Senāni)이며, 난다와 바라는 『과거현재인과경』에서 보살이 보리좌에 오르는 날 아침 우유죽을 올린 난다바라難陀波羅와 같은 이름이다. 『근본설일체유부비나야파승사』에서는 이를 환희(歡喜, Nanda)와 환희력(歡喜力, Nandabala)으로 의역하여 보살에게 우유죽을 올린 자매의 이름으로 전하고 있다.

세 번째 공양 이야기는 바로 보살이 나이란자나 강을 건너 제석천의 화신인 풀 베는 이(즉 吉利)로부터 길상초를 얻어 금강좌를 만든 바로 그날 아침 공양에 대한 것으로, 이미 말한 대로 『불본행집경』에서는 이 이야기를 장을 바꿔 「향보리수품」에서 설하고 있다. 우리도 항을 바꾸어 이야기하기로 한다.

3) 16전轉의 우유죽 공양

이제 보리수나무 밑 금강보좌에 오를 때가 되었다. 이 특별한 날, 보살은 특별한 공양을 원하였고, 불전작가 또한 시주가 공양을 올리게 된 특별한 인연을 구상하였다. 특별한 음식이란 이른바 '16전轉의 유미乳糜'로 일컬어지는 매우 특별한 우유죽이며, 불전작가들은 이날의 공양 인연을 지극히 우연적인, 또한 매우 드라마틱한 사건으로 그리고 있다.

보살의 고행이 전승에 따라 차이가 있는 만큼 이 이야기 또한 한결같지 않다. 그렇지만 이야기에 자세하거나 간략함의 차이가 있을지라도 대체로 (1) 공양을 올리게 된 인연, (2) 우유죽(乳糜) 공양, (3) 공양 이후 발우의 처리, (4) 축원으로 구성된다. 하나하나 살펴보자.

(1) 공양 인연

이에 관한 한 모든 불전이 그 내용을 조금씩 달리한다. 아마도 이 야기의 극적 구성을 위해 여인의 신분이나 공양의 동기가 점차적 으로 바뀌게 되었을 것이다. 중요한 몇 가지만 들어본다.

『자타카』의 「인연 이야기」에서는 우루벨라 지역의 세나니 (Senāni)라는 마을의 처녀 수자타(Sujātā: 善生)의 기도로 이야기를 시작한다. 그녀는 세나니 가문(혹은 세나sena, 즉 장군)의 딸이었는 데, 니그로다 나무 신에게 이같이 기도하였다. "만약 내가 우리와 같은 계급의 가문으로 시집가 첫아들을 얻는다면, 나는 매년 10만 량의 금을 바칠 것입니다." 그리고 마침내 베사카 달의 만월(5월 보 름) 기도가 이루어졌는데, 그날이 마침 대사大士께서 고행을 시작 한 지 6년 째 되는 날이었다.

『근본설일체유부비나야파승사』에서의 이야기는 좀 더 구체적 이다. 여기서는 「인연 이야기」에서 세나니 마을(Senāni-gāma)을 서나연촌(西那延村 *Senāni-grāma, 한어로 會軍村)으로 음역하고, 수 자타와 하녀 푼냐(Puṇṇā)를 환희(歡喜, Nanda)와 환희력(歡喜力, Nandabala)이라는 이름의 자매로 등장시키며, 수자타가 말한 같은 계급의 가문을 '석가족의 태자 싯다르타'로 명시한다.

서나연촌의 '군장(軍將, Senāni)'이라는 이름의 촌장에게 환희와 환희력이라는 두 딸이 있었다. 두 딸은 설산 남쪽 갠지스 강가, 카 필라성에서 석가종성의 태자가 태어났다는 소문을 들었다. 태자는 용모가 단정하고 상호가 원만하여 그를 보고 기뻐하지 않는 이가 없었다. 점술사는 이 아이가 커 왕위를 계승하면 전륜성왕이 될 것

이라 점치기도 하였다. 두 딸은 이런 소문을 듣고 12년 동안 한결같이 정조(貞潔)를 지켰다. 12년 동안 정조를 지킨 여인만이 전륜성왕의 비妃가 될 수 있었기 때문으로, 이는 당시 인간세상의 법도였다. 12년을 채운 두 딸은 원을 이루기 위한 마지막 선업으로 고행자에게 우유죽을 공양하기로 하였는데, 그날이 마침 보살이 보리좌에 오르는 바로 그날이었다.

『중허마하제경』에서도 역시 서낭야니 마을(西曩野你聚落)의 두 소녀, 난나難那와 난나말라難那末羅가 설산 아래 카필라 선인의 처소(즉 카필라성)에 살고 있는 32가지 상호를 갖추고 복덕이 충만한 태자를 배필로 만날 것을 기원하여 고행자에게 우유죽을 보시하려 하였다고 전하고 있다. 참고로『불본행집경』의 경우 고행을 막 끝냈을 때 같은 이유로 보살에게 공양한 이가 사나야나 바라문의 두 딸 난다와 바라였지만, 바친 음식은 일상의 음식이었다.*

*전항 '두 번째 공양 이 야기' 참조

이에 반해 『태자서응본기경』의 경우 백 가지 맛의 죽을 쒀 산의 나무 신에게 제사 지내면 반드시 아들을 얻는다는 소문을 들은 어떤 장자의 여식을 보살께 공양을 올린 여인으로 그리고 있으며, 『보요경』에서의 우유죽 공양도 수사만가修舍慢加라는 마을의 장자의 딸이 아들을 낳으면 반드시 산의 나무 신에게 감미로운 음식으로 제사를 지내겠다는 원에 따른 것이었다. 그렇지만 그녀는 날마

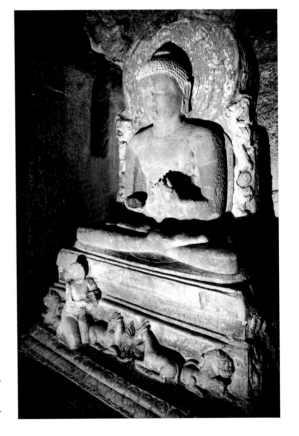

[사진7] 수자타로부터 공양 받는 보살. 아잔타 제11굴. (wiki)

다 8백 명의 바라문(梵志)에게 공양하였으며 〔자기 마을 근처 숲에서〕 부지런히 수행하는 보살에게도 공양하게 되기를 고대하고 있었다.

다른 한편 『보요경』의 이본역인 『방광대장엄경』에서는 배필이나 자식을 얻기 위해서가 아니라 오로지 보살의 무상정등각의 성취를 위해 공양을 올린다. 우루벨라 마을의 촌장 사나발저(斯那鉢底, Senāpati, '장군'이라는 뜻)에게는 10명의 딸이 있었는데, 그들은 이미 보살이 교진여 등 다섯 현자(跋陁羅, bhadra)와 함께 고행할 때 참깨와 보리(麻麥)를 공양한 이들이었다. 특히 막내인 선생(善生, Sujātā)은 보살이 하루

속히 아뇩다라삼먁삼보리를 성취하기를 기원하며 8백 명의 바라
문에게 공양하기도 하였다. 이런 인연으로 인해 고행을 단념한 보
살이 좋은 음식(美食)을 얻기 위해 자기 마을에 걸식하러 들어오
기 전날 밤, 마을 신神이 나타나 선생이 원을 실현할 수 있게 되었
음을 알려준다. "그대는 항상 청정한 그분을 위해 큰 시식회施食會
를 열곤 하였는데, 그분께서 이제 고행을 버리고 좋은 음식을 먹
고자 하신다. 그대 일찍이 '그분 나의 밥 받으시고 하루속히 아뇩
다라삼먁삼보리를 증득하시기'를 발원하였다. 지금이 바로 그때
이니 빨리 공양을 마련하도록 하라."[*]

『불본행집경』에서의 기술은 보다 직접적이다. 보살이 고행으로
6년을 보내고서 마음속으로 생각하였다. "내 이제 이와 같은 〔거
친〕 음식만 먹고서는 아뇩다라삼먁삼보리를 증득하지 못할 것이
다. 이제 어디서 맛나고 좋은 음식(美好之食)을 구할 것인가? 누가
나에게 그 같은 맛난 음식을 주어 아뇩다라삼먁삼보리를 증득하게
할 것인가?"

그때 어떤 한 천자天子가 보살의 이 같은 생각을 선생(善生,
Sujātā) 마을 촌장의 두 딸(난다와 바라)에게 전한다.

"선생의 딸들이여, 그대들은 때를 알아야 한다. 보살께서 지금
좋고 맛난 음식을 얻고자 하신다. 보살께서는 지금 최고로 맛난
음식을 필요로 한다. 맛난 음식을 드신 후에 아뇩다라삼먁삼보
리를 증득하려고 하시니, 그대들은 지금 그분을 위해 16분分의
미묘하고도 좋은 우유죽을 준비하는 것이 좋을 것이다."[*]

[*]T3, 583b25-28.

[*]T3, 771b19-22.

158

나아가 『과거현재인연경』에서는 본장 머리글에서 인용한 것처럼 정거천이 난다바라難陀波羅라는 소치는 여인에게 숲속 태자에게 공양하라 권유하였고, 『수행본기경』에서는 제석천이 사나斯那 마을의 두 딸에게 6년의 고행으로 야윌 대로 야윈 보살께 전륜왕의 음식을 바치라고 하였다. 그녀들의 꿈에, 천하가 멸진하여 물바다가 되었을 때, 칠보 빛깔의 꽃 한 송이가 생겨났다가 눈 깜짝할 사이에 시들어 본래의 색을 잃어버리고 말았는데, 어떤 이가 시든 꽃 위에 물을 뿌리자 다시 예전처럼 살아났고, 물바다에서는 온갖 꽃들이 싹을 틔워 물 밖으로 솟아났다.

두 딸이 괴이하게 여겼지만, 아버지도 마을의 장로들도 꿈에 대해 해명하지 못하였다. 제석천이 바라문의 모습으로 나타나 해몽하였다. "물바다에 꽃 한 송이가 생겨난 것은 백정(정반)왕의 태자가 처음 태어날 때를 나타낸 것이고, 시든 것은 6년 고행으로 파리하고 야윈 때를, 어떤 사람이 물을 뿌려 소생한 것은 태자께 음식을 바치는 것을, 작은 꽃들이 싹을 틔우고 솟아나는 것은 〔지옥 등의〕 다섯 세계(趣)로 생사 윤회하는 중생들〔에게 희망이 생겨났음〕을 나타낸 것이다."

그리고 두 딸에게 게송으로 태자께 공양하기를 권유하였다.

6년 동안 눕거나 기대는 일 없었고
굶주림과 추위 역시 염두에 두지 않았네.
정진하였음에도 집착함이 없었으니
몸은 야윌 대로 야위어 피골이 상접하였네.

그대들 공경의 뜻을 닦아

보살께 음식 받들어 올릴지니

현세에 큰 복 얻을 뿐더러

T3, 469c24-27.   후세에도 그 과보 받게 되리라.

이처럼 보살이 고행을 단념하고 보리좌에 오르는 그날 아침, 공
양을 올린 인연도 한결같지 않고, 여인들의 출신과 이름도 서로 다
른데, 주요 불전에서의 이름을 정리하면 이러하다.

①『자타카』의 「인연 이야기」: 우루벨라(Uruvelā) 지역, 세나니
(Senāni) 마을의 세나니 가문(혹은 장군 senāni)의 딸 수자타(Sujātā:
善生)와 시녀 푼냐(Puṇṇā).

②-1『근본설일체유부비나야/출가사』: 승군勝軍/군영軍營 취락
의 두 명의 소치는 여인(牧牛女) 환희(歡喜, Nanda)와 환희력(喜力,
Nandabala).

②-2『근본설일체유부비나야파승사』: 서나연西那延 마을(즉 會
軍村)의 촌장 군장(軍將, Senāni)의 딸 환희歡喜와 환희력歡喜力.

②-3『근본설일체유부비나야잡사』: 난타難陀와 난타력難陀力.

③『중허마하제경』: 서나야니西曩野你 마을의 두 소녀, 난나難那
와 난나말라難那末羅.

④『보요경』: 수사만가修舍慢加라는 마을의 장자長者의 딸.

⑤『방광대장엄경』: 우루빈나優婁頻螺 마을의 촌장 사나발저(斯那
鉢底, Senāpati)의 10명의 딸 중 막내 선생(善生, Sujātā)과 시녀 우다
라(優多羅, Uttara).

[사진8] 수자타 공양.
일본개인소장. 栗田 功:
105.

⑥『불본행집경』

  a. 고행 전: 우루빈나(優婁頻螺) 마을의 촌장 난제가(難提迦) 장자의
딸 수자타(須闍多, Sujātā: 善生).

  b. 고행 후: 〔우루빈나의〕 사나야나(斯那耶那) 마을의 군장(軍將) 사
나야나 바라문의 두 딸 난타(難陀, Nanda)와 바라(婆羅, Bala).

  c. 보리좌에 오른 날 아침: 선생(善生, Sujātā) 마을의 촌장의 두 딸.

⑦『태자서응본기경』: 무기명, 장자長者의 딸과 여종.

⑧『수행본기경』: 사나천斯那川에 사는 사나라는 도사道士의 두 딸.

⑨『과거현재인연경』: 난다바라(難陀波羅, Nandabala)라는 소치는 여인.

⑩『불소행찬(Buddhacarita)』: 목우장(牧牛長, gopādhipa)의 장녀 난다難陀 또는 난다바라사(難陀婆羅闍, Naṁdabala).

참고로 현장법사는 우유죽을 바친 여인을 다만 '소치는 여인(牧女)'로 호칭하였는데, 이는 『과거현재인연경』과 근본설일체유부 계통의 율장에서 전한 말이다. 현장은 우유죽을 끓여 여래께 바친 소치는 두 여인의 옛집(故宅)도 순례하였는데, 죽을 끓인 곳에도 여래께서 죽을 받은 곳에도 이를 기리기 위한 스투파가 세워져 있었다고 하였다.*

*T51, 917b3-5.

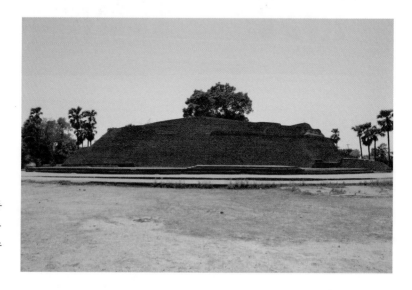

[사진 9] 붓다가야 동쪽 세나니 마을(Sena-nigrama, 장군촌)의 수자타 스투파. (wiki)

그리고 마을로 걸식 나온 보살께 우유죽을 올렸다고 설한 것은 『방광대장엄경』과 『불본행집경』뿐이다. 그 밖의 『자타카』 「인연 이야기」를 비롯한 『근본설일체유부파승사』, 『과거현재인연경』, 『보요경』 등에서는 다 마을 여인이 보살의 처소(나이란자나 강가 숲)로 가서 올린 것으로 전하고 있다.

(2) 우유죽(乳糜) 공양

"어떤 음식을 바쳐야 법도에 맞는 것입니까?"

『수행본기경』에서 사나斯那 도사의 두 딸이 바라문으로 변화한 제석천에게 물었다. 세 번의 아승지겁과 백겁에 걸쳐 보살행을 닦고서 최후신의 보살로서 하생하여 이제 그 대미大尾를 장식하는 마지막 공양이 세간의 일상적 음식일 수는 없는 일이다. 보살의 고행을 전하는 불전에서는 이구동성으로 '십육전十六轉의 유미乳糜'라고 말한다.

여기서 16전이라 함은 말하자면 우유의 정제법으로, 『설일체유부비나야파승사』에 구체적인 설명이 나온다. 즉 천 마리의 소에서 나온 우유를 다시 천 마리의 소에게 먹이고, 여기서 나온 우유를 5백 마리 소에게 먹이며, 이 5백 마리 소에서 짠 우유를 다시 5백 마리에 먹이고, 2백 50마리, 다시 2백 50마리, 125마리, 다시 125마리, 64마리, 다시 64마리, 32마리, 다시 32마리, 16마리, 다시 16마리, 8마리, 다시 8마리에서 나온 우유를 4마리의 소에게 먹이고서 짠 우유를 말한 것으로, 이같이 16번 정제한 우유를 수정그릇에 쌀과 함께 넣고 끓인 우유죽(pāyasa)을 '16전의 유미'라고 하였다.* *T24, 121c18-27.

이 말은『대비바사론』에도 나온다. "무상정등각을 증득할 때의 음식 보시와 무여열반에 들 때의 음식 보시에는 어떠한 차별도 없다"는 경설에 대해 전자의 경우 비록 아직 탐·진·치를 지닌 보살에게 올린 것일지라도 난다難陀와 난다발라難陀跋羅는 "보살이 '16전의 유미'를 받으면 반드시 무상의 등정각을 얻는다"는 말을 듣고 기뻐하며 그에 대한 강력한 염원(思)을 갖고 올렸을 뿐만 아니라 실제 그날 밤 등정각을 성취하였다는 소식을 듣고 두 배로 기뻐하며 다시 뛰어난 염원을 일으켰기 때문에 비록 수승한 복전(福田, 즉 불타)에 대한 보시는 아니었을지라도 뛰어난 과보를 초래할 수 있다고 해석하고 있는 것이다.*

이제 바야흐로 보살은 이 같은 '16전(혹은 德)의 유미'를 통해 기력을 회복하고서 무상정등각을 성취한다.

일찍이 들었다. 보살은 고행을 닦는 것이 진실의 도가 아님을 알고서 마침내 난다와 난다발라 자매가 바친 16번 정제한 향기로운 꿀이 섞인 우유죽(十六德香蜜乳糜)을 잡수신 후 몸과 마음이 안온하였고 힘이 솟아났다. 길상초를 베는 이로부터 길상초를 얻어 보리수나무 아래로 가 손수 자리를 깔고, 마치 바수길(婆蘇吉, Vāsuki) 용왕이 몸을 서리듯 결가부좌로 앉아 굳게 맹세하였다.

"내가 만약 여기서 모든 번뇌들을 다하고서 무상정등각을 증득하지 못한다면 맹세컨대 자리에서 일어나지 않으리라."*

*T27, 680a7-13. 이에 반해 여래의 반열반을 초래한 대장장이 춘다의 공양은 강력한 의지에 의한 것은 아닐지라도 수승한 복전에 대한 공양이었기 때문에 역시 뛰어난 과보를 초래한다고 해석한다. 참고로『대반열반경』제1「수명품壽命品」(남본은「純陀品」)에서도 음식 공양을 받은 후 아뇩다라삼먁삼보리를 성취한 두 목우녀(난타와 난타바라)의 보시와 반열반에 든 춘다의 보시에는 차별이 없다고 설한다.(T12, 372a7 이하 참조)

*『대비바사론』(T27, 532b13-19; 동 913c16-19) 참조.

보살이 아뇩다라삼먁삼보리를 성취하는 직접적인 인연이 된 우유죽이니만큼 신이한 변화가 없을 수 없다. 모든 불전에서는 수자타(혹은 군장, 선생의 두 딸)가 우유죽을 장만할 때 상서로운 조짐이 나타났다고 말한다. 간략하거나 자세한 등의 차이가 있지만, 몇 가지만 옮겨보면 이러하다.

우유죽을 끓일 때 〔한 길 넘게 솟구쳤음에도〕 한 방울도 밖으로 떨어지는 일이 없었고, 화덕에서는 조금의 연기도 피어오르지 않았다. 호세護世의 4천왕이 화덕을 지켰고, 대범천은 그 위로 일산을 펼쳐 들었으며, 제석천은 횃불을 갖고 와 화덕에 불을 붙였다.*

*『자타카』의 「인연 이야기」 Nidānakathā, The Middle Epoch 172; 남전대장경 28, pp.145f.

촌장의 딸들이 우유죽을 끓일 때 온갖 종류의 형상이 나타났다. 꽃이 한 가득 담긴 항아리의 형상이 나타나기도 하고, 혹은 온갖 공덕의 강물과 연못의 형상이, 혹은 만자卍字의 형상이, 혹은 온갖 공덕의 천 개의 살을 가진 바퀴의 형상이, 혹은 영험한 큰 소의 형상이, 혹은 코끼리 왕과 용왕의 형상이, 혹은 물고기의 형상이, 혹은 어느 때는 대장부의 형상이, 혹은 다시 제석천왕의 형상이, 때로 범천왕의 형상이 나타나기도 하였다. 혹은 우유죽이 위로 끓어오를 때는 다라나무의 절반 높이만큼, 혹은 다라나무 높이만큼 솟구쳤다가 눈 깜짝 할 사이에 다시 그릇에 떨어져 한 방울도 그릇 밖으로 떨어지는 일이 없었다. 이런 우유죽을 누가 먹을 것인가? 점상가가 그곳에 왔다가 이같이 말하였다.

"참으로 희유하고 또 희유하도다! 누가 이 우유죽을 먹을 것인가? 이를 먹고 나면 그는 오래지 않아 감로#露의 묘약妙藥을 증득하게 되리라."*

*『불본행집경』「향보리수품」(T3, 771c3-15).

두 여인이 수정그릇(頗梨器)에 끓인 우유죽을 보배 발우(寶鉢)에 옮겨 담을 때 제석천·범천·정거천 등의 천신들이 늘어섰기에, 발우를 받들어 제석천에게 주니 "나보다 뛰어난 자에게 주라" 하였고, "여기서 당신보다 뛰어난 이가 누구냐?"고 물으니, 저 범천왕이라 하였고, 범천왕은 다시 정거천이라 하였으며, 정거천은 지금 나이란자나 강에서 목욕하는 보살이라 하였다.*

*『근본설일체유부비나야파승사』(T24, 122a6-17).

죽이 솥에서 한 길 남짓 솟아올라 발우에 퍼 담을 수가 없었다. 여인이 이를 매우 괴이하게 여기니, 8백 명의 바라문의 스승 되는 자가 이를 보고 말하였다.
"이 우유죽은 범부가 먹을 것이 못 되며, 오로지 성불을 목전에 둔 자만이 먹고 소화시킬 수 있다."
천신도 허공에서 소리쳤다.
"오늘 여인이 〔아들을 낳아 나무 신에게〕 큰 제사를 지내려고 하지만, 부지런히 고행하시던 대보살께서도 자리에서 일어나셨다. 그대 본래 그분에게도 공양하려는 뜻이 있었으니, 그분이 먼저 드시어 충만하게 되면 바로 위없이 높은 '바른 진실의 도(正眞道)'를 성취하여 최상의 정각자가 되실 것이다. 이 말은 곧 〔그대가 세웠던〕 본래의 서원을 어기지 말라는 뜻이다."*

*『보요경』(T3, 512a2-10).

우루벨라 장군촌의 여인(수자타, 또는 난다와 난다바라)이 좋은 집 안의 배필을 맞고자, 혹은 아들을 얻고자 나무 신에게 바치기 위해 마련한, 혹은 카필라국의 태자를 사모하여 그와 인연 맺어지도록 선업의 공덕을 쌓고자 고행자들에게 보시하려고 마련한 우유죽은 이제 바야흐로 3아승지겁과 백겁의 보살행을 닦고 일생보처의 보살로 하생하여 6년 고행 끝에 무상의 정등각을 목전에 둔 보살의 몫이 되었다.

　『자타카』의「인연 이야기」에서는 그날의 광경을 이같이 묘사하고 있다.

　수자타는 그날 〔우유죽을 끓일 때〕 경이로운 일들이 나타나는 것을 보고, 시녀 푼냐에게 말했다.

　"푼냐여! 오늘 우리의 신은 매우 자비로우시구나! 이런 경이로운 일들은 일찍이 본 적이 없다. 당장 가서 〔그분이 계시는〕 그 거룩한 곳을 살피고 오너라."

　"예, 아가씨."

　그녀는 바로 나무쪽으로 달려갔다.

　그날 보살은 지난 밤 다섯 가지 꿈을 꾸고서 그 취지를 숙고한 끝에 "오늘 반드시 부처가 되리라"고 다짐하였다. 새벽이 밝아올 무렵 그는 신변을 정리하고서 나무 밑에 앉아 탁발 나갈 시간을 기다렸다. 〔새벽〕 일찍 그곳으로 가 그 나무 밑에 앉은 탓에 그의 몸에서 뿜어져 나온 빛이 나무 전체를 비추었다.

　푼냐는 니그로다 나무 아래 앉아 동쪽을 훤히 밝히고 있는 보살을 보았다. 나무 전체가 보살의 몸에서 뿜어 나온 금빛을 띠고 있는 것을 보고 생각하였다.

"오늘은 우리의 신이 나무에서 내려와 자신의 손으로 직접 우리의 공양을 받으려고 저렇게 앉아 계시는구나."*

* Nidānakathā, The Middle Epoch 172-173; 남전대장경28, pp.146-7.

『보요경』「육년근고행품」에서는 이같이 묘사하였다.

그때 장자의 딸이 아들을 얻어 '아들을 낳으면 반드시 감미로운 음식을 준비하여 나무 신에게 제사 지내리라'던 시집갈 때의 원이 성취됨에 천 마리의 소에서 짜 〔5백 마리에, 250마리에, 나아가 네 마리에〕 점차적으로 마시게 하여 짠 우유로 죽을 쒀 나무 신에게 제사지내려 하였다. 먼저 여종을 보내 그곳을 청소하게 하였다. 여종은 그곳에서 부처가 앉아 있는 것을 보았지만, 그가 어떤 신인지 알지 못하였다. 여종이 돌아와 상전에게 고하였다.

"청소를 다 마쳤습니다. 그런데 나무 밑에 단정하고 매우 아름다운(殊好) 신이 앉아 계셨는데, 세상에서 흔히 볼 수 있는 신이 아니었습니다."*

*T3, 511c27-512a2.

그러나 전술한 대로 마을의 신과 천자天子가 고행을 마친 보살에게 공양을 올리라고 권유한 『방광대장엄경』과 『불본행집경』에서는 촌장의 딸이 집으로 초대한, 혹은 마을로 밥을 빌러 온 보살에게 16전의 우유죽을 금 발우에 가득 담아 올린다.

"오로지 원하옵건대 저희를 가엾게 여기시어 꿀 섞은 우유죽을 가득 담은 이 발우를 받으소서."*

*『불본행집경』(T 3, 771c22f).

3. 금 발우와 공양 이후의 행방

1) 금 발우 공양

보살은 수자타(혹은 선생의 딸, 또는 군장의 딸 난다와 난다바라)의 우유죽을 무엇으로 받았던가? 『방광대장엄경』과 『불본행집경』에서는 이처럼 그녀들 스스로 금 발우에 담아 올리고 있다. 이는 매우 이례적인 일이다. 출가수행자들은 세간으로부터 음식을 받을 때 반드시 자신의 그릇을 사용하였다. 없으면 손으로 받아야 했다. 보살 역시 그러하였다. 예컨대 『불본행집경』 「권수세리품勸受世利品」에서 보살은 우드라카 라마푸트라와 헤어지고 탁발 차 왕사성에 들어왔다가 발우가 없어 연못의 연잎을 한 장 얻어 밥을 빌러 갔고, 「정진고행품」에서는 고행에 들기 전 우루벨라의 한 도공의 집에서 얻은 질그릇(瓦器)으로 촌장(난제가)의 딸 수자타의 공양을 받았다.(전술)

또한 『자타카』의 「인연 이야기」에서도 보살이 출가한 후 '카시(바라나시를 왕도로 둔 나라) 산 〔비단〕옷은 비구(사문)에게 어울리지 않는다'고 생각하자, 가섭불 시대 친구(질그릇 장인)였던 가티카라(Ghaṭikāra) 대범천이 질그릇 발우를 비롯한 삼의三衣와 삭도, 바늘, 허리끈, 그리고 물의 작은 벌레를 거르는 녹수낭 등 출가자가 갖추어야 할 8가지 물건을 주었으며, 수자타로부터 우유죽 공양을

받기 전까지 대범천이 보시한 질그릇 발우를 사용하였다고 전한다.(후술)

　한편 비록 도선율사(596~667)의 감응에 근거한 불설佛說일지라도 『법원주림』 98 「법멸편法滅篇 불발부佛鉢部」에 의하면 보살은 두 여인의 우유죽 공양을 산신이 바친 질그릇 발우에 받는다. 즉 보살이 출가하여 빔비사라 왕(瓶沙王)의 나라(즉 마가다)에 이르러 도를 닦으려 산(가야산)으로 들어갈 때 악마의 방해로 길을 잃어버렸는데, 산신이 길을 가르쳐 주며 만약 성도成道하게 되면 가섭불이 자신에게 맡긴 질그릇 발우를 사천왕의 돌 발우보다 먼저 사용해 달라고 간청하였기에 이를 허락하였다는 것이다.*

　그러나 『자타카』의 「인연 이야기」를 비롯한 남북전의 거의 모든 불전에서 촌장의 딸은 우유죽을 금 발우에 담아 보살께 공양한다.(『근본설일체유부비나야파승사』의 경우 보배 발우) 심지어 고행을 불교적 수행으로 묘사할 뿐만 아니라 앞서 『법원주림』에서 설한 불설처럼 여인의 우유죽 공양을 득도 이후의 일로 서술하는 『태자서응본기경』에서도－비록 나무 신에게 바치는 것일지라도－ 금 발우에 담아 공양하고 있다. 금 발우는 정각 이후 상인들이 음식(麨蜜)을 바쳤을 때 사천왕이 가장 먼저 올린 발우였지만, 불타는 이를 수납하지 않았을 뿐더러 이후 율장에서도 엄격히 금지한 발우였다.*

*제2장 1-2; 3-1 참조.

　게다가 출가수행자가 음식을 발우와 함께 받는 것 또한 대단히 이례적인 일이다. 그래서 『유부비나야파승사』나 『방광대장엄경』 『불본행집경』에서는 음식(우유죽)을 먹고 난 다음 발우를 어떻게 처리해야 하는지 (누구에게 주어야 하는지) 시주施主에게 묻고 있는

것이다.(후술)

우리는 이 같은 사실을 어떻게 이해해야 할까? 수자타(혹은 촌장의 두 딸)가 바친 우유죽은 애당초 같은 계급의 남편(혹은 카필라국의 정반왕의 태자)이나 아들을 얻기 위해 나무 신에게 제사 지내기 위한 것, 혹은 선업의 공덕을 쌓기 위한 것이었다. 따라서 당연히 세간에서 최상으로 여기는 재질로 만든 발우를 사용하였을 것이다.[*] 그리고 이 경우 세속의 신인 나무 신에게 바치는 것인 만큼 음식을 그릇(발우)에 담아 바치는 것이 상례였을 것이다.

그러나 이를 받은 보살은 당황하였을 것이다. 『자타카』의 「인연 이야기」에서 그 흔적을 찾을 수 있다.

〔보살이〕부처가 되는 날(실제로는 니그로다 나무가 금빛으로 빛나던 날), 〔금빛의 나무 신이〕10만 량 값어치의 금 발우를 받는 것은 당연한 일이었기 때문에 수자타는 우유죽을 금 발우에 담아 가야겠다고 생각하였다. 그래서 10만 량 값어치의 금 발우를 갖고 와 거기에 우유죽을 가득 담았다. 우유죽이 마치 연꽃잎에 떨어진 물처럼 한 방울 남김없이 흘러들어 발우를 가득 채웠다. 그녀는 발우를 금 접시로 덮고 보자기에 쌌다. 그리고 온갖 종류의 장신구로 몸을 치장하고서 발우를 머리에 이고 매우 품위 있는 모습으로 니그로다 나무 밑으로 갔다. 보살을 보고 크게 기뻐하였다. 그를 나무 신으로 생각하여 보자마자 그 자리에서 몸을 굽혀 절하였다. 그리고 머리에서 발우를 내려 보자기를 풀어 향기로운 물이 담긴 금 항아리를 들고서 보살 옆으로 가 시

* 오로지 보살이 아뇩다라 삼먁삼보리를 얻는 데 도움 주기 위해 우유죽을 보시하였다고 한 『수행본기경』이나 『과거현재인연경』에서는 '금 발우'라고 명시하지 않았다. 그렇지만 같은 이유에서 우유죽을 보시하였다고 한 『불본행집경』에서는 이를 '금 발우'에 담아 보시하였다.

립하였다.

그런데 그 순간 그때까지 한순간도 그에게서 떨어진 적이 없었던 [가섭불 시대 때 친구였던] 가티카라(Ghaṭikāra) 대범천이 그에게 준 질그릇 발우*가 보이지 않았다. 보살은 질그릇 발우가 보이지 않았기 때문에 오른손을 뻗어 [손으로] 물을 받으려 하였다. 수자타는 우유죽이 담긴 [금] 발우를 대사大士의 손에 올려놓았다.

*『맛지마니카야』 81 「가티카라경」 참조.

대사가 그녀를 바라보았다.

그 모습을 본 수자타가 말하였다.

"고귀하신 분이시여, 제가 바치는 공양을 받으시고 당신께서 가고자 하는 곳 어디로든 떠나소서."

그리고 덧붙여 말하였다.

"저의 소원이 성취된 것처럼 고귀한 분께서도 원하는 바를 성취하시기 바라옵니다."

그녀는 10만 량 값어치의 금 발우를 말라버린 나뭇잎처럼 여기고 물러갔다.*

*Nidānakathā, The Middle Epoch 173. 남전대장경28, pp.147f.

2) 금 발우의 행방

「인연 이야기」에서 수자타가 공양을 올린 이는 나무 신이지만, 실제 받은 이는 보살이었다. 이제 금 발우는 어떻게 해야 하나? 이를 들고 보리좌에 오를 수는 없는 일이다. 전후의 이야기 맥락은 다르지만 『방광대장엄경』이나 『불본행집경』 등에서 보살은 수자타(즉 善生, 또는 난다 자매)에게 금 발우의 처분에 대해 묻고 있다.

172

그때 보살은 선생善生에게서 우유죽이 가득 담긴 금 발우를 받고서 생각하였다.

'내 이 우유죽을 먹고 반드시 아뇩다라삼먁삼보리를 성취하리라.'

그리고 다시 선생에게 말하였다.

"내가 이 우유죽을 먹고 난 후, 이를 담은 금 발우는 누구에게 주어야 하겠는가?"

선생 여인이 말하였다.

"원컨대 이 발우는 존자께 올린 것이니 뜻대로 사용하소서."*

*『방광대장엄경』(T3, 583c19-21).

그때 보살은 이른 아침에 가사를 갖추어 입고 우루빈라 취락 쪽으로 걸식하고자 하였는데, 점차 난제가難提迦 마을에 이르러 촌장 집에서 밥을 빌고자 대문 밖에 묵묵히 서 있었다. 그때 촌장 선생善生의 딸이 보살께서 문밖에서 말없이 밥을 구하는 것을 보고 금 발우에 꿀 섞은 우유죽을 가득 담아 직접 들고서 보살 앞으로 나와 말하였다.

"원컨대 존자시여! 저희를 가엾이 여겨 이 꿀 섞인 우유죽을 받아주소서." (중략)

보살은 우유죽을 받고서 촌장의 딸에게 물었다.

"착한 누이여! 내 이 우유죽을 먹고 난 뒤 발우는 누구에게 주어야 하는가?"

선생 촌장의 딸이 말하였다.

"당신에게 드리는 것입니다."

보살이 말하였다.

"나에게 이와 같은 〔금으로 된〕 그릇은 아무짝에도 쓸모가 없다."

선생이 말하였다.

"당신 마음대로 생각하소서. 저는 지금껏 다른 이에게 음식을 보시할 때 항상 그릇도 함께 마련하여 보시하였나이다."*

혹은 같은 의미이지만, 『유부비나야파승사』에서는 식사 후 보배 발우의 처리를 위해 발우의 소유를 묻기도 한다.

보살은 〔나이란자나 강에서 목욕한 후〕 바로 옷을 입고, 강둑 나무 밑에 앉았다. 이때 〔군장의〕 두 딸이 우유죽을 갖고 와 허리 숙여 공경하며 보살에게 바쳤다. 보살은 자신과 다른 이의 이익을 위해 그 죽을 받았다. 받고는 물었다.

"이 보배 그릇(寶器)도 함께 모두 주는 것인가, 어떠한가?"

두 여인이 대답하였다.

"거룩한 분이시여, 〔음식과 함께〕 모두 바치는 것입니다."*

그렇다면 보살은 범부로서 먹은 마지막 음식인 우유죽을 담았던 금 발우를 어떻게 처리하였던가? 그것은 지금 어디에 있는가? 앞의 세 불전을 비롯한 거의 모든 불전에서는 이렇게 말한다.

보살은 우유죽을 먹고서 금 발우를 깨끗이 씻어 나이란자나(네

란자라) 강에 던졌다. 이에 용왕이 크게 기뻐하며 이를 받아 용
궁으로 갖고 가 받들려고(공양하려고) 하였다. 그러나 이를 지켜
보던 제석천왕(또는 석제환인)이 금강 부리를 갖은 금시조로 변
하여 용궁으로 날아가 용왕을 위협하여 발우를 빼앗았다. 그리
고는 자신의 하늘(도리천궁, 즉 삼십삼천)로 갖고 가 발우탑을 세
워 봉안한 뒤 때마다 공양하였다.

『불본행집경』에서는 여기에 "그곳 삼십삼천에서는 '보살의 금
발우에 공양하는 날'이라는 이름의 명절을 정하여 지금까지 중단
되는 일 없이 제사 지내고 있다"*는 말까지 더하고 있다.　　　　　*T3, 772b10f.
　우리는 '보살이 금 발우를 나이란자나 강에 던져버렸다'는 이 이
야기를 어떻게 이해하면 좋을까? 필자는 버린 것으로 이해한다.
금 발우는 세간의 신들에게는 어울릴지라도 출가 수행자에게 어울
리지 않기 때문이다. 그렇지만 무상정등각의 인연이 되었다는 점
에서 고귀한 것이고, 그래서 용왕도 제석천도 서로 공양하려 하였
던 것이다. 전술한 대로 『랄리타비스타라』에서도 두 상인과 사천
왕의 음식(madhutarpaṇa: 酥蜜)과 돌 발우 공양의 이야기와는 별도
로 두 상인이 제호로 끓인 죽을 값어치가 백천(즉 십만) 량이나 되
는 보배 발우(『방광대장엄경』에서는 전단나무 발우)에 담아 올렸고, 부
처님은 이를 드신 후 발우를 허공에 던졌으며, 선범善梵이 이를 받
아 범천궁으로 가져가 공양한다는 이야기를 전하는데,* 이 두 이야　　*제1장 1-1; 제2장 4-2
기는 어떤 식으로든 관련이 있다. 『랄리타비스타라』에서의 이야기
역시 보배 발우에 올렸다는 점, 비록 16전轉의 과정은 거치지 않았

을지라도 저절로 제호로 변한 우유로 죽을 끓여 올렸다는 점, 발우를 허공에 던져버렸다는 점 등 여러 면에서 이야기의 구성이 동일하기 때문이다.

아무튼 남전 「인연 이야기」에서 수자타가 바친 금 발우는 불타(정각자)가 사용한 것이 아니기 때문에 불발佛鉢이 아니며,* 따라서 불발로서의 연속성도 없다. 후술(제7, 8장)하듯이 불발은 정법의 상징으로서 불타의 반열반 후 어떤 식으로든 ─불발 스스로의 유전을 통해서든, 가섭존자를 통해서든─ 미래세의 부처인 미륵불로 이어진다. 사천왕이 바친 불발 역시 과거세의 부처님이 물려준 것이었다.

그러나 다른 한편 5세기 초 남방(스리랑카) 상좌부계통의 붓다고사의 저술로 알려지는 『선견율비바사』(489년 僧伽跋陀羅 역) 「잡건도(騫陀伽)」에서는 우유죽을 담은 발우의 불발로서의 연속성을 암시한다. 즉 여기서는 두 상인의 공양에 대해 논설하면서 이전 수자타가 바친 발우의 행방에 대해 묻고 있는 것이다.

문: 일찍이 우유죽을 받을 때의 발우는 지금 어디에 있기에 이제 다시 사천왕이 바친 발우를 받은 것인가?
답: 부처님께서 전에 받았던 우유죽 발우는 나이란자나 강을 건널 때 물에 빠트렸는데, 바다의 용왕이 가져가 공양하였다. 그래서 다시 사천왕이 바친 발우를 받은 것으로, 발우의 색깔은 마치 옥과 같았다.*

*「인연 이야기」와 동일한 내용의 우유죽 공양이야기를 전하는 『태자서응본기경』의 경우 이를 성도 직후의 일로 묘사한다. 그러나 여기서도 역시 우유죽을 올린 장자의 여식이나 여종은 부처를 나무 신으로 알았다.(차항 참조)

*T24, 788b7-11.

3) 역류의 기적

그런데 남전 『자타카』의 「인연 이야기」에서는 수자타가 바친 금 발우의 행방과 관련하여 또 하나의 이야기를 전하고 있다.

보살은 우유죽을 다 먹고 난 다음 금 발우를 들고 "내가 만약 오늘 부처가 될 수 있다면 발우는 강을 거슬러 올라가게 될 것이고, 그렇지 않으면 강물에 떠내려가게 되리라"고 말하고서 강물에 던졌다. 발우는 흘러가는 강물을 횡단하여 강 복판으로 가 마치 말이 내달리는 것처럼 빠르게 80주(肘, hasta. 주는 길이의 단위, 24指 aṅgula)를 거슬러 올라가 소용돌이치는 곳에 이르러 가라앉았다. 카라(검은) 용왕(Kāḷanāgarāja) 궁전에 이르러, 이전〔과거세의〕세 분의 부처님이 사용하였던 발우와 '딱' 하며 부딪쳤고 가장 밑의 것이 되었다. 카라 용왕이 그 소리를 듣고, "어제 한 분의 부처님이 세간에 출현하셨는데, 오늘 또 출현하셨도다"라고 외쳤고, 계속해서 수백 구의 게송으로 찬탄하였다.*

*Nidānakathā, The Middle Epoch 174; 남전대장경28, p.149.

「인연 이야기」에서는 어째서 다른 불전에서와 달리 보살의 마지막 공양에 사용된 금 발우를 용궁으로 보낸 것인가? 우리는 그 답을 『태자서응본기경』에서 찾을 수 있다. 이 경은 한역불전 중에서 「인연 이야기」와 직접적으로 대응하는 것으로, 역시 어떤 장자의 여식이 아들을 얻고자 나무 신에게 금 발우에 우유죽을 가득 담아 바친다. 그럼에도 부처님은 이같이 축원한다. "그대들에게 착한 마음이 있으니 반드시 현세에 복을 얻고 진리(諦)를 볼 수 있게 될 것이다." 이는 바야흐로 득도 이후 첫 번째 공양이었다.(두 상인의 공양은 선정에 든 7일 후의 공양)

부처님은 죽을 드신 후 바로 발우를 강물에 던진다. 그것은 과거 세 세 부처님이 득도하였을 때에도 금 발우에 백미百味의 음식을 공양 받았는데, 그때 그분들의 발우가 문린용文隣龍의 처소에 있기 때문이었다. 이에 부처님이 던진 발우는 저절로 강 상류로 7리쯤 역류하다 과거 세 부처님의 세 개의 발우 위에 가라앉았고, 네 개의 발우가 포개져 하나의 발우처럼 되었다.* 부처님이 신통력으로 사천왕이 바친 네 개의 돌 발우를 포개어 하나로 만들었다는 전설은 이렇듯 우유죽을 담은 금 발우에도 적용되고 있을 뿐더러 과거 세 부처님들과의 연속성 또한 이런 식으로 그려지고 있는 것이다. 그렇지만 어떻게 금 발우를, 그것도 나무 신에게 바쳐진 발우를 불발이라 말할 수 있을지 의문이다. 이야기는 다만 이야기일 뿐인가?

*『태자서응본기경』(T3, 479a15-19).

그렇더라도 필자는 이 이야기에서 금 발우가 강물을 거슬러 올라간다는 사실에 주목한다. 일본의 남전대장경南傳大藏經에서는 「인연 이야기」의 이 대목의 제목을 '역류의 기적'이라 명명하였다. 보살(혹은 부처님)이 던진 발우가 나이란자나 강을 '거슬러 올라간다'고 함은 세간 흐름에 역행하는 것, 그것은 바로 진실을 의미한다. 불타 또한 범천의 권청에 당신의 깨달음은 세간(즉 生死) 흐름에 역류逆流하여 중생들이 이해하기 어렵다는 이유에서 설법하기를 주저하였다.

『밀린다팡하(밀린다왕문경)』에는 진실의 힘에 관한 다음과 같은 유명한 이야기가 전해진다. 전륜성왕의 화신으로 일컬어지는 아쇼카 왕 때 이야기이다.

어느 날 아쇼카 왕이 왕도 파탈리푸트라에서 시민과 군인, 대신들과 함께 홍수로 인해 물바다를 이룬 채 노도 치며 흘러가는 갠지스 강을 보고 있었다.

왕이 대신들에게 말하였다.

"이 엄청난 강물을 누가 감히 역류시킬 수 있을 것인가?"

대신들 모두 그것은 불가능하다고 말하였다. 그때 군중들 사이에 빈두마티(Bindumati)라는 늙은 매춘부가 있었는데, 왕의 거듭된 물음에 이같이 말하였다.

"저는 파탈리푸트라에서 미색으로 생계를 유지하는 매춘부입니다. 그렇지만 맹서라는 진실의 행위(sacca-kiriyā, 범어는 satya-kriya)를 대왕께 보여드리겠습니다."

그리고 그녀가 진실의 행위를 이행하는 순간 수많은 군중들 눈앞에서 갠지스 강물이 굉음을 내며 역류하기 시작하였다. 갠지스 강물이 소용돌이치며 역류하는 것을 목격한 왕은 놀라고 두려운 마음에서 대신들에게 물었다.

"어떻게 이 광활한 갠지스 강이 역류할 수 있단 말인가?"

"대왕이시여, 매춘부 빈두마티는 폐하의 말씀을 듣고 진리의 행위를 감행하였던 것입니다. 그녀의 진리의 행위로 말미암아 저 노도 치며 흐르는 갠지스 강물도 역류하게 된 것이라 합니다."

왕은 크게 탄복한 나머지 매춘부를 불러 직접 물었다.

"그대는 진실의 행위로 갠지스 강물을 역류시켰다고 하는데, 그것이 사실이오?"

"그렇습니다, 대왕이시여!"

"어떻게 그럴 수가 있는가? 그대에게 무슨 힘이 있기에 도도히 흐르는 이 갠지스 강을 역류시킬 수 있다는 말인가? 너의 청을 들어주는 자, 도대체 누구인가?"

매춘부가 말하였다.

"대왕이시여, 제가 강물을 역류시키게 된 것은 진실의 힘 때문입니다."

왕이 말하였다.

"그대가 그와 같은 힘을 갖고 있다니! 그대야말로 타락한 자, 부도덕한 자, 죄 많은 사기꾼, 눈먼 바보로부터 돈을 갈취하여 살아가는 그대가 어찌?"

"대왕이시여, 그렇습니다. 저는 바로 그러한 족속입니다. 저는 비록 부도덕한 여인이지만, 저는 진실의 행위를 하고 있습니다. 제가 원하기만 하면 저는 그 힘을 빌려 신과 인간세계를 맞바꾸어 놓을 수 있습니다."·

왕이 〔두려움에 떨며〕 물었다.

"그렇다면 무엇이 진실의 행위란 말인가? 부디 짐의 어둠을 밝혀주시오."

"대왕이시여, 저는 크샤트리야든, 바라문이든, 바이샤든, 수드라든 저에게 돈을 주는 자이면 누구나 똑같이 대우합니다. 크샤트리야(귀족)라고 해서 더 애호하는 것도 아니며, 수드라(천민)라고 해서 경멸한 적도 없습니다. 저는 친애도 떠나고 혐오도 떠나 저의 몸을 사는 사람이면 누구든 평등하게 섬길 뿐입니다. 대왕이시여, 이것이야말로 막강한 갠지스 강물을 역류시킨 진실의 행위인 것입니다."[*]

『불본행집경』에 의하면 보살께서 도솔천에서 처음 하생하였을 때 갠지스 강 등의 4대하를 비롯한 모든 강물이 거꾸로 흘렀는데, 그것은 부처님께서 성도하고서 번뇌의 흐름에 빠져 그에 따라 흘러가는 미래세의 악한 중생들에게 법을 설하여 그들로 하여금 근본으로 돌아와 생사의 흐름에 역행하게 하기 위해서였다.[*] 무상의 정등각을 성취하기 직전 나이란자나 강에 던진 금 발우가 강물을 역행하여 올라간 것 역시 이후 드러날 진실을 예고한 것은 아닐까? 그래서 보살은 『자타카』의 「인연 이야기」에서 네란자라(나이란자나) 강에 던진 발우가 강을 거슬러 올라가면 무상정등각을 성취하고, 물을 따라 흘러 내려가면 그렇지 못할 것이라고 말하였을 것이다.

4. 축원과 이후의 이야기

『자타카』의 「인연 이야기」에 의하는 한 세나니(장군) 마을의 수자타는 그녀가 희유의 음식인 16전轉의 우유죽 공양을 올린 이가 아뇩다라삼먁삼보리의 성취를 목전에 둔 보살이라고는 끝내 생각하

[*] 『밀린다팡하』제3장 「論難」 1-5. (하인리히 짐머: 173~175 참조). 이 이야기는 '시비왕尸毘王의 눈 보시'에 관한 논란 중에 언급된다. 시비왕이 장님에게 눈을 빼주고 천안을 얻은 것은 진리의 행위이기 때문에 통속적으로 이해될 수 있는 담론이 아니며, 4성제 역시 그러하다고 말한다.

[*] T3, 683a27-b4.

지 못하였다. 시녀 푼냐가 앞서 가 살펴본 것도, 수자타가 우유죽을 들고 가 예배하고 물러날 때도 니그로다 나무 신이 직접 공양물을 받기 위해 나타난 줄로만 알았다. 그래선지 「인연 이야기」에는 예배하고 공양을 올렸음에도 축원이 없다. 그러나 『태자서응본기경』에서는 역시 나무 신인 줄 알고 음식과 함께 금 발우를 바쳤지만, 부처님은 이같이 축원한다. "그대들에게 착한 마음이 있으니 반드시 현세에 복을 얻고 진리를 볼 수 있게 될 것이다."*

*T3, 479a14.

『보요경』에서도 「인연 이야기」와 마찬가지로 앞서 나무 신의 처소를 청소하러 갔던 시녀가 신이 직접 그 모습을 드러내었다고 고하였지만, 8백 명 바라문의 스승이 되는 자가 지금 끓이고 있는 우유죽은 성불이 임박한 분만이 먹어 소화시킬 수 있는 것이라 하였고, 천신 또한 최고의 정각자가 되실 그분께 먼저 공양을 올리라고 하였다. 뿐만 아니라 여기서도 직접적인 축원은 없지만, 불타는 장자의 딸들에게 당신의 머리카락과 손톱을 주었다고 전하고 있다.(후술)

그러나 그 밖의 모든 불전에서는 시주施主의 원과 보살의 축원이 설해진다. 예컨대 『설일체유부비나야파승사』의 경우 군장의 두 딸이 우유죽 공양을 올리게 된 것은 카필라국의 태자의 비妃가 되고자 하는 원 때문이었다.

〔우유죽을 공양 받은〕보살이 두 여인에게 물었다.
"지금 그대들이 나에게 보시한 것은 무슨 원이 있어서인가?"
두 여인이 대답하였다.

"거룩한 분이시여, 설산 남쪽의 갠지스 강가 카필라성의 석가 종족 중에서 태자가 탄생하였는데, 용모가 매우 뛰어나 보는 사람이면 누구나 기뻐하고, 관상가는 장래 전륜왕이 된다고 점쳤다고 합니다. 저희들은 이 보시의 공덕으로 그의 비妃가 되기를 원하옵니다."*

*T24, 122b1-5.

이에 보살이 "카필라성의 태자는 세간의 욕락欲樂을 싫어하여 이미 출가하였다"고 대꾸하자 두 여인은 이같이 말한다.

"만약 이미 출가하여 세간의 욕락을 탐하지 않는다면, 저희의 이 공덕으로 그분의 원이 이루어지게 하소서."
보살이 두 여인에게 고하였다.
"그대들의 원대로 이루어질 것이다."

『불본행집경』에서는 고행을 포기한 직후 같은 목적에서 공양을 올린 사나야나 군장의 두 딸*에게 보살은 자신이 바로 카필라국의 태자임을 밝힌다. "그대 자매들이여, 내가 바로 석가족의 태자이니라. 나는 이제 더 이상 5욕의 즐거움을 누리지 않으며 미래 아뇩다라삼먁삼보리를 성취하여 무상無上의 법륜을 굴리려 한다."*

*본장 2-1 '두 번째 공
양 이야기' 참조

*T3, 770c23-26.

이에 두 딸은 보살이 아뇩다라삼먁삼보리를 성취하면 자신들을 찾아 성문제자로 삼아줄 것을 청하고, 보살은 이를 허락하는 것으로 축원을 대신한다.
혹은 『중허마하제경』에서는 두 소녀가 정반왕의 아들을 남편으로 삼고 싶다는 자신의 원을 밝히자 보살은 젊잖게 타이른다.

> 그 소년은 일찍이 범행梵行을 닦아 5욕을 떠나 청정하다. 〔일체
> 의 모든 것을 성취한다는 뜻에서〕 이름도 '일체의성(一切義成,
> *Sarvārtha-siddha, 즉 Siddhārtha)'이라 하였다. 머지않아 보리菩
> 提를 증득할 것인데 어찌 그대들에게 주어 남편으로 삼게 할 수
> 있겠는가?*

우유죽 공양으로 보살의 기력을 회복시켜 보리수나무 밑 금강좌
에 오르게 한 수자타(혹은 난다와 난다바라)는 그 후 어떻게 되었을
까? 여기서도 트라푸사와 발리카 두 상인의 공양 이야기와 내용상
의 교착이 발견된다.

『수행본기경』에 의하면 보살은 우유죽을 바친 사나斯那의 두 딸
들에게 보시의 복이 무량하기를 축원하고 삼존三尊께 귀의하게 하
였다.* 그때는 삼보는 물론이고 불보佛寶조차 출현하지 않았는데,
어찌 삼보로의 귀의가 가능하였던가? 『수행본기경』에서는 트라푸
사(提謂)와 발리카(波利) 두 상인에 대해서도 정각(마구니의 항복) 이
후 3귀의와 5계를 주어 청신사(우바새, 즉 남자신자)로 만들었다고
구체적으로 말하고 있다. 그렇다면 여기서는 '밥을 짓는다'고 할
때처럼 미래 시점에 근거하여 말한 것인가? 아무튼 불전佛典에서
는 그녀(들)을 불교 최초의 여성신자(우바이)로 기록하고 있다.

나의 가르침에 귀의한 우바이(Upāsikā) 제자들 중의 첫 번째는

바로 세나니의 딸 수자타였다.*

*『앙굿타라니카야』1.14 「으뜸품」7.1. 대림 스 님 옮김(1), p.141.

그렇지만 이에 상응하는『증일아함경』제7「청신녀품淸信女品」 제1경에서는 최초의 여성신자로서 난다難陁와 난다바라難陁婆羅를 들고, 두 상인처럼 이후 부처님 법석法席에 참여하여 현성의 도를 증득하였다고 설하고 있다. "나의 제자들 중 제일가는 우바사(優婆 斯, Upāsikā, 우바이의 이역어), 즉 여성신자로서 처음으로 불도를 받 아 깨달은 이는 바로 난다와 난다바라 우바사였다."*

*T2, 560a29f.

이 같은 전승 상의 차이로 남방과 북방의 불교사원의 불타 고행 후의 우유죽 공양도는 매우 다른 모습으로 그려지게 되었다. 전자 의 경우 수자타 한 명의 시주만을 그리고 있지만, 후자에는 두세 명의 복수의 시주를 나타내고 있는 것이다.

[사진10] 태국 불교사 원의 수자타의 우유죽 공양상. (wiki)

[사진11] 보경사 팔상
전의 설산수도상 중 난
다와 난다바라의 우유
죽 공양 부분.

한편 『방광대장엄경』이나 이본역인 『보요경』에서는 다른 모든
불전에서 전하고 있는 트라푸사와 발리카가 세존으로부터 머리카
락과 손톱을 얻어 불탑을 세워 공양하였다는 이야기를 빠트리고
있는데, 두 불전에서는 그 이야기를 여기서 전하고 있다. 즉 『방광
대장엄경』에서는 보살이 우유죽을 먹기 전 나이란자나 강으로 가
수염과 머리카락을 깎고 목욕하였는데, 강에 꽃과 향을 가득 뿌린
백천의 천중天衆은 강물을 떠 하늘로 갖고 갔고 우유죽을 올린 선
생善生은 수염과 머리카락을 얻어 탑을 세워 공양하였고 전하며,*
『보요경』에서는 식사 후 금 발우를 강물에 던짐에 백천의 천중이
향내 나는 강물(香水)에 흙을 개어 사당(寺)을 세울 때, 촌장의 딸들
도 부처님에게서 얻은 머리카락과 손톱을 탑을 세워 안치 공양하
였다고 전한다.*

*T3, 583c26f.

*T3, 512a28f.

186

만약 그렇다고 한다면 수자타(혹은 난다와 난다바라)야말로 인간 세계에서 최초로 불탑을 세운 자라고 해야 할 것이다. 그렇지만 그러한 영예는 현실적으로 트라푸사와 발리카 두 상인에게 돌아갔다. 이는 곧 불교사에서 보살이 고행을 단념한 후 받은 금 발우의 우유죽 공양 관련 이야기를 부처님의 첫 번째 공양 이야기로 채택하지 않았다는 말이기도 하다.

제4장 불발, 간다라로 옮겨가다

북천축의 소월지국小月氏國 왕이 인도의 중원(中國, 즉 중천축)을 정복하고자 한철이 지나도록 도성을 포위하여 지키고 있었다.

이에 중천축국中天竺國의 왕이 서신을 보내 물었다.

"구하는 것이 있다면 그에 상당하는 것을 줄 것인데, 어찌 백성들을 괴롭히며 이토록 오래 여기에 머무는 것입니까?"(중략)

소월지국의 왕이 답하였다.

"너희 나라에는 두 가지 큰 보배가 있으니, 하나는 부처님의 발우이고, 또 하나는 변재辯才 비구이다. 이 두 보배를 나에게 준다면 2억 금을 받은 것으로 치겠다."

(『마명보살전』)

1. 푸루샤푸르의 불발

서기 399년, 62세의 나이로 장안을 출발하여 타클라마칸 사막을 건너고 파미르 고원을 넘은 법현(法顯, 337~422)은 402년 북인도

스와트 강 유역의 웃디야나(Uḍḍiyāna: 鳥仗國)에서 네 번째 여름안
거를 보내고서 푸루샤푸르(Puruṣapur: 弗樓沙國), 오늘날 파키스탄
의 카이버팍툰콰의 주도 페샤와르에 도착하였다. 이곳은 일찍이
쿠샨의 카니시카 대왕이 제국의 수도로 삼았던 곳으로, 불교 유식
학의 비조이고 대성자인 무착과 세친 형제의 고향이기도 하였고,
7세기 이 도시를 순례한 현장법사가 "논을 지은 논사들과 깨달음
을 얻은 성자들로 인해 언제나 맑은 바람(淸風)이 일었고 지극한
공덕(至德)도 사라지는 일이 없었다"고 찬탄한 곳이기도 하였다.

　법현은 그의 여행기『법현전』「푸루샤푸르」편에서 먼저 카니시
카 대왕이 세웠다는, 작리부도雀離浮圖라는 이름으로 장안까지 소
문이 자자하였던 높이 40여 장(丈, 1장은 10척)의 카니시카 대탑에
대해 이야기한다.(후술) 그리고 이어 이곳의 또 다른 성물聖物인 부
처님 발우에 대해 이야기하고 있다.

　　부처님의 발우가 이 나라 푸루샤푸르에 있다. 옛날 월지月氏 왕
　이 군사를 일으켜 이 나라를 정벌하고 부처님의 발우를 가져가
　려 하였다. 이미 이 나라를 굴복시켰고, 월지 왕도 불법을 돈독
　하게 믿었기에 부처님의 발우를 가져가려고 하였던 것이다. 그
　래서 발우에 크게 공양을 베풀고 삼보에도 공양하고 나서 아름
　답게 치장한 큰 코끼리에 부처님의 발우를 실었다. 그러나 코끼
　리는 땅에 엎드린 채 꿈쩍도 하지 않았다. 그래서 다시 발우를
　바퀴가 네 개 달린 수레에 싣고 8마리의 코끼리로 하여금 끌게
　하였지만 역시 꿈쩍도 하지 않았다. 왕이 부처님의 발우와 인연

이 없음을 알고 심히 부끄러워하였다. 그리하여 이곳에 불탑과 승가람을 세워 지키는 이를 두고 온갖 종류로 공양하였다.

이 절에는 대략 7백여 명의 승려가 있었다. 정오가 되기 전 승려들은 발우를 꺼내 신자(白衣)들과 함께 갖가지로 공양을 올렸다. 그런 후 점심을 먹는다. 해질 무렵 향을 사룰 때도 역시 그렇게 하였다. 부처님의 발우는 두 말(斗) 정도를 담을 수 있는 크기로 검은 빛깔의 잡색으로 [사천왕이 보시한 네 개의 발우를 포개어 하나로 만들 때 생긴] 네 가장자리의 경계—이를 四際라고 한다—가 분명하였다. 두께는 2푼 정도로 광택이 나 매우 반짝였다. 가난한 이는 꽃을 조금만 던져도 가득 찼지만, 큰 부자는 많은 꽃으로 공양하고 다시 백천만 곡(斛: 1곡은 10말)으로 공양하려 해도 끝내 채울 수 없었다.* 　　　　　　　　*T51, 858b21-c2.

법현은 계속하여, 서역의 장액長掖에서 만나 구법여행을 함께하였던 보운寶雲과 승경僧景은 부처님 발우에만 예배하고 곧장 귀국하였고, 혜경慧景은 이곳 '불발사佛鉢寺'에서 병사하였다고 적고 있다. 이로 볼 때 월지 왕이 세운 승가람이 바로 불발사라는 이름의 절임을 알 수 있다. 또한 보운과 승경의 경우 다만 불발 예배가 인도여행의 목적이었음을 추측할 수 있다.

그런데 여기서 불발사를 세운 월지 왕은 우리가 일반적으로 아는 쿠샨 제국의 카니시카 왕(후술)이 아니라 쿠샨-사산조 쿠샨에 이어 북인도를 지배한 키다라(Kidāra) 왕조의 왕이다. 쿠샨 제국의 카니시카 왕은 후술하듯이 부처님의 발우를 인도의 중원(中國, 중천축)으로부터 이곳 푸루샤푸르로 갖고 온 왕이기 때문이다. 키다라 왕조는 알타이 산맥에서 발원한 흉노의 한 부족(Red Huns)으로 소그드와 박트리아를 거쳐 4세기 중엽 북인도를 장악하였는데, 당시의 왕 키다라 1세(350~390년 무렵)는 인종적으로도 가까웠을 뿐만 아니라 스스로도 쿠샨의 후예라고 생각하여 전대前代의 왕들이 사용하였던 쿠샨 왕(Kushanshah)이라는 호칭을 물려받았고, 중국의 사서에서도 역시 이들을 월지와 관련 있다고 여겨 소월지小月氏로 표기하였다.*

*https://en.wikipedia.
org/wiki/Kidara_I
(2022.1.30.)

*山田明爾(1963a): 616f.

그렇지만 후술하듯이 법현은 간다라와 서방의 월지국, 즉 힌두쿠시 너머의 박트리아를 별개의 나라로 호칭하고 있기 때문에, 당시 키다라의 월지국과 간다라는 아직 한 나라로 통일되지 않은 상태였다.* 그래서 월지 왕은 간다라의 옛 왕도 푸루샤푸르를 정벌하고 이곳의 불발을 자기 나라로 가져가려고 하였던 것이다.

그런데 부처님의 발우가 어떤 연고에서 인도의 서북 변방지역인 간다라에 있게 되었던가? 법현은 그로부터 10여 년 후 스리랑카를 여행하면서 천축(인도)에서 온 도인으로부터 그가 사사로이 전승하고 있던 경설을 전해 듣는다. 그것은 부처님 발우의 유전에 관한 것이었다. 애당초 중인도의 바이샬리에 있었던 불발이 지금은 간다라에 있지만, 몇백 년이 지나면 서쪽의 월지국에 이르게 될 것이고, 이후 다시 몇백 년이 지나 우전국(호탄), 쿠차국, 스리랑카(師子國), 중국(漢地)에 이르고, 중천축으로 돌아와 도솔천에 올랐다가 마침내 미륵불이 출현할 즈음에 다시 네 개로 분리되어 본래 있었던 곳인 [사천왕천 중의] 알나산頞那山으로 되돌아간다는 것이다.

쿠차에서 스리랑카로, 여기서 다시 중국으로 유전한다는 말은 오늘날 지리적 관점으로서는 잘 이해되지 않지만* 불발은 바로 불법의 상징이었기 때문에 이를 불법의 유전으로도 이해할 수 있는데, 이에 대해서는 제6장에서 다시 논의하게 될 것이다.

아무튼 법현이 들었다는 천축 도인의 말에 따른다면, 바이샬리의 불발이 간다라로 옮겨온 것이다. 그리고 바이샬리의 불발은 필시 부처님께서 그곳에서 열반처인 쿠시나가라로 떠나면서 이별을 슬퍼하는 바이샬리 사람들에게 선물로 주었던 것일 것이다.* 이 불발이 간다라의 푸루샤푸르로 오게 된 것은, 『마명보살전』 등에 따르면 이곳을 왕도로 삼은 쿠샨 제국의 카니시카 왕과 관련 있다. 쿠샨은 월지의 한 부족으로 북방에서 내려온 이민족이다. 푸루샤푸르를 중심으로 한 간다라는 이들 북방의 이민족과 흥망성쇠를 함께하였고, 불교 역시 그러하였다.

『잡아함』 제640 「법멸진상경法滅盡相經」에서는 불타께서 반열반에 들고 천 년이 지날 무렵 사방으로부터 네 왕, 즉 샤카(Śaka: 釋迦), 야바나(Yavana: 耶槃那), 파흐라바(Pahlava: 鉢羅婆), 투카라(Tukhāra 혹은 Tuṣāra: 兜沙羅)의 왕이 각기 백천(십만)의 권속을 거느리고 침략하여 비하라와 스투파(寺塔)를 파괴하고 비구들을 학살하며 경전을 불사를 것이라고 예고한다.*

여기서 야바나(혹은 Yonaka)는 그리스를, 샤카와 파흐라바는 스키타이와 파르티아를, 투카라는 월지月氏를 가리키는 말이다. 이들은 『밀린다팡하』의 주인공 밀린다(희랍명 메난드로스)나 카니시카 대탑을 세운 쿠샨의 카니시카 왕이 그러하였듯이 인도에 정착한

*이에 따라 『법원주림』에서는 법현 전승의 모순을 느낀 듯 쿠차-중국(震旦)-스리랑카로 유전한다고 설명한다. 제7장 2-2-1 참조.

*제2장 4-1 참조.

*완전한 경문은 제6장 1-2 '이방의 무법 왕들의 정법 파괴' 참조.

이후에는 불교의 외호자外護者가 되지만, 인도에 침략할 때는 약탈과 방화 살육을 감행하여 『대비바사론』과 같은 논에서는 이들 무법의 왕들을 '다슈(Dasyu: 達絮)'나 '므렛차(Mleccha: 蔑戾車)'라는 말로 호칭하기도 하였다. 각기 악마(신들의 적)와 야만인의 뜻이다. 앞의 「법멸진상경」에서는 이들의 파불破佛이 12년간 계속되었다고 적고 있다.

아무튼 불발의 유전은 이들과 관련이 있고, 불상의 출현 등 간다라의 불교미술 역시 이들과 밀접한 관련이 있다. 해서 푸루샤푸르를 중심으로 서북인도를 거쳐 간 이들 이민족들의 침략의 역사를 간략하게라도 살펴볼 필요가 있다.

2. 카니시카 왕과 불발

1) 다양한 이민족의 도래

알렉산더 대왕이 회군한 지 10년째가 되던 기원전 317년, 찬드라굽타가 난다 왕조를 무너뜨리고 마우리아 왕조를 건설하였다. 이 왕조의 세 번째 왕이 인도 최초로 통일제국의 과업을 성취한 아쇼카(Aśoka, B.C. 304~232년 무렵)이다. 그는 젊은 시절 서북인도의 중심도시인 탁샤쉴라(오늘날 파키스탄의 탁실라)의 총독을 지냈고, 황제로 재위하는 중에는 오늘날 아프가니스탄의 칸다하르와 파키스탄의 페샤와르 인근 샤바즈가리 등지에 마애법칙磨崖法勅을 세우는 등 서북인도의 지배권을 확고히 하였지만, 그의 사후 이 지역의 역사는 이민족들의 침략의 역사였다.

기원전 3세기 중엽 힌두쿠시 너머 인도의 서쪽 여러 지역은 시리아의 셀레우코스 왕조에 의해 지배되고 있었지만, 이 시기 파르니 족의 족장 아르사케스 1세(B.C. 250~248년 재위)가 오늘날 튀르키예(터키) 동남부에서 이란 동부에 걸쳐 파르티아(Parthia, 安息國)를, 그리스인 태수 디오도토스(B.C. 250~235년 재위)가 오늘날 아프가니스탄 등지를 중심으로 박트리아(Bactria, 大夏) 왕국을 건설하였다. 이후 파르티아는 기원후 3세기 사산(Sāsan) 왕조로 교체되기까지 5백 년 가까이 이어졌으며, 박트리아는 2백여 년 간 힌두쿠시를 넘어 펀자브에 이르는 지역까지 지배하였다. 박트리아는 말하자면 서북인도에 세워진 그리스 왕국으로, 우리는 이런 연유에서 헬레니즘과 힌두문화가 융합된 이 지역의 문화를 간다라문화라고 일컫는 것이다. 중국불교 초기 역경가인 안세고安世高는 바로 안식국, 즉 파르티아 출신이며, 『밀린다팡하』, 즉 『밀린다왕문경』으로 유명한 메난드로스(인도명은 밀린다, B.C. 165/155~130 무렵 재위)는 바로 박트리아의 왕이었다.

이 무렵 중국 역사서에는 월지月氏라고 불리는 유목부족이 등장

[사진1] '구원의 왕 메난드로스' 초상이 새겨진 동전. 뒷면은 아테네 여신. 영국박물관. (wiki)

한다. 그들의 본거지는 역시 유목부족인 흉노匈奴의 서쪽 영역에 인접한 감숙甘肅지방이었는데, 기원전 2세기 초 묵돌선우冒頓單于라는 탁월한 부족장이 이끈 흉노에게 그들의 땅을 빼앗기고 둘로 갈라져 소월지小月氏로 불리던 부족은 티베트 북쪽으로 쫓겨 가고, 대월지大月氏로 불리던 부족은 아랄 해 동남쪽까지 이동하여 그곳에 있던 스키타이 계통의 싸카(Śaka: 塞) 족을 남쪽 파르티아와 박트리아 땅으로 몰아내었다. 이후 싸카는 박트리아를 멸망시키고 파르티아까지 침범하였지만, 두 부족은 원래 같은 종족의 유목민이었기 때문에 서로 혼합되면서 스키타이 파르티아, 혹은 싸카 파흐라바(Pahlava)라는 이름으로 불리게 되었다. 이들이 볼란고개를 넘어 간다라로 진출하여 탁샤썰라를 점령한 것은 기원전 85년 무렵의 일이다. 그리스인들이 세운 박트리아는 이 무렵 파흐라바의 왕 아제스와 곤도파레스 시대 멸망하였다. 오늘날 힌두교도가 사용하는 기원전 58년을 원년으로 삼는 비크라마 기원(紀元, Virama Saṃvat)은 아제스 1세의 치세로부터 시작한다. 그렇지만 이들은 전대의 그리스인의 유산을 이어받아 그들의 정치제도와 문화를 답습하였으며, 불교에 대해서도 관대하였다.

한편 기원후 1세기 무렵 박트리아의 땅이었던 토카라(혹은 투카라)에 들어온 대월지는 휴밀休密, 귀상貴霜, 쌍미雙靡, 힐돈肹頓, 고부高附라는 다섯 부족으로 구성되어 있었는데, 이 중 귀상, 즉 쿠샨(Kuṣān)이 강대해져 부족장 쿠줄라카드피세스는 다른 네 부족을 지배하는 동시에 카불, 간다라 등 주변지역을 정복하였고, 그의 아들 비마카드피세스는 그 영역을 인더스 강 건너 펀자브까지 확대

시켰다. 비마카드피세스의 계승자가 바로 카니시카(Kaniṣka: 迦膩
色迦, 127~150년 무렵 재위)이다. 그와 선왕과의 관계는 분명하지 않
다. 일설에 의하면 그의 고향은 호탄(于闐)이다. 그럴 경우 그는 선
왕과 달리 소월지 출신이라 할 수 있다.

카니시카는 푸루샤푸르에 수도를 정하고, 동으로는 갠지스 강
평원의 바라나시와 파탈리푸트라, 남으로는 빈드야 산맥 기슭까
지, 서북으로는 카슈가르, 야르칸드, 호탄 등의 서역의 여러 지방은
두말할 것도 없고 이란 동북부로부터 멀리 아랄 해 부근에 이르기
까지 광대한 지역에 걸친 대제국을 건설하였다. 그는 '대왕', '왕 중
의 왕', '천자天子', '주主' 등 각기 인도와 중국, 싸카 등지에서 유래
하는 칭호를 함께 사용하였다고 한다. 이는 쿠샨 제국이 차지한 판
도의 넓이와 포용성을 나타낸 것이라고 볼 수 있다.

1993년 아프가니스탄 수르흐 코탈 인근 라바탁(Rabatak) 유적지
에서 2세기 쿠샨 제국의 황제 계보에 관한 박트리아어와 그리스어
암각문이 발견되었다. 이는 그곳 성주에게 여러 신들과 증조부 쿠
줄라카드피세스, 조부 사다쉬카나(Sadashkana), 아버지 비마카드피

[사진3] 라바탁 각문.
카불박물관. (wiki)

세스 왕을 위해, 그리고 자신 카니시카를 위해 '지상의 물'로 일컬어진 나나(Nana) 여신의 신전을 세우고 이들 여러 신들과 왕들의 형상을 만들라는 포고문으로, 다음과 같은 말로 시작한다.

위대한 구원자이자 정의로운 이, 공정한 이, 절대군주, 신, 경배할 만한 이, 나나(Nana)와 모든 신들로부터 왕권을 부여받은 이, 신들이 원하는 대로 원년을 세우신 분인 카니시카 원년(A.D. 127)에 그는 이오니아(그리스)어의 사용을 금하고 아리아어로 대체하였다. 〔카니시카〕 원년 이 칙령은 쿤디나(Koonadeano), 옷자인(Ozeno), 사케다(Zageda), 카우삼비(Kozambo), 파탈리푸트라(Palabotro), 그리고 스리-참파(Ziri-tambo)에 이르기까지 그가 통치하는 인도전역에 선포되었다. 어떤 지배자든, 어떤 위대한 가문이든 모두 대왕의 뜻에 따랐고, 전 인도가 왕의 뜻에 복종하였다.*

*인용문은 무케르지의 영역의 재역. https://en.wikipedia.org/wiki/Rabatak_inscription (2020. 2. 22).

198

2) 카니시카 왕의 파탈리푸트라 원정

푸루샤푸르의 불발佛鉢은 카니시카 왕이 중천축(혹은 파탈리푸트라: 華氏城)을 정복하고 말하자면 전쟁 배상금 대신 받아온 것이었다. 이 이야기는 불전佛傳문학의 대표자였던 마명(馬鳴, Aśvaghoṣa)보살의 전기에 실려 있다.

북천축 소월지국의 왕이 인도의 중원(中國)을 정복하고자 한철이 지나도록 도성을 포위하여 지키고 있었다.

이에 중천축中天竺의 왕이 서신을 보내 물었다.

"구하는 것이 있다면 그에 상당하는 것을 줄 것인데, 어찌 백성들을 괴롭히며 이토록 오래 여기에 머무는 것입니까?"

소월지국의 왕이 답하였다.

"그대에게 항복할 뜻이 있다면 3억 금金을 보내라. 그러면 용서할 것이다."

중천축의 왕이 말하였다.

"이 나라를 통틀어 1억 금도 없는데 어찌 3억 금이 있겠습니까?"

소월지국의 왕이 답하였다.

"너희 나라에는 두 가지 큰 보배가 있으니, 하나는 부처님의 발우이고 또 하나는 변재辯才 비구이다. 이 두 보배를 나에게 준다면 2억 금을 받은 것으로 치겠다."

중천축의 왕이 말하였다.

"이 두 가지 보물은 우리도 매우 중히 여기는 것이므로 버릴 수 없습니다."

이에 변재 비구가 왕을 위해 설법하였다.

"무릇 중생으로서 [부처님의] 교화를 받는 데에는 천하에 차별이 없습니다. 불도는 깊고 넓어 모두 함께 구제하는 데 그 뜻이 있는 것입니다. 대인大人 역시 중생구제(濟物)를 으뜸의 공덕으로 삼지만, 세상의 교화에는 어려움이 많기 때문에 왕은 한 나라만 교화할 수 있을 따름입니다. 그러니 지금 [저를 보내시어] 불도를 널리 선양하신다면 스스로 사해四海의 법왕法王이 되실 것입니다. 비구는 사람들을 제도하는 데 어떠한 차별도 두지 않습니다. 공덕은 마음에 달린 것으로 이치상 멀리 있든 가까이 있든 관계없습니다. 그러니 어찌 눈앞에 있어야만 하겠습니까?"

왕은 평소 [불법의] 종지宗旨를 중히 여기고 그의 말을 공경하였으므로 즉시 그를 월지 왕에게 보냈다.*

*『마명보살전』(T50, 183c17-184a1).

여기서 '소월지국의 왕'은 바로 카니시카 왕을 말하며, 언변이 뛰어난 변재 비구는 바로 이야기의 주인공인 마명보살이다. 부처님의 발우와 마명보살이 어째서 나라의 보배라는 것이며, 카니시카 왕은 어떤 이유에서 이를 요구한 것인가? 이는 신라의 세 가지 보물이었던 황룡사 장육존상과 하늘이 내려준 옥대(天賜玉帶), 황룡사 구층탑처럼 나라를 수호하는 신물이기 때문인가? 이 두 가지는 일종의 전쟁 배상금으로 요구한 3억 금 중 2억 금에 상당하는 것이었다. 그렇다면 나머지 1억 금은 무엇으로 받은 것인가? 불타 입멸 후 마하가섭으로부터 시작하여 23번째 사자師子 비구에 이르는 법

장(法藏, 일종의 후계자)의 계승 관계에 대해 설하고 있는『부법장인
연전付法藏因緣傳』(472년, 길가야와 담요 공역)「마명」(제11대 법장) 편
에서 좀 더 자세하게 서술하고 있다.

> 파탈리푸트라(華氏城)에는 9억('억'은 십만의 단위)의 백성이 살
> 고 있었다. 그때 월지국月支國의 왕은 위세와 품성(威德)이 불같
> 이 거세어 이름조차 전단 계닐타(栴檀罽昵吒, *caṇḍa-kaniṣika) 즉
> '잔혹한 카니시카'라고 하였다. 지조와 기개가 웅건하고 용맹스
> 러워 세상의 누구도 그를 감당하지 못하였으니, 그가 토벌하고
> 자 하면 무너뜨리고 쓸어버리지 못할 것이 없었다. 그런 그가
> 〔코끼리·말·전차·보병의〕 사군四軍을 거느리고 이 나라로 향
> 하였다. 서로 공방전을 벌인 끝에 이 나라가 항복하자 바로 9억
> 의 금전金錢을 요구하였다.
>
> 그때 이 나라(파탈리푸트라)의 왕은 마명보살과 부처님의 발우
> 와 한 마리의 자비심을 지닌 닭을 각기 3억 금에 상당하는 것으
> 로 여겨 이를 계닐타 왕에게 바쳤다. 마명보살은 지혜가 특별히
> 뛰어났고, 부처님 발우의 공덕은 여래가 지녔던 것이며, 자비심
> 을 지닌 닭은 벌레가 있는 물도 마시지 않았다. 이는 다 일체 원
> 적怨敵을 소멸시킬 수 있는 것(즉 방편)으로, 이러한 연유에서 9
> 억 금에 상당하는 것이라 하였다. 계닐타 왕이 크게 기뻐하며
> 이를 수납한 즉시 군사를 돌려 본국으로 돌아갔다.*   *T50, 315b5-13.

『마명보살전』에서는 마명보살을 협존자(脇尊者, Parśva)의 제자로

설하고 있지만, 『부법장인연전』에서는 협존자-부나사富那奢-마명으로 이어진다고 설할 뿐더러 카니시카 왕의 관련 이야기도 조금 다르지만, 그가 3억 금(혹은 9억 금)에 상당하는 중천축국(즉 파탈리푸트라)의 보물(혹은 神物)을 북천축(즉 푸루샤푸르)으로 갖고 왔다는 이야기의 구성은 동일하다. 이 이야기가 의미하는 바는 무엇인가?

3) 세 가지 보배

카니시카 왕의 동방 원정 이야기가 시사하는 바에 대해 논의하기 위해서는 무엇보다 먼저 파탈리푸트라의 세 가지 큰 보배였다는 변재 비구(즉 마명보살)와 부처님의 발우와 자비심을 지닌 닭의 의미에 대해 생각해 보지 않으면 안 된다. 이 세 가지가 무엇이기에 원적을 소멸시킬 수 있는 (다시 말해 나라를 지키는) 방편이라는 것이며, 카니시카 왕이 푸루샤푸르로부터 2천 킬로도 더 떨어진 파탈리푸트라를 공략하여 한철 넘게 이 성을 포위하였던 것인가?

　일부의 역사가는 카니시카 왕의 파탈리푸트라 공략이 역사적 사실인지 의심하기도 하지만, 앞서 라바탁 유적지에서 발견된 암각문으로 볼 때 사실일 것이다. 게다가 부처님이 바이샬리 사람들에게 이별의 선물로 자신의 발우를 주었던 케사리아의 유적지에서도 카니슈카의 인장이 새겨진 금화가 발견되었다고 한다.*

*https://www.drishtiias.com/daily-updates/daily-news-analysis/kesaria-buddha-stupa-bihar (2022. 2.5)

(1) 마명보살

『마명보살전』이든 『부법장인연전』「마명」편이든 이야기의 주제가 마명이기 때문에, 그의 공덕을 찬탄하기 위해 저술되었을 것임

은 두말할 나위도 없다. 카니시카 왕이 원정에서 돌아온 후 결과에
대한 시비가 일었다.

"왕께서 부처님 발우를 공경하여 이를 배상금으로 받아오신 것
은 참으로 마땅한 일이지만, 저 비구에 대해 천하가 다 1억 금에 상
당한다고들 하지만, 너무 지나친 것이 아닙니까?"*

이에 왕은 보살의 뛰어난 언변의 재능(辯才)에 그만한 값어치가
있다고 말한다. 마명보살은 지혜가 지극히 뛰어날 뿐만 아니라 중
생들을 넓고도 깊은 지혜의 세계로 이끌 수 있는 능력을 갖고 있었
다. 법을 설하는 그의 말재주는 인간들은 물론이고 짐승들조차 감
동시킬 만한 것이었다. 왕이 어느 날 원정 결과에 대해 시비하는
미혹한 무리들을 깨닫게 하고자 내외의 사문沙門들과 이학(異學, 외
도)들을 두루 모아놓고 마명보살께 설법을 청하였는데, 이를 듣고
깨닫지 않은 이가 없었다. 심지어 닷새를 굶은 일곱 필의 말조차
먹이를 먹을 생각도 않고 눈물을 흘리며 그의 법문을 들었다. 그래
서 세간에서는 그를 '말을 울게 한 이'라는 뜻의 마명馬鳴이라 호칭
하게 되었다. 그의 비범한 능력은 천하가 다 아는 사실이기 때문에
1억 금의 값어치가 있다는 것이다.

마명보살은 이후 북천축에서 중생들의 이익을 위해 불법을 널리
선양할 때 방편을 잘 구사하여 그들로 하여금 공덕을 성취하게 하
였기에 사방의 모든 이들이 그를 '공덕의 해(功德日)'라고 칭송하였
다고 한다. 여기서 공덕은 부처님을 찬양/찬탄하는 찬불讚佛의 공
덕으로, 마명은 부처님의 생애를 세속의 가사와 곡조(kāvya: 文頌)
로 노래하여 일반의 대중들로 하여금 부처님 찬탄의 공덕을 성취

*『마명보살전』(T50,
184a1-3).

하게 하였던 것이다. 그가 노래한 『불소행찬佛所行讚』은 말하자면 일종의 대중가요집과 같은 것이었다. 그래서 세간에서는 그의 공덕을 남녀노소와 빈부귀천, 유무식을 가리지 않고 사방을 두루 비추는 태양에 비유하였던 것이다.

『부법장인연전』에 의하면 부나사富那奢 존자로부터 법장을 이어받은 마명은 뇌타화라(賴吒呧羅, Raṣṭrapāla)라는 이름의 음악(伎樂)으로 파탈리푸트라의 중생들을 제도하였다. 예컨대 '일체 모든 존재가 괴롭고 공空하며 실체성이 없다(無我)'는 도리(말하자면 철학적 명제)를 "유위有爲의 현상세계는 허깨비와도 같고, 삼계는 감옥과도 같아 즐거워할 만한 것 아무 것도 없다네. 왕의 지위가 제 아무리 높고 그 세력 또한 절대적(自在)일지라도 눈 깜짝할 사이에 흩어지는 허공의 구름처럼 참으로 무상한 것이라네"라는 식으로 비유하여 노래하였다. 그의 노랫소리는 청아하고도 애절하였지만 곡조는 은근하고도 즐거운 것(婉暢)이었다.

마명은 음악(樂)을 지은 이로 하여금 직접 노래를 연주하게도 하였고, 노래하는 이(伎樂人)들이 음악을 잘 이해하지 못하였거나 곡조와 음절이 어긋날 경우 스스로 흰옷을 입고 (다시 말해 세속의 재가자의 차림으로) 그들 속으로 들어가 직접 종과 북을 치며 그들이 연주하는 거문고나 비파와 조화를 맞추기도 하였다. 애절한 음절과 완전한 조화의 가락은 '일체 모든 존재가 괴롭고 공하며 실체성이 없다'는 도리를 펼쳐놓은 듯하였다. 어느 때 성안에 있던 5백 명의 왕자가 이들 듣고 동시에 깨달아 오욕을 싫어하여 출가하는 일까지 있었다. 이에 파탈리푸트라 왕은 이러한 음악을 듣고서 모두 가업을 버리고 출가하여 나라가 텅 비게 될까, 그리하여 나라를 다스리는 국왕의 대업(王業)이 폐지될까 염려하여 마명의 이러한 형식의 음악을 금지시켰다고 한다.*

『마명보살전』에서는 파탈리푸트라의 왕이 마명보살을 나라의 보배라 하였고, 『부법장인연전』에서는 그의 음악을 금하였다고 하였지만, 이는 다 태양에 비유될 만큼 뛰어났던 마명보살의 대중 감화력을 찬탄하는 수사였을 것이다. 원효대사가 속인의 복색으로 무애박을 두드리며 저잣거리에서 춤추고 노래한 것도 이러한 마명보살의 원행과 무관하지 않을 것이다.

*T50, 315a21-b5.

(2) 불발

불발이 단순히 부처님이 소지하였던 것이라는 사실만으로 나라의 보배가 된 것은 아닐 것이다. 그럴 경우 부처님의 육신(身界, 즉 사리)이나 항상 입고 있었던 옷(즉 가사)은 더욱 값진 보배라고 해야 할 것이기 때문이다. 『연화면경』에서는 불발과 불사리를 석가모니여래의 신심과 지계와 다문多聞과 정진과 선정과 지혜의 결정체(所熏修)라고 하였다.* 불발은 단순히 음식을 담는 그릇이 아니라 정법을 담는 그릇, 즉 법기法器였다. 우리말에서도 '그릇'은 어떤 일을 해 나갈 만한 능력이나 도량, 혹은 그러한 능력이나 도량을 가진 사람을 비유적으로 가리키는 말이다. 법기는 불발의 다른 이름으로, 도를 깨칠 중생(보살)을 가리키기도 하지만 이미 깨친 중생, 즉 불타를 가리키는 말이기도 하다. 불발은 불법의 상징이었다.*

따라서 당연히 불타의 정법을 인도 중원(중천축)으로부터 서북

*T12, 1077b13f. 이에 대해서는 제7장 3-1 '미륵불의 불발 예배'에서 상론한다.

*제5장 2-3 '간다라에서의 불발 신앙' 참조.

인도 간다라로 옮겨가기 위해서는 부처님의 발우를 갖고 가지 않으면 안 되었다. 혹은 반대로 불법을 파괴하려는 자라면 무엇보다 먼저 불발을 파괴해야만 하였다. 5세기 북방에서 내려온 미히라쿨라가 그러하였다.* 『연화면경』에서 불타는 말하였다. "불발이 파쇄 破碎됨에 따라 나의 제자들은 청정한 계율을 더럽히게 될 것이며, 경·율·론 삼장의 독송을 싫어하게 될 것이다." 이 말은 곧 "부처님의 발우가 온전하게 지켜지는 한 불타의 제자들은 청정한 계율을 지킬 것이며, 경·율·론 삼장을 독송할 것이다"로 바꿔 말할 수도

*제6장 2-1 '미히라쿨라의 불발 파괴' 참조

[사진4] 불발이 새겨진 부조. 1~2세기 간다라. 빅토리아 앨버트박물관 사진(c).

206

있을 것이다.

부처님의 발우가 파탈리푸트라의 보배가 된 것도 필경 이 같은
이유 때문이었을 것이다. 카니시카 왕이 파탈리푸트라에서 불발을
북천축(푸루샤푸르)으로 가지고 갔다는 말은 불타의 정법이 인도
중원에서 그곳으로 옮겨갔다는 말로서, 앞서 월지(키다라)의 왕이
푸루샤푸르의 불발을 힌두쿠시 너머 본국으로 가져가려고 하였던
것도 이 같은 이유 때문이었을 것이다.

(3) 자비심의 닭

『부법장인연전』에서 파탈리푸트라 왕이 카니시카 왕에게 바친 세
번째 보배는 자심계慈心鷄, 자비심을 지닌 닭이다. 이러한 닭이 의
미하는 바는 무엇인가? 『부법장인연전』에서는 "자비심을 지닌 닭
은 벌레가 있는 물도 마시지 않는다"고 부연 해설하고 있다. '벌레
가 있는 물도 마시지 않는 닭'이라니, 이는 또 무슨 말인가? 닭이
좋아하는 것은 벌레인데, 벌레는 고사하고 벌레가 있는 물조차 마
시지 않는 닭이라니.

그런데 '벌레가 있는 물을 마시지 않는다'(또는 '수용하지 않는다')
는 말은 불살생계不殺生戒의 적극적인 표현일 뿐만 아니라 바라제
목차(즉 계율) 조목의 관용구로, 벌레가 있는 물인 줄 알고서도 마
시거나 수용하면 이는 바일제波逸提, 즉 네 명의 비구 앞에서 참회
해야 하는 죄이다.

육군비구가 벌레 있는 물을 마시자 거사들이 비난하였다. "저 사
문 석자釋子들은 자비심(慈心)이 없어 벌레의 목숨을 살해하고도

겉으로는 '나는 정법을 닦는다'고 말한다. 벌레 있는 물을 취하는 (마시는) 것을 어찌 정법이라 하겠는가?"

이를 들은 '적은 욕심에 만족하고 두타를 행하며 계율을 즐겨 배우는 부끄러움을 아는 비구'들도 말하였다. "어찌하여 그대들은 자비심도 없이 벌레 있는 물을 마셔 그들의 목숨을 해치는 것인가?"

이에 따라 부처님은 이와 관련된 계율을 제정하였다.

"어떤 비구가 벌레 있는 물임을 알고서도 마시면, 이는 바일제이다."*

*『사분율』 바일제 제62조 '음충수계飲蟲水戒'.

『마하승기율』에서는 이 죄(여기서의 명칭은 '단제單提')의 인연을 밝히면서 다음과 같은 이야기를 전하기도 한다.

어느 때 남쪽 지방 바라지婆羅旨 나라에 두 비구가 사위국에 계신 세존을 뵙고자 길을 떠났는데, 중도에 물을 마시지 못해 목이 몹시 말랐다. 그러다 우물을 만나 물을 길러 마셨지만, 한 비구는 물에 벌레가 있는 것을 보고 마시지 않았다. 차라리 목말라 죽을지언정 계율을 어길 수 없다는 것이 이유였다. 그리하여 마침내 죽음에 이르게 되었다.

그 후 그 비구가 세존께 동행한 비구의 이야기를 하니, 부처님께서 말씀하였다.

"이 어리석은 사람아, 그대는 나를 보지도 못하였음에도 나를 보았다고 하지만, 저 목말라 죽은 비구는 이미 나를 만나 보았느니라. 방일하고 게을러 감관을 제어하지 못하는 비구는 비록 나와 함께 한곳에 있을지라도 그는 나에게서 멀리 떠나 있는 것

이며, 비록 나를 보았다고 할지라도 나는 그를 본적이 없다. 그
러나 방일하지 않고 게으르지 아니하여 감관을 제어하는 비구
는 바다 저편에 있어 나와는 멀리 떨어져 있을지라도 나는 항상
그를 보고 있으며, 그도 항상 나와 가까이 있는 것이다."

그리고는 그 비구에게 말씀하셨다.

"벌레가 있는 물을 마시는 것은 잘못된 일이다. 이는 법도 아니
고, 율도 아니며, 불타의 말씀(佛敎)도 아니니, 이로써는 선법을
증진시킬 수 없다. 오늘부터 벌레 있는 물인 줄 알고는 마셔서
는 안 된다."*

* T22, 372c26-373a
16. 필자 초역.

혹은 『정법염처경正法念處經』에서는 불살생계에 대해 해설하면
서 "〔목이 말라〕 죽을지라도 벌레가 있는 물은 마시지도 않고 수용
하지도 않으며, 다른 이에게도 그렇게 하도록 하는 것, 이것이 불
살생이다"라고 규정하기도 한다.* 나아가 율장 「코삼비건도」에서
전하는 불교 초기시대의 대표적인 교단분열(破僧) 사건 또한 측간
에서의 '벌레 있는 물'의 사용과 관련된 것이었다.

* T17, 162c19-20.

이로 볼 때 '한 마리 자비심을 지닌 닭'이란 실제 닭이 아니라 파
탈리푸트라를 대표할 만한 절인 계원사雞園寺*의 일군의 선법의 비
구들을 가리키는 말로 생각된다. 현장의 『대당서역기』에 의하면
이 절은 아쇼카 왕(無憂王)이 처음 불법을 믿으면서 세운 절로, 선
법의 종자(善種)를 심기 위해 천 명의 승려를 소집하여 깨달은 이
나 깨닫지 못한 이 모두에게 수행에 필요한 네 가지 물건(四事)인
음식·옷·탕약·와구를 공양하였던 절이다. 뿐만 아니라 말년에 손

* 혹은 계림정사雞林精
舍, 계사鷄寺, 계두말
雞頭末, 계작사雞雀寺,
Kukkuṭārāma, Kur-
kuṭārāma.

자 삼파딘(Sampadin, 三波提)에게 모든 것을 다 빼앗기고서 사용하던 금그릇마저 보시하자 은그릇에 밥이 담겨 나왔고, 이마저 보시하자 놋그릇에, 질그릇에 담겨 나왔으며, 이마저 보시하고 마지막으로 그의 손에 쥐어진 아말라카(망고) 반쪽마저 보시한 절로 유명하다.

"일찍이 남섬부주를 다스렸지만 하루아침에 거지꼴이 되었으니, 빠르게 흘러가는 갠지스 강물도 한번 흘러가면 다시 돌아오지 않듯 부귀 역시 다시 돌아오지 않으리. (중략) 〔계작사/계원사의〕성중聖衆은 저들을 불쌍히 여기시고 이 반쪽의 아말라카를 받으소서."

이는 '아쇼카 왕 아말라카 반쪽을 보시한 인연'이라는 이름의 『잡아함경』 제641경, 『아육왕전』(또는 『아육왕경』) 제5화의 이야기(아바다나)로, 현장법사에 따르면 계원사雞園寺의 승도들은 이 아말라카의 씨를 안치하기 위해 절 안에 스투파를 세우기도 하였다.

『잡아함경』 제559, 628-636, 719경도 계원사(계림정사)를 배경(說處)으로 설해진 경이다. 계원사는 제국의 수도 파탈리푸트라의 상징이라고도 할 수 있는 절이다. 따라서 '벌레 있는 물을 마시지 않는, 한 마리의 자비심을 지닌 닭'은 '일군의 계림의 닭', 계원사의 자비심 깊은, 선법을 행하는 일군의 비구들을 말한 것으로 이해할 수 있다.

마명보살과 부처님의 발우, 그리고 계원사는 9억(즉 90만) 명의 파탈리푸트라를 대표할 만한, 무적無敵의 자비를 표방하는 불교의 보배였다. 그래서 『부법장인연전』에서는 이 세 가지를 일체 원적怨敵을 소멸시킬 수 있는, 9억 금에 상당하는 것이라 하였을 것이다. 앞서 말한 대로 신라에도 세 보물이 있어 이를 잃지 않으면 나라도 망하지 않는다('三寶未亡 國亦未亡': 『고려사』 「世家」)고 하였다. 카니시카 왕이 불타 정법을 담는 그릇과 이를 교묘히 설하여 대중들의 마음을 사로잡은 마명보살과 이를 닦는 일군의 계원사의 승중僧衆을 전쟁 배상금으로 얻어 갔다는 이야기는 바로 아쇼카 왕이 이룩한 인도 중원의 불교가 서북변방의 간다라로 옮겨갔다는 의미로 이해할 수 있다.

"이제 불교의 중원은 파탈리푸트라를 중심으로 한 중천축(중인도)이 아니라 푸루샤푸르(북인도)이다."

당시 간다라 사람들은 아마도 이같이 생각하였을 것이다.

3. 카니시카 왕과 불교

1) 전단 왕旃檀王 카니시카

북방의 이민족 월지의 한 부족인 쿠샨의 카니시카 왕은 어떤 이유에서 인도 중원으로부터 불법을 가져가려 하였던가? 앞서 『부법장인연전』에서는 이 왕의 이름이 전단 계닐타旃檀罽昵吒라고 하였다. 여기서 '전단'은 최상의 향목香木인 우두전단牛頭栴檀의 전단(candana)이 아니라 찬다 아쇼카(cāṇḍa-aśoka: 旃陁阿輸柯)에서의 '찬다'와 같은 잔혹하다(可畏)는 뜻이다.

마우리아 제국의 아쇼카 왕과 쿠샨 제국의 카니시카 왕은 많은 점에서 닮았다. 아쇼카 왕은 그의 전기(Aśokāvadāna,『아육왕전』과 이역인『아육왕경』)에 따르면, 마우리아의 2대 황제(빈두사라)의 상속자인 형 수시마(Susīma)를 살해하고 왕위에 올랐다. 이후 "좋아하는 꽃과 과실나무를 꺾어 가시나무 주위를 둘러치라"는 어처구니없는 명령으로 그를 업신여긴 5백 명의 대신들을 죽였고, 아쇼카 나무(無憂樹)를 꺾은 5백 명의 궁인들을 나무에 묶어놓고 (혹은 대나무 상자에 가두어놓고) 태워죽이기도 하였다. 그래서 사람들은 왕을 '잔혹한 아쇼카(旃陀阿輸柯王)', '포악한 아쇼카(惡阿恕伽)'라고 불렀다.* 그의 칙령을 새긴 마애법칙에 따르면 그는 칼링가를 정복하면서 10만 명의 인민을 죽이고 15만 명을 추방하였다. 그가 불법을 믿고 정법(dharma)에 의한 통치를 펼친 것은 일종의 과거 죄업에 대한 참회의 발로였다. 그는 이후 정법을 인도전역에 전파하고 8만 4천의 불탑을 세웠으며, 스리랑카 상좌부 전승에 따르면 제3차 경전편찬회의(結集)를 개최하였다.

카니시카 역시 소월지 출신으로 쿠샨의 2대 황제 비마카드피세스의 적자가 아니었다.『부법장인연전』에 의하면 그 역시 이웃한 파르티아(安息國)를 정벌하면서 90만 명이나 죽여(후술하는『잡보장경』제94화에서는 30만 명) 세간에서 '전단 왕', '잔인한 왕'으로 일컬어졌다. 그 역시 불법에 의지하여 죄업을 참회하려 하였다.『부법장인연전』에는 다음과 같은 이야기가 전해진다.

카니시카(罽昵咤) 왕이 신하들에게 물었다.

212

"지금 내가 이러한 죄업을 소멸할 수 있겠는가, 없겠는가?"

신하들이 대답하였다.

"대왕이시여, 살육 당한 이들이 무려 90만 명입니다. 죄업이 이토록 깊고 무거운데 어떻게 소멸할 수 있겠습니까?"

그때 카니시카 왕이 큰 가마솥을 걸고 7일 동안 물을 끓이게 하여 소용돌이치고 출렁이며 펄펄 끓어 넘치자 거기에 금반지 한 개를 던져 놓고 신하들을 돌아보며 물었다.

"누가 뛰어난 방편으로 저 반지를 건져 낼 수 있겠는가?"

그때 어떤 신하가 가마솥에 찬 물을 붓

[사진5] 카니시카 대왕 입상. 2세기 마투라. 인도 마투라박물관. (wiki)

고서 반지를 집으니 손에 아무런 상처도 입지 않고 금반지를 찾을 수 있었다. 이에 왕이 신하들에게 말하였다.

"내가 지은 죄업도 저 끓는 물과 같지만, 끓는 물을 차가운 물로 처리하듯 참회하면 필시 소멸할 수 있을 것이다."(중략)

그러자 한 아라한 비구가 왕으로 하여금 죄과를 두렵게 여겨 참회하도록 하기 위해 신통력으로 몸뚱이를 도끼로 내려찍고 칼과 바퀴로 자르고 짓이겨 참으로 참기 어려운 고통에 절규하는 지옥세계를 보여주었다. 왕이 이를 보고서 지극히 큰 공포에 사로잡혀 스스로 생각하였다.

'나는 매우 어리석어 이 같은 죄업을 지었으니, 미래세 반드시 이 같은 고통을 받을 것이다. 내가 만약 일찍이 이와 같은 악행의 과보를 알았다면 내 몸의 사지 마디마디가 분해될지언정 끝내 원적들을 해코지하려는 마음을 일으키지 않았을 것이거늘 하물며 선인善人들에 대해 일 찰나라도 악심을 내었을 것인가?'*

*T50, 316b18-c7.

왕에게는 세 명의 친구가 있었다. 마명馬鳴보살과 대신 마타라(Māthara: 摩吒羅)와 양의良醫 차라카(Cāraka: 遮羅迦, 遮勒)가 바로 그들이었다. 마명보살은 앞서 말한 대로 언변이 뛰어난 변재辯才 비구로 청정한 법을 설하여 왕의 무거운 죄업이 점차 가벼워지게 하였다. 약제(方藥)에 대해 잘 알 뿐더러 들은 것이 많은 총명하고도 민첩한 의사 차라카는 왕의 건강을 책임졌지만, 과도한 색욕으로 인해 부인이 수차례 아이를 사산하는 고통을 겪자 5욕(애욕)이 우환의 근본임을 깨닫고 출가하였다. 『차라카본집(Carakasaṃhīta)』이라는 의학서 겸 논리학서(記論)를 저술하고 세간을 교화하였다. 그리고 마타라는 카니시카 왕이 천하를 복속시키는 데 공헌한 대신이다. 그러나 왕은 자신의 은밀한 정치적 조언이 누설되어서는 안 된다는 마타라의 경고를 무시하고 마지막 남은 동방을 정복하기 위해 공공연히 군사를 일으켰다가 군신들에게 암살당하였다. 군신들은 다 같이 말하였다.

"카니시카 왕은 탐학무도貪虐無道할 뿐더러 다른 나라를 정벌하기 위하여 자주 출정하고 백성들을 부리되 만족할 줄 모르며 천하

(四海)의 왕이 되고자 변방의 먼 곳까지 지키게 하여 부모 친척과 헤어지게 했으니 이 같은 괴로움이 언제 끝날 것인가? 차라리 그를 제거하는 것이 좋겠다. 그렇게 해야 우리가 편안해질 것이다."*

『부법장인연전』에서는 군신들이 학질을 앓는 왕을 이불로 덮고 그 위에 앉아 잠깐 사이에 목숨을 끊었다는 사실과 함께 그의 다음 생의 이야기를 전하고 있다. 즉 왕은 마명보살의 설법을 들은 인연으로 머리가 천 개인 큰 바다의 물고기로 태어났는데, 빙빙 돌아가는 칼에 머리가 잘리면 또 생기기를 끝없이 반복하여 잠깐 사이에 그의 머리가 바다를 가득 채웠다. 그런데 칼이 빙빙 돌다가도 절의 종(犍椎) 소리가 들리면 문득 멈추곤 하였다. 이에 왕은 종을 치는 아라한에게 종소리가 오래도록 울리게 해달라고 간곡히 청하였다. 아라한이 그를 불쌍히 여겨 7일간을 계속 치니 그의 고통이 문득 끝났다는 것이다.

*T50, 317a13-17. 이 이야기는 후술하는 『잡보장경』 제94화에 서도 일부 언급된다.

이 이야기는 카니시카 왕의 참회와 선행 등의 이익은 모두 마명보살의 행원行願에 의한 것임을 말하기 위한 것이었지만, 아무튼 그 역시 아쇼카 왕처럼 말년이 비참하였다. 아쇼카 왕과 카니시카 왕이 불법을 크게 일으키고 지킨 것은 그들이 일찍이 전단栴檀 왕이었던 것에 대한 참회와 속죄의 마음에서 비롯된 것이었다.

2) 카니시카 왕과 불교

전단 왕에서 정법의 왕으로 회심回心한 카니시카 왕에 대한 불교 내부의 평판은 아쇼카 왕에 이은 호법護法의 왕이다. 역사적 사실 여부를 떠나 적어도 인도불교사에서 카니시카 왕과 직접 관련된 또 다른 사건은 다음의 두 가지이다.

(1) 카니시카 대탑

쿠샨 제국의 왕도王都 푸루샤푸르의 랜드마크는 동아시아에 작리부도雀離浮圖로 알려진 카니시카 대탑(大塔, Kaniṣka stūpa)이었다. 402년 이 도시를 방문한 법현의 일성은 이 대탑에 대한 것이었다. "부처님이 여러 제자들을 데리고 이 나라(간다라)에 유행遊行하실 적에 아난에게 말씀하셨다. '내가 반열반한 후 카니시카(罽膩伽)라는 국왕이 출현하여 이곳에 탑을 세울 것이다.'"*

*『고승법현전』(T51, 858b13f).

518~522년 간다라를 여행한 송운의『송운행기宋雲行記』(『낙양가람기』에 수록됨)에서도, 혜생의『북위승혜생사서역기北魏僧惠生使西域記』에서도, 630년에 입경한 현장의『대당서역기』에서도, 그리고 723~727년 무렵 인도를 여행한 혜초의『왕오천축국전』에서도 이 대탑에 대해 이야기하며, 750년 당 현종이 파견한 인도사절단의 일원으로 천축에 왔다가 간다라에서 출가하여 카슈미르에서 구족계를 받은 오공의『오공입축기悟空入竺記』에서는 이 대탑의 이름이 '카니시카 왕의 성탑사(罽膩吒王聖塔寺)'였다고 전하고 있다.

앞서 말한 불타의 예언은 현장도 전하며,『근본설일체유부비나야약사』에서도 설해진다.

"내가 열반에 들고 4백 년이 지난 후 '카니시카'라고 하는 일세에 뛰어난 왕이 출현하여 여기서 멀지 않은 남쪽에 스투파를 세우면 나의 다수의 골육사리가 이곳에 모이게 될 것이다."*

216

세존께서 갈수라渴樹羅 마을에 이르러 어떤 한 소년(동자)이 흙으로 탑을 만들며 놀고 있는 것을 보고 말씀하셨다. "내가 열반에 든 뒤에 카니시카 왕이 이 소년이 탑을 만들며 놀던 자리에 카니시카 탑(迦尼色迦塔)이라는 이름의 큰 스투파(窣堵波)를 세우고 크게 불사佛事를 일으킬 것이다."*

*『대당서역기』(T51, 879c12-14).

『대당서역기』에 의하면 카니시카 왕은 본시 죄와 복(인과)을 믿지 않고 불법을 업신여긴 〔포악한〕 왕이었지만, 어느 날 교외로 사냥을 나갔다가 한 소년(제석천의 화신)으로부터 이 같은 불타의 예언을 전해 듣고 의기양양해 하며 탑을 세우게 되었다. 현장이 전한 탑의 규모는 둘레가 1리 반, 5층의 150척의 기단에 4백 척의 스투

*『근본설일체유부비나야약사』(T24, 41b25-c1).

[사진6] 1910년 발굴당시의 카니시카 스투파 유적. (wiki)

파(탑신), 그 위에 다시 25층의 금동 상륜相輪을 세운 것으로, 왕은 여기에 1곡(斛, 10말)의 사리를 안치하였다.

『송운행기』에서는 이같이 전하고 있다.

옛날 여래께서 제자들과 함께 이 땅을 교화할 때 성 동쪽을 가리키면서 "내가 열반에 든 후 2백 년이 지나 카니시카(迦尼色迦)라고 하는 왕이 이곳에 탑을 세울 것"이라고 하였다. 과연 불타께서 열반에 들고 2백 년이 지날 무렵 카니시카 왕이 출현하였다. 왕이 성 동쪽에 나갔다가 아이들 네 명이 소똥으로 높이 3척 쯤 되는 탑을 쌓는 것을 보았는데, 갑자기 아이들이 사라졌다. 왕이 이를 괴이하게 여겨 그도 탑을 세웠다.

그런데 아이들이 쌓은 소똥 탑이 점점 높아져 4백 척에 이른 후에야 멈추었다. 이에 질세라 왕도 〔직경이〕 3백 보나 되는 기단 위에 목재를 구축하여 탑을 쌓음에 비로소 같은 높이가 되었다. 그 위에 13층의 금반金槃으로 이루어진 철주鐵柱가 3백 척, 도합 7백 척의 높이였다. 공사가 끝나자 소똥 탑은 다시 원래 크기가 되었는데, 대탑 남쪽 3백 보 떨어진 곳에 있었다.(중략)

탑 안에 비치된 물건들은 모두 금과 옥으로 만들어진 것이었는데 그것의 천변만화는 실로 말로 표현하기 어려웠다. 아침에 해가 떠오르면 금반은 밝게 빛나고 미풍이 불어오면 보배로 장식된 풍경도 이에 맞춰 울렸으니, 가히 서역의 부도(浮圖, 탑) 중에 첫 번째라고 할 만한 것이었다.*

카니시카 스투파의 현저한 특징은 25층(송운에 의하면 13층)으로 된 금 쟁반(金槃) 형태의 찻트라(chattra: 寶輪)에 있었다. 이는 법륜(dharmacakra), 즉 진리의 수레바퀴를 상징한다. 그것은 언제나 밝은 빛을 발하고 있었다. 그래서 '작리부도雀離浮圖', 즉 상륜부에 금빛 찬란한 원반형의 '바퀴(cakra)를 갖는 불탑(*cakrin buddhastūpa)'으로 명명되었다.* 혜초는 이 탑을 '카니시카 가람(葛諾歌寺) 옆에서 항상 빛을 발하는 탑'으로 묘사하였다. 법현이 '서역 제일 탑'이라 찬탄한 것도 이 때문이었을 것이다.

*『낙양가람기』(T51, 1021ab).

장안에 전해진 '작리부도'는 장엄함과 화려함의 극치였다. 1척을 오늘날의 30센티미터로 이해하여 현장의 전승에 따른다면, 기단 45미터(150척), 탑신만 120미터(400척), 25층의 금빛 상륜이 45미터, 도합 210미터였다. 『삼국유사』에서는 황룡사의 9층 목탑이 상륜 42척, 탑신 183척, 도합 225척이었다고 한다. 송운과 혜생이 북

*권오민(2019): 257f.

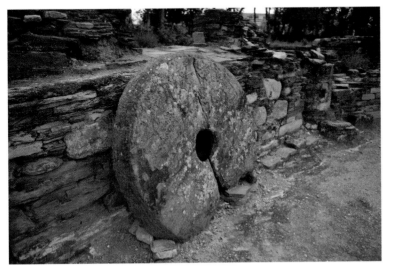

[사진7] 파키스탄 북부 밍고라의 붓카라 제1유적지 스투파 기단 옆에 방치되어 있는 찻트라. 카니시카 스투파의 25층의 찻트라는 이보다 훨씬 크고 금빛이었다.

[사진8] 카니시카 스투파에서 발굴된 사리용기. 샤지키 데리 2세기. 영국박물관에서 만든 복제품. (wiki)

[사진9] 페샤와르박물관에 전시된 사리용기 뚜껑의 삼존상. 브라흐만(범천)과 인드라(제석천)의 예배를 받는 불타.

위의 효명제의 사신으로 인도에 간 것도 실은 거기에 태후 영靈이
보시한 7백여 척의 깃발을 내걸기 위함이었다.

1909년 3월, 당시 페샤와르 박물관의 미국인 큐레이터 스푸너
(D. Brainerd Spooner)는 근교 샤지키 데리(현재 아쿠나바드)에서 불
타의 사리와 재가 담긴 금동용기를 발굴하였다. 이는 당시 세계 고
고학계를 흥분시키기에 충분하였다. 동아시아에서 '작리부도'라는
이름의 서역 제일 탑으로 찬탄되었고, 현장 등의 구법승들이 전한
전설이 역사적 사실로 밝혀졌기 때문이다. 거기에는 카로스티 문
자로 다음과 같은 내용의 글이 새겨져 있었다.

> 카니시카푸라(당시 푸루샤푸르)의 마하라자(대왕) 카니시카의
> 갸륵한 선물인 향기로운 〔사리〕함을 대장군 승가람(mahāsena
> samghārāma)의 카니시카 정사(kanishkavihara) 건설의 총감독인
> 사노寺奴 아기사라(dasa agisara)가 유정들의 안락과 이익을 위
> 해 설일체유부의 스승들께 바칩니다.[*]

이 사리함은 현재 페샤와르 박물관에 소장되어 있으며, 그 복제품
이 영국박물관에 전시되고 있다. 여기서 나온 세 점의 불사리(뼈 조
각)는 1910년 미얀마로 보내졌고, 1923년 이래 만달레이의 만달레
이 힐(Mandalay Hill)의 우 칸티(U. Khanti) 홀에 봉안되어 있다고 한다.

[*] 靜谷正雄(1978): 123f.;
https://en.wikipedia.
org/wiki/Kanishka_
casket.

(2) 카슈미르 결집

『대당서역기』 권2 「카슈미르(迦濕彌羅國)」 조나 『대비바사론』의 현

장의 발문跋文, 혹은 티베트 전승의 『타라나타 인도불교사』 등에 의하면 카니시카 왕 시대 카슈미르에서 성전편찬회의(結集)가 개최되었다. 이는, 불멸 236년 아쇼카 왕 치세 파탈리푸트라에서 목갈리풋타 팃사의 주도로 개최된 세 번째 성전편찬회의(제3결집)가 상좌부 전승이었다면 설일체유부의 전승으로, 오늘날 인도불교사에서는 보통 시대 순에 따라 네 번째 성전편찬회의(제4결집)로 해설되지만, 티베트 전승의 불교사에서는 이 또한 제2 바이샬리 결집에 이은 세 번째 성전편찬회의라고 말한다.

불멸 400년, 카니시카(迦膩色迦) 왕이 불교에 귀의하여 틈틈이 불법을 학습하던 중 강설하는 이마다 논의가 달라 의혹이 생겨났다. 이에 협존자脇尊者가 "여래께서 세상을 떠난 후 세월이 많이 흘러 그의 제자에 의해 형성된 부파의 주장(弟子部執)이 서로 모순될 뿐만 아니라 각기 보고 들은 바에 따라 스승과 제자도 논의를 달리한다"고 해명하자, 왕은 이를 비탄하며 각 부파의 주장에 따라 삼장三藏을 주석해 주기를 청하였다. 그리하여 3명明 6통通을 갖추고 경·율·론의 삼장과 음운학(聲明)·논리학(因明) 등 다섯 학문 분야(五明)에 능통한 5백 명의 아라한이 카슈미르에 모여 세우世友의 주재 하에 각기 10만 송으로 이루어진 우파데사(upadeśa, 불타법문에 대한 논의)와 『비나야비바사론』과 『아비달마비바사론』을 지어 경·율·론의 삼장을 주석하였다.

간다라의 푸루샤푸르는 협존자의 고향일 뿐더러 당시 제국의 수도였음에도 왜 카슈미르로 옮겨와 결집하였던가? 간다라는 더위와 습기가 염려되었고, 또한 첫 번째 성전편찬회의(제1결집)가 개최되었던 왕사성의 석실(칠엽굴)은 외도의 이견이 분분하여 그들이 시비할 경우 좋은 결과를 얻을 수 없을 것이지만, 카슈미르는 사방의 산악이 견고하고 야차藥叉가 지키고 있을 뿐만 아니라 물산이 풍부하며 현성賢聖이 모여들고 선인仙人이 노니는 곳이기 때문이었다.*

카슈미르는,『대비바사론』과 설일체유부 계통의 부파관련 논서인『이부종륜론』과 규기의『이부종륜론술기』등에 의하면, 아쇼카왕 시대 파탈리푸트라의 계원사에서 아라한의 성자성의 문제(이른바 大天의 五事)를 놓고 다수인 대천大天 일파(=대중부)와 대립하다 그들과 결별하고 떠나온 현성들(=상좌부)의 본거지였다. 카슈미르는 여러모로 도 닦기 좋은 곳이었다. 그들이 전승한 율장(『근본설일체유부비나야약사』)에서 세존은 아파랄라 용왕을 조복시키기 위해 허공을 타고 북천축의 웃디야나로 가다가, 또한 용왕을 조복하고 중천축으로 돌아가다가 카슈미르에 이르렀을 때, 저 멀리 녹색綠色의 숲(樹林)을 보시고 동행한 금강수(바즈라파니) 야차에게 말하였다.

"그대도 저 푸른 숲을 보았느냐?"

"선서善逝시여, 저도 이미 보았나이다."

"금강수야, 내가 열반에 들고 백 년이 지난 뒤 저곳 카슈미르는 사마타(śamatha)를 배우는, 또한 비파샤나(vipaśyanā)를 따르는 이들의 제일가는 처소가 될 것이다."*

간다라는 카슈미르에서 볼 때 피르 판잘 산맥 너머의 서방세계로,『대당서역기』에 의하면 카니시카 왕은 결집을 마치고 간다라로 돌아가다 서쪽 관문에서 동쪽(카슈미르)을 향해 꿇어앉아 이 나

*『대당서역기』(T51, 886c16f).

*T24, 40a2-7; 40c15-21.

라를 모두 승도들에게 보시하였다.* 일찍이 아쇼카 왕이 그러하였던 것처럼.

*T51, 887a16f.

3) 비유문학에서의 카니시카 왕

카니시카 왕과 관련한 수많은 전설이 생겨났지만, 그를 주인공으로 등장시킨 비유경전도 존재한다. 대표적인 것이『대장엄경론』제14화와『잡보장경』제93화와 제94화이다.

먼저 마명보살(범본에서는 쿠마라라타)이 지었다고 전해지는『대장엄경론』제14화는 카니시카 왕이 거지아이들을 보고 제국의 대왕이라는 존귀하고도 호화로우며 영광스러운 지위도 영원하지 않다는 사실을 깨달은 이야기이다.

> 카니시카 왕(栴檀罽尼吒王)이 카니시카 성으로 가는 도중에 5백 명의 거지아이들이 함께 말하였다.
>
> "〔대왕이시여!〕 보시하십시오. 〔그렇지 않으면〕 우리처럼 될 것입니다."
>
> 왕이 이 말을 듣고서 문득 깨달은 바가 있어 이같이 생각하였다. '저들이 나를 깨우쳐 주는구나. 나도 지난날 빈곤의 괴로움을 겪었으니, 오늘 만약 보시하지 않는다면 후세 저들처럼 되고 말 것이다.'
>
> 그때 천법天法이라는 이름의 재상이 말에서 내려 왕께 아뢰었다.
>
> "이 거지아이들이 다 같이 '우리처럼 될 것이다'고 말〔하여 대

왕을 모욕)하였습니다."

왕이 신하에게 말하였다.

"나도 그 말을 들었다네. 그러나 나는 저들의 말을 그대가 이해한 것처럼 다만 돈이나 재물 등을 구걸하는 말로 듣지 않았네. 저들 거지아이들은 나를 일깨우기 위해 일부러 빈곤하고 비천한 모습으로 나타난 것이라네. 〔말하자면 저들은 나를 이같이 가르치고 있네.〕"

"우리는 인색하여 보시하지 않았기 때문에 이러한 몸을 받은 것이고, 게으르고 거짓에 속아 이 같은 고뇌의 형색을 띠게 된 것입니다. 그러나 〔우리도〕 일찍이 왕이었을 때에는 뭇 별들 중에 달과 같았고, 보배로운 일산을 쓰고 좌우로 기녀들을 거느리며 시종들도 장엄하여 행렬의 소리를 듣는 자 스스로 길을 비킬 정도로 온갖 미묘한 것들을 갖추었지만, 보시하지 않았기 때문에 가난하고 천한 이로서의 괴로움을 받는 것이니, 인간세상의 제왕이시여! 마땅히 아소서. 후세 우리처럼 되지 않으려면 보시행을 닦아야 합니다."

이에 천법 재상은 깊이 환희하며 합장한 채 왕에게 아뢰었다.

"'다른 사람의 괴로움을 보면 스스로를 관찰해야 한다'는 부처님의 말씀대로 대왕께서도 이제 진실로 부처님의 취지(佛意)와 부합하여 저 거지아이들을 보고도 능히 깨달으시니 훌륭하십니다, 대왕이시여! (중략) 불법의 깊은 뜻, 능히 분별하시어 총명한 지혜로 통달하였으니, 그렇기 때문에 대왕을 대지의 주인이라 호칭하는 것입니다."*

*T4, 272a18-b22.

이 이야기는 『부법장인연전』에서도 간략히 언급된다. 여기서는 "왕이 카니시카 대탑 앞에서 구걸하는 5백 명의 걸인에게 금·은·유리 등을 크게 보시하고서 여러 형태의 보시하는 모임(布施會)을 만들어 가난하고 궁핍한 이들을 구제하고 고아나 노인들을 찾아 안부를 묻고 위로하며, 정법으로 세상을 다스려 온 세상을 어질고 편히 살게 하였다"고 설한 후 복을 짓는 연유에 대해 묻는 신하 천법에게 이같이 말하고 있다.

"걸인들은 나에게 큰 이익을 주었다. 그들은 〔'걸인'의〕 행색과 〔'우리에게 보시해 주소서'라는〕 말로써 〔내게〕 깨달음을 보여주고자 하였다. 내가 옛날 왕 노릇 하면서 복업을 짓지 못하였기에 지금 백성들이 배고프고 춥고 곤궁하고 여위는 등의 온갖 고통을 받는 것이다. 왕이 만약 걸인들의 궁핍을 구제하지 못하면 그 또한 미래의 생에 지금의 나의 백성들처럼 배고프고 춥고 여위게 될 것이다. 저들 걸인들의 〔전후〕 사정이 이와 같으니, 내가 이 같은 사정을 깨닫게 된 것은 나의 복일 것이다."*

*T50, 316b3-14.

또 다른 이야기는 기야다(祇夜多, *Jeyata)라는 아라한과의 만남에 관한 것으로 『잡보장경』 제93화이다. 기야다는 불멸佛滅 7백 년 무렵 카슈미르 출신의 아라한으로 『잡보장경』 제91화와 제92화도 그와 관련된 이야기이다. 제91화 '아라한 기야다가 악룡을 바다로 쫓아내게 된 이야기'의 내용은 이러하다.

카슈미르에 아리나阿利那라는 악룡惡龍이 있어 나쁜 날씨로 인민들을 괴롭혔다. 당시 카슈미르에는 2천 명의 아라한이 있었는데, 5백 명은 신통력으로 땅을 진동시켜, 5백 명은 대 광명을 놓아, 다시 5백 명은 선정에 들어 이 용을 몰아내려 하였지만 용은 꿈쩍도 하지도 않았다. 그때 기야다 존자가 '물러가라'는 말과 함께 손가락을 세 번 튕겨 그 용을 먼 바다로 쫓아내었다. 2천 명의 아라한들이 물었다.

"우리와 존자는 다 같이 번뇌가 다한 해탈의 법신을 증득하였는데, 우리가 움직이지도 못한 용을 존자께서는 어찌 손가락을 세 번 튕겨 먼 바다로 쫓아내었습니까?"

존자가 대답하였다.

"나는 범부일 때부터 계율을 수지하였습니다. 스스로 참회하면 면죄되는 돌길라죄突吉羅罪조차 살생 등의 네 중죄(즉 波羅夷罪)와 다를 바 없다고 여겼습니다. 여러분이 용을 움직이지 못한 것은 〔여러분의〕 신통력이 이와 같지 않기 때문입니다."*

이 이야기는 『법원주림』 제87 수계편受戒篇에도 인용되고, 비록 무기명일지라도 『아비달마대비바사론』에서도 논설되는데, 여기서 어떤 아라한은 자신의 신통력에 대해 이같이 답하고 있다. *T4, 483a19-b7.

"나는 선정에도 들지 않았고 신통력도 일으키지 않았습니다. 다만 시라(尸羅, śila: 戒)를 지킨 까닭에 이 같은 힘을 갖게 된 것입니다. 나는 가벼운 죄도 중죄처럼 여기기 때문에 악룡이 놀라고 두려워하여 떠나가게 된 것입니다."*

아무튼 『잡보장경』 제93화는 카니시카(栴檀罽尼吒) 왕과 기야다 아라한의 만남에 관한 이야기이다. 왕이 친히 아라한을 만나기 위 *T27, 230a20-b1.

해 여러 신하들을 대동하고서 간다라 동쪽 피르 판잘 산맥 너머 카슈미르로 간다. 가면서도 그가 제국의 황제인 자신이 직접 가서 만날 만큼 대단한 인물인지 의심하기도 한다.

"나는 지금 천하의 왕으로 어떠한 인민도 공경하여 엎드리지 않은 이가 없다. 큰 덕을 소유한 이가 아니라면 어찌 나의 공양을 받을 수 있을 것인가?"

존자 기야다는, 의복을 갖추고 나아가 멀리서 오는 월지국의 대왕을 영접하라는 주위의 간언을 무시하고 '출가자는 세속을 존중할지라도 힘써야 할 것은 오로지 덕德'이라는 부처님 말씀을 떠올리고 자리에서 맞이하였다. 왕이 존자의 위덕威德을 보고 더욱 공경하고 믿게 되었다. 존자가 가래침을 뱉으려 함에 왕은 자신도 모르게 타구를 갖다 바치기까지 하였다. 존자는 "빈도貧道는 아직 왕을 위한 복전福田이 되지 못하는데 어찌 몸소 왕림하셨소?"라고 힐문하고서 왕을 위해 간략히 설법하였다.

"왕께서 오실 때 길이 좋았으니, 가실 때에도 오실 때와 같으소서."

본국으로 돌아가는 도중 신하들이 원망하였다.

"우리는 대왕을 따라 저 먼 나라까지 갔지만 끝내 아무 것도 들은 것 없이 빈손으로 돌아갑니다."

그러나 왕은 신하들에게 이같이 말하였다.

"그대들은 아무 것도 얻은 것이 없다고 나를 탓하지만 존자는 나를 위해 '왕께서 오실 때 길이 좋았으니, 가실 때에도 오실 때와 같으소서'라고 설법하셨다. 그대들은 이 말의 뜻을 모르는가? 나는 과거세 계율을 지키고 보시를 행하며 승방을 짓고 탑사塔寺를 세우는 등의 온갖 공덕으로 왕이 될 종자를 심어 지금 이 자리를 누리고 있다. 그러니 이제 다시 복을 닦고 온갖 선을 널리 쌓아 미래세에도 복을 받아야 할 것이다. 그래서 존자께서는 '왕께서 오실 때 길이 좋았으니, 가실 때에도 오실 때와 같으소서'라고 훈계하신 것이다."*

이 이야기는 『법원주림』 제8 경승편敬僧篇에도 인용되지만, 존자 기야다의 설법은 『선문염송』 제77칙이기도 하다. 이 이야기가 역사적 사실인지 아닌지는 분명하지 않지만, 카니시카 왕의 호불왕護佛王으로서의 모습을 통해 인과법을 이야기한 것이라 할 수 있다.

『잡보장경』 제94화 '월지국의 왕이 지혜로운 세 신하와 좋은 친구가 된 이야기'는 이와 반대로 대왕의 참회를 통해 인과법을 이야기한 것이다.

*T4, 484a4-11.

월지국의 왕 전단 카니시카(栴檀罽尼咤)에게는 지혜로운 세 명의 친구가 있었다. 마명馬鳴보살과 마타라摩吒羅라는 대신과 차라가遮羅迦라는 뛰어난 의사가 그들이었다. 왕은 이 세 사람에게 후한 대접을 하고 항상 좌우에 있게 함에 이들 또한 왕을 올바른 길로 이끌었다.

마명보살은 말하였다.

"왕께서 만약 제 말을 들으신다면 다음 생에도 항상 선善과 함께하여 온갖 어려움을 영원히 떠나고 악취惡趣에서 벗어나게 될 것입니다."

대신 마타라는 말하였다.

"만일 왕께서 신의 은밀한 말을 들으시고 누설하지 않는다면 천하(四海)를 모두 얻게 될 것입니다."

의사 차라가가 말하였다.

"왕께서 만약 신의 말을 들으신다면 왕은 횡사하는 일 없이 백미百昧가 마음대로 조절되어 우환이 없을 것입니다."

왕은 의사의 말대로 어떤 병도 앓지 않았으며, 대신의 말을 들음으로써 동방을 제외한 세 방면의 천하를 평정하였다. 이에 동방의 항복을 받기 위해 군사를 일으켰다. 오랑캐 병사들과 흰 코끼리 부대를 앞세우고 파미르(葱嶺)의 험준한 고개를 넘으려 할 때 타고 있던 코끼리와 말이 앞으로 나아가려 하지 않았다.

왕은 괴이하게 여겨 말에게 말하였다.

"나는 지금까지 너를 타고 세 방면의 천하를 정벌하여 평정하였거늘 어찌 앞으로 나아가려 하지 않는 것인가?"

그때 마타라 대신이 왕에게 아뢰었다.

"신은 앞서 왕에게 '은밀한 말을 누설하지 말라'고 아뢰었음에도 지금 누설하였으니 장차 왕의 목숨이 멀지 않은 것 같습니다."

왕 또한 머지않아 죽을 것임을 스스로 잘 알고 있었다. 그리고 다른 나라를 정벌하면서 3억(즉 30만)이 넘는 사람들을 죽였기 때문에 장차 중벌을 받게 될 것이라는 사실 또한 스스로 잘 알고 있었다. 두려운 마음에 곧장 참회하였다. 그리하여 보시를 행하고 계율을 지키며 승방(비하라 즉 정사)을 짓고 승중僧衆에 공양하는 등의 네 가지 일에 부족함이 없었다.

그때 여러 신하들은 저희끼리 말하였다.

"왕은 온갖 악을 널리 짓고 무도하게 사람들을 죽였는데 이제 와 복을 지은들 지난날의 허물에 무슨 이익이 있을 것인가?"

왕은 이 말을 듣고 그들의 의심을 풀어주기 위해 큰 가마솥에 7일 밤낮을 불을 때어 물을 끓이고는 거기에 반지를 던지고서 이를 집어오게 하였다. 신하들이 다른 죄로 죽을지언정 끓는 솥의 반지는 집어올 수 없다고 하였다. 이에 왕이 그것을 집어올 만한 방편(수단)을 묻자 신하들이 대답하였다.

"불을 끄고 찬물을 부으면 손을 상하지 않고 반지를 집을 수 있을 것입니다."

왕이 말하였다.

"내가 이전에 지은 악업도 저 뜨거운 가마와 같다. 지금 온갖 선善과 참괴(慚愧, 부끄러움, 이는 大善地法)를 닦고 참회하며 더 이상 악업을 짓지 않는다면 어찌 멸하지 못하겠는가? 그럼으로써 3악도(지옥·아귀·축생)로 가는 것을 막을 수 있고 인간이나 천상으로 갈 수 있을 것이다."*

이 이야기의 메시지는 중죄를 지은 이라도 온갖 선을 행하고 참회하면 그 과보를 면할 수 있다는 것으로, 비록 앞에서 설한 대로 『부법장인연전』 중에서는 원정 중 군신에 의해 암살되고 악업의 과보로 천 개 머리를 지닌 물고기로 태어났다고 이야기하고 있을지라도 『대장엄경론』이나 『잡보장경』과 같은 비유문학에서는 전

*T4, 484b15-c20.

[사진10] 불발 예배, 2세기 간다라 스와트. 빅토리아 앨버트박물관 (c).

단(栴檀, 잔혹한) 왕으로서 희대의 군주였던 카니시카의 입을 빌려 인과법에 대해 이야기하고 있는것이다. '대왕의 회심回心'이라는 극적 효과를 노린 것이 아닐까? 천법(카니시카의 재상)에 의하면 그는 '대왕이라는 세속의 지위로서뿐만 아니라 지혜로도 역시 만국萬國을 통제하는 이'였다.*

*『부법장인연전』(50, 316b14-16).

카니시카 왕의 영향력은 이처럼 간다라 불교에 전설로 남을 만큼 지대한 것이었다. 그 대표적인 예가 바로 불발에 관한 것이었다. 그의 파탈리푸트라 동방 원정은 사실상 불발 때문이었다.

"푸루샤푸르의 불발은 의심의 여지가 없는 것이다. 그것은 카니시카 대왕이 인도의 중원 파탈리푸트라로부터 직접 갖고 온 것이 아니던가? 해(日)와 같은 공덕의 마명보살과 계원사의 일단의 청정한 승중과 함께."

당시 간다라 사람들은 필시 이같이 생각하였을 것이다. 법현과 동행한 보운과 승경 또한 이러한 생각에서 푸루샤푸르를 순례하였고, 이후로도 파미르 너머의 세계(중국)로부터 순례자들의 발길이 끊이지 않았다.*

*제5장 3절 참조.

제5장 간다라의 불발 신앙

부처님께서 말씀하셨다.

"물이 강에 있으면 강물(河水)이 되고, 물이 우물 속에 있으면 우물물(井水)이 된다. 강이나 우물에서 물을 떠 부처의 발우에 담으면 부처의 물(佛水)이 되며, 부처의 뱃속에 들어가면 참된 진실의 물(眞水)이 된다. 스스로 알아야 할 것이니, 참된 진실의 물이 아니면 이러한〔강이나 우물의〕물들을 감당할 수 없다. 깨끗한 물로써만 탁한 물을 다스릴 수 있고 바른 물(正水)로써만 삿된 물(邪水)을 다스릴 수 있으니, 온갖 삿된 물이 단절될 때 비로소 참된 진실의 물이 되는 것임을 알아야 한다."

(『다라니잡집』 중 「불설신수주경佛說神水呪經」)

1. 간다라의 '이야기 불교'

1) 법성(혹은 正理)의 불교와 이야기(譬喩) 불교

카니시카 왕이 불발佛鉢과 함께 전쟁 배상금을 대신하여 중천축국에서 데려온 변재辯才 비구 마명은 그의 『불소행찬』에서 보살의 하생下生에 대해 이같이 노래하고 있다.

"여섯 어금니를 갖고 얼굴에선 사향을 풍기며 설산雪山처럼 희고 거대한 코끼리의 모습으로 세상의 죄악을 멸하기 위해 정반왕의 비妃에 입태하셨네."*

*Buddha-Carita 1.20.

일반인과는 달랐을 보살의 위엄에 찬 하생 모습을 두 눈으로 직접 보는 듯 생생하다. 중생으로서의 최후생最後生이니만큼 세상의 그 어떤 존재로도 보살의 하생을 묘사하기에는 역부족이었을 것인데, 여기서는 육아백상六牙白象 ―여섯 개의 어금니를 지닌 흰 코끼리를 의인화하여 보살의 위대한 복덕을 표현하고 있는 것이다. 이러한 코끼리는 본생담에서 어금니를 노리고 자신을 죽이려는 사냥꾼에게 어금니를 뽑아 보시하는, 원수에게도 자비를 베푸는 코끼리 왕으로 등장하기도 하지만, 흰 코끼리는 인간세상에서 볼 수 없는, 크나큰 지혜와 위덕을 갖은, 코끼리들의 신성한 왕으로 당시 일반 민중들 사이에서 최고로 찬탄된 ―후술하듯이 베다성전에서도 설해지는― 축복과 행운(吉祥, maṅgala)의 상징이었다.

그렇지만 흰 코끼리 모습으로 하생한다는 마명의 노래는, 어머니 탯집에 드는 중유中有는 장차 태어날 이(즉 本有)의 형상이라는 아비달마의 논리와 정면으로 충돌한다. 중유를 낳는 별도의 업을 인정하지 않는 한, 다시 말해 "중유는 본유와 동일한 업에 의해 낳아진다"*고 주장하는 한 형상 또한 동일하다고 해야 하는 것이다.

*『구사론본송』3-13ab.

234

[사진1] 보살의 하생
(마야부인의 꿈). 바르후
트 불탑. 콜카타 인도박
물관 (wiki)

그런데 보살이 코끼리, 그것도 여섯 개의 어금니를 지닌 흰 코끼리
의 모습으로 하생하였다니! 아마도 이러한 문제로 인해『불본행집
경』제5「부강왕궁품俯降王宮品」등에서는 이를 다만 마야부인의
꿈으로 처리하였을 것이다.

아무튼 비바사사(毘婆沙師, Vaibhāṣika, 설일체유부의 아비달마 논사)
는 이는 다만 세간에 전해지는 이야기일 뿐이라고 일축한다. 그들
은 카니시카 왕이 후원한 카슈미르 결집에서 편찬된『아비달마대
비바사론』에서 이같이 논하고 있다.

〔문:〕 중유의 형상이 미래 태어날 본유의 형상이라면, '보살은 여섯 개의 어금니와 네발을 갖춘 단엄端嚴한 흰 코끼리 형상으로 입태하셨다'는 법선현의 〔찬불〕송(讚佛頌)을 어떻게 해명해야 할 것인가?

〔답:〕 이에 대해서는 해명할 필요가 없으니, 삼장三藏의 말이 아니기 때문이다. 이는 세간의 노래(文頌, kāvya)일 뿐이다. 즉 〔세간의 노래는〕 혹 그럴 수도 있고 그렇지 않을 수도 있는 것으로, 시인(文頌者, kavi)들의 말은 대개 진실眞實에서 벗어나 있다.*

*T27, 361c3f.

아비달마의 요지를 정리한 세친의 『구사론』에서도 역시 이같이 말하고 있다.

이러한 말은 반드시 해석할 필요가 없으니, 이는 경經도, 율律도, 아비달마(즉 論)도 아니기 때문이다. 이는 세간의 노래 (kāvya)일 뿐이다. 즉 노래를 짓는 시인(kavi)들에게는 과장(增益)하는 경향이 있는 것이다.*

*AKBh 124. 12f.

현장 역: 이는 회통할 필요가 없으니, 삼장의 말이 아니기 때문이다. 즉 풍송諷頌의 말들은 진실에서 벗어난 것이기 때문이다.*

*T29, 46a6f.

『방광대장엄경』 제5 「강생품」에서는 이를 『베다(Veda: 圍陀)』설에 따른 것이라 말한다. 즉 여기서는 장차 보살이 하생할 때의 형상에 대해 논의하면서 어린아이, 제석천이나 범천, 신묘천神妙天, 나아가 금시조에 이르기까지 다양한 견해가 제시되지만, 옛날 염

236

부제에 바라문으로 태어났을 때 무상無上의 보리심에서 물러난 적이 없었던 승광勝光이라는 천자는 『베다』설에 입각하여 코끼리의 형상으로 어머니의 탯집에 들어가야 한다고 말한다. 그리고 게송으로 노래한다.

보살이 하생할 때는 단정하고도 아름다우며
하얀 유리처럼 희고 맑으며 깨끗한 〔몸에〕
여섯 어금니 온전히 갖추고 금 굴레로 장식한
붉은 빛의 정수리, 코끼리의 형상이어야 하리라.

『베다』에서 일찍이 말한 것, 행운(吉祥) 아닌 것 없으니
32상을 지니고서 남섬부주로 하생해야 하리라.*   *T3, 546a7-12.

여기서 『베다』설이란 말하자면 세간에서 널리 회자된 세간속설(現喩, dṛṣṭānta)로, 이에 따라야 하는 것은 그것이 대중 감화(교화)에 최선이기 때문이었을 것이다. 『대비바사론』에서는 이 밖에도 "과거의 부처님들은 다 카시(Kāśi)국의 선인仙人 주처인 녹야원에서 처음 묘법을 굴리셨다"거나 "부처님께서는 일음(一音, 즉 범어)으로 법을 설하면 중생들은 각기 자기 나라 말로 이해한다", "세존의 마음은 항상 선정에 머물러 있다", "부처님은 주무시지 않는다", 혹은 "멸진정에서 출정한 이에게 보시하면 지금 바로 과보를 얻는 업(順現法受業)을 성취한다"는 등의 사실에 대해서도 역시 진실에서 벗어난 세간의 전설傳說이나 찬불讚佛, 혹은 풍문(傳喩, *śrūyate)일 뿐

*T27, 916b24-27; 410b24-29; 782b 18f.

삼장의 말이 아니기 때문에 해명할 필요가 없다고 말한다.*

부처님에 대한 찬탄은 사랑의 맹서처럼 과장이 흠이 되지 않는다. 사랑의 예찬은 존재에 대한 철학적 탐구와는 그 성격이 다르다. 비바사사(毘婆沙師, vaibhāṣika)라 일컬어진 철학적 논사들이 이해하는 불교와 이야기 작가(dṛṣṭāntika 혹은 avadānika)나 시인(kavi)들이 이해하는 불교는 다를 수밖에 없다. 그들은 추구하는 목적이 달랐기에 불법을 진술하는 방식도 달랐다. 비바사사가 추구하는 불교는 오로지 합리성의 진실이었다. 그들에게 있어 불타의 말씀(佛說, buddha vacana) 또한 다만 '정리(正理 혹은 道理)의 법성에 어

*권오민(2012b) 참조.

긋나지 않는 것'이었다.* 이에 반해 이야기 작가들이 추구하는 불교는 세속적 이해를 통한 감흥이었다. 불타의 말씀에는 감동이 있어야 하고, 이에 따라 감화되어야 한다.『대비바사론』에서는 이를 삼장의 말씀과 세간속설, 현성법과 세속법의 대결로 그리고 있는 것이다.

세간의 이야기는 대개 교훈적 메시지를 효과적으로 전달하기 위한 것이기 때문에 상황설정에 제약이 없었을 뿐더러 앞서 보살의 입태 장면에서 보듯이 세간속설이나 전설 혹은 풍문 등에 근거한 것으로, 그 자체 진실이 아니며, 논리적 판단 분석의 대상도 아니다. 비바사사가 비평한 것처럼 그것은 때로 과장되기도 하고 비약되기도 한다. 이야기 중 어떤 부분은 미사여구에 운율을 갖춘 노래로 불리기도 하였다. 이를 카브야(kāvya, 文頌)라고 한다. 이는 말하자면 오늘날의 대중가요와 같은 것으로, 앞서 말한 대로 그 선구는 마명馬鳴이었다. 대중가요는 대중의 마음을 얻으면 족한 것으로 논

리적 변증을 요하지 않는다. '미워도 다시 한번'이라는 유행가에서 사랑을 눈물의 씨앗으로 규정하였을지라도 이를 굳이 논리적으로 입증할 필요가 없다. 듣는 이의 심금을 울리면 족한 것이다.

이야기 불교 역시 그러하였다. 감흥이나 운율에 따라 경설에 없는 내용이 더해지기도 하고, 작가 자의에 따라 개변改變되기도 하였다. 그렇지만 이야기 불교는 불교의 대중성을 확보하는 원동력이 되었다. 주류의 불교에서 이를 세속법이라 하여 삼장의 현성법과 구별하였을지라도 어느 시기 불교성전(12分教) 중에 편입되었고, 그들 또한 이를 성전의 한 형식으로 인정하였다. 감성에 호소하는 이야기 불교(즉 비유경전)는 지성 중심의 불교세계가 보다 풍요로워지는 데 일조하였을 뿐만 아니라 불교의 확산에도 크게 이바지하였을 것이다.

'비유(譬喩, avadāna, 혹은 dṛṣṭānta)'로 통칭되는 이야기 불교는 바야흐로 불교 대중화 운동의 효시라고 할 수 있다. 이러한 이야기들은 대부분 북인도, 구체적으로 간다라에 연고를 두고 있다. 간다라는 비유경전의 산실이라 할만하다. 『대장엄론경』이라는 이름으로 한역된 『이야기 집성(Dṛṣṭāntapaṅkti)』의 저자 쿠마라라타(童受)는 탁실라 출신이었고, 그의 제자 마명이나 승가나찰은 카니시카 왕의 요구로 간다라에서 활동하였다. 다량의 비유가 삽입되어 엄청난 분량으로 늘어난 『근본설일체유부비나야』도, 다수의 본생과 비유를 포함하는 『대지도론』도 간다라의 정서와 관련 있으며, 거의 대개 불타의 본생이나 현생의 에피소드를 소재로 삼고 있는 초기의 불교미술이 간다라에서 태동 발전한 것 또한 이러한 이야기 불교와 밀접한 관련이 있을 것이다.

2)『찬집백연경』의 첫 번째 이야기

대표적인 비유경전으로 부처님과 관련된 백 가지 이야기 모음집이라는 뜻의『찬집백연경(撰集百緣經, Avadānaśataka)』[*] 제1「보살수기품」의 첫 번째 이야기 - '만현 바라문이 멀리서 부처님을 청한 이야기(滿賢婆羅門遙請佛緣)' -가 마침 불발과 관련된 것이다. 간추려 옮겨보면 이러하다.

* 吳(223~253)의 支謙
  역.

부처님께서 왕사성의 가란타죽림迦蘭陀竹林에 계실 때, 남방에 만현滿賢이라는 바라문이 있었다. 그는 비사문천(毘沙門天, 4천왕 중 북방의 多聞天)과 같은 큰 부호이면서 어질고 착하여 중생들을 애호하는 마음이 자식을 애호하는 어머니와 같았다. 그렇지만 그는 외도를 믿어 큰 법회를 열기도 하고 그들에게 공양하여 범천梵天세계에 태어나기를 희망하였다.

그러던 차에 왕사성으로부터 온 친구로부터 부처님에 대한 이야기를 들었다. '바가바(婆伽婆, Bhagavān: 世尊)'로 일컬어진 그분은 명성이 멀리까지 떨치고 과거·현재·미래의 삼세에 통달하여 사람이든 사람이 아니든 모든 중생들로부터 공경을 받는다는 것이다.

이에 만현 바라문은 높은 누각에 올라 향과 꽃을 손에 쥐고서 무릎 꿇고 합장한 채 멀리서 부처님을 청하였다.

"여래께서 진실로 그 같은 공덕을 갖추신 분이시라면, 원컨대 제가 사르는 이 향연香煙 왕사성에 두루 퍼지고, 또 제가 뿌리는 이 꽃잎들 허공에 일산이 되어 부처님 정수리를 가리게 해 주소서"

이같이 서원하자 향연과 꽃잎이 바로 그곳에 이르러 꽃잎은 부처님 정수리를 가리는 일산이 되고, 향연은 왕사성에 두루 퍼졌다.

그때 마침 아난이 이러한 변화(신통)를 보고서 부처님께 말하였다.

"이 향내 나는 구름은 어디서 온 것입니까?"

부처님께서 아난에게 말씀하셨다.

"남방의 금지金地라는 나라에 만현이라는 장자가 있는데, 그가 멀리서 나와 비구승들을 초대한 것이다. 나는 그에게로 가 공양을 받을 생각이니, 그대들도 각자 신통으로 가 초대에 응하도록 하여라."

이리하여 허공을 타고 그곳으로 갔다. 그러나 부처님께서는 신통력으로 천 명의 비구승들을 숨기고 단신으로 발우(應器)를 들고서 장자의 집으로 갔다. 그때 장자는 부처님께서 오신다는 소식에 5백여 무리를 거느리고 각기 백미百味의 음식을 마련하여 여래를 맞이하였다. 32상相과 80종호種好를 갖추시고 마치 백천 개의 태양과 같은 빛을 발하며 걸어오는 장엄한 모습의 불세존을 보고 발아래 예배하였다.

"잘 오셨습니다, 세존이시여! 저희들을 가엾게 여기시어 오늘 저희들의 이 음식을 받아 주소서."

부처님께서 장자에게 말씀하셨다.

"장자여, 음식을 보시하려거든 이 발우에 가득 채워 주시오."

장자를 비롯한 저 5백여 무리들이 각자의 음식을 부처님의 발우에 넣었지만 발우는 끝내 채워지지 않았다. 이에 모두가 찬탄하였다.

"놀랍도다! 세존의 신통력이."

그들이 마음(진심)으로 조복하자 〔부처님의 발우는 물론이고〕함께 온 천 명의 비구들 발우에도 음식이 가득 찼으며, 그들도 홀연히 나타나 부처님을 둘러쌌다.

이에 장자는 일찍이 보지 못한 이러한 광경을 찬탄하며 온몸을 땅에 엎드려 예배하고 큰 서원을 세웠다.

[사진2] 부처님의 탁발. 스와트박물관.

"원하옵건대 음식을 보시하는 선근 공덕으로 미래세 눈 어두운

자에게 밝은 눈이 되게 하고, 귀의할 곳 없는 자에게 귀의할 곳이 되게 하고, 구호 받지 못한 이의 구호자가 되게 하고, 해탈하지 못한 이를 해탈하게 하고, 안온하지 않은 이를 안온하게 하고, 열반에 들지 못한 이를 열반에 들게 하옵소서."

이같이 서원함에 부처님께서 미소 지으니 얼굴로부터 오색의 광명이 출현하여 온 세계에 두루 비추었고, 부처님을 세 겹 둘러쌌다가 다시 부처님의 정수리로 들어갔다.

아난이 부처님 앞으로 나아가 여쭈었다.

"여래께서는 점잖아 함부로 웃지 않으신데 오늘은 무슨 연고로 미소 지은 것입니까?"

부처님께서 아난에게 말씀하셨다.

"그대는 부나(富那: 즉 만현) 장자가 나에게 공양하는 것을 보지 못하였느냐?"

아난이 말하였다.

"예, 이미 보았습니다."

"그는 미래세 3아승기겁을 거치면서 보살행을 갖추어 대비심을 닦고, 6바라밀을 원만히 성취함으로써 마침내 성불하여 '만현滿賢'이라 이름하고 이루 헤아릴 수 없는 중생들을 다 제도할 것이다. 그래서 웃은 것이다."

부처님께서 이 만현의 인연에 대해 말씀하실 때 혹 어떤 이는 수다원과須陀洹果를 얻기도 하였고, 혹 어떤 이는 사다함과斯陀含果, 아나함과阿那含果, 아라한과阿羅漢果를 얻기도 하였으며, 혹 어떤 이는 벽지불辟支佛의 마음을 일으키기도 하였고, 혹 어떤 이는 무상無相의 보리심을 일으키기도 하였다.

만현 장자를 비롯한 5백 명의 대중이 마련한 음식이 어찌 부처님의 발우를 채우지 못한 것일까? 부처님 발우가 특별한 조화를 부리기라도 한 것인가? 제9장에서 설하듯이 『유마경』 등에서도 부처님 발우(예컨대 衆香鉢)는 8만 4천 명이 먹었음에도 결코 다함이 없었다고 말한다. 이 같은 발우가 어떻게 가능한 것인가?

2. 간다라에서의 불발 이해

1) 음식에 대한 다른 이해
한편 마명은 『불소행찬』 제12 「알라라와 우드라카 장章」(阿羅藍鬱頭藍品)에서 6년에 걸친 고행의 단념과, 도는 허약한 몸에서 얻어지는 것이 아님에 대해 노래하고서 다시 보살의 입을 빌려 해탈에 이르는 일체 미묘법은 다 음식(ahāra: 食)으로 말미암아 생겨난다고 노래하고 있다.

음식飲食은 모든 감관을 충실하게 하니
감관이 가뿐하면 마음이 편안하고
마음이 편안하면 적정寂靜도 따르는 법
적정은 선정禪定을 얻는 통발이라네.

선정에 의해 성법聖法 알고

성법의 힘이라야 얻기 어려운 법 얻을 수 있나니 (중략)

이와 같은 미묘한 법들

모두 다 음식으로 인해 생겨난 것이라네.*   *T4, 24b29-c4.

불타의 미묘법과 일체의 공덕이 다 음식으로 인해 생겨난 것이
라니! 필자는 불교 내부에서 음식에 관한 이 같은 찬탄을 일찍이
들어본 적이 없다. 필자가 아는 한, 불교에서 음식은 갈애의 인연
으로 가능만 하다면 떠나야 할 것이었다. 카슈미르의 설일체유부
논사인 중현은 이같이 말하였다.

불타께서는 음식(四食)을 갈애(愛)의 인연이라 말하였다. 그것
은 희구와 갈애가 음식의 본질(食體)이기 때문이다. 즉 음식으
로 말미암아 온갖 낙수樂受가 생겨나고, 낙수에 근거하여 온갖
갈애가 생겨나며, 온갖 갈애가 생겨났다면 그것은 이미 [생의]
도구(資具)로 집착하는 것이다. 음식은 바로 갈애의 직접적인
원인(隣近生因)이기 때문에 [불세존께서는] 음식을 갈애의 인연   *『순정리론』(T29, 513
이라고 말한 것이다.*   a6-11).

나아가 말하기조차 끔찍한 일이지만 초기경전에서는 분할하여
섭취하는, 다시 말해 씹어 먹는 음식(이를 段食이라 한다)을 자식의
살에 비유하기까지 하였다. 자식의 살을 어찌 맛난 것이라 하겠는
가?『잡아함경』제373「자육경子肉經」이나 이에 상응하는 남전『상
응부니카야』12. 63「아들고기 경(Puttamaṁsa sutta)」에서 세존은

이같이 설하고 있다.

비구는 음식(摶食 즉 段食)에 대해 어떻게 관찰해야 하는가? 비유컨대 어떤 부부가 애지중지 보살펴 기른 외동아들과 함께 광야의 험난한 곳을 건너다가 양식이 떨어져 굶주림의 고통이 극에 달하였지만 어찌할 방도가 없었다. 그들은 의논하였다. "이제 애지중지 보살펴 기른 외동아들만 남았다. 만약 그의 살이라도 먹지 않는다면 이 험난한 곳을 벗어날 수 없을 것이다. 여기서 세 사람 모두 죽을 수는 없지 않은가?" 이같이 생각하고 슬픔을 머금고 눈물을 떨구며 아들을 죽여 그의 살점을 먹고서 광야를 벗어나게 되었을 경우, 어떠한가? 비구들이여, 그 부부는 아들의 살을 먹으며 그 맛에 취하여 좋고 즐거운 맛을 탐하고 즐겼겠느냐, 그렇지 않겠느냐? (중략) 무릇 음식을 먹을 때에도 마땅히 이와 같이 관찰해야 하리라.*

*T2, 102b21-c2; 각묵 스님 옮김, 『디가니까야 2』 pp.298~301 참조.

이에 따라 음식에 대한 집착에서 벗어나기 위해 '음식을 자식의 살과 같다고 여겨 혐오하는 것'은 불교수행의 한 행법이 되었다. 『청정도론』 제11 「삼매품」의 염식상厭食想이나 『유가사지론』 「본지분 성문지」나 「섭사분」의 여자육상如子肉想이 그러한 것이었다.*

*『청정도론(2)』 p.226; T30, 409a21f; 839c13.

그랬던 것이 간다라에 이르러 비록 정각을 목전에 둔 보살에 대한 찬탄일지라도 갈애의 인연으로 '자식의 살'과 같은 것이라 여기고 먹어야 할 음식을 일체 미묘법의 인연이라고 노래하고 있는 것이다. 음식을 섭취하여 목숨이 붙어 있고 심신이 유지될 때 수행도 깨달음도 가능하다. 앞서 인용한 「자육경子肉經」에서 부처님 또한 비애의 눈물을 흘릴지라도 살아남아 광야를 벗어나야 한다고 말하였다. 비록 예例일지라도 현실의 구체적 사태에 주목하는 이런 점이 바로 간다라 불교의 특징일 것이다. 간다라의 논사들은, 『대비바사론』에 의하면 율의(5戒)의 결감缺減에 관계없이, 다시 말해 5계 모두를 받든 불살생이나 불망어 등을 제외한 4계나 3계를 받든 삼귀의만으로 불교도(近事)가 될 수 있다고 주장하였다.* 이른바 오계분수설五戒分受說이다. 해충을 죽임으로써, 한 번의 음주로 인해 5계를 모두 버리게 된다면 현실적으로 불교신자가 될 이 누가 있을 것인가?

*T27, 645c28f.

2) 음식을 담는 그릇과 법을 담는 그릇

아무튼 음식을 일체 미묘법의 원인으로 이해하는 한 음식을 담는 그릇 또한 일체 '미묘법을 담는 그릇', 바로 법기法器라고 하지 않으면 안 된다. 법기는 불발의 다른 이름으로, 도를 깨칠 중생(보살)을 가리키는 말이기도 하지만 이미 깨친 중생, 즉 불타를 가리키는 말이기도 하다. 우리말에서도 '그릇'은 "그 사람은 그릇이 크다"거나 "그 일을 감당할 만한 그릇이 못 된다"는 말에서 보듯이, 어떤 일을 해 나갈 만한 능력이나 도량, 혹은 그러한 능력이나 도량을 가진 사람을 비유한 말이다. 『불소행찬』에서도 역시 보살을 '미묘법/최상의 법을 담을 만한(인식할 만한) 그릇(dharmaṃ paramaṃ bhājanam)'에 비유한다.

*Buddha-Carita 12. 9.

그대가 바로 최상의 법을 담을 만한 그릇이니

지혜의 배 타고 신속히 괴로움의 바다 건너시게.*

*『불소행찬』T4, 22b 28f.

그대 깊고 견고한 뜻으로 보건대 능히 바른 법기法器 되겠으니

그대 마땅히 지혜의 배 타고 생사의 바다 건너시게.*

카필라 성을 떠난 싯다르타 태자가 당대 최고의 선인 아라다 카라마를 찾았을 때 그가 읊은 게송이다. 『불설미륵대성불경』에서 범왕도 부처님께 법을 청하기 앞서 이같이 찬탄한다. "일체지一切智 지니신 분, 3유(有, 욕·색·무색유)를 뛰어넘고 3달지(達智, 三明) 성취하여 4마魔의 항복을 받아 법기法器의 몸 이루셨네."*

*T14, 428c29f.

『연화면경』에서 제석천왕은 불발을 불신佛身의 원천으로 찬탄한다.

"지금 이 수승한 발우, 능히 중생들 지혜 증장시켰네. 불신도 역시 그러하였으니, 이로써 온갖 공덕 성취하셨네."*

*T12, 1076c11f.

불발은 더 이상 밥을 담는 세상의 그릇이 아니다. 그것은 정법의 그릇, 구원의 그릇이다. 아마도 『다라니잡집陀羅尼雜集』 권6에 실려 있는 「발우(應器)에 관한 주문(佛說呪應器文)」도 이 같은 사유의 연장일 것이다.

부처님께서 존자 비구에게 말씀하셨다.

"시방세계의 〔지옥 내지 하늘의〕 다섯 세계(5趣)의 중생들을 불쌍히 여겨 복전福田이 될 만한 진인眞人의 법기法器를 제시하니,

248

〔이 법기는〕 뒤집어 놓으면 하늘과 같고 위쪽으로 향하도록 놓으면 바다와 같다. 중생을 구제한 복福으로 인해 이를 사용한 모든 이, 율律에 든 큰 신들이 수호함에 귀신들이 범접하지 않게 되리라. 만약 이 발우에 〔시물을〕 넣으면, 많이 넣든 적게 넣든, 좋은 것을 넣든 추한 것을 넣든, 거친 것을 넣든 미세한 것을 넣든 어떠한 차별도 없으며, 희노〔애락〕의 〔세속의〕 마음으로 이 발우에 넣더라도 바로 큰 복을 성취하리니, 이는 곧 세 가지 도탄의 세계(즉 지옥·아귀·축생)로 가는 지름길을 막고 세 가지 해탈의 문(즉 지계·선정·지혜)을 여는 것이다. 〔이에〕 보시한 자는 복을 얻고 〔이로써〕 보시를 받은 자는 안온해진다. 그들은 이 발우의 음식을 먹어 계가 구족하고 복이 완전한 것이다. 〔불발은〕 음식을 진리의 약(法藥)으로 바꾸니, 이로 인해 일체 중생이 해탈하게 되리라.*

*T21, 611c4-11.

과거7불이 모두 설하였다는 「진실의 물에 관한 주문(佛說神水呪經)」에서는 강물도 부처님 발우에 담기면 불수佛水가 된다고 말한다. "물이 강에 있으면 강물(河水)이 되고 물이 우물 속에 있으면 우물물(井水)이 된다. 강이나 우물에서 물을 길러 부처의 발우에 담으면 부처의 물(佛水)이 되며, 〔부처가 이 물을 마셔〕 뱃속에 들어가면 진실의 물(眞水)이 된다."*

*『다라니잡집』 권8
T21, 628a5-7.

법신상주에 대해 설하는 『대반열반경』에서는 여래의 법기 역시 영원한 것이라 말한다.

선남자(가섭)여! 그대는 여래 세존의 무상無上의 법기法器를 세간에서 말하는 그릇과 같은 것이라고 말해서는 안 된다. 저 세간의 그릇은 무상한 것이지만, 여래의 것은 그렇지 않으니, 존재하는 일체의 법 중에서 열반만이 영원한 것으로, 여래는 그것을 체득하였기 때문에 영원한 존재라고 말할 수 있는 것이다.*T12, 630b5-8.

이러한 까닭에 『방광대장엄경』에서 비로자나 천자도 사천왕에게 "불발은 탑묘(caitya)와 같은 공양의 대상이지 누구나 사용할 수 있는 (그대들이 음식을 담아 먹을 수 있는) 그릇이 아니다"고 말하였을 것이다.*제2장 1-2 참조. 다음 장에서 이야기할 『연화면경』에 의하면 불발은 3아승지겁 백겁에 걸친 정진과 선정과 지혜의 결정체로서 불타 정법의 상징이다. 그것은 불타의 분신과도 같은 것이다. 여기서는 '연화면'이라는 외도의 후신인 미히라쿨라가 불법을 멸진시키기 위해 불발을 깨트린다. 이에 불타는 말한다. "불발이 깨어짐에 따라 나의 제자들은 청정한 계율을 더럽히게 될 것이며, 경·율·론 삼장의 독송을 싫어하게 될 것이다." 뿐만 아니라 세상은 황폐해지고, 바야흐로 중생들은 서로가 서로를 죽이는 이른바 말법末法의 시대가 도래한다.*제6장 3-1 참조.

3) 간다라에서의 불발신앙

대저 불발이 무엇이기에 그것이 깨어짐으로 인해 석가모니 부처님의 청정한 계율이 더럽혀지고 경·율·론 삼장의 독송을 싫어하게 되며, 세상이 황폐해진다는 것인가? 불발은 바로 정법의 상징이기 때문이다. 불발이 깨어졌다고 함은 정법이 파괴되었다는 말이

며, 정법이 파괴되었다는 말은 바로 말법의 시대가 도래함에 세상
이 황폐해졌다는 말이다. 이런 시대가 도래하면 불발은 이제 인간
세계(閻浮提)를 떠나 하늘의 세계를 유전하며 그들의 공양과 예배
를 받는다.[*] 예컨대 인간세계와 가장 가까운 사대왕중천에 이르면   *제7장 2-2-2 참조.
사천왕은 ─그것이 비록 자신들이 구해 바친 것일지라도─ 7일간 밤낮
으로 온갖 꽃과 꽃다발 향과 등불, 음악 따위로 공양 예배한다. 남
방의 광목천왕의 권속인 구반다왕鳩槃茶王은 발우를 두 손으로 받
들고 이같이 찬탄한다.

　여래, 최후의 음식
　대장장이 집에서 드셨음에도
　중생들을 교화하기 위해
　그의 발우, 이곳까지 이르렀네.

　욕계와 색계의 하늘세계마저 모두 다 유전하고 나면 불발은 이
제 바야흐로 사바세계를 떠나 금강제金剛際[*]에 들어가 머물다가 미   *태초 우주가 생성될
륵불이 출현할 때 그의 처소에 나타나 오색의 광명을 발하며 시방   때 형성된 풍륜과 수
세계에 진리의 말씀을 설한다.   륜 위의 금륜.

　일체의 현상(行)은 무상하다는 것과
　일체 모든 존재(法)에는 자아가 존재하지 않는다는 것
　그리고 일체의 괴로움이 사라진 열반
　이 세 가지가 바로 진리의 징표(法印)이니라.

이는 사실상 시방세계 온누리에 이제 석가모니불의 시대가 끝나고 그의 정각을 계승한 새로운 부처의 시대가 시작되었음을 선포한, 말하자면 새로운 부처에 대한 인가의 게송이다. 당연히 미륵불의 공양과 예배를 받는다.[*]

*제7장 3-1 참조

말법의 시대가 도래한 이후 인간세계(염부제)를 떠나 하늘의 신들의 찬탄을 받고 새로운 부처의 시대 오색광명을 발하며 온누리에 진리의 말씀을 설하는, 그리하여 미륵불의 예배와 공양을 받는 불발은 더 이상 식기食器가 아니다. 그것은 바로 법기法器, 정법의 그릇이다. 불발은 『방광대장엄경』의 표현대로 법에 의해 이루어진 불괴不壞의 그릇으로, 정법이 과거로부터 미래로의 연속성을 갖듯이 이 역시 그러하다. 불법 또한 세상에 출현한 이상 무상의 도리에 따라 쇠퇴 멸진할지라도 삼세제불의 불법 자체는 동일한 것이라면 불발 또한 그러하다고 하지 않으면 안 된다.

법현은 인도를 순례한 후 스리랑카에 이르러 천축의 도인으로부터 불발 유전에 관한 경설을 듣는다. 그것은 원래 바이샬리에 있던 불발이 지금은 간다라에 있지만 그곳의 불법이 점차 쇠퇴 멸진함에 월지-우전-호탄 등의 인간세상(염부제)를 유전하다 본래 생겨난 곳(사천왕천 알라산)으로 돌아가 있다가 미륵불이 출현하면 사천왕이 다시 이를 그에게 바친다는 내용의 경설이었다. 삼세 수많은 부처가 출현할지라도 그들의 불법은 동일하듯 그들의 발우 또한 동일하다.

법현이 스리랑카에서 만난 천축의 도인은 말하였다. "현겁賢劫의 천불千佛은 하나의 발우를 함께 사용한다."[*] 이 말은 역으로 천불

*T51, 865c12; 제7장 2-2-1 참조.

도 불발로 인해 천불일 수 있다는 말이기도 하다. 미륵불 또한 불발로 인해 당신의 영광을 드러낼 수 있기에 이에 대해 찬탄하고 예배하는 것이다. 무소득無所得 공空을 설하는 대승의 『반야경』에서 조차 불발은 반야바라밀다의 성취의 한 조건이었다.*

*제9장 1-1 참조.

　"불발에 예배하라."

[사진3] 불발 예배. 위는 라호르박물관. 아래는 스와트박물관. (桑山正進 1990, 도판 14, 15)

카니시카 왕이 인도 중원으로 원정을 나선 것도, 월지(키다라)의
왕이 군사를 일으켜 간다라를 정벌한 것도 불발 때문이었다. 후술
하듯 중국의 많은 승려들이 불발을 머리에 이기 위해(다시말해 불발
에 예배하기 위해) 천축을 찾았다. 앞서 말한 것처럼 법현과 동행한
보운과 승경은 부처님 발우에만 예배하고 곧장 귀국하였는데, 이
는 곧 불발에 대한 예배가 그들의 여행 목적임을 말해 준다. 파미
르의 험준한 설산을 오로지 불발에 예배하기 위해 넘었던 것이다.

간다라에서는 불발과 관련하여 거대한 서사가 형성되었다. 제국
의 황제 카니시카 대왕이 인도 중원에서 불발을 갖고 왔다는 이야
기조차 어쩌면 간다라의 '이야기 불교'의 산물일지 모른다. 일본의
고미술사학자 구와야마 쇼신(桑山正進)에 의하면 인도 본토에서 불
타가 실제 소지하였다고 하는 성스러운 유물에 대한 신앙은 본래
없었다. 눈에 보이거나 손으로 잡을 수 있는 구체적 성물에 대한
지향은 주변지역, 므렛차(Mleccha, 야만인)의 풍토에서 비롯된 현상
이다. 해서 불발이라고 하는 구체적 성물이 이곳 간다라에서 특별
히 조성되었다고 해도 억측은 아니다. 그러나 그럴 경우 당연히 모
종의 유래가 필요하였고, 그것이 쿠샨의 카니시카 왕과 관련된 불
발 이야기였다는 것이다.*

*桑山正進(1983): 598f.

그는 말하고 있다.

불발신앙은 아마도 쿠샨 족과 밀접한 관계를 갖는 간다라라고
하는 인도 변방지역에서 유래하여 불법의 구체적 근거로 숭배
되고, 중국의 불교도까지 유치하였지만, 이 지역의 정치적 혼란

과 함께 6세기 후반 무렵 사라졌을 것이다.[*]

*桑山正進(1983): 606.

3. 구법승들의 불발 예배

우리는 402년 간다라의 푸루샤푸르를 여행하고 여기에 부처님 발우를 모신 불발사佛鉢寺가 있었다고 전한 법현의 여행기(『고승법현전』), 북천축(월지국)의 카니시카 왕이 중천축의 파탈리푸트라를 정벌하고 배상금 대신 불발을 얻어왔다고 한 『마명보살전』(344~413년간에 후진의 구마라집 역)이나 『부법장인연전』(472년 북위의 길가야 역) 이외 다른 문헌을 통해서도 북인도에서의 불발의 존재를 확인할 수 있다.

가장 오래된 기록은 북위시대 역도원(酈道元, ?~527년)이 지은 지리서인 『수경주水經注』에 인용된 "간다라 왕성 서북쪽에 〔부처님〕 발우(鉢吐羅, pātra)가 있다"는 도안(道安, 312~385년)의 『석씨서역기釋氏西域記』상의 일문일 것이다. 도안이 만약 이 이야기를 스승인 불도징(佛圖澄, 232~348년)으로부터 전해들은 것이라면 불도징은 310년 낙양에 도착하기 때문에 불발은 그 이전부터 간다라에 존재하였다고 볼 수 있다.[*]

*桑山正進(1990): 58.

『수경주』권2의 「하수河水」편에서는 하수, 즉 황하의 발원지인 총령葱嶺 인근의 지리에 대해 논하면서 『법현전』에서의 푸루샤푸라의 불발 이야기 전문과 더불어 이에 대한 불도조(佛圖調, 연대미상)의 언급과, 동진의 승려로 북량시대(379~439년) 서역을 여행한 축법유竺法維의 말도 함께 전하고 있다.

『법현전』에서 말하였다.

"부처님의 발우가 이 나라(푸루샤푸르)에 있다."… (중략)[*]

*제4장 1절 참조.

불도조는 말하였다.

"부처님의 발우는 청옥青玉으로 만들어졌다. 세 되를 담을 수 있는 크기이다. 이는 그 나라(간다라국)의 보배로, 공양할 때 종일토록 향과 꽃을 〔공양하고도〕 가득 차지 않기를 원하면 말한 대로 가득 차지 않았고, 한 다발의 꽃으로도 가득 차기를 원하면 역시 말한 대로 되었다."

또한 도인 축법유가 설한 바를 살펴보더라도 부처님의 발우는 대월지국大月支國에 있다. 높이 30장丈의 7층 부도(浮圖, 불탑)를 세워 2층에 발우를 안치하였다. 금실 사슬을 서로 연결하여 발우에 매달아 놓았다. 발우는 푸른 빛깔의 돌(靑石)로 만들어졌다. 혹 어떤 이는 발우를 허공에 매단다고 하였지만, 〔옛날〕 수보리須菩提는 발우를 금 궤짝 위에 올려 두었다. 부처님의 족적足跡이 발우와 같은 장소에 있는데, 국왕과 신민이 다 함께 범향梵香·칠보·벽옥으로 공양하였다. 불탑(카니시카 대탑?)의 유적과 부처님의 어금니와 가사와 정골 사리도 다 푸루샤푸르(弗樓沙國)에 있다.

『석씨서역기』에서도 "간다라 왕성 서북쪽에 〔부처님〕 발우(鉢吐羅, pātra)를 모신 성이 있다. 〔이곳은〕 부처님의 가사袈裟를 모신 왕성이기도 하다."고 말하였다. [*]

*Chinese Text Project https://ctext.org/ shui-jing-zhu/2 (2022. 7.9); SHO SHIN KUWAYAMA (1990): 949f.

『법현전』 등의 네 전승에서 말한 불발이 동일한 불발임은 두말할 필요도 없을 것이다. 그것은 시주에 정성에 따라 가득 차기도 하였고 그렇지 않기도 하는 신이한 것이었다. 법현은 이를 "가난한 이는 꽃을 조금만 던져도 가득 찼지만, 큰 부자는 많은 꽃으로 공양하고 다시 백천만 곡(斛: 1곡은 10말)으로 공양하려고 해도 끝내 채울 수 없었다"고 하였다. 앞서 인용한 『찬집백연경』 제1화에서도 부처님의 발우는 외도를 신봉하는 만현 등의 5백 명의 장자로부터 백미百味의 음식을 공양 받았음에도 가득 차지 않았지만, 마음(진심)으로 조복하자 부처님을 수행한 천 명의 비구들의 발우까지 가득 채울 수 있었다고 하였다.

도안이 『석씨서역기』에서 말한 간다라 왕성은 바로 법현이 말한 푸루샤푸르(弗樓沙國), 축법유가 말한 대월지국의 왕도 푸루샤푸르일 것이다. 앞서 법현은 월지 왕(키다라 왕조)이 불발을 가져가려다 뜻을 이루지 못하자 불탑과 승가람을 세워 공양하였다고 하였는데, 축법유는 그 불탑에 대해 비교적 자세하게 전하고 있다.

높이가 무려 30장(1장은 10尺), 작리부도로 일컬어진 7백 척의 카니시카 대탑에는 미치지 못하지만, 1척을 오늘날의 30센티미터로 환산하면 90미터(구와야마 쇼신에 의하면 72미터)로 225척의 황룡사 9층탑보다 높은, 대단히 장엄한 것이었다. 그러나 지승재支僧載의 『외국사外國事』에서는 4장으로 전한다. 즉 『수경주』에서의 불발 관련 전승은 당나라 때 구양순 등이 편찬한 일종의 백과사전인 『예문류취藝文類聚』 권73 「잡기물부雜器物部」 발우 편에도 동일하거나 좀 더 구체적인 내용의 설명이 나오는데, 앞의 불도조의 말은 『서역전西域傳』 「제국지諸國志」에서의 인용으로, 뒤의 축법유의 말은 지승재의 『외국사』에서의 인용으로 언급된다.

『서역전』에서 말하였다.
「제국지諸國志」에서 말하기를 "부처님 발우가 간다라(乾陀越國)에 있다. 청옥으로 만들어졌다.(이하 불도조 말과 동일함)"고 하였다. … (중략)
지승재의 『외국사』에서 말하였다.
"부처님 발우가 대월지국大月支國, 일명 푸루샤바티(Puruṣāvati: 佛律婆越國) 천자天子의 도시에 있다. 탑(浮圖)을 세워 〔발우를 안치하였다.〕 탑은 4장丈 높이의 7층으로, 네 벽 안쪽에는 금과 은으로 사람 크기의 불상을 조성하였다. 발우는 2층 상단의 중앙에 안치되어 있다. 금실 사슬을 서로 연결하여 발우에 매달아 놓았다. 발우는 푸른 빛깔의 돌(靑石)로 만들어졌다.*

*Chinese Text Project. https://ctext.org/text.pl?node=547456&if=en(2022. 7.9); SHOSHIN KUWAYAMA(1990): 950f.

그런데 현장법사가 푸루샤푸르(布路沙布邏)의 그곳을 찾았을 때에는 발우는 사라지고 빈 보대寶臺만이 남아 있었다.

왕성 내 동북쪽에 옛터가 하나 있는데 옛날 부처님의 발우를 모신 보대(佛鉢之寶臺)이다. 여래께서 열반에 드신 후 발우가 이 나라로 흘러 들어와 수백 년에 걸쳐 격식을 갖추어 공양을 올렸지만, 그 후 여러 나라를 떠돌다가 지금은 페르시아(波刺斯)에 있다.*

*『대당서역기』(T51, 879c5-7).

법현(403년)과 축법유(5세기 초반)가 친견하였던 부처님 발우가 어찌 현장이 갔을 때(630년)에는 빈 보대만이 남아 있었던 것일까? 『연화면경蓮華面經』이라는 경에서는 푸라나 외도의 제자로 불법을 파괴하고자 서원한 '연화면'이 에프탈리트의 미히라쿨라(寐吱曷羅俱邏, 502~530년 재위)로 환생하여 불발을 파괴하였고, 깨어진 불발은 북방으로 유전한다고 설하고 있는데, 현장의 전언도 이와 관련된 것일까?*

*제6장 2-1 참조.

한편 양나라 혜교慧皎가 편찬한 『고승전』 「역경譯經편」에도 부처님의 발우를 친견한 다수의 구법승들의 이야기를 전하고 있는데,* 그들이 친견한 곳은 모두 간다라가 아니라 계빈罽賓, 즉 카슈미르였다. 예컨대 후진後秦 홍시弘始 6년(404년) 사문 석지맹釋智猛은 뜻을 함께한 사문 15명과 함께 장안을 떠나 설산을 넘고 신두(辛頭, 인더스) 강을 건너 계빈에 도착하여 부처님의 발우를 친견하였다. 발우는 자줏빛의 광택이 나는 감색(光色紫紺)으로 네 개의 발우를 포갠 자국이 분명하였다. 지맹은 향과 꽃을 공양하고 발우를 머리에 이고(頂戴) 예배 발원하였다. "발우가 만약 감응한다면 가벼워질 수도 있고 무거워질 수도 있을 것이다." 발우는 그의 원대로〔처음에는 가벼웠다가〕점차 무거워져서 자신의 힘으로 감당하기 어려웠지만, 보대 위에 내려놓을 때는 더 이상 무게를 느끼지 못하였다고 한다.*

*그러나 「법현」 조에서는 불발 관련 이야기를 포함하여 간다라 등 북천축 순례 이야기가 통째로 빠져 있다.

*T50, 343b17-21.

그로부터 다시 몇 년 후(420년) 담무갈(曇無竭, 한어로는 法勇)은 법현 등이 불국佛國을 다녀왔다는 소문을 듣고 뜻을 같이 한 25명의 사문과 함께 장도에 올랐다. 구자(龜玆, 오늘날 쿠차)와 사륵(沙勒,

오늘날 중국의 서단 카슈가르)을 지나 총령(파미르)과 대설산(히말라야)을 넘으면서 12명의 동료를 잃는 등 천신만고 끝에 겨우 계빈에 이르러 부처님 발우에 예배할 수 있었다.*

그 밖에 석혜람釋慧覽도 일찍이 서역을 노닐면서 부처님 발우에 예배하였고,* 송宋의 태조(424~452년)가 담무참 역의 『열반경』 뒷부분을 찾기 위해 10명의 서리書吏와 함께 파견한 도보道普 역시 서역의 여러 나라를 노닐면서 부처님의 존영에 공양하고 발우를 머리에 이었다.*

또한 구마라집(鳩摩羅什, 344~413)은 나이 아홉 살 때 어머니를 따라 인더스 강을 건너 카슈미르(계빈)로 유학하였다가 귀로에 월지국의 북쪽 산을 넘어 카슈가르(沙勒國)에 이르러 부처님의 발우를 친견하였다. 발우를 머리에 이고 예배할 때 마음속으로 "발우는 형태가 매우 큰데 어찌 이리도 가벼울까?"라고 생각하자마자 감당할 수가 없을 만큼 무거워져 탄식과 함께 발우를 내려놓았다. 어머니가 이유를 물으니, "어린 마음에 분별分別이 있어 발우에 가벼움과 무거움이 존재하게 되었다"고 대답하였다고 한다.*

법현과 축법유, 지맹과 담무참, 혜람은 모두 5세기 전반에 천축을 여행하였다. 그런데 어떻게 부처님의 발우가 한쪽(『법현전』 등)에서는 간다라에 있다 하고 다른 한쪽(『고승전』)에서는 카슈미르에 있다고 한 것인가? 뿐만 아니라 다음 장에 다룰 미히라쿨라의 불발 파쇄도 계빈, 즉 카슈미르에서 이루어진 일이다.

『고승전』의 편찬자 혜교(497~554년)도 불발의 소재가 전승마다 다르다는 사실을 알고 있었던 것으로 보인다. 그는 석지맹에 대해 논설하고서 이같이 말하고 있다.

내가 여러 곳을 순방한 사문들에 대해 살펴보니 행로를 기록하
고 열거한 것이 간혹 동일하지 않다. 부처님의 발우와 정골頂骨
사리가 있는 장소도 역시 달랐다. 아마도 〔사문들의 행로가 다
른 것은〕 천축天竺으로 가는 길이 한 길만이 아니었고, 부처님
발우와 정골 사리가 〔위치한 장소가 다른 것은〕 신령스럽게 옮
겨다녀 때로 다른 곳에 이르기도 하였기 때문일 것이다. 따라서
그들이 보고 들은 이야기(傳述見聞)를 〔동일한〕 예例로 삼기는
어렵다.*

*T50, 343c7-10.

혜교는 이처럼 불발의 소재지가 전승마다 다른 이유를 불발의
유전 탓으로 돌리고 있지만, 적어도 법현이 천축의 도인으로부터
들었다는 경설, 즉 불발이 중인도의 바이샬리－간다라－서쪽의 월
지국－우전국(호탄)－쿠차국－스리랑카(師子國)－중국(漢地)－중천
축－도솔천으로 유전한다는 경설에는 카슈미르가 포함되어 있지
않다.

이에 대해 구와야마 쇼신은 5세기 전반 무렵 중국의 불교도들이
계빈罽賓을 카슈미르가 아니라 간다라로 생각하였을 수도 있고, 이
무렵의 불발 관련기사는 법현을 제외하면 모두 『고승전』에서 전한
것이기 때문에 '계빈＝간다라'는 혜교 자신의 판단일지도 모르며,
미히라쿨라의 불발 파괴 이야기는 『연화면경』의 역자 나련제야사
(那連提耶舍, 584년 역)의 중국 도래와 이 사건의 역사적인 전후관계

로 볼 때 중국에서 창작된 것이라고 주장하기도 하였다.*

그러나 카슈미르는 카니시카 왕의 후원으로 결집이 이루어진 곳일 뿐만 아니라 『근본설일체유부비나야』에서 세존께서 당신이 열반에 들고 백 년이 지난 뒤 사마타(śamatha)를 배우고 비파샤나 (vipaśana)를 따르는 이들의 제일가는 처소가 될 것이라고 예언*할 정도로 불교학의 본고장으로(날란다는 5~6세기가 되어서야 비로소 역사에 등장한다.) 피르 판잘(Pir Panjal) 산맥 너머의 간다라와는 지리적 차이뿐만 아니라 불교사상적으로도 성향을 달리하였다. 카슈미르의 비바사사毘婆沙師가 법성 중심의 불교를 추구하였다면 간다라의 외방사(外方師, 혹은 西方師)는 비유 중심의 불교를 추구하였다. 만약 『고승전』의 계빈이 다만 간다라를 가리키는 말이었다면 불도증 등 중국불교의 초기 도래승渡來僧이나 구마라집 등의 구법승求法僧들도 모두 간다라 불교와 관련있다고 하지 않으면 안 된다.

구와야마 쇼신은 『고승전』이나 이를 인용한 『출삼장기집』(502~557년 僧祐 찬)에 간다라(乾陀羅나 揵陀越)라는 말이 부재한다는 사실도 '계빈=간다라' 설의 한 이유로 제시하였다.* 만약 그렇다면 『고승전』에서의 '계빈罽賓'은 간다라에 대응하는 카슈미르가 아니라 카슈미르와 간다라 모두를 포함하는 북천축의 개념이 아닐까? 카슈미르와 간다라는 피르 판잘 산맥을 사이에 두고 서로 이웃한 나라로 동아시아불교의 고향과 같은 곳이었기 때문이다. 실제 계빈으로 지칭되는 지명이 한 지역이 아니라 시대에 따라 상이한 지역을 지칭했다고 보는 견해도 존재한다. 예컨대 일본의 시라토리 구라키치(白鳥庫吉)는 「계빈국고罽賓國考」라는 논문에서 계빈은 한진漢晉 대에는 간다라를 중심으로 하는 카불강 하류지방을, 수당 시대에는 카슈미르를 가리킨다고 하였다. 풀리브랭크(E. Pulleyblank)와 홀세베(A. F. P. Hulsewé)는 계빈을 간다라와 카슈미르 모두를 포함하는 지역으로, 다피나(P. Daffina)는 전한前漢 당시 계빈은 지리적인 개념이라기보다는 인도 북부의 사카(Saka) 지역을 지칭하는 정치적인 개념으로 이해하기도 하였다.*

* 동북아역스넷 중국정사외국전(『後漢書』권96「西域傳」제66)〈계빈국罽賓國에 대한 소개〉주1 http://contents. nahf.or.kr/item/ item.do?levelId=jo. k_0002_0096_ 0180_0010#self (2022.7.9) 참조.

4. 간다라 미술과 불발

1) 이야기의 조형화

앞서 마명은 "부처님의 온갖 미묘법들은 다 음식으로 인해 생겨난 것"이라고 노래하였지만, 제석천왕은 부처님의 온갖 공덕뿐만 아니라 중생들의 지혜도 발우로 인해 증장되었다고 찬탄하였다.

지금 이 수승한 발우
능히 중생들 지혜 증장시켰네.
불신佛身도 역시 그러하였으니
이로써 온갖 공덕 성취하셨네.

이 게송은 『연화면경』에서 불발이 인간세계(염부제)의 여러 나라를 유전하고 사천왕궁을 거쳐 삼십삼천의 왕궁에 출현하였을 때 제석천왕이 7일 동안 밤낮으로 온갖 종류의 하늘 꽃과 하늘 향 등

*제7장 2-2-2 참조.

을 공양하고 오른쪽으로 돌며 예배하고서 두 손으로 받들고 찬탄한 것이다.*

불발이라는 구체적 성물에 대한 경전 상에서의 찬탄 예배 장면이 실제 시각적 조형물로 제작되었을 것이라고 추측해 보는 것은 그다지 어려운 일이 아니다. 불발은 불신佛身에 비유할 만한 수승한 성물로, 부처님이 계시지 않는 시대 부처의 몸을 빚어(혹은 새겨) 그분을 추억하고 예배하였다면 불발에 대해서도 역시 그러하였을 것이다. 혹자는 라호르 박물관의 고행상(제3장 사진 3)의 경우 고행을 전하는 텍스트의 연대가 고행상보다 올라간다는 확증이 없기 때문에 그것의 강렬한 조형 이미지가 텍스트의 서술에 따른 것이라고 말할 수 없다, 다시 말해 텍스트가 이미지보다 후대에 쓰여진 것이라면 그것이 도리어 조형 이미지들을 경배하는 관습에 영감을 받아 쓰였을 가능성도 배제할 수 없다고 하였지만,* 경전 찬술과 관련하여 우리가 확언할 수 있는 것은 아무 것도 없을 뿐더러 만약 그렇다면 불상을 새긴 장인들의 조형 이미지는 어떻게 가능한 것이었을까?

*이주형(2006): 178.

아무튼 현존 불전보다 훨씬 빠른 시기에 조성되었을 다수의 불발 관련 부조물이 간다라 지역에서 발굴되었다. 필자는 앞서 언급하였듯이 간다라에서 발생한 불교미술은 이야기 불교, 특히 불전 문학과 밀접한 관련이 있다고 생각한다.

간다라는 부처님이 탄생하고 출가 성도하고 법륜을 굴린 인도의 중원에서 멀리 떨어진 곳이다. 그렇지만 간다라의 불교도들은 라자그리하(王舍城)나 바라나시를 중심으로 한 갠지스 강 중류지역이 불타의 현생의 무대였다면 간다라 일대를 전생의 무대로 생각하였다. 현장의 『대당서역기』에 따르면 보살*은 나가라하라(오늘날 아프가니스탄의 잘랄라바드)에서 연등불이 지나는 진흙길에 머리카락을 펼쳐 여래를 찬탄하고 수기授記를 받은 이래 세 번의 아승지겁과 백겁의 생을 거치면서 이곳에서 보살행을 닦았다. 간다라 북쪽 단타로카(檀特山, 오늘날 샤바즈 가리의 메카 산다)는 수다나 태자가 나라의 보배인 무적의 흰 코끼리를 적국에 보시하여 쫓겨난 곳이고, 웃디야나의 몽게리(오늘날 밍고라)는 인욕선인으로서 갈리 왕에게 지체를 절단 당한 곳이며, 탁샤쉴라(오늘날 탁실라)는 월광 왕이 천생千生에 걸쳐 자신의 머리를 보시한 곳이다. 그래서 탁샤쉴라('잘려진 머리'라는 뜻)였다. 그런 곳에는 어김없이 아쇼카 왕이 세운 스투파가 있었다. 현장은 카슈미르와 간다라 지역에서 26기의 아쇼카 왕의 대탑을 확인하고 있다.

*불타의 과거 전생 시절의 호칭.

나아가 그들은, 부처님은 사실 이곳 서북인도 간다라에 온 적이 없었지만, 독룡을 조복시키고 정법을 유포하기 위해 허공을 날아 북천축에 왔다고 믿었으며, 실제로 용왕을 조복시키다 젖은 가사를 말렸다는 쇄의석灑衣石이나 부처의 족적(佛足石)도 징표로 남기고 있다. 현장법사 또한 아파랄라 용천 근처에서 이를 확인하였다고 전하고 있으며, 이전에 왔던 송운도 법현도 역시 그러하였다. 불족은 오늘날 스와트 박물관에서도 친견할 수 있다. 밍고라에서 북쪽으로 50킬로미터 가량 떨어진 스와트강 상류 마드얀의 티라트(Tirat)는 곳에서 발견되었다는데, 카로스티 문자로 굳이 '샤캬무니의 족적'이라 새겨놓았다. 이 역시 어떤 이는 몇 송이의 꽃으

*T51, 882c14-16.

로도 채울 수 있었지만, 어떤 이는 그 무엇으로도 끝내 채울 수 없었다는 불발처럼 보는 이의 복력福力에 따라 크게도 보이고 작게도 보인다고 하였다.*

간다라 불교도들에게 석가세존께서 북천축에 왔다는 것은 의심의 여지가 없는 사실이었다. 『근본설일체유부비나야약사』에서 세존은 독룡을 물리치기 위해 허공을 타고 북천축으로 가다가, 혹은 중천축으로 돌아가다가 카슈미르의 녹색의 숲을 보고 사마타를 배우고 비파샤나를 따르는 이들의 제일가는 처소가 될 것이라 예언하였다.(전술) 현장에 의하면 석가모니불을 비롯한 과거 네 부처님이 설법하였던 자리가 지금도 푸루샤푸르 동남쪽 핍팔라 나무(즉 보리수) 아래 남아 있고, 석가여래는 여기서 당신이 열반에 들고 4백 년이 지난 후 카니시카라는 일세에 뛰어난 왕이 출현하여 이곳에서 멀지 않은 곳에 스투파를 세우게 될 것이라 예언하였다.

뿐만 아니라 북천축의 웃디야나(烏仗那國, 오늘날 스와트)의 왕통은 석가족釋迦族이었고, 실제 법현의 여행기에서는 이 나라의 말이

중천축과 같았고 의복과 음식의 풍속도 역시 그러하였다고 적고
있다. 『대당서역기』에 의하면, 옛날 코살라의 비두다카(Viḍūḍhaka)
왕이 카필라를 정벌하였을 때 석가종족(釋種) 한 명이 도망쳐 이리
저리 헤매다 기러기를 타고 웃디야나 몽게리 성 북쪽 람발로 산 정
상의 용지龍池까지 날아오게 되었는데, 용녀와 용왕의 도움으로 이
곳에서 석가족의 왕통을 이어갔다. 부처님께서도 이런 인연을 아
시고 아파랄라 용왕을 조복시키고 돌아가는 길에 잠시 이 나라 도
성에 들러 상군上軍 왕(석가종족의 아들)의 눈먼 모친을 위해 설법
하여 그녀의 눈을 뜨게 하였을 뿐만 아니라 왕이 사냥을 나가 부재
중이었음에도 그와 일족一族이라는 이유에서 "이제 곧 여래께서

[사진5] 상군왕 스투파.
파키스탄 북부 밍고라
근교 싱게르다르.

*좀 더 자세한 내용은 『대당서역기』권3「오장나국烏仗那國」조; 권오민(2019), 24장「불연佛緣의 땅 스와트」참조.

쿠시나가르의 사라나무 아래서 반열반에 들 것이므로 빨리 가서 사리를 분배 받으라"고 권유하였고, 그래서 부랴부랴 사리를 분배 받아 세운 스투파가 도성 서남쪽 60~70리 대하(스와트 강) 동편의 60척 높이의 상군탑上軍塔이라는 것이다.*

그들은 말하였을 것이다. "이것이 석가여래의 사리탑임은 의심의 여지가 없을 뿐더러 여래께서 직접 공양하기를 권유하여 세운 유일한 탑이다"라고. 이야기(서사)와 역사의 간격을 좁히기 위해서는 또 다른 형식의 수많은 이야기가 더해져야 하겠지만, 아무튼 간다라 사람들은 간다라가 전생은 물론이고 현생의 불타와도 밀접한 관련이 있다고 생각하였고, 당연히 작가들이 구성한 불전 관련 이야기를 시각적 이미지로 표현하려고 하였을 것이다. 연등불과의 만남으로부터 시작된 수많은 본생(전생) 이야기와, 코끼리의 형상으로 하생하여 출가 고행 끝에 성도, 초전법륜과 모후 마야부인을 위한 도리천(삼십삼천)에서의 설법과 하강, 그리고 열반에 이르는 현생 이야기는 불교조각의 중요한 테마였다. 이러한 조각은 대개 승원의 벽면이나 불탑 기단부를 장식하는 부조물(릴리프)로 만들어졌다. 『방광대장엄경』 등에서 불타전기의 중요한 한 장면으로 취급된 트라푸사와 발리카 상인 형제가 음식을 올리거나 사천왕이 발우를 바치는 이야기 역시 당연히 예외가 아니었고, 불발에 대한 예배 상도 제작되었다. 한 연구에 따르면 간다라에서 출토된 불발 관련 도상은 90여 사례에 이른다.*

*杉本瑞帆(2013): 72.

2) 간다라의 불발 관련 도상

파키스탄의 페샤와르 박물관에는 아주 특별한 조형물이 존재한다. 장사 차 가야의 보리수하 보리도량 인근을 지나던 상단의 소가 앞으로 나아가려 하지 않고 수레의 끌채도 부러지는 등의 변고가 일어남에 숲의 신이 나타나 무상도를 성취한 여래께 공양하라는 조언에 따라 트라푸사와 발리카 두 상인이 부처님께 공양을 올리는 장면의 부조가 바로 그것으로(제1장 사진1), 이는 불탑 기단이 아니라 고행상의 대좌臺座에 새겨졌다. 고행상 대좌에 어찌 수자타(혹은 난다와 난다바라)의 우유죽 공양 장면이 아니라 두 상인의 공양 장면을 새긴 것일까?

이 장면은 아마도 여러 불전 중에서 『태자서응본기경』에 따른 것으로 생각된다. 제3장(1-1)에서 언급한 대로 이 경에서는 고행과 보리수나무 밑에서의 정각의 수행을 구분하지 않을 뿐만 아니라 장자의 딸과 두 상인의 음식 공양을 득도 후 첫 번째 공양과 두 번째 공양으로 전하는데, 앞의 공양의 경우 실제로는 아들을 얻기 위해 나무 신에게 바친 공양이기 때문에 두 상인의 공양으로 대체된 것인지 모른다. 정각을 향한 기나긴 고행(수행)은 바야흐로 두 상인의 공양을 받는 것으로 일단락된 것이다.

불발 관련 부조물 중 가장 빈번히 접할 수 있는 것은 사천왕의 봉발도이다.* 이는 간다라뿐만 아니라 산치나 마투라, 남인도의 아마라바티와 나가르주나콘다, 파니기리, 나아가 인도네시아의 보로부드로 대탑에서도 확인된다. 한 연구에 따르면 인도에서 이 장면의 부조는 25가지 사례가 알려져 있고 그중 20가지가 간다라에서

*제2장 사진2, 3, 4, 5, 9, 10, 11, 12; 제9장 사진1, 2, 3 참조.

[사진6] 사천왕 봉발.
2~3세기 간다라. 국립
중앙박물관(c).

*金香淑(1996): 10.

제작된 것이다.* 이것들은 거의 대개 석존을 중심으로 좌우 각기 두 명의 천왕이 발우를 바치는 장면의 부조인데, 같은 구도의 부조가 우리나라 국립중앙박물관에도 한 점 소장되어 있고, 백제불교 최초 도래지인 영광 법성포에 최근 조성된 마라난타사의 간다라 유물관에도 한 점이 전시되고 있다. 그리고 실제 이 절 부용루 1층 석벽에는 간다라 양식의 다른 불전도의 부조와 함께 사천왕 봉발도가 조각되어 있다.(제2장 사진10)

한 가지 특기할만한 사실은 간다라 출토 부조에서는 사천왕 봉발도와 상인형제의 공양도가 각기 별도의 장면으로 표현되고 있지만 남인도 출토 부조에서는 하나의 부조에 함께 새겨져 있다는 점이다. 나가르주나콘다 출토부조가 그러하다.(사진8) 아마도 두 사

[사진7] 사천왕 봉발. 2~3세기 간다라. 백제 불교 최초도래지 마라난타사 간다라 유물관.

건은 서로 분리될 수 없을뿐더러 『방광대장엄경』이나 『불본행집경』에서도 하나의 장章 즉 「상인몽기품商人蒙記品」과 「이상봉식품二商奉食品」에서 함께 다루어지고 있기 때문이었을 것이다. 이 부조는 3단으로 구성된 석판의 중단의 그림으로 하단과 상단에는 전후의 사건인 성도와 초전법륜의 상을 새겼다. 성도와 성도 이후 무찰린다 나무 아래서의 법락法樂의 향유-사천왕 봉발과 두 상인의 음식공양-초전법륜의 다섯 장면을 하나의 부조에 함께 표현하고 있는 것이다.

최근 발굴된 남인도 텔랑가나의 파니기리 스투파 탑문(토라나)을 장식한 부조 역시 그러하다. 부조의 소재가 탑문의 두 기둥 사이에 걸쳐진 판석이기 때문에 성도로부터 초전법륜에 걸친 일련의 사건을 연속적으로 새길 수밖에 없었겠지만, 이러한 사실이 남인도에

서는 성도 이후 첫 공양과 관련된 두 사건을 다만 불전의 한 장면으로 이해한데 반해 간다라에서는 각기 독립된 서사(이야기)로 이해하였음을 말해주는 것은 아닐까? 더욱이 남인도의 봉발도와 달리 간다라의 경우 부처님

[사진8] 성도로부터 초전법륜에 이르는 일련의 과정 중 사천왕 봉발과 상인형제의 공양도. 3~4세기 남인도 나가르주나콘다. 국립중앙박물관 특별전 스투파의 숲(2023).

도 발우를 들고 있는 것이 있다. 그럴 경우 불발은 도합 다섯 개가 되어 이야기에 맞지 않지만, 간다라의 불교도들은 그렇게 해서라도 불발에 대한 이미지를 강조하고 싶었던 것은 아닐까?

간다라의 불발 관련 부조물 중에는 불타 전기와 관계없이 불발에 대해 찬탄 예배하는 장면이나 찬탄의 의미에서 불발을 단독으로 새긴 것도 있다. 이런 것들은 대개 불보살 상의 대좌나 불탑의 기단 혹은 통상 폴스 게이블(false gable, 가짜 박공)로 불리는 스투파 돔(aṇḍa, 覆鉢)의 정면을 장식한 아치형의 부조물에 새겨진 것으로, 좌우의 남녀 신자 혹은 비구가 보대寶臺 위에 안치된 발우에 합장 예배하는 장면이다.

먼저 불상 대좌에 새겨진 불발은 거의 대개 좌우에 출가자 또는 재가자가 꿇어앉거나 선 채로 예배하는 장면으로,* 위로는 거룩한 존재임을 나타내는 천개天蓋나 산개傘蓋가 걸려 있다. 불보살상의 받침돌에 왜 불발을 새겼을까? 일체 미묘법의 토대, 근거(인연)이기 때문일까? 앞서 인용하였듯이 제석천왕도 "불신佛身의 온갖 공덕, 이로써 성취하셨네"라고 찬탄하였다. 알프레드 푸셰는 이는 그

*제5장 사진3, 10, 제7장 사진8, 11, 12 참조.

[사진9] 우측으로부터 성도-사천왕 봉발-두 상인의 음식공양-초전법륜 상이 새겨진 탑문. 3~4세기 남인도 파니기리. 국립중앙박물관 특별전 스투파의 숲 (2023).

*이주형(2007): 97.

옛날 푸루샤푸르에서 실제 불발에 예배하는 모습을 나타난 것이라고 하였다.* 그렇다면 법현이 친견하였던 불발사佛鉢寺의 불발도 이런 모습으로 안치되었을까? 앞서 축법유와 지승재는 7층 불탑에 2층 중앙 상단에 불발이 안치되어 있었다고 하였다.

아치형의 폴스 게이블은 대개 삼단 혹은 사단으로 구성되었는데, 불발 예배 장면은 라호르 박물관의 것은 초전법륜 상 위에, 스와트 박물관의 것은 석존의 항마降魔 상 위 불탑과 법륜 사이 중단에, 그리고 페샤와르 박물관의 것은 아파랄라 용왕 조복 상 위 상단에 자리 잡고 있다. 라호르 박물관 소장의 폴스 게이블의 불발은 역시 천개를 둘러친 대좌 위에 안치되어 있고, 꽃의 문양으로 추측되는 점들이 찍혀 있다. 이러한 문양은 다른 형식의 불발에서도 발견되는데,* 실로 단순하면서도 아름다움을 더해주는 것이라 하겠다.

*제5장 사진10, 11, 16, 17, 제9장 사진1 참조.

[사진10] 석가모니보살상 대좌에 새겨진 불발예배상. 2~3세기 간다라 (마르단). 옥스포드대학 애슈몰린박물관(c).

[사진11, 12] 폴스 게이
블의 불발예배상. 2~3
세기 간다라. 라호르박
물관(위), 스와트박물관
(아래).

[사진13, 14] 폴스 게이
블의 불발 예배 상. 2~3
세기 간다라. 페샤와르
박물관(위), 3세기 초
탁티바히. 빅토리아 앨
버트박물관(c)(아래).

아케이드(기둥 위의 아치)에도 역시 불발예배상이 새겨졌지만x 불
발은 점차 단독으로 새겨지기도 하였다. 여기에도 천개나 산개가
장식되어 있는 것으로 보아 이 역시 찬탄의 의미로 새겨졌을 것이
다. 이 중에는 꽃과 같은 공양물이 수북이 담겨 있고 아름다운 꽃
문양이 새겨져 있는 것도 있는데, 사천왕이 올린 발우도 하늘의 꽃
(天花)을 가득 담고 좋다는 온갖 향을 칠한 것이었다.x 해리 폴크에
의하면 당시 간다라에서 불발에 꽃을 담는 것은 하나의 관례였다.x
법현도 불발의 신이함에 대해 말하면서 "가난한 이는 꽃을 조금만
던져도 가득 찼지만 큰 부자는 많은 꽃으로 공양하였다"고 하였다.
그리고 불발에는 대부분 상단 구연부에 세 줄의 선이 그어져 있다.

x* 제4장 사진10; 제7장
사진7, 9 참조.

* 제2장 1-2 참조.
* Harry Falk(2001): 447.

[사진15] 일산을 쓴 불발. 간
다라 타렐리 출토. (桑山正進
1990, 도판16)
[사진16] 꽃이 가득 담긴 불
발. 일본 개인소장. (津田 功:
356)

x제5장 간다라의 불발 신앙   277

이는 사천왕이 바친 네 개의 발우를 포갤 때 나타나는 가장자리의 경계(이를 四際라고 한다)로, 부처님 발우임을 나타내는 표식으로 새긴 것이다. 법현 또한 푸루샤푸르에서 친견한 불발에 이러한 네 가장자리의 경계가 분명하였다고 기록하고 있다.*

*제4장 1절 참조.

3~4세기 아프가니스탄 카불 북방 카피시에서 제작된 것으로 알려지는 도쿄국립박물관의 '불발 공양佛鉢供養·미륵보살교각상彌勒菩薩交脚像'이라는 이름의 조형물은 중앙에 두 명의 재가자가 선 채로 거의 등신대 크기의 발우를 받들고서 예배하는 모습으로, 불발 예배의 전형을 보여주는 부조물이다.* 거의 같은 시기(402년) 법현이 푸루샤푸르의 불발사에서 친견하였다는 두 말 들이 불발보다도 훨씬 큰 것으로 보인다.

*제2장 사진6; 제7장 사진10 참조.

이러한 대형 발우는 단독으로 조성되기도 하였다. 이런 경우 대개는 연꽃 문양으로 장식하였기 때문에 이 역시 예배용이었을 것으로 추측된다. 아니면 신자들로부터 보시를 받기 위한 용구로 불

[사진17] 꽃이 가득 담긴 불발 예배. GAN-DHARAN ARCHIVES KURITA.

[사진18] 대형불발. 쿠샨시대. 마투라박물관. (Harry Falk: 447)

당 앞에 비치한 것일지도 모른다.[*] 19세기 말 아프가니스탄의 칸다하르에서 직경 175cm, 높이 105cm, 무게 350kg에, 하단부에 연꽃 문양이 새겨진 대형 발우가 발견되어 카니시카 왕이 바이샬리에서 푸루샤푸루로 갖고 온 불발로 추정되기도 하였다. 이 발우는 현재 카불 박물관에 전시되고 있는데, 인도 반환을 둘러싸고 진위여부에 대한 논쟁이 일어 인도고고학 조사국에서는 현지조사 끝에 이를 불발로 볼만한 어떠한 증거도 없는 것으로 결론 내렸다.[*] 그러나 인도에도 이보다는 조금 작지만 같은 형태의 대형 돌 발우가 존재하기 때문에 이것이 발우가 아니라고 속단하기 어렵다.

*제7장 1-3 참조.

*제7장 1-2 참조.

　한 논문에 따르면 인도의 마투라 박물관과 파키스탄의 차르사다 박물관에도 역시 둘레에 연꽃무늬와 포도덩굴이 새겨진 대형 발우가 소장되어 있다.[*] 마투라 박물관에 소장된 두 개의 발우 중 하나는 직경 88cm, 높이 57cm의 크기로 '팔리케라(Palikhera) 마을의 대중부 승려들의 탁발을 위해 바쳐진 것'이라는 명문이 새겨져 있는데, 같은 장소에서 후비스카(Huviṣka) 39년, 즉 서기 166년이 명기된 보살상의 대좌가 발견되었기 때문에 쿠샨시대의 마투라 조각으로 평가된다. 다른 하나는 직경 95cm, 높이 76cm의 크기로

*Harry Falk(2001).

1910년 마투라의 삿데르(Sadder) 바자르에서 발견되었다. 이 두 발
우 역시 아마도 예배용이거나 신자들의 보시물을 담기 위한 용도
로 보인다.

2000년 차르사다 외곽 찰라그람(Chalagram)에서 직경 93cm(바
닥 내부 직경 52cm), 높이 40cm의 대형 발우가 발견되었다. 페샤와
르에서 30km 떨어진 차르사다의 옛 이름은 '푸른 연꽃의 도시'라
는 뜻의 푸쉬칼라와티(Puṣikalavati)로 쿠샨시대 이전 간다라국의 왕
도였다.* 여기에도 역시 아프가니스탄의 칸다하르나 마투라의 발
우처럼 연꽃잎이 보다 섬세한 형태로 새겨져 있다. 이러한 연꽃 문
양은 세속의 그릇에서는 발견된 적이 없는 것으로, 여기에는 3단
에 걸쳐 16장, 32장, 64장의 꽃잎이 새겨져 있다. 그리고 상단에
는 카로스티 문자로 이것이 승원에 기진된 날짜와 인연이 새겨져
있다.

*현장의 『대당서역기』
에 의하면 여기서 설
일체유부의 대표 논
사라고 할 만한 세우
(Vasumitra)와 법구
(Dharmatrāta)가 각
기 『중사분아비달마
론』(현존본은 『아비달
마품류족론』)과 『잡아
비달마론』(현존본은
『잡아비담심론』)을 저
술하였다. (T51, 881a
15-19)

[카니시카] 51년(서기 127/128년) 제8월 13일째 날, 사부대중의
교단, 크리다냐카의 푸야카 승원에서 음광부(Kāsyapiya) 스승들
의 [음식] 수납을 위해, 바이라(Vaïra)의 이 공양물을 수도승 우

바자야(Uvajaya)의 건강을 기원하기 위해 살아있는 모든 것을 공경하며 바칩니다.[*]

여기에도 역시 네 개의 발우를 하나로 포개면서 나타나는 가장 자리의 경계선이 새겨져 있기 때문에 실제 사용하기 위한 것이라 기보다 공양과 예배 대상으로서 조성된 불발이라 할 수 있다.

이렇듯 간다라에서의 불발 관련 조각은 트라푸사와 발리카 상인 형제, 나이란자나 강가 마을 여인들의 공양도나 사천왕의 봉발도 등 불전을 묘사한 것에서 시작하여 불발 예배 상, 그리고 더 이상 부조 형식의 도상이 아닌 단독의 대형 불발 조성으로 이어지고 있 다. 불발에 대해 예배 찬탄하는 장면은 오늘날 우리에게는 다소 생 소하지만, 간다라의 불교미술에서 자주 접하는 조형물 중의 하나이 다. 불발신앙은 남북조시대 중국에서도 유행하였으며, 우리나라에 서도 역시 그러하였다. 백제 무령왕릉이나 고려 홍덕사지에서도 금 동/청동 불발이 발굴되었으며, 통도사 용화전 앞에는 봉발탑奉鉢塔 이 조성되어 있다. 오늘날 '석련지'로 일컬어지지만, 법주사 미륵대 불 앞의 연꽃 문양으로 장식한 높이 2.57m, 구경 2m의 대형 석조 또한 불발의 한 형태일 것이다.[*]

[*]제10장 4절 참조 .

제6장 불발의 파괴와 정법 멸진

부처님께서 아난에게 말씀하셨다.

"미래세 카슈미르(罽賓國)에는〔나의 법을 세상에 유포한〕다섯 천자天子가 죽은 뒤 지혜가 총명하여 28수宿와 5성星의 온갖 천문의 법도를 잘 알며, 금빛 몸을 지닌 연화면蓮花面이라는 이름의 푸라나(Pūraṇa) 외도의 제자가 출현할 것이다.

이 크게 어리석은 자는 일찍이 네 명의 아라한에게 공양을 베푼 적이 있었는데, 공양을 올릴 때마다 '나는 미래세 불법佛法을 파괴하리라'고 서원하였다. 그렇지만 아라한에게 공양을 베풀었기 때문에 태어날 때마다 단정한 몸을 받을 것이고, 최후로 국왕의 집에 태어나 미히라쿨라(Mihirakula)라는 이름의 국왕이 되면 나의 법을 파멸시킬 것이다. 이 크게 어리석은 자는 나의 발우를 깨뜨릴 것이고, 발우를 깨뜨린 뒤 아비대지옥 중에 떨어질 것이다."

(『연화면경』)

1. 정법의 멸진

1) 시대에 따른 정법의 쇠퇴

제행무상諸行無常, 현실상에 나타난 모든 것은 변천 소멸한다. 이는 부처님께서 설파하신 만고불변의 진리로, 제법무아諸法無我, 열반적정涅槃寂靜과 함께 세 가지 진리의 징표(三法印)로 일컬어졌다. 그렇다면 세간에 출현한 불법 역시 이 같은 무상의 도리에 예외가 아니라고 해야 하는가? 그렇다. 불법 자체는 불변일지라도 세간에 출현한 이상 '무상'이라는 보편적 법칙이 적용된다고 하지 않으면 안 된다. 그렇다면 불타의 정법은 언제 어떻게 파괴되어 사라질 것인가? 정법 멸진(滅盡, vipralopa)에 관한 논의는 이미 초기경전 상에서도 다루어질 만큼 중요한 주제였다.

불교에서 흔히 정법 멸진의 과정으로 회자되는 정법正法-상법像法-말법未法이라는 말은『대승동성경大乘同性經』에 처음 나타나지만,[*] 이에 관한 논의는 이미『아함경』에도 나타난다. 예컨대『잡아함』제906경「법손괴경法損壞經」에서는 "괴겁壞劫의 시대에 접어들게 되면 세상은 오탁五濁의 악세가 되어, 마치 가짜 보배가 출현하면 진짜 보배가 사라지듯이 정법과 유사한 형태의 불법, 즉 상법(像法, pratirūpakadharma)이 출현함에 여래의 정법은 사라진다"고 설하고 있다. 여기서 오탁이란 인간의 수명이 점점 단축되는 명탁命濁, 전쟁·질병·기근 등 시절에 따른 변고인 겁탁劫濁, 탐·진·치 등의 번뇌가 치성하는 번뇌탁煩惱濁, 사견이 넘쳐나는 견탁見濁, 악업으로 인해 괴로움과 질병은 증대되고 복은 줄어드는 중생탁衆生

*T16, 651c12-14.

濁을 말한다. 즉 이때 비구들은 대사(大師, 즉 불타)도, 그의 법法도, 〔계·정·혜의〕 배움(學)도, 그의 말씀을 따르는 이들도, 대사가 칭찬한 범행자梵行者도 공경 존중하지 않고 마음을 낮추어 공양하지도 않으면서 그들에 의지하여 살아간다. 다시 말해 진정한 믿음 없이 불법을 다만 삶의 방편으로 삼는다는 것이다.

정법 멸진의 보다 구체적인 인연에 대해서는 『잡아함』 제640 「법멸진상경法滅盡相經」, 『가정비구설당래변경迦丁比丘說當來變經』, 『대방등대집경』 「월장분月藏分 20 법멸진품法滅盡品」, 『마하마야경摩訶摩耶經』 등 대소승의 여러 경에서 논설되고, 『아육왕전』 제10 「우파국다인연優波麴多因緣」이나 『대비바사론』 등에도 그 개요가 언급되는데(차항 참조), 『마하마야경』에서는 그 시절의 풍경을 이같이 묘사하고 있다.

마하마야부인께서 아난에게 물었다.

"그대는 옛날부터 부처님을 모시고 세존의 설법을 들었으니, 그래 여래의 정법은 언제쯤 멸하게 될 것 같은가?"

아난이 눈물을 흘리면서 대답하였다. (중략)

"부처님께서 멸도하신 후 5백 년이 지나면 정법은 멸진하게 될 것입니다. (중략) 1천 년이 지나면 비구들은 부정관不淨觀과 아나파나(阿那波那, 즉 安般念, 호흡명상)에 대해 듣고 성을 낼 뿐 닦으려 하지 않아 무량의 비구 중 겨우 한두 명만 사유(수행)할 것입니다. 1천1백 년이 지나면 모든 비구들은 세속 사람들처럼 결혼하고 비니(毘尼, 비나야 즉 律)를 헐뜯고 비방할 것이며, 1천

2백 년이 지나면 이들 비구·비구니들은 비범행非梵行을 행하여 [이때 낳은] 사내아이는 비구로, 여자아이는 비구니로 삼을 것이며, 1천3백 년이 지나면 가사袈裟가 흰색(즉 세속의 옷차림)으로 변할 것이며, 1천4백 년이 지나면 4부의 대중(四衆)은 사냥꾼들처럼 살생을 즐기면서 삼보三寶의 성물을 팔아넘길 것입니다."*

*T12, 1013c12-19.

『마하마야경』에서는 이처럼 여래 멸도 후 5백 년간 정법시대가 유지된다고 하였지만, 『대집경』 「월장분」에서는 여래의 정법은 다섯 번의 5백 년을 거치고서 멸진한다고 설하기도 하였다.

그때 세존께서는 월장보살마하살에게 말하였다.
분명히 알라, 청정한 이여! (중략) 내가 멸도에 든 후 5백 년까지는 모든 비구들이 나의 법 중에서 해탈이 견고하겠지만(다시 말해 지혜를 통한 성제현관聖諦現觀을 추구하겠지만), 다음 5백 년 동안은 나의 정법 중 선정삼매에 대해서만 견고하게 머물 수 있을 것이고, 다음 5백 년 동안은 들은 것을 독송하는 일에만 견고히 머물 수 있을 것이며, 다음 5백 년 동안은 많은 사탑寺塔을 조성하는 일에만 견고히 머물 수 있을 것이고, 그 다음 5백 년 동안은 나의 법에 대한 투쟁과 언쟁이 일어나 마침내 백법(白法, 즉 청정한 법)이 사라지고 [선정 삼매에도, 나아가 사탑을 조성하는 일에도] 견고히 머물지 못하게 될 것이다.*

*T13, 363a25-b5.

그리고 계속하여 진짜 보배가 사라지면 가짜가 진짜가 된다는 앞의 『잡아함』 제906 「법손괴경」의 예를 보다 구체적으로 언급한다. "순금이 없을 때는 은을 보배라 하고, 은이 없을 때는 놋쇠를, 놋쇠가 없을 때는 동철銅鐵이나 백납 등을 보배라고 하듯이, 일체 세간에서는 불보佛寶가 무상無上의 보배이지만, 불보가 없을 때에는 연각을, 연각이 없을 때에는 아라한을, 그 밖의 성중聖衆을, 선정에 든 범부를, 청정한 계율을 지닌 자를 보배로 삼고, 청정한 계율 지닌 자가 사라지고 없을 때에는 계율을 더럽힌 비구를, 계율을 더럽힌 비구마저 사라지고 없을 때에는 다만 삭발하고 가사를 걸친 이름만의 비구를 보배로 삼을 것이니, 이때는 이들도 세간의 복전福田이라 할 수 있다."*

*T13, 363b11-20.

　　『대집경』에서도 역시 이러한 시절의 불교를 상법像法, 즉 정법과 유사한 형태의 불교라고 하였다. 이 같은 불타의 예언이 그의 예지에 따른 것인지 실제 역사적 현실이 반영된 것인지는 확인하기 어렵다. 그렇지만 이는 불교뿐만 아니라 세상만사에 적용되는 현상일 것이다. 불교에서는 생·노·병·사의 과정을 유정의 일생으로 여기듯이, 각기 20겁으로 이루어진 성成·주住·괴壞·공空의 80중겁을 1대겁大劫, 즉 우주의 한 사이클로 여기는데, 오늘 우리는 우리의 시대를 어느 시기로 진단하는가?

　　우주와 온갖 중생들이 생성하는 성겁成劫의 시대는 아닐 것이다. 그렇다면 인간의 수명이 전쟁과 질병과 기근 등으로 인해, 또한 이에 따른 새로운 각성과 선업으로 인해 10세와 8만세 사이를 18번 반복한다는 주겁의 시대인가, 아니면 화재·수재·풍재(대삼재) 등과 같은 전지구적인 환경의 변동으로 인해 유정과 유정이 몸담고 있는 국토가 괴멸한다는 괴겁의 시대인가? 우리의 인식이 어떠하든 시대에 따른 부조리(즉 劫濁)는 피할 수 없다. 앞서『대집경』에서는 금이 없는 세상에서는 은을, 나아가 백납을 보배로 여긴다고 했는데, 오늘 우리의 불교에서는 무엇을 보배로 여기는가? 시대의 부조리는 극복할 수 없는 것인가? 주겁의 20중겁 또한 인간의 수명이 8만 세로 증가하는 시절도 있고, 10세로 감소하는 시절도 있다고 하였기 때문이다.

2) 이방의 무법 왕들의 정법 파괴

앞서 언급한『잡아함』제640「법멸진상경」등에 따르면 정법의 멸진은 대개 네 단계에 걸쳐 일어난다. 첫째는 승가의 타락과 세상 문물의 피폐, 둘째는 이방의 무법無法 왕들에 의한 파불破佛, 셋째는 이들 무법 왕을 물리친 호법護法 왕이 출현함에 이에 빌붙어 이익을 추구하는 형색만 사문인 적주賊住 비구들의 난입, 넷째는 삼장의 독송을 위주로 하는 이들과 선정 수행을 위주로 하는 이들, 말하자면 지혜주의자와 선정주의자의 대립 투쟁이다. 이는 애당초 개별 사건이었겠지만 경에서는 이를 일련의 정법 멸진의 과정으로 편성하였을 것으로, 앞의 두 가지가 시대에 따른 외부적 요인이라면 뒤의 두 가지는 내부적 요인이라 할 수 있다.

이 중 두 번째 요인은, 그 밖의 다른 요인이 아쇼카 왕 등 호법 왕의 전설이나 교단 내의 분쟁과 관련된 전설에 따른 것이기 때문에 역사적 사실성을 확인하기 어려운 데 반해 어느 정도 역사적 사실에 기초한 것이라 할 수 있다. 「법멸진상경」에서는 이같이 설하고 있다.

세존께서는 사천왕에게 동·남·서·북의 사방의 정법을 지킬 것을 당부하고서 제석천과 사천왕에게 이같이 말하였다.

"〔내가 열반에 들고서〕 천 년이 지나 나의 교법이 멸할 때, 그때 비법非法이 세간에 출현하고 10가지 선법善法은 모두 허물어질 것이다. 〔수미산 남쪽의 인간세계인〕 염부제閻浮提에는 모진 바람(惡風)이 사납게 일고, 내릴 때도 아닌데 비가 내려 세상 유정들은 대다수 굶주리게 될 것이다. (중략)

그때 석가釋迦의 왕, 야반나耶槃那의 왕, 발라바鉢羅婆의 왕, 도사라兜沙羅의 왕이 수많은 권속들을 이끌고서 쳐들어오면 여래의 정골頂骨 사리와 부처의 치아와 부처의 발우를 동방에 안치해야 한다. 즉 서방의 발라바 왕이 백천의 권속과 함께 〔쳐들어와〕 탑사塔寺를 파괴하고 비구들을 살해할 것이며, 북방의 야반나 왕이 백천의 권속과 함께 〔쳐들어와〕 탑사를 파괴하고 비구들을 살해할 것이며, 남방의 석가 왕이 백천의 권속과 함께 〔쳐들어와〕 탑사를 파괴하고 비구들을 살해할 것이며, 동방의 도사라 왕이 백천의 권속과 함께 〔쳐들어와〕 탑사를 파괴하고 비구들을 살해할 것이기 때문이다."*

*T2, 177c4-16.

여기서 석가는 샤카(Śaka)의 음사로 스키타이(Scythia)의 한 부족이며, 야반나(야바나Yavana, 혹은 Yona, Yonaka)는 그리스를, 발라바는 샤카와 파르티아(Parthia: 安息)가 혼합된 파흐라바(Pahlava)를, 도

*『잡아함』「법멸진상
경」에서는 이를 중국
中國, 즉 중인도에 배
정하였다.

*그러나 『대비바사론』
에서는 마우리아 왕
조를 무너뜨리고 슝
가(Śuṅga)를 세운 파
불破佛의 왕 푸샤미트
라(Puṣyamitra: 補沙友,
c.185~149 BC)의 경
우 실명으로 거론한
다. "옛날 푸샤미트라
는 한 바라문 왕이 있
어 불법을 미워하고
시기하여 경전을 불
태우고 스투파와 승
가람을 파괴하였으
며 비구들을 살해하
였다. 카슈미르의 한
변방에서조차 5백의
승가람을 파괴하였
으니, 다른 곳까지 합
치면 그 수효가 얼마
나 될 것인가. 이 악마
(惡魔, dasyu)는 〔파불
의〕 방편으로 구반다
(鳩槃荼, kumbhaṇḍa)
와 약차藥叉 신의 위
세를 이용함에 그들

사라는 투사라(Tuṣāra)의 음사로 투카라(Tukhāra) 땅의 월지月氏를
가리키는 말이다. 경에서는 이들을 동서남북의 사방에서 쳐들어온
무법 왕으로 묘사하였지만, 모두 힌두쿠시 너머 박트리아(말하자면
서북방)로부터 넘어온 이들로 야바나-샤카-파흐라바-월지(즉 쿠
샨)의 순으로 침입하였다. 이들이 인도 땅에 도래하게 되는 과정에
대해서는 제4장(2-1)에서 간략히 언급하였다.

참고로 경에서 파흐라바-야바나-샤카-투사라(월지)를 각기 서
방-북방-남방-동방에 배당한 것은 특별한 의미가 없으며, 아마도
이에 앞서 동·남·서·북의 네 천왕에게 정법을 지킬 것을 당부한
것에 대응시키기 위한 것으로 생각된다. 그리고 『아육왕전』 등에
서는 무법 왕들로 동방의 투카라를 제외한 세 방면의 왕만 전하는
데, 그것은 이들을 물리치는 호법의 왕을 동방(코삼비)에 배정하였
기 때문이다.*

한편 『대비바사론』에서는 정법 멸진에 대해 논의하면서 멸진의
단초가 된 무법 왕들의 이름을 구체적으로 밝히지 않고 다만 '다슈
(Dasyu: 達絮)와 므렛차(Mleccha: 蔑戾車)로 태어난 이'로 언급한다.
이는 악마(신들의 적)나 야만인의 뜻으로, 인도에 침입한 이민족의
호칭이었다. 짐작컨대 『대비바사론』의 결집을 후원한 투카라(월
지)의 왕(즉 카니시카)을 "불법을 파괴하기 위해 가는 곳마다 스투
파를 부수고 승가람을 허물며, 학식이나 도덕성에 관계없이 비구
들을 학살하고 경전을 불태운" 무법의 왕이라 말하기 어려웠을 것
이다.* 앞서 『아육왕전』 등에서 투카라를 제외한 것 역시 같은 이
유였을 것이다.

문: 여래의 정법은 어떻게 소멸하는가?

답: 여래의 정법이 장차 소멸하려 할 때 이 섬부주贍部洲에는 두 〔부류의〕 왕이 세간에 출현하니, 첫째는 유법의 (도덕성을 갖는) 왕이고, 둘째는 무법의 왕이다.

유법의 왕은 동방에 태어나 위엄과 덕망이 있고 인자하여 다섯 인도印度가 조복한다. 무법의 왕은 다슈(達絮)와 므렛차(蔑戾車) 중에 태어나 성질이 완고하고도 어리석어 불법을 증오 천시하며 서로 연합(合縱)하여 서쪽으로부터 침식하여 점차 인도로 들어온다. 그리하여 동방에 이르면 이를수록 더욱더 불법을 파괴하려는 뜻을 갖고 이르는 곳마다 스투파(窣堵波)를 깨트리고 승가람僧伽藍을 허물며, 비구라면 학식이 많은 이(多聞)든 계율을 지닌 이(持戒)든 가리지 않고 죽이고 경전도 남김없이 불태울 것이다.*

여기서는 유법 왕의 나라를 동방이라 하였고, 앞서 말한 『아육왕전』 등에서는 무법 왕을 물리치는 호법 왕의 나라(즉 코삼비)를 동방으로 표시하였다. 그리고 『잡아함』 「법멸진상경」에서는 동방에 투사라(즉 투카라)의 왕을 배정하였으면서도 사방에서 무법 왕들이 쳐들어올 때 부처님의 정골 사리와 치아와 발우를 동방에 안치해야 한다고 하였다. 여기서 동방은 어디를 말한 것일까? 아비달마 논서 상에서 자주 언급되듯이 서·북방의 간다라·카슈미르에 반대 개념, 즉 갠지스 강과 야무나 강이 합수하는 중인도 지역일까? 아니면 다만 이상적 개념일 뿐일까?* 아무튼 경에서 외란外亂의 시

이 가는 곳마다 거역하는 이가 없었다."(T27, 655b20-26) 『잡아함』 제641경(T2, 181b17ff)에서도 푸샤미트라(沸沙蜜多羅)를 아쇼카의 왕통을 이은 파불의 왕으로 언급한다.

*T27, 918a18-25.

*남북조시대 중국인들은 이때 동방을 동아시아의 중국으로 이해하기도 하였다. 7장 3-2 참조.

기, 부처님의 정골 사리와 치아와 함께 불발을 안전하게 보존해야 한다고 말한 것은 이를 불법을 상징하는 성물로 여겼기 때문일 것이다.

2. 불발의 파괴와 정법 멸진

1) 미히라쿨라의 불발 파괴

『연화면경蓮華面經』이라는 경이 있다. 수나라 때 나련제야사那連提耶舍가 번역한 상하 두 권 분량의 경으로, '대승수다라장大乘修多羅藏', 즉 대승의 경장經藏이라는 명칭이 부기되어 있다. 원문은 전하지 않는다. 이 경은 『대반열반경』처럼 불타가 당신의 반열반을 예고하고서 이후 석 달 동안 아난阿難에게 설법한 것으로, 주요 내용은 대략 ①석 달 후 반열반에 들 여래의 불신佛身 찬탄과 열반 후의 사리舍利 공양 이야기, ②천신 등을 비롯한 여러 유정들에게 불법의 수호 당부, ③미래세 불법이 파괴(멸진)될 때의 양상, ④보름 후의 반열반 선언과 여러 유정들의 최후의 예배, ⑤여래 반열반 후 카슈미르(罽賓國)에서의 불법 흥성과 멸진에 관한 기별(예언)로 나누어 볼 수 있는데, 다섯 번째 이야기에서 부처님 발우의 파괴와 복원, 그리고 미래세의 부처인 미륵불에 이르기까지의 경과(유전과 예배)에 대해 설하고 있다.

　'연화면'은 불발을 파괴한 미히라쿨라(Mihirakula)의 전생의 이름이다. 그는 외도 푸라나(Pūraṇa)의 제자로 네 명의 아라한에게 공양을 베푼 공덕으로 이 같은 이름의 왕이 되어 불법을 파괴한다. 앞

292

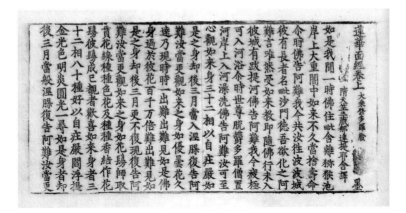

[사진1] 해인사 고려대
장경 중의 『연화면경』.
불교기록문화유산 아카
이브.

서 이방의 무법 왕들이 불법을 파괴하는 방식은 대개 스투파와 승
가람을 부수고 비구들을 살해하며 경전을 불태우는 등의 직접적인
방식이었지만, 미히라쿨라의 방식은 바로 불발을 깨트리는 것이
었다.

부처님께서 아난에게 말씀하셨다.
"미래세 카슈미르(罽賓國)의 땅에서는 〔금비라金毘羅를 비롯한
다섯 천자天子가 나의 법을 세상에 널리 유포시키고 나의 제자
들에게 크게 공양하는〕 이와 같은 큰 법회를 열 것이지만, 아난
다여! 저들 다섯 천자가 죽은 뒤 지혜가 총명하여 28수宿와 5
성星의 온갖 천문天文의 법도를 잘 알며, 금빛 몸을 지닌 연화면
蓮花面이라는 이름의 푸라나(富蘭那) 외도의 제자가 출현할 것
이다.
이 크게 어리석은 자는 일찍이 네 명의 아라한에게 공양을 베푼
적이 있었는데, 공양을 올릴 때마다 '나는 미래세 불법佛法을 파

괴하리라'고 서원하였다. 그렇지만 아라한에게 공양을 베풀었기 때문에 태어날 때마다 단정한 몸을 받을 것이고, 최후로 국왕의 집에 태어나 미히라쿨라(寐吱曷羅俱邏)라는 이름의 국왕이 되면 나의 법을 파멸시킬 것이다. 이 크게 어리석은 자는 나의 발우를 깨뜨릴 것이고, 발우를 깨뜨린 뒤 아비대지옥 중에 떨어질 것이다."

*T12, 1075c1-13.

미히라쿨라, 그는 누구이며 어떤 이유에서 불발을 깨뜨려 불법을 파괴하려고 하였던 것인가?

2) 『대당서역기』에서의 미히라쿨라

5세기 실크로드 북쪽 초원지대에 거주하던 투르크·몽골 계통의 에프탈리트(Hephtalites)는 세력을 확대하여 토카리스탄과 소그디아, 박트리아를 차례로 점령하였다. 계속 남하하여 사산조 페르시아 동쪽지역을 차지한 이들은 460년 무렵 키다라 쿠샨을 제압하고 6세기 초 간다라를 거쳐 북인도로 진출하였고, 이와 더불어 타림 분지에서도 영향력을 행사하였다. 그들의 강역은 카니시카 대왕 시대의 쿠샨을 능가하였다.* 에프탈리트는 중국 사서에서는 엽달嚈噠, 읍달挹怛 혹은 활滑로, 인도에서는 슈베타 훈나(Śveta Huṇa, 백계 훈족)로 기록되었는데, 이 무렵 북위北魏의 사신으로 간다라를 방문한 송운宋雲과 혜생惠生은 이 나라에 대해 이같이 기록하고 있다.

*보다 자세한 내용은 동북아역스넷 〈엽달국의 위치와 풍속〉 http://contents. nahf.or.kr/item/ item.do?levelId=jo. k_0015_0098_0010_0320 (2022.3.5) 참조.

〔519년〕 10월 초 엽달국嚈噠國에 들어왔다. 백성들이 거처하는 마을에는 성곽이 없고 물과 풀을 따라 옮겨다닌다. 그들은 고향이라는 것을 알지 못하고 문자나 예교禮敎도 알지 못하였다. 평년과 윤달의 구분 없이 달이 12번 차는 것을 1년으로 삼았다. 여러 나라들로부터 공물을 받았는데, 남으로는 첩라牒羅, 북으로는 칙륵敕勒, 동으로는 우전(于闐, 호탄), 서로는 파사(波斯, 페르시아)에 이르기까지 40여 나라에서 다 조공을 바치러 왔다. 주변 네 나라(四夷) 중에서 가장 강대하였다. 불법을 믿지 않고 대다수 외도의 신을 섬겼다. 살아있는 생물을 죽여 피로써 제사 지내고 있다.*

전형적인 유목부족의 모습이다. 중앙아시아의 유목부족은 전투기술이 능한 정예 기병騎兵으로 바로 전환될 수 있었기 때문에 부족을 결집시킬 지도자만 출현하면 언제든 대제국을 형성할 수 있었다. 묵돌 선우單于의 흉노가 그러하였고, 칭기즈 칸(汗)의 몽골이 그러하였다. 힌두쿠시를 넘어 인도에 들어온 에프탈리트의 왕은 토라마나(Toramāna, 490/493~515년 무렵 재위)였다. 그는 마디아프라데시 주 에란(Eran)의 비슈누 사원 멧돼지(비슈누의 화신) 상에 새겨진 글에서 황제의 칭호인 '위대한 왕 중의 왕(Mahārājadhirāja)'으로 불렸는데, 그의 세력은 펀자브를 중심으로 우타르프라데시, 라자스탄, 카슈미르에 이르렀다.

미히라쿨라(혹은 Mihiragula, 502~530년 재위)는 토라마나의 아들이자 후계자이다.『연화면경』에서는 다만 그를 미래세 부처님의

[사진2] 토라마나의 동
전과 금화.(wiki) 금화
에는 '지상의 주인 토라
마나, 지상을 정복하고
천국을 얻었다'는 명문
이 있다.

*샤카라는 일찍이 『밀
린다팡하』(혹은 『밀린
다왕문경』 한역은 『나
선那先비구경』)로 불교
세계에 널리 알려져 있
는 박트리아의 왕 메난
드로스(인도명 밀린다,
BC 165/155~105 재
위)가 왕도로 삼았던
곳이다.

발우를 파괴하는 이로 지목하고 그로 인해 불법도 세간도 황폐해
질 것이라고 다소 추상적으로 묘사하고 있지만, 현장의 『대당서역
기』에서는 그의 파불을 역사적 사실로 기록하고 있다. 현장은 간다
라를 통해 인도에 들어온 후 웃드야나(오늘날 스와트)와 카슈미르를
거쳐 탁카(Ṭakka: 磔迦)국의 도성 샤카라(Śākala: 奢羯羅, 오늘날 파키
스탄의 시알코트)*에 이르리 백여 년 전 이곳을 도읍으로 하여 인도
제국諸國의 왕이 된 미히라쿨라에 대해 매우 자세하게 이야기하고
있다.

(1) 수백 년 전에 미히라쿨라(摩醯邏矩羅, Maherākula, 당나라 말로
大族)라는 왕이 있었다. 그는 이곳 샤카라 성에 도읍하고서 인도
의 여러 나라를 다스리는 왕이 되었다. 재주와 지혜를 갖추었을
뿐만 아니라 매우 용맹스러워 인근의 여러 나라 중에서 굴복하
여 신하가 되지 않은 나라가 없었다. 그는 정무를 보는 중에 틈
을 내어 불법을 배우고자 승도들로 하여금 지덕智德을 갖춘 고
승 한 명을 추천토록 하였다. 그렇지만 승도들은 감히 왕명에

따르려 하지 않았다. 그들은 욕심이 적고 무위無爲를 즐겨 영달을 추구하지 않았을 뿐만 아니라 박학하여 사리에도 밝은 이들이었지만, 왕의 위엄을 두려워하였기 때문이었다. 그때 옛날 왕가의 하인으로 출가한 지 오래되어 언변과 논리가 뛰어난 이가 있어 대중들이 다 같이 그를 천거하는 것으로 왕명에 따르고자 하였다.

왕이 말하였다.

"내가 불법을 공경하여 멀리까지 이름난 승려를 구하였거늘 승중僧衆이 이런 노예를 천거하여 나와 담론하게 하는구나. 나는 항상 승가에 나와 어깨를 나란히 할 만한 현명한 이들이 많은 줄 알았다. 그런데 이제 이 같은 일로 보건대 어찌 불법을 공경할 수 있겠는가?"

그리하여 다섯 인도(天쓰)에 명을 내려 불법과 관계된 것이라면 무엇이든 모조리 파괴하게 하였고, 승도들도 쫓아내어 (환속시켜) 아무도 남아 있지 않게 되었다.

(2) 〔한편 중인도〕 마가다국의 왕 발라야디트야(Bālāditya: 婆羅阿迭多, 당나라 말로는 幼日)는 불법을 숭상 공경하며 백성들을 사랑으로 돌보았다. 그는 대족(大族, 미히라쿨라) 왕이 형벌을 어지럽히고 학정을 자행하기에 스스로 영토를 지키며 조공을 바치지 않았다. 그러자 대족 왕은 군사를 이끌고 마가다를 정벌하려고 하였다.

유일 왕幼日王이 이 소식을 듣고서 여러 신하들에게 말하였다. "지금 듣자 하니 적들이 쳐들어온다고 하는데 그들과 싸워 승리하기 어렵다. 부디 용서하고 벌하지 말기 바란다. 이 미천한 몸을 용서한다면 나는 초야에 숨어살리라."

이렇게 말하고서 궁을 나가 산야에 몸을 의탁하였다. 그렇지만 나라 백성들 중 왕의 은혜에 감읍하여 그를 따르는 자가 수만 명이나 되었는데, 그들은 '바다의 섬(海島)'〔이라 불리는 지역〕에 숨어살았다. 그러자 대족(미히라쿨라) 왕은 아우에게 군사를 주어 '바다'로 나아가 그들을 치게 하였다. 이에 유일 왕은 험준한 길목을 지키고서 날렵한 기병騎兵으로 적들을 유인하였다. 쇠북(金鼓)이 한 번 울리자 돌연 사방에서 군사들이 일어나 대족 왕을 산 채로 사로잡았다. 이제 서로 뒤바뀐 입장에서 대면하게 되었다. 대족 왕은 도덕을 잃은 것을 스스로 수치스럽게 여겨 옷으로 얼굴을 감추었다.

유일 왕이 여러 신하들의 호위를 받으며 사자의 왕좌(師子床)에 앉아 신하들에게 명하여 대족에게 고하게 하였다.

"그대는 얼굴을 드러내라. 내가 말할 것이 있다."

대족 왕이 대답하였다.

"신하와 주군의 자리가 바뀌어 원수로서 서로 마주보는 꼴이 되었다. 이미 좋은 사이가 아니거늘 무엇 때문에 얼굴을 마주하고 이야기할 것인가?"

재삼 얼굴을 드러내라고 말하였지만, 대족 왕은 끝내 명을 따르지 않았다. 이에 유일 왕은 그의 죄를 열거하며 명령하였다.

"(불·법·승) 삼보三寶의 복전福田은 4생生의 중생이 의지하는 바임에도 승냥이나 이리처럼 제멋대로 날뛰며 도덕(勝業)을 허물었기에 복이 그대를 돕지 않아 나에게 사로잡히는 신세가 되었다. 너의 죄는 용서할 수 없으니 형벌에 따라야 하리라."

이때 식견이 풍부할 뿐더러 점치는 일에도 능숙한 유일 왕의 모후가 왕이 대족을 죽일 것이라는 소문을 듣고서 황급히 왕에게 말하였다.

"내 일찍이 대족의 용모가 진기하고 지혜가 많다고 들었으니, 그를 한번 만나보고 싶소."

유일 왕이 대족을 끌어내어 모후의 궁으로 보낼 것을 명하였다. 왕의 모후가 말하였다.

"오! 대족이여, 아무쪼록 수치스럽게 생각하지 마시오. 세상은 무상하고 영욕榮辱은 되풀이되는 법이라오. 나는 그대의 어머니와 같고 그대는 나의 아들과 같소. 얼굴을 가린 옷을 걷고 마주보며 이야기해 보도록 합시다."

그러자 대족이 말하였다.

"지난 날 적국의 군주였지만 이제 사로잡힌 포로의 신세가 되었습니다. 왕업王業을 잃고 종사宗祀가 사라졌으니, 위로는 선조들의 영령에 부끄럽고 아래로는 백성들에게 부끄럽습니다. 진실로 사람들 볼 낯이 없고, 하늘을 우러러보기도 땅을 내려다보기도 부끄럽지만, 스스로 목숨을 끊을 수도 없어 이렇게 옷을 뒤집어쓰고 있는 것입니다."

왕의 모후가 말하였다.

"세상만사 흥폐興廢는 때에 따른 것이고 존망存亡은 운에 달린 것이라오. 마음으로 세상일을 다스리면 득실을 모두 잊을 수 있지만, 세상일로써 마음을 다스리면 치욕과 영예가 번갈아 일어나게 될 것이오. 그러니 응당 이 모든 것이 업보임을 믿고 만사 시절의 추이를 살피도록 하시오. 얼굴을 가린 옷을 걷고서 대화하면 혹시라도 목숨을 보존할 수 있을지도 모를 일이오."

대족이 고마워하며 말하였다.

"구차하게 재주가 없음에도 왕업을 이었지만 형벌과 정사에 도덕을 잃어 국운이 끝나버렸습니다. 비록 사로잡힌 포로의 신세이지만 하루라도 더 살고 싶습니다. 감히 말씀하신 대로 대면하여 후한 은혜에 사죄하고자 합니다."

그리고는 덮어쓴 옷을 걷어내고 얼굴을 드러내었다.

왕의 모후가 말하였다.

"그대는 스스로를 아껴 천수를 다하기 바라오."

그리고는 유일 왕에게 청하였다.

"옛 문헌에 '과오를 용서하고 중생을 사랑하라'는 훈계가 있소. 지금의 대족 왕은 비록 오랫동안 악업을 쌓아왔을지라도 복이

다한 것은 아니라오. 만약 이 사람을 죽인다면 12년 동안 굶주
려 초췌한 이들(菜色)과 마주하게 될 것이고, 그럴 경우 그대에
게 중흥의 기운이 있을지라도 끝내 대국의 왕은 될 수 없고 북
방의 작은 국토만 차지하게 될 뿐이라오.”

유일 왕은 모후의 명을 받들어 나라 잃은 군주를 가엾이 여겨
젊은 여인과 결혼시키고 특별하게 대우하였으며, 살아남은 그
의 병사들로 하여금 그를 호위토록 하였다.

(3) 그런데 대족 왕이 미처 ‘바다의 섬’〔이라 불리는 지역〕을 빠
져나가기도 전에 왕의 아우가 본국으로 돌아가 스스로 왕위에
올랐다. 그리하여 대족은 왕좌를 잃고 산야에 숨어 지내다 북쪽
으로 가 카슈미르(迦濕彌羅國)에 투항하였다. 카슈미르 왕은 정
중히 예우하고 나라 잃은 것을 가엾이 여겨 토지를 내려주었다.
세월이 오래 지난 뒤 대족은 자신의 영토 사람들을 이끌고 가
카슈미르 왕을 속임수로 죽인 뒤 스스로 왕위에 올랐다. 그리고
승리의 위세를 몰아 서쪽으로 진군하여 간다라(健馱邏國)를 토
벌하였다. 그는 군사와 무기를 숨기고 들어가 간다라 왕을 죽이
고 왕족과 대신들도 모두 죽여 버렸다. 그리고 스투파를 허물고
승가람을 파괴하였는데 그 수가 무려 1천6백여 곳에 이르렀다.
〔전쟁을 치르면서〕 죽인 병사 말고도 9억(koṭi, ‘억’은 10만의 단
위)의 인민마저 모두 죽여 한 명도 남겨 두지 않으려 하였다.
이에 그를 보좌하는 이들이 간하여 말하였다.

“대왕의 위세는 막강한 적들조차 두려움에 떨게 하니 병사들은

싸울 필요도 없을 정도입니다. 적들의 우두머리는 죽인다 할지라도 백성들이야 무슨 죄가 있겠습니까? 원컨대 차라리 저희를 죽이소서."

왕이 말하였다.

"그대들은 불법을 믿어 죽은 뒤의 복(冥福)을 숭상하고 중시한다. 그래서 불과佛果의 성취를 널리 설한 본생담本生譚을 흉내 내어 나의 악행을 미래세에 전하려는 것인가? 그대들은 제자리로 돌아가라. 그리고 다시는 그런 말을 하지 말라."

그리고는 3억에 이르는 상류층의 사람들은 인더스 강(信度河)으로 끌고 가 죽이고, 3억에 이르는 중류층의 사람들은 인더스 강에 빠뜨려 죽였으며, 3억의 하류층의 사람들은 병사들에게 〔노예로〕 나누어주었다. 그리고 패망한 나라(간다라)의 재화(전리품)를 가지고 군사를 거두어 〔카슈미르로〕 돌아왔다. 그러나 돌아온 대족은 해가 바뀌기도 전에 죽고 말았다. 그때 〔허공은〕 운무로 자욱하여 컴컴하였고 대지가 진동하였으며 폭풍이 사납게 불어댔다.

이에 성과聖果를 증득한 이들이 그를 불쌍히 여겨 탄식하며 말하였다.

*『대당서역기』 권4 (T51, 888b24-889b3).

"죄 없는 이를 무고하게 죽이고 불법을 괴멸시켰으니, 무간지옥에 떨어져 끝없이 떠돌게 될 것이다."*

이야기의 문맥을 따져보면 미히라쿨라가 처음부터 파불破佛의 왕은 아닌 듯하다. 『대당서역기』에서 미히라쿨라 이야기는 크게

302

세 단락으로 나누어 볼 수 있다.(어쩌면 다른 전승의 세 가지 이야기가 취합된 것인지도 모른다.)

(1) 샤카라에 도읍하여 다섯 인도의 맹주가 된 미히라쿨라는 불법을 공경하여 멀리까지 이름난 승려를 구하였지만(我敬佛法, 遠訪名僧), 승가에서 하찮은 노예 출신의 승려를 추천한 데 모욕을 느껴 불법을 파괴하였다.

(2) 미히라쿨라가 불법을 숭상하여 조공을 바치지 않는 마가다국의 왕 발라야디트야를 정벌하려다 도리어 생포되는 처지가 되었지만, 마가다 왕의 모후의 청으로 석방되었다. 여기서 미히라쿨라가 사로잡힌 '바다의 섬(海島)'은, 탁카국의 도성 샤카라(Śākala, 오늘날 시알코트)의 다른 음가로 대해大海의 뜻인 사가라(Sāgala) 인근을 흐르는 체납 강의 삼각주로 생각된다. 히말라야에서 발원하여 숨 가쁘게 달려온 체납 강은 편자브 대평원 지역에 이르러 타위 강과 합류하면서 대양처럼 펼쳐져 삼각주를 만들어내는데, 이를 '바다(즉 사가라)의 섬'이라 하였을 것이다. 『미린다팡하(밀린다왕문경)』에서 밀린다(즉 메난드로스) 왕의 고향으로 언급되는 '해변海邊' 역시 당시 박트리아의 수도였던 샤카라 인근(오늘날 시알코트 인근 헤드 말라라) 체납 강가였을 것이다.*

*권오민(2019): 164-171.

그리고 흥미롭게도 모후가 인용한 '과오를 용서하고 중생을 사랑하라(宥過好生)'는 훈계가 적힌 옛 문헌은 『서경書經』「대우모大禹謨」 편(제4장)이다. "실수로 지은 죄는 커더라도 용서하고, 고의로 지은 죄는 작더라도 처벌해야 한다. … 중생(백성)을 사랑하는 품성이 민심에 스며들면 백성들은 관리를 범하지 않는다."* 이는 곧 현

*宥過無大 刑故無小… 好生之德 洽于民心 玆 用不犯于有司.

[사진3] 미히라쿨라 동
전. (wiki)

장이 미히라쿨라의 이야기를 형편에 따라 어느 정도 각색하였음을
의미한다.

(3) 미히라쿨라는 카슈미르로 들어가 왕을 죽이고 스스로 왕위
에 올라 간다라를 정벌하면서 1천6백여 곳의 불탑과 승원을 파괴
하고 90만 명의 백성을 살육하였다.

이처럼 『대당서역기』에서 미히라쿨라는 샤카라의 왕으로서 자
국의 불법을, 그리고 이후 카슈미르의 왕을 참칭하여 간다라의 탑
사塔寺를 허물고 파괴하였지만, 불발을 파괴하였다는 이야기는 전
하지 않는다.

3)『부법장인연전』에서의 미히라쿨라
472년 북위北魏 시대 길가야(吉迦夜, Kekaya)와 담요曇曜가 한역한
것으로 전해지는 『부법장인연전』에도 미히라쿨라가 등장한다. 이
책은 불타 입멸 후 정법을 계승한 마하가섭과 아난 등 23명의 법
장法藏과 관련된 이야기(인연)를 기록한 문헌으로, 앞서 제4장에서
언급한 카니시카 왕이 파탈리푸트라를 공략하고 전쟁 배상금 대신

마명보살과 불발 등을 얻어왔다고 한 것 또한 제11조인 마명과 관련된 이야기였다.

『부법장인연전』에 의하면 마하가섭으로부터 면면히 이어온 불타의 정법이 제23조 사자師子에서 끝나는데, 그것은 미히라쿨라가 이 비구를 살해함으로써 법장이 더 이상 이어지지 못하였기 때문이다.

〔학륵나鶴勒那 존자 이후〕 다시 사자師子라는 비구가 있어 카슈미르(罽賓國)에서 불사佛事를 크게 일으켰다. 당시 그 나라의 미히라쿨라(彌羅掘)라는 이름의 왕은 〔인과를 부정하는〕 사견邪見에 빠져 〔불법을〕 공경하고 믿으려는 마음이 없었을 뿐더러 카슈미르에서 탑사塔寺를 파괴하고 승려들을 살해하였다. 이에 사자 존자도 예리한 칼로 목을 베었는데, 목을 벤 자리에서는 피가 나지 않고 다만 젖이 흘러넘쳤다. 그리하여 〔가섭존자 이래 면면히〕 이어져온 법과 사람(즉 조사)은 여기서 끊어졌다.**

*T50, 321c14-18.

---

*『부법장인연전』에서 설한 23조는 (1) 마하가섭, (2) 아난, (3) 상나화수商那和修, (4) 우바국다優波鞠多, (5) 제다가提多迦, (6) 미차가彌遮迦, (7) 불타난제佛陀難提, (8) 불타밀다佛陀蜜多, (9) 협脇 비구, (10) 부나사富那奢, (11) 마명馬鳴, (12) 비라比羅, (13) 용수龍樹, (14) 가나제바迦那提婆, (15) 나후라羅睺羅, (16) 승가난제僧伽難提, (17) 승가야사僧伽耶舍, (18) 구마라타鳩摩羅馱, (19) 사야다闍夜多, (20) 바수반다婆須槃陀, (21) 마노라摩奴羅, (22) 학륵나鶴勒那, (23) 사자師子. 참고로 『마하지관』 1권에서는 아난 다음으로 말전지末田地를 더하여 이를 서토(西土, 즉 인도)의 24조라 하였고, 선가禪家에서는 (6)의 미차가 다음에 바수밀을, (23)의 사자 다음에 바사사나·불여밀다·반야다라·보제달마를 더하여 서천西天 28조라 하였다. 그런데 만약 불법의 전승이 사자에서

『삼국유사』 제3 「흥법興法」 편에서도 신라의 이차돈異次頓이 불법의 공인을 위해 순교할 때 잘린 목에서 흰 피(젖)가 1장(丈, 10척)이나 솟았다고 하였다. 흥미로운 이야기이다. 『현우경』 제12 「찬제파리품羼提波梨品」에서 찬제파리(인욕) 선인(Kṣāntivādi-ṛṣi)은 가리 왕에게 사지를 절단 당하였을 때 젖을 흘리는 것으로써 자신의 인욕행이 진실임을 입증하였다. 이로 본다면 사자비구나 이차돈이 흘린 흰 피 역시 진실의 상징이 아니었을까? "나는 죽지만 진실/진리는 영원하다"는 의미를 지닌.

그런데 520년 4월 북위의 사신으로 간다라에 도착한 송운과 혜생은 "이 나라는 엽달국嚈噠國, 즉 에프탈리트에 의해 멸망되었고 〔지금은 에프탈리트의〕 칙근敕懃*이 왕위에 올라 카슈미르와 전쟁 중에 있다"고 전하면서 칙근은 황제(북위의 효명제)의 조서를 앉은 채 받는 등 예의가 없다 하면서 이같이 평하고 있다.

*옛 투르크어인 Tegin
의 음역. 일반적으로
카간Khagan, 즉 위대
한 왕(Great Khan)의
가문의 후예를 일컫
는 칭호.

정광正光 원년(520) 4월 중순 간다라乾陀羅 국에 들어갔다. 이 나
라의 원래 이름은 업파라국業波羅國이었지만, 엽달국, 즉 에프탈

끊어졌다면 그 이후의 불교, 혹은 동아시아에 전해진 불교는 무엇이란 말인가? 이에 대해 북송시대의 선사 계숭(契嵩, 1007~1072년)은 이 책을 담요曇曜의 위조라 하여 불태워버려야 한다고 하였다. 혹은 길가야吉迦夜가 인도서 경본經本으로 갖고 온 것이 아니라 입으로 전해온 것을 담요가 번역한 것이기 때문에 불설(佛說, 즉 경)이 아니라 『부법장전』이라 이름한 것으로(지금 이를 경이라 하는 것은 후세 사람들의 이해), 사자에서 법맥이 끊어졌다고 함은 육조 혜능 대에서 의발衣鉢을 전하는 사람이 끊어졌다고 한 것과 같다고 하였다.(동국역경원의 〈불교사전〉 https://abc.dongguk.edu/ebti/c3/sub1.jsp '부법장인연전' 참조.)

리트에 의해 패망함에 따라 이들의 칙근敕懃이 왕이 되었다. 칙
근이 왕이 되어 나라를 다스린 지 이미 2대代가 되었다. 그들은
나면서부터 성격이 흉포하여 살육을 일삼았다. 불법을 믿지 않
고 귀신을 섬겼다. 그러나 나라의 백성들은 다 바라문의 종족으
로 불교를 숭배하여 경전 읽기를 좋아하였는데, 갑자기 이러한
왕을 얻게 되니, 그들이 원하는 왕이 아니었다.

왕은 스스로 용맹함을 으스대며 카슈미르와 국경을 다투었다.
계속 군사를 보내 전투한 지 3년이 지났다. 왕에게는 전투용 코
끼리가 7백 마리 있었다. 한 마리에 열 명의 병사가 타고 손에
칼을 쥐고, 코끼리 코에도 칼을 묶어 적과 싸웠다. 왕은 항상 국
경에 머물러 종일토록 돌아가지 않았다. 나라의 장로도 백성도
지쳐 그를 원망하였다.*

*『낙양가람기』(T51, 1020c9-17);『북위승혜생사서역기』(T51, 867a22-26).

여기서 간다라를 지배한 2대에 걸친 에프탈리트의 왕이란 필시
토라마나와 미히라쿨라일 것이다. 그렇지만 여기에는 왕이 비록
불법을 믿지 않았다고 하였을지라도 파괴하였다는 언급이 없을 뿐
더러 카슈미르와 전쟁 중이라 하였다. 그렇다면 미히라쿨라의 파
불破佛은 송운 일행이 간다라를 방문한 이후의 일이고, 카슈미르와
의 전쟁 또한 그에게 조공을 바치지 않은 마가다국을 정벌하기 전
이나 카슈미르의 왕을 죽이고 스스로 왕위에 오르기 전의 일이었
던가?

그렇더라도 송운 일행이 만난(520년) 에프탈리트 왕의 이야기는
472년 길가야에 의해 번역되었다는『부법장인연전』에서의 미히라

쿨라의 이야기와 연대가 맞지 않는다. 만약 두 이야기가 모두 사실이라면 두 왕은 동일인물이라 할 수 없다. 이에 따라『부법장인연전』은 북위의 불교학자들이 편찬한 것이라거나 백계 훈족인 미히라쿨라와 송운이 회견한 에프탈리트의 왕은 별개의 인물이다, 북인도에서의 에프탈리트의 파불은 역사적 근거가 없다는 등의 주장이 제기되었다.[*]

*山田明爾(1963b).

나아가『연화면경』을 비롯한『대당서역기』,『부법장인연전』등 미히라쿨라의 파불을 전하는 자료는 모두 불교 측에서 전한 것으로, 인도의 자료(만다소르 Mandasor 석주의 각문과 그와리오Gwalior 비문)에서는 그를 파불의 왕으로 전하지 않을 뿐더러 설혹 그의 파불을 인정할지라도 나련제야사가 한창 파불 중인 그를 주인공으로 한 경전을 가지고 당시 격변의 중앙아시아를 지나 556년 중국에 들어왔다는 것은 현실적으로도 믿기 어렵다는 등의 이유에서『연화면경』은 중국 찬술이라는 등의 주장이 제기되기도 하였다.[*]

*桑山正進(1983): 604-607; Shosin Kuwa-yama(2002): 39-42.

『연화면경』은 종교문헌으로 역사서는 아니다. 설혹 중국 찬술이라 할지라도 나련제야사가 실제 북천축에서 보거나 들었던 파불과 불발에 대한 이야기가 반영되었을 것이다. 법현의『고승법현전(일명 불국기)』후반부에 기술된 스리랑카에서 천축의 도인으로부터 들었다는 불발 유전에 관한 이야기 역시 비록 순서와 분량은 다를지라도『연화면경』의 그것과 구성과 내용이 거의 동일하다. 여기서도 역시 인간세계(閻浮提)에서의 유전(바이샬리-간다라-월지…중천축)과 도솔천에서의 미륵보살의 찬탄과 〔그 밖의 다른 하늘에서의〕여러 천신들의 공양, 그리고 불발이 〔깨어져〕사라졌을 때의

308

불법의 멸진과 세간의 황폐화가 진술되고 있는 것이다.* 추측컨대
『연화면경』에서의 불발 파괴 이야기는, 법현의『고승법현전』은 물
론이고『대당서역기』와『부법장인연전』에도 전하지 않는다는 점
에서 당시 간다라에서의 불발 이해*에 따라 불교를 박해한 무도한
왕인 미히라쿨라에 가탁된 전설일지도 모른다. 불발의 파괴는 다
름 아닌 불법의 파괴이기 때문이다.(후술)

아무튼 송운 일행이 간다라를 방문하였던 520년에서 현장이 간
다라와 카슈미르를 여행하였던 630년 사이 이곳에서 대규모의 파
불이 일어났던 사실만은 분명하다. 현장은『대당서역기』에서 간다
라를 개관하면서 이같이 말하고 있다.

> 승가람이 천여 곳 있었지만, 대다수 허물어지고 황폐하였다. 잡
> 초만 무성하였고 쓸쓸하기 짝이 없다. 스투파 역시 대부분 기울
> 거나 무너져 내리고 있다. 천신에게 제사 지내는 사당(天祠)으
> 로 바뀐 곳도 곳이 백여 곳에 이르며, 외도(이교도)들이 들어와
> 함께 살고 있었다.*

말만으로도 옛날의 영광이 사라진 낡고 초라한 모습이 역력하
다. 카슈미르의 경우 더욱 그러하였다. 현장은 중현衆賢 논사가 세
친의『구사론』을 비판한 방대한 분량(한역 80권)의『순정리론』을
저술하였다는 카슈미르 남쪽의 오래된 승가람의 풍경을 이같이 묘
사하였다.

*본장 3-2 참조

*'불발은 3아승지겁 백
겁에 걸친 수행의 결
정체로서 불타 정법
의 상징.' 제5장 2-2
참조.

*T51, 879c2-4.

이곳의 오래된 가람은 형태와 구조는 광대하고 장대(宏壯)하였
지만 황폐해져 잡초만 무성하며 지금은 오로지 한 모퉁이에 작
은 이층집(小重閣)만 서 있을 뿐이다. 승도는 30여 명 남짓으로
모두 대승법을 배우고 있었다.*

*T51, 887c6-9.

이 또한 파불의 광풍이 한바탕 불고 간 뒤의 쓸쓸한 모습이다.
마을처럼 대로와 골목이 있고 대로변에는 크고 작은 탑들이 물고
기 비늘처럼 켜켜이 이어졌으며, 크고 작은 불당과 전각, 승방과
강당이 줄지었을 광대하고도 장대한 모습의 가람은 사라지고 고작
한쪽 귀퉁이의 작은 이층집만이 옛 영화의 흔적으로 남아 있는 풍
경이다. 현장은 탁실라의 불적을 순례하면서도 '황폐하다'는 말을
반복한다. 불적만 황폐한 것이 아니라 불법 또한 그러하였다. 정법
멸진에 대해 설하고 있는 『대집경』 등에서 말한 대로 정법正法의
천 년이 끝나고 사이비의 유사 불교, 상법像法의 시대에 접어들고
있었다. 일본의 불교학자 히라카와 아키라(平川彰)는 이 시대 서북
인도의 불교를 이같이 진단하였다.

5세기 이전의 카슈미르와 간다라 불교는 인도불교가 교리적 혁
신을 이루게 된 원천의 하나로, 이로부터 새로운 불교가 생겨났
고 불교의 재생이 도모되었다. (중략) 그러나 미히라쿨라의 파
불에 의해 북인도의 불교는 치명적 타격을 받았고, 결국 불교
혁신의 원천이 소멸되어 버리고 말았다.*

*平川彰(1991): 20.

이후 불교학의 중심지는 날란다로 옮겨갔고, 5~6세기 중국에 도래한 역경승은 거의 대개 북천축(카슈미르·간다라·웃디야나) 출신이었지만 수나라 이후 완전히 자취를 감추게 된다. 뿐만 아니라 인도 전통의 미술양식에 그레코로만 양식이 더해져 쿠샨시대 절정에 달한 이른바 간다라 미술 또한 이 시대에 종언을 고하게 된다.

3. 불발의 파괴와 말법사상

1)『연화면경』에서의 말법

천보天保 7년(556년), 북천축 웃디야나(烏仗那國) 출신의 사문 나련제야사(那連提耶舍, Narendrayaśas, 490~589년)가 북제北齊 수도인 업鄴에 도착하였다. 『속고승전』에 따르면 그는 17살에 발심 출가하였다고 하였으니, 본국에 있을 때 필시 미히라쿨라(502~530년 재위)의 파불을 경험하였을 것이다. 그는 아이러니하게도 중국에 와서도 북주北周의 폐불을 경험하였는데, 그런 그가 비록 중앙아시아 찬술의 위경僞經이라는 가설이 제기되었을지라도*『대방등대집경』「월장분」, 『대승동성경』, 『연화면경』 등 일련의 정법 멸진(末法) 관련 경전을 번역한 것은 결코 우연이 아닐 것이다.

*손진(2019): 221.

이 무렵 중국에서도 남악 혜사(515~577년)가 정법 5백 년, 상법 1천 년, 말법 1만 년이라는 전승에 따라 자신의 시대를 말법의 시대로 규정한 『입서원문立誓願文』을 저술하였고(558년), 574~578년 사이 북주의 무제武帝는 불교에 대한 대대적인 탄압을 단행하여 경전과 불상을 불사르고, 3백만의 승려를 환속시켰다.

이 시대 중국에서는 말법사상이 크게 유행하는데, 그들은 사상의 경전적 근거를 나련제야사가 번역한 『대집경』「월장분」(560년 역출)에서 찾고 있다. 앞서 인용하였듯이 여기서는 여래의 정법이 해탈解脫과 선정禪定과 다문多聞과 탑사塔寺와 투쟁鬪爭에 전념하는 다섯 번의 5백 년을 거치고 멸진한다거나(제17「분포염부제품」) 『잡아함』 제640「법멸진상경」에 따라 네 단계에 걸쳐 멸진한다고 설하는데(제20「법멸진품」), 신행(信行, 540~594년)의 삼계교三階敎나 도작(道綽, 562~645년) 등의 정토교淨土敎에서는 모두 이에 근거하여 말법사상을 설명하고 있는 것이다. 삼계교와 정토교는 다 같이 정법-상법-말법이라는 세 단계(三階) 혹은 세 때(三時) 중 세 번째인 말법이라는 시대인식에 기초한 불교이기 때문이다.

그들은 다 "전쟁과 기근과 질병이 횡행하고(=劫濁), 사견邪見과 사법邪法이 넘쳐나며(=見濁), 사람들 마음마저 흐려져 번뇌로 가득차고(=煩惱濁), 과보를 두려워하지 않고 악행을 일삼아(=衆生濁) 수명이 점차로 짧아지는(=命濁) 말법의 오탁악세의 시절, 근기 박약한 중생이 어찌 선정삼매를 닦고 지혜를 일깨워 해탈에 들 수 있을 것인가?" 하는 문제의식에서 출발하고 있다. 말법의 시대, 무엇을 어떻게 닦아야 할 것인가? 정토교가 '오로지 일념으로 아미타불을 생각하고 부르자'고 외쳤다면, 삼계교에서는 '현실의 민중 속으로 뛰어들어 그들과 동고동락하자'고 외쳤다.

경전 상에서 '말법'이라는 말이 처음 나타난 것은 역시 나련제야사가 번역한 『대승동성경』(564~572년 역출)이지만* 여기에는 세부적인 설명이 없다. 반대로 같은 역자의 『연화면경』(584년 역출)에는

*"여래가 도솔천으로부터 하생하여 일체의 정법正法, 일체의 상법像法, 일체의 말법末法, 어떤 시기라도 현현하여 머무는, 이와 같이 변화하여 나타난 것(化事)을 응신應身이라 한다."(T16, 651c 12-14).

312

비록 '말법'이라는 말은 없을지라도 이 같은 정법이 멸진한 말법시대의 승가의 타락상에 대해 자세하게 설하고 있다. 불세존은 당신의 열반 예고에 슬퍼하는 아난에게 그의 마음에 박힌 우수憂愁의 가시를 뽑아주기 위해 미래에 일어날 차마 눈 뜨고 보지 못할 일들에 대해 말해 준다.

부처님께서 아난에게 말씀하셨다.

"지극한 마음으로 잘 들어라. 내가 지금 너를 위해 〔미래에 일어날 일들에 대해〕 설할 것이다. 미래의 시절 어떤 파계破戒의 비구들은 몸에 가사를 걸치고 도시나 마을을 돌아다니며 마을의 친지 집에서 살아가니, 그는 비구도 아니고 속인(白衣)도 아니다. 아내나 첩을 곁에 두고 먹여 살리며 아들딸도 낳아 키울 것이다.

또 어떤 비구는 윤락녀의 집에 살고, 어떤 비구는 비구니와 음행할 것이다. 또 어떤 비구는 재물(金銀)을 쌓아두고 생업을 갖고서 그것으로 먹고살 것(活命)이고, 또 어떤 비구는 거간꾼 노릇하며 먹고살 것이며, 또 어떤 비구는 오로지 병을 고치는 일로 먹고살 것이며, 또 어떤 비구는 장기나 바둑 같은 놀음으로 먹고살 것이다. 또 어떤 비구는 점치고 푸닥거리하는 것으로 먹고살 것이고, 또 어떤 비구는 주문을 외워 시체를 일으켜 원수를 죽이는 일로 먹고살 것이며, 또 어떤 비구는 주문을 외워 귀신을 부려 얻은 많은 재물로 먹고살 것이며, 또 어떤 비구는 살아있는 것을 죽이는 일(殺生)로 먹고살 것이며, 또 어떤 비구는

절(僧伽藍)에 살면서 불·법·승 삼보의 시물을 개인적으로 낭비하며 살아갈 것이다. (중략)

또 어떤 비구는 장사하여 얻은 이익으로 먹고살 것이고, 또 어떤 비구는 오로지 도둑질로 먹고살 것이며, 또 어떤 비구는 코끼리·말·낙타·나귀·소·양을 기르거나 팔고 사는 것으로 먹고살 것이고, 또 어떤 비구는 노비奴婢를 매매하는 일로 먹고살 것이며, 또 어떤 비구는 소와 양을 도살하는 일로 먹고살 것이다. (중략) 또 어떤 비구는 불탑佛塔을 부수어 그 안의 보물을 훔쳐 그것으로 먹고살 것이니, 이와 같은 이루 헤아릴 수 없는 지옥행의 인연으로 목숨을 버린 뒤 모두 다 지옥에 떨어지게 될 것이다.

아난아! 사자가 죽으면 공중이나 땅속, 물이나 뭍에 사는 짐승들은 감히 사자의 시체를 먹지 못하며 오직 사자의 몸에서 생겨난 벌레들만이 사지의 고기를 먹을 수 있는 것처럼, 나의 불법 또한 다른 이가 능히 파괴할 수 없으며 오직 나의 법 중의 나쁜 비구들만이 독가시처럼 내가 3아승기겁 동안 힘써 쌓아온 불법佛法을 깨뜨릴 것이다. (중략) 아난아! 악비구들은 여래가 지닌 정법의 말씀(名句)인 이른바 수트라(經)·게야(應頌)·브야카라나(授記)·가타(偈頌)·우다나(自說)·니다나(因緣)·아바다나(譬喻)·이티브리타카(本事)·자타카(本生)·바이풀야(方廣)·아부타다르마(未曾有法)·우바데샤(論議)의 12부경部經을 훼손하여 사라지게 하니, 그들은 문장을 교묘하게 꾸미거나 아름답게 치장하기를 좋아할 것이다. 이와 같은 악비구들이 많이 존재하여 나

의 불법을 깨뜨릴 것이다. (중략)

아난아! 미래세 이와 같이 온갖 악비구들이 세상에 출현할 것이니, 그들은 비록 법복을 입고 머리카락과 수염을 깎았을지라도 나의 불법을 파괴할 것이다."*

*『연화면경』 권하(T12, 1072b22-1073a15).

2) 깨어진 불발

한편 『연화면경』에서는 이러한 미래세 말법시대의 타락의 원인을 미히라쿨라가 불발을 깨트린 것에서 찾기도 한다.

아난아! 발우가 깨어졌기 때문에 나의 제자들은 점차 청정한 계율을 더럽히게 될 것이다. 발우가 처음 깨어졌을 때 비구들은 비록 청정한 계율은 더럽혔을지라도 지혜는 여전히 우왕牛王과 같아서 외도들을 능히 타파할 수 있을 것이다. 그렇지만 두 번째의 시기가 지나면 이 염부제의 비구들은 청정한 계율을 깨트리고 불선업을 즐겨 지을 것이니, 몸으로 도둑질하고 논밭을 일구어 농사를 짓고, 탐욕이 많아져 좋은 옷과 좋은 발우를 쌓아 둘 것이며, 수트라와 비나야와 아비달마를 독송하는 것을 좋아하지 않을 것이다.

아난아! 이와 같이 [수트라와 비나야와 아비달마를] 독송하는 것을 좋아하는 지혜로운 이들이 모두 다 멸도하고 나면, 그때 많은 비구들은 [좋아하는 이에] 아첨하고 [미워하는 이를] 질투 시기하여 불법적인 일(非法)을 많이 일으킬 것이다.

그리고 계속하여 이에 따라 세간 역시 악행이 넘쳐나고 황폐해
져 가는 모습을 서술한다.

비구들이 여법하지 않은 일들을 행하기 때문에 여러 나라의 왕
들도 왕이 지켜야 할 법도(王法)에 의지하지 않을 것이다. 왕들
이 여법하지 않은 법도로 나라를 다스리기 때문에 그 나라의 인
민들도 대다수 매우 나쁜 10가지 불선업을 행할 것이고, 악업
을 지었기 때문에 그들의 땅도 대부분 가시덩굴과 독초와 모래
와 자갈로 황폐해질 것이다.
아난아! 이러한 때에 이르게 되면 이 염부제에 좋은 맛의 요구
르트(酥)·기름(油)·소금·석밀石蜜·꿀 등 다섯 종류의 음식은
자양분(力)도 잃고 맛도 잃게 될 것이다. 그리고 이와 같은 다섯
종류의 음식이 자양분과 맛을 잃게 되면, 그때 중생들은 다시
매우 나쁜 악업을 더욱더 많이 행히게 될 것이다.*

악비구가 넘쳐나 불법을 파괴하는 시절의 세상, 더욱이 불발마
저 깨어졌으니, 불법도 불발도 더 이상 그곳에 머물 이유가 없다.
이제 불발은 카슈미르를 떠나 북방으로, 파라발다국波羅鉢多國으로
유전하며, 마침내 수미산 남쪽의 인간세상*을 떠난다. 그러면 그곳
은 마왕이 지배하는 오탁악세의 세계로 변해 간다.

*이를 남섬부주南贍部
洲 혹은 염부제閻浮
提, Jambu-dvīpa라고
한다.

〔부처의〕 발우가 염부제에서 사라질 때 염부제는 7일 밤낮 동
안 크나큰 암흑세계가 지속될 것이다. 해와 달의 광명은 더 이

상 나타나지 않고, 땅이 크게 진동한다. 허공에서는 흉악한 우레와 번개가 소리치며 번쩍이고, 검은 모래폭풍이 휘몰아치니, 중생들은 지극한 두려움에 떨게 된다. 그리하면 천신도 사람도, 아수라·가루라·건달바·마후라가 등도 다 크게 목 놓아 울고 비 오듯 눈물을 쏟을 것이다.

이와 같이 아난아! [부처의] 발우가 처음 사라졌을 때 여래의 법法과 율律도 역시 사라져 나타나지 않을 것이다. 이때 마왕魔王은 법과 율이 멸진한 것을 보고 마음으로 크게 기뻐할 것이다. 그는 마음이 크게 행복(안온)하여 허공에 대고 이렇게 외칠 것이다.

"고타마의 법이 멸진하였으니 이제부터 내가 온갖 중생들을 교화하리라. 온갖 악을 스스로 짓게 하고 또한 역시 다른 이로 하여금 짓게 하리라."

이러한 마왕의 가르침으로 인해 도시에서도 시골에서도 중생들은 서로가 서로를 죽이고 해코지하게 될 것이다.*   *T12, 1076a10-19.

법현의 여행기에서도 역시 불발이 사라진 세계에 대해 이같이 말한다.

발우가 사라지게 되면 불법도 점차 멸진하며, 불법이 멸진한 후에는 사람의 수명이 짧아져서 5세에 이르게 된다. 사람의 수명이 5세가 되면 쌀(粳米)도, 요구르트나 버터기름(酥油)도 모두 다 멸진하게 되며, 사람들은 지극히 포악해져 [날카로운] 풀잎과 나무를 잡으면 바로 칼과 막대기로 변하여 서로가 서로를 베고 상처 입힌다.*

*『고승법현전』(T51, 865c12-15).

이 이야기에서 불발은 불타 정법의 메타포(은유)이다. 불발이 불타 정법의 메타포라면, 깨어진 불발은 정법 파괴, 정법 멸진의 메타포이다. 『연화면경』에서는 '불발의 파괴'라는 은유를 통해 필연적으로 승중의 파계와 세간의 황폐화를 수반하는 미래세의 정법 멸진에 대해 이야기하고 있는 것이다. 이 이야기는 바꿔 말하면 불발을 수호하고 이에 공양 예배함으로써 정법을 수호하라는 말에 다름 아니다.

4. 동아시아에서의 '깨어진 불발'

중국 당나라 때(668년) 도세道世가 편찬한 『법원주림』 제98 「법멸편 불발부」는 바로 이러한 불발에 관한 전후 사정을 설한 것이다. 여기서는 먼저 『연화면경』의 불발 파괴 이야기와 함께 이후 불발의 유전과 이에 대한 미륵불의 공양 예배 이야기*를 인용한 다음 비록 '도선율사의 감응'에 의한 불설일지라도 불발에 대한 공양 예배의 이야기를 인용하는데, 두 경설의 주제는 바로 '깨어진 불발'이었다.

*제7장 2절과 3절 참조.

여래께서 성도한 지 38년 째 되던 해, 라훌라羅睺羅가 부처님의 발우를 씻다가 다섯 조각으로 깨트려버렸다. 어떻게 이런 일이! 그 발우는 성도 전 보살이 마가다의 산중에서 악마의 방해로 길을 잃

318

어버렸을 때 산신이 길을 가르쳐 주면서 득도 후 두 여인의 우유죽 공양을 이것으로 받아달라며 전해준 가섭불의 질그릇 발우(瓦鉢)였다.* 이에 부처님은 문수보살을 통해 시방세계의 천신들과 용들과 비구들과 대보살들을 기원정사의 계단戒壇에 소집한다.

*제3장 3-1 참조.

세존께서 말씀하셨다.

내가 저 〔빔비사라〕 국왕의 청으로 왕사성王舍城에 들어가 식사를 마친 뒤에 라홀라에게 나의 발우를 저 용지龍池로 가져가 씻게 하였는데 다섯 조각으로 깨어져버렸다. 나는 곧 납과 백철로 깨진 발우를 꿰매었다. 이는 라홀라의 과실이 아니다. 미래세 악惡비구들과 비구니들이 법기法器를 가벼이 여기게 될 것이라는 조짐을 나타내고자 함이었다.

〔내가 열반에 들고〕 첫 번째 5백 년이 지날 무렵 나의 율장(毘尼藏)은 5부部로 나누어지고 나의 경장(修多羅)은 18부로 나누어질 것이지만, 정법이 멸진할 무렵이 되면 나의 삼장三藏은 5백 부로 나누어져 본래부터 자비심도 없고 중생을 구제하려는 크나큰 서원도 일으키지 않는 저 무지無智한 비구들은 다만 쟁론만을 일삼고 아만我慢의 기치를 더욱 드높여 정법을 빠르게 소멸시킬 것이다.

그리고 〔반열반 후〕 천 년에 이르러 정법이 모두 멸진함에 금계禁戒를 지니지 않은 악비구들이 염부제와 그 밖의 천하에 가득할 것이고, 악비구니들 역시 음녀婬女처럼 팔경법八敬法을 행하지 않고 나의 발우(應量之器)를 들고 술집에 드나들거나 음사

*『법원주림』권98(T
53, 1008b5-17).

姪舍에 들어 술과 고기를 담을 것이니, 참으로 애통하고 쓰라린 일이다. 그러니 불법이 어찌 멸진하지 않겠는가?*

그리고서 자리에서 일어나 계단에 올라 제석천왕과 용왕 등이 보시한 온갖 보배로 탑을 쌓고 칠보로 장식한 후 깨어진 불발을 안치한다. 그 이유가 무엇이겠는가? 그것은 미래세 불발을 가벼이 여기는 이들을 경책하고, 말법시대가 도래함을 경계하기 위해서였다.

세존은 그날 아침 자신들의 응량기(발우)도 다 깨어져 크게 두려워하는 비구들에게 "열반에 들지 않을 80억 명의 보살승菩薩僧을 남겨두어 훗날 각기 신통력으로써 악비구를 교화하여 불발을 공경하게 할 것"이라 말한다. 마왕魔王조차 이에 동참한다. "저도 세존의 발우를 안치할 구슬 탑(珠塔)을 조성하려 합니다. 제가 비록 천마天魔일지라도 부처님 말씀을 공경하기에 미래세 악인들로 하여금 성교聖敎를 훼손하지 못하게 하고, 악비구들을 교화하여 부끄러움(慚愧)을 알도록 하겠습니다."* 불발탑은 바로 미래세 악비구들을 교화하기 위한 것이었다.

*T53, 1008c11-13.

이에 세존께서는 열반에 드실 때 제석천과 사천왕에게 이같이 당부한다.

"여래가 열반에 든 후 정법이 멸진하고 나면 나의 발우탑을 계단戒壇 남쪽에 안치하여 밤낮으로 공양하고 수호하며 손상되거나 망실됨이 없게 하라. 그로부터 12년이 지나면 사가라(娑竭) 용궁의 율장보관소(毘尼大藏所)에 안치하고, 용왕에게 명하여 16개의 불발

[사진4, 5] 불발예배상이 새
겨진 폴스게이블. 1~2세기
탁티바히. 빅토리아 앨버트
박물관 사진(c).

탑을 조성하고 탑의 권속이 되게 하라. 그로부터 다시 12년이 지나거든 [불발을] 수미산 꼭대기 제석천(즉 삼십삼천)의 환희원歡喜園 금사지金沙池 남쪽에 안치하라."*

'깨어진 불발'은 말하자면 불타 정법의 상징인 부처의 발우를 가벼이 여기지 말라는 경고의 메시지이다. 이같이 깨어진 불발을 안치한 탑을, 그것도 계단(戒壇; 수계하는 장소)이나 율장보관소에 세우는 목적이 무엇이겠는가? 그것은 두말할 것도 없이 미래세 비구들의 파계를 경계하기 위해서였다. "불발, 특히 질그릇 발우는 조심하지 않으면 저같이 깨트릴 수 있다. 그러니 항상 살펴야 한다." 오탁악세가 되어 인간세상(贍部洲)에 정법이 멸진하면 용궁에, 삼십삼천 제석궁에라도 안치하여 정법을 이어라는 당부였을 것이다. 이러한 정법 멸진의 경책으로 삼을 불발탑은 다다익선, 많으면 많을수록 좋을 것이다. 불타는 제석천과 사천왕 등에게도 이같이 말하기도 한다.

그대들은 수미산 금강굴에서 황사석黃砂石을 가져다 돌 발우를 많이 조성하고, 새로 탑을 세워 거기에 안치하라. 크고 작은 크기의 발우를 다 나의 깨어진 발우처럼 다섯 조각을 꿰맨 형태로 만들어 탑 중에 안치하여 손상되거나 망실되지 않게 수호하라. 그리고 내가 열반에 들고 백 년이 지난 후 아쇼카 왕이 [8만 4천의] 탑을 조성하고 나면 그대들은 나의 [불발]탑을 [삼천] 대천국토의 10억의 집들에까지 두루 이르게 하라. 혹은 만 리마다 두 개의 불발탑을 안치하라. 나아가 저 같은 [삼천대천의]

국토 중 옛 성인이 머물던 명산을 찾아 그곳에도 안치하도록
하라.*

*T53, 1008c26-1009 a3.

중국에서 의식적으로 깨뜨린 남북조시대의 발우가 발굴된 것
도,* 백제의 부여 석조가 애당초 파손된 형태로 조성된 것도* 필시
이 같은 불설에 따랐기 때문일 것이다.*

*안귀숙(2007): 265 주 64.
*한정호(2020): 895.
*제10장 3-1 참조.

이렇듯 불발은 깨어진 것조차 파계를 경책하는 법구法具로 찬탄
되었다. 앞서 말한 대로 간다라에서 불발은 불타 정법의 상징이었
고, 무상심심無上甚深의 미묘법을 성취한 불타의 또 다른 상징이었
다. 이런 까닭에 카니시카 왕은 인도 중원(중천축)에서 불발을 가져
옴으로써 간다라를 불교세계의 중원으로 만들려 하였고, 미히라쿨
라는 이 불발을 파괴함으로써 간다라에서 불타의 정법을 멸진시
키려고 하였다. 불발이 사라진 불법의 세계는 상법像法과 말법末法
의 세계이다. 말법의 시대, 불발은 이제 인간세계를 떠나 보다 높
은 근기의 하늘세계로 유전하며, 마침내 미래세의 부처인 미륵불
의 세계로 나아간다.

제7장 불발의 유전과 미륵불의 불발 예배

부처님의 발우는 본래 바이샬리에 있었지만, 지금은 간다라에 있다. 그러나 몇백 년이 지나면 발우는 다시 서쪽의 월지국에 이를 것이고, 몇백 년이 지나면 호탄(于闐國)에, 몇백 년이 지나면 쿠차(屈茨國)에, 몇백 년이 지나면 스리랑카(師子國)에, 몇백 년이 지나면 다시 중국(漢地)에 이르게 될 것이다. 그리고 몇백 년이 지나면 중인도(中天竺)로 돌아오고 도솔천에 오르게 될 것이다.

그때 미륵보살은 이를 보고 "석가모니 부처님의 발우가 당도하였도다!"고 찬탄하리라. 그러면 여러 천신들이 다 함께 7일간 꽃과 향을 공양할 것이다. 7일이 지나 부처님 발우가〔수미산 남쪽의 인간세계인〕염부제閻浮提로 돌아오면 바다의 용왕이 이를 용궁으로 갖고 가〔공양할 것이다.〕

그리고 마침내 미륵보살이 장차 성도하려고 할 때가 되면 발우는 다시 네 개로 분리되어 본래 있던 곳인 알나산頞那山으로 돌아갈 것이다.

(『고승법현전』)

1. 파르샤(페르시아)의 불발

1) 『대당서역기』에서의 불발의 행방

『연화면경』상에서 미히라쿨라에 의해 깨어진 불발은 그 후 어떻게 되었을까? 오탁악세에 정법은 물론이거니와 상법마저 사라진, 불법 자체를 허용하지 않는 그곳에 이제 더 이상 머물 이유가 없다. 불교 우주관에 의하면 불타 또한 인간의 수명이 백 세 이하로 감소하여 10세에 이르는 오탁악세의 시절에는 교화가 어렵기 때문에 출현하지 않는다. 『설일체유부비나야파승사』에서는 "그때는 오탁이 증대되어 온갖 종류의 외도들이 보살에 대해 정법의 그릇이 아니라고 비난하기 때문"이라 하였다.* 이제 불발은 정법을 찬탄하는 세계로, 궁극적으로 새로운 시대의 부처인 미륵불이 출현하는 세계로 유전하기 시작한다.

*T24, 106c4f.

후술하듯이 법현 또한 푸루샤푸르(간다라)에 있던 불발은 몇백 년이 지나 서쪽의 월지 땅에 이를 것이라 하였고, 실제 2백여 년 후 현장이 그곳에 갔을 때(630년) 불발은 사라지고 빈 보대만이 남아 있었다. 현장은 이같이 말하고 있다.

〔간다라국의 대도성 푸루샤푸르의〕 왕성 안 동북쪽에 옛터가 하나 있는데, 옛날 부처님의 발우를 안치하였던 보대寶臺이다. 여래께서 열반하신 후 발우가 이 나라로 흘러와 수백 년간 이에 공양하였는데, 여러 나라를 떠돈 끝에 지금은 파르샤(Pārsa: 波剌斯國), 즉 페르시아에 있다.*

*『대당서역기』(T51, 879c5-7); 『대자은 사삼장법사전』(T50, 230a24f).

그리고 『대당서역기』 파르샤국 조條에서 다시 불발의 존재를 확인하고 있다.

> 〔이 나라의 불교〕 가람은 두세 곳으로 승도는 수백, 모두 소승교인 설일체유부를 학습하고 있다. 석가불釋迦佛의 발우가 지금이 나라의 왕궁에 있다.[*]

*T51, 938a19f.

"부처님의 발우가 파르샤국의 왕궁에 있다"는 정보는 650년 도선道宣이 편찬한 『석가방지釋迦方誌』와 668년 도세道世가 편찬한 『법원주림法苑珠林』 성적부聖迹部에도 언급되는데,[*] 이는 필시 646년 변기辯機에 의해 편찬된 『대당서역기』에서 인용되었을 것이다. 그러나 『대당서역기』에서 파르샤/페르시아는 현장이 직접 답사한 곳이 아니라 여행 중에 전해들은 나라(傳聞國)이다. 현장은 인도전역을 순례하던 중 서인도 신두국(信度國, Sindhu, 현재 파키스탄의 신드) 서쪽 바닷가 나라인 낭게라국(狼揭羅國, Langala)에서 구체적인 거리를 표기하지 않은 채 "이 나라에서 서북쪽으로 가면 파르샤국에 이른다"고 하고서 "비록 인도의 강역은 아니지만 길이 난 행로에 따라 덧붙인 것"이라고 협주夾註로 언급하고 있다.[*] 낭게라국은 오늘날 발루치스탄 동남부 마크란(Makran) 지역으로, 여기서 서북쪽이면 오늘날 아프가니스탄 서부, 이란 동부 지역에 해당한다.

*T51, 968b16; T53, 505c1.

*T51, 938a9.

그렇다면 현장이 말한 파르샤국은 바로 법현이 전한 힌두쿠시 너머 서쪽의 월지국(키다라 월지)인가? 『고승법현전』에서 월지의 왕이 그토록 가져가려고 하였지만 끝내 뜻을 이루지 못하였던 푸르샤푸르의 불발은 어떤 연고로 파르샤국으로 옮겨가게 된 것일까?

한편 『연화면경』에서는, 미히라쿨라에 의해 깨어진 불발은 카슈미르를 떠나 북방北方으로 옮겨간다고 말한다. 북방에 이르면 비록 깨어진 것일지라도 그곳 중생들로부터 온갖 종류의 꽃과 향 등의 공양을 받고 그들로 하여금 근기에 따라 성문·연각·보살(아뇩다라삼먁삼보리)의 마음을 일으키게 한다.

아난아! 카슈미르(罽賓國)에서 불발이 깨어졌을 때 (중략) 그곳 중생들 대다수가 악한 불선업을 행하기 때문에 부처의 깨어진 발우는 북방에 이르게 될 것이다. 그때 북방의 중생들은 부처의 깨어진 발우를 보고 크게 공양을 베풀 것이다. 온갖 종류의 꽃과 태우는 향과 바르는 향과 등불과 꽃목걸이와 온갖 종류의 음악을 이 발우에 공양할 것인데, 아뇩다라삼먁삼보리의 마음을 일으키는 이도 있을 것이고, 성문의 마음을 일으키는 이도 있을 것이며, 벽지불의 마음을 일으키는 이도 있을 것이다.*

*T12, 1075c27-1076a7.

계속하여 파라발다국波羅鉢多國에 이르러서도 북방에서처럼 공양을 받고, 그곳 중생들 역시 이로 인해 어떤 이는 보살의 마음을, 또 어떤 이는 성문의 마음을, 벽지불의 마음을 일으킨다고 설한다. 법현과 현장이 말한 월지와 파르샤/페르시아, 『연화면경』에서 말한 북방이나 파라발다국이 어딘지, 동일한 지역인지 어떤지, 우리는 이를 확인할 만한 어떠한 근거도 갖고 있지 않다. 다만 분명한 사실은 세 전승 모두 불발의 유전에 관해 설하고 있다는 점이다.

2) 카불 박물관의 불발

2021년 8월 탈레반이 다시 아프가니스탄을 장악하여 정치적 혼란
이 야기되고 있는 가운데 동년 9월 8일자 인도의 「힌두스탄 타임
즈」에서는 비하르 주의 고고학자와 연구원들이 나렌드라 모디 총
리에게 서한을 보내 카불 국립박물관에 전시되고 있던 부처님 발
우의 안전을 우려하며 그것의 반환을 촉구하였다는 기사를 싣고
있다. '구걸/탁발 그릇(bhikshapatra)'이라 명명된 이 유물은 원래
부처님이 인도 비하르 주의 바이샬리 사람들에게 주었던 것이라는
것이다.* 　　　　　　　　　　　　　　　　　　　　*제2장 4-1 참조.

　이에 앞서 2010년에도 아프가니스탄 칸다하르의 한 사원에서

[사진1] 불타의 탁발그
릇(빅샤파트라). 카불
박물관. (THE HINDU
2013. 8. 13)

전해 내려오던 높이 1.05m, 직경 1.75m, 무게 약 350~400kg의 부처님의 녹회색 돌 발우가 수도 카불로 옮겨져 1980년 이래 국립박물관에 소장되어 있다는 사실이 공론화되어 비하르 주에서는 중앙정부에 이것의 반환을 공식 요청하였다. 이 문제는 인도 의회(Lok Sabha)에까지 보고되었다. 바이샬리 출신의 라구반시 프라사드 싱 하원의원이 외무부 장관에게 물었다.

"정부는 불타가 바이샬리 사람들에게 주었다는 탁발 그릇이 최근 카불 박물관에서 발견되었다는 정보를 입수했는가? 만약 입수하였다면, 아프가니스탄 주재 인도 대사관이 해당 그릇의 사진을 정부에 보냈는가? 만약 보냈다면, 정부가 해당 그릇을 회수하기 위한 절차를 개시하였는가? 나아가 중국의 구법순례자 법현의 여행기나 커닝햄 박사,* 슈리 S.V. 사니의 저서에서 해당 그릇에 대해 언급한 것을 알고 있는가? 만약 알고 있다면 그것의 상세한 내용은 무엇인가?"

*이 그릇을 최초로 보고한 인도 초대 고고학조사국장.

이에 프렌티트 카우르 외무장관은 이같이 답변하였다. "카불 주재 인도 대사관에서 이 문제에 대해 조사하였다. 석가모니의 탁발 그릇으로 추정되는 이 유물은 나지불라 전 대통령 시절까지 칸다하르에 있던 것으로, 이후 카불로 옮겨져 카불 박물관에 전시되어 왔다. 우리 대사관이 입수한 사진을 보면 탁발 그릇은 상당히 큰데 아랍어와 페르시아어의 명문이 있어 그 출처가 의심스럽다. 현재 카불 박물관에 소장되어 있는 이 그릇의 출토에 관한 정보나 조언할 것이 있으면 보내달라고 고고학 조사국에 요청한 상태이다."*

*Bhante Dhammika, The fate of the Buddha's begging bowl.

이후 인도 고고학조사국(ASI: The Archaeological Survey of India)에

서는 비문학자와 고고학자로 구성된 조사팀을 아프가니스탄에 파견하였지만, 보고서에는 서로 상반된 두 입장이 제시되었다.

"이 유물은 약 400kg의 거대한 그릇으로, 여기에 적힌 페르시아어 명문도 그 의미를 확인할 수 없다. 정황 증거로 볼 때 이는 불타 시대의 인도 유물이 아니다. 카불의 기록에도 인도의 것이라는 언급은 없다. 이는 아마도 15~16세기 무렵 칸다하르의 마드라사(이슬람학교)에서 사용하기 위해 만들어졌을 것이다."

그러나 조사팀의 또 다른 멤버는 이 탁발 그릇이 불타시대의 것임을 확신하였다. "이것은 커닝햄 박사가 말한 대로 2세기 쿠샨의 카니시카 왕이 그의 수도 푸루샤푸르(현재의 페샤와르)로 가져가기 전까지 바이샬리의 불교도들이 예배하였던, 불타가 그들에게 남긴 그릇과 같은 그릇이다. 즉 이를 불타시대의 유물로 인정하지 않는 것은 그릇에 새겨진 명문을 제대로 번역하지 못하였기 때문으로, 여섯 번째 줄의 스와스티카(卍자) 사인이 이것이 불타와 동시대의 유물임을 입증한다."

이에 따라 인도 고고학조사국에서는 어떠한 결정도 내릴 수 없었다.*

*Teena Thacker, Buddha's bowl or not?

카불 박물관의 탁발 그릇이 인도 의회에서 논의되면서 이에 대한 조명이 인도를 비롯한 세계 각처에서 이루어졌다. 기사형식으로 이루어진 것도 있었고 논설형식도 있었다. 장문의 보고서도 있었고 전후 관계를 간단히 소개한 것도 있었다. 대개는 카불 박물관에 전시되고 있는 '불타의 탁발 그릇(the Buddha's Begging/Alms-Bowl)'을 실제 부처님이 사천왕에게서 얻어 사용하였던 발우로 이해하여 그것이 박물관에 이르게 된 과정을 밝힌 것으로, 결정적 단서를 법현과 현장의 여행기에서 구하고 있었다. 몇몇 오류를 배제하고 바로잡아 요약하여 소개하면 이러하다.

1880~81년 당시 인도 고고학회 회장이었던 알렉산더 커닝햄은 인도 비하르 주의 고고학적 유적지를 둘러보았다. 그때 그는 자신이 '바이샬리'라는 인도의 유명한 중세 마을로 고증한 '베사르(Besarh)'라는 곳을 방문했다. 커닝햄은 이 마을에서 어떠한 유물도 발견하지 못하였지만, 불타가 사용하였던 탁발 그릇(alms-bowl)이 수 세기 동안 보존 찬양되었다는 매우 흥미로운 이야기를 알게 되었다. 커닝햄은 부처님의 발우에 대한 더 많은 정보를 수집하여 보고서(Report of Tours in north and south Bihar in 1880-81 By Maj. General A, Cunningham)에 남겼다.

고타마 싯다르타가 부처가 되었을 때, 출가 당시 대범천으로부터 받은 원래의 발우는 사라졌고, 4천왕으로부터 네 개의 회청색 돌 발우를 얻어 이를 포개어 하나로 만들었기 때문에 윗부분에 네 개의 테두리 문양이 나타났는데, 이는 불발의 중요한 특징이다.

불타시대(기원전 5세기) 비하르는 바이샬리를 수도로 하는 리차비(Licchavi) 왕조에 의해 통치되고 있었다. 불타는 북쪽 국경의 오래된 도시에서 리차비 왕과 그의 백성들과 이별할 때 그들에게 이별의 선물로 자신의 발우를 주었는데, 커닝햄은 그곳을 바이샬리에서 북서쪽으로 30마일 떨어진 케사리야(Kesariya)로 추

정하였다. 중국의 유명한 순례여행
자 법현(A.D. 400년)과 현장(7세기)
도 그들의 여행기에서 선물 이야기
와 함께 이곳에 대해 이야기하였다.
아무튼 부처의 발우는 이후 4~5세
기 동안 바이샬리에서 보존되고 숭
배되었다.

기원후 1~2세기, 서방의 왕이 마가
다를 침략하였다. 커닝햄은 이 왕을
쿠샨 제국의 카니시카 또는 그의 후
계자 후비시카로 간주하였다. 그 증
거로, 그는 바실리프가 번역한 타라
나타(Taranatha)의 『불교사』를 언급
한다. 이 책에서는 "소월지의 왕이
마가다를 침략해 불타의 발우와 마
명(Aswaghosha)보살을 뺏어갔다"고
말하고 있다. 쿠샨 왕들은 원래 월

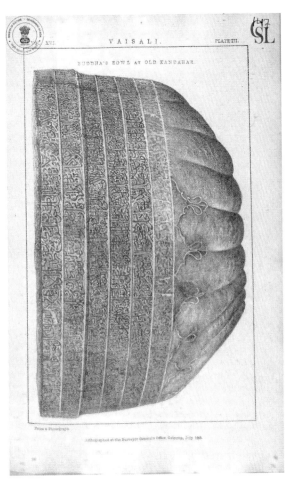

[사진2] 커닝햄의 보고
서에 실린 칸다하르의
불발.

지月氏로 알려진 부족 출신이며, 마명은 1세기에 살았던 불타의
전기 작가로 알려져 있다. 그는 카니시카 왕 치하에서 제3결집
을 주도한 파르슈와(협존자)의 제자였다. 이러한 사실로 볼 때
불타의 발우가 바이샬리에서 카니시카의 왕도 푸루샤푸르(현재
파키스탄의 페샤와르)로 옮겨졌다는 것은 확실한 사실이다.

불타의 발우는 적어도 400년까지 푸루샤푸르에 존재하였다. 중국인 순례여행자 법현이 그곳에서 그것을 보았다고 그의 여행기에 적고 있기 때문이다. 그러나 현장과 송운 일행이 푸르샤푸르를 방문했을 때(각기 7세기 전반과 520년) 그것을 보지 못하였기 때문에 법현 이후 다른 곳으로 옮겨졌다고 해야 한다. 법현 또한 자신의 여행기에서 그가 그곳을 방문하기 훨씬 이전 3세기 무렵에 이 발우를 다른 곳으로 옮겨가려다 실패한 왕에 대해 기술하고 있다. "불타의 발우가 이 나라에 있다. 월지(즉 키다라)의 왕이 그것을 갖고 가기 위해 대군을 일으켜 이 나라를 공격하였다. 이 나라를 정복하자 불교의 열렬한 후원자였던 그는 발우를 본국으로 가져가려고 하였다."

여기서 월지 왕은 박트리아나 호탄의 왕일 것으로, 그는 불발을 카불이나 발크, 호탄으로 옮겨가려고 시도하였을 것이다. 그러나 시도는 실패로 끝났고 발우는 푸루샤푸르에 남아 있게 되었다. 이곳을 침략한 월지 왕은 그곳에 파고다(스투파)와 승원을 세우고 수비대로 하여금 그곳을 지키게 하였다.

서기 425~450년 무렵 월지(즉 에프탈리트)의 왕이 다시 간다라를 침략하였다. 이 왕은 불교를 싫어하였다. 그의 침략 이후, 불발은 아마도 간다라(Gandhara) 사람들에 의해 오늘날 아프가니스탄 칸다하르 근처 '간다르(Gandhar)'라고 하는 곳으로 옮겨졌을 것이다. 이것이 법현 이후의 중국인 순례여행자들이 푸루샤푸르에서 불발을 볼 수 없었던 이유이다. 아프가니스탄에는 '간다르'라는 새로운 지명이 생겨났고, 이것이 칸다하르(Kandahar)로 바뀌었다. 불타의 발우가 보존되었던 이곳은 오늘날 올드 칸다하르로, 최근까지 잘 알려지지 않은 한 모스크에 보존되어 있었다. 이것이 무하마드 나지불라 아프가니스탄 대통령에 의해 카불 박물관으로 옮겨졌다. 탈레반 통치기간 동안 이 박물관은 탈레반 극단주의자들로부터 여러 차례 공격을 받았지만, 운 좋게도 그릇에 새겨진 아랍어 명문으로 인해 살아남을 수 있었다. 커닝햄이 입수한 당시 석판화와 카불 박물관의 탁발 그릇 사진을 비교해 보면 탁발 그릇이 불타가 원래 사용하였던 발우일 가능성이 크다. 그릇 아래 부분의 장식은 초기불교 시대와 관련 있는 연꽃 문양으로 볼 수 있으며, 몇 줄의 아랍문자는 나중에 새긴 것일 수 있다.

이 그릇은 너무 커 개인이 사용한 발우라기보다 사원(비하라) 한쪽에 비치하여 신자들이 갖고 온 보시물을 넣기 위한 용도처럼 보인다. 이는 현재 힌두 사원에서 '훈디(Hundi)'라 일컬어지는 헌금함과 같은 것이다. 고대의 보시물은 곡물이나 금붙이, 동전 등과 같은 것이었는데, 이러한 보시물을 받기 위해 큰 탁발 그릇이 필요하였을 것이다.*

*Chandrashekhara, Buddha's Original Alms-Bowl

한편 19세기 말 영국군 의료장교로 아프가니스탄의 언어와 문화를 연구한 헨리 월터 벨류(Henry Walter Bellew, 1834~1892) 역시 칸다하르에서 이 석조를 보고, 이것이 에프탈리트가 파괴하였다던 그 발우가 실은 파괴되지 않고 칸다하르로 옮겨진 것일지도 모른다고 생각하였다. 페샤와르 분지를 가리키는 '간다라'라는 지명도 그 무렵 페샤와르의 피난민들이 함께 가지고 왔지만 이슬람 시대

이주형(2004): 174f.에 '칸다하르'로 바뀌었을 것으로 추측하였다.

이들의 이해에 의하는 한, 현장법사가 "지금은 파르샤/페르시아에 있다"고 한 푸루샤푸르의 불발이 바로 '구걸/탁발 그릇(bhikshapatra)'이라는 이름으로 카불 박물관에 입구에 전시되고 있는 바로 이 유물일 것이다. 그러나 인도 〈고고학 뉴스 네트워크(The Archaeology News Network)〉에 의하면 그 후 인도 당국은 이 유물이 불교의 창시자인 불타가 사용하였던 것이라는 애초의 생각은 잘못된 것이라는 결론에 도달하였다. 그릇에 새겨진 명문은 불타시대에는 존재하지 않던 아랍 문자를 이용한 페르시아어로, 대략 500년 전, 15세기 무렵에 새겨진 것인데, 그것이 불교유물이라면 아랍어가 아닌 브라흐미문자를 이용한 팔리어로 새겨졌어야 한다는 것, 인도대륙에는 없는 화강암으로 만들어졌다는 것 등이 그 이유였다. 그리고 2015년 12월 23일 문화부장관은 카불 박물관에 전시된 탁발 그릇(빅샤파트라)은 불타가 사용하였던 것이라고 할 만한 어떠한 증거도 없다고 상원에 공식 통보하였다.

그럼에도 인도 비하르 주정부는 어떤 까닭에서 다시 그것의 반환을 촉구하였던 것인가? 바이샬리는 불타가 자주 방문하였을 뿐만 아니라 제2차 결집이 개최된 유서 깊은 도시로 2019년 이래 '불타의 정각 박물관과 기념탑(Buddha Samyak Darshan Museum and Memorial Stupa)'을 대대적으로 조성하고 있기 때문일 것이다.

3) 신앙대상으로서의 불발
사실 부처님께서 정각을 이룬 후 사천왕으로부터 얻어 하나로 포개어 사용하였다는 발우, 열반에 들기 위해 쿠시나가라로 떠나기 전 바이샬리 사람들에게 이별의 선물로 주었다는 발우, 쿠샨의 카니시카 왕이 파탈리푸트라에서 전쟁 배상금 대신 얻어온 발우, 법현이 예배하였던 푸루샤푸르의 발우, 미히라쿨라가 불법을 파괴하기 위해 깨트린 카슈미르(罽賓國)의 발우, 현장삼장이 페르시아에 있다고 전한 발우, 혹은 인천人天의 세계를 유전한 끝에 다시 미륵불에게로 전해질 발우(후술)나 정법의 징표로서 마하가섭을 통해 미륵불에게 전해질 발우,* 그리고 카불 박물관의 발우(빅샤파트라)가 동일한 것이라는 사실은 확인하기 어렵지만, 일련의 서사(이야기)로서의 개연성은 충분하다고 할 수 있다. 뿐만 아니라 각각 서사에는 매우 오래된 문헌적 증거도 존재한다.

*이에 대해서는 제8장에서 이야기한다.

　"불타는 열반에 들기 전 당신의 발우를 바이샬리 사람들에게 선물하였고, 카니시카 왕은 그것을 간다라로 가져(빼앗아)갔으며, 미히라쿨라가 이를 파괴하였지만, 어떤 인연에서 본래대로 복구되어(혹은 파괴되기 직전) 페르시아로 옮겨져 칸다하르의 한 이슬람 사원에 파묻혀 있다가 마침내 세상에 드러나 카불 박물관 입구에 전시되기에 이르렀다."

　완전한 하나의 구성을 갖는 이야기라 하지 않을 수 없다. 여기서 우리가 분명하게 말할 수 있는 것은, 어느 시기 불발이 신앙의 대상이 되었기 때문에 이러한 이야기가 가능하다는 사실이다. 신앙의 대상이 된 이상, 그것은 오늘날 우리의 합리적 관점의 범위를 벗어난다. 예컨대 불상의 크기가 문제되지 않듯이, 불발의 크기 또한 문제되지 않는다. 법현이 전하였듯이 부자는 천만금으로도 채

*제9장 3-1, 2 참조.

울 수 없지만 가난한 이는 한두 푼으로도 채울 수 있다. 예수는 다섯 개의 빵과 두 마리의 물고기(五餅二魚)로 5천 명을 배불리 먹이고도 남겼다고 하였지만, 부처의 발우(예컨대 『유마경』에서 향적여래의 중향발衆香鉢)는 8만 4천 명이 1겁 동안 먹고도 다함이 없었다.*

높이 1.05m, 너비 1.75m, 350kg의 대형 석조를 어떻게 발우라고 할 수 있는가? 이만한 크기의 그릇을 사용하거나 들 수 있는 이는 거인이라 하지 않으면 안 된다. 고대 불교도들 사이에는 부처님의 키가 1장 6척(丈六, 오늘날의 우리 일상의 치수법인 1척/자=30.3cm로 환산하면 4.85미터)이라는 하는 믿음이 널리 퍼져 있었는데(신라의 황룡사 장육존상은 이에 따른 것이다), 카불 박물관의 발우의 크기는 이러한 믿음을 고무시켰을 것이다. 사실 석가불보다 열 배나 큰 미륵불(『대지도론』에 의하면 그때 인간의 키는 80척, 불타는 160척)의 경우라면 한 손으로 잡을 수 있는 크기에 지나지 않는다.

*T22, 622a; 952c. 그러나 『십송율』에서 상발上鉢은 3발타(鉢他, pattha)의 밥(飯)과 1발타의 국(羹), 그 밖의 부식물(可食物)을 받을 수 있는 크기의 발우, 하발下鉢은 1발타의 밥과 반 발타의 국, 그 밖의 부식을 받을 수 있는 크기이다. 중발中鉢은 대발과 소발 사이의 크기. 대발보다 크거나 소발보다 작은 것은 발우가 아니다. 6부 율장에서의 발우 용량에 대해서는 平川彰(2004): 421-423 참조.

통상 율장에서 발우는 크기에 따라 대·중·소(혹은 상·중·하) 세 가지 형태가 있다. 그것의 구체적 용량에 대해 6부의 율장이 설명을 달리하기 때문에 일괄적으로 말할 수 없지만, 법장부가 전승한 『사분율』에서 큰 것은 세 말(斗), 적은 것은 한 말 반이라고 하였다.* 법현은 푸루샤푸르에서 친견한 불발이 2말의 크기라고 하였으니, 그렇다면 중간 크기의 발우인가?

*한국민족문화대백과사전.

물론 여기서 '말(斗)'은 오늘날 용량의 단위가 아니라 이것이 번역된 후진後秦 시대인 5세기 초(405년) 중국 장안 지역에서의 단위였겠지만, 한나라 때나 우리나라 삼국시대 1되(升)의 용량은 0.2리터, 1말은 2리터 정도였다고 한다.* 그렇다면 대발大鉢은 6리터, 카불 박물관의 불발은 발우라고도 말할 수 없는 크기이다. 그러나 인도불교사에서 제2차 결집은 바이샬리의 밧지(Vajjiputtaka) 비구들이 포살일 때 물을 채운 동 발우(patra)를 놓아두고 신자들에게 승가의 필수품 구입에 필요한 금화나 은화를 넣을 것을 요구한 데서 발단되었는데,* 이때 발우는 사실상 탁발용이 아니라 오늘날의 복전함과 같은 것이었다. 카불 박물관의 불발을 조사한 연구원 또한 이를 오늘날 힌두교 사원 한쪽에 설치되어 신자들로부터 헌금을 받는 자선함(hundi)과 같은 것, 즉 고대의 보시물은 곡물이나 금 장신구, 동전 등의 형태였기 때문에 이러한 보시물을 받기 위한 것으

*에띠엔 라모트: 252f 참조.

[사진3] 힌두사원(인도 란잔가온의 마하가나파티)의 훈디. (wiki) (위좌)

[사진4] 불교사원(태국 방콕의 왓 트라이밋)의 훈디. (wiki) (아래)

[사진5] 대구 대자비원 불단에 비치된 발우. (위우)

로 추측하였다. 대구에 소재한 대자비원에서도 복전함대신 불단에
발우를 비치한 것을 보았다.

　'탁발 그릇(bhikshapatra)'이라 명명된 카불 박물관의 유물은 부처
님의 발우일 수도 있고 아닐 수도 있다.* 설혹 부처님 발우라고 할
지라도 그것은 실제 당신이 직접 사용한 것이라기보다 정법을 상
징하는 예배용이었을 것이다. 마투라나 차르사다에서 발견된 연
꽃 문양이 새겨진 대형 불발 또한 예배용으로 추측되기도 하였다.*
어쩌면 불타가 바이샬리를 떠나며 남긴 발우 역시 탁발할 때 사용
하던 식기食器로서의 발우가 아니라 법기法器로서의 발우였을지도
모른다. 식기로서의 발우는 상황에 따라 다른 것을 사용할 수 있
지만, 법기로서의 발우는 언제 어디서나 동일한 것, 하나일 수밖에
없다. 불상이 언제 어디서 조성된 것이든, 어떤 형태와 크기든 궁
극적으로는 동일한 하나의 법신을 나타낸 것이듯이. 그렇다면 그

* 오늘날 탈레반 치하
의 카불박물관에서
는 이를 다만 '칸다하
르에서 발견된 16세
기 회색 대리석 석조
(a 16th-century grey
marble basin found in
Kandahar)'로 표기하
고 있다.

* 제5장 4-2 (사진18,
19).

[사진6] 칸다하르에서
발견된 회색 대리석 석
조, 카불박물관. (wiki)

것은 당연히 석가모니불에서 끝나는 것이 아니라 다음 세상의 부처인 미륵불에게로 이어져야 한다. 법현이 들었다는 천축 도인의 불발 유전에 관한 이야기도, 『연화면경』에서의 불발 파괴 이야기도 미래세계 미륵불과 만날 때 비로소 한 사이클의 유전이 끝나는 것이었다. 『법현전』에 따르면 현겁賢劫의 천불은 하나의 발우를 함께 사용하기 때문이다.(후술)

따라서 불발에 대한 당시 불교도들의 관심은 그것의 역사적 사실성이 아니라 불타나 불타 정법의 상징으로서 미륵불로 이어진다는 종교적 사실성이었을 것이다.

2. 불발의 유전과 찬탄

1) 불발의 복원

『연화면경』에서 미히라쿨라에 의해 깨어진 불발은 북방과 파라발다국波羅鉢多國에 이르러 그곳의 중생들로부터 공양을 받고, 그들 역시 근기에 따라 성문·연각·보살의 마음을 일으킴에 따라 본래의 모습을 되찾는다. 경에서는 깨어진 불발이 이전과 다름없는 본래 모습대로 회복된 것은 부처의 힘과 중생들의 선근의 힘 때문이라 하였다.

> 아난다여! 그때 부처의 깨어진 발우는 부처의 힘과 중생들의 선근에 감응하여 저절로 본래대로 회복되어 처음과 조금도 다르지 않게 될 것이다.*

*『연화면경』 권하(T12, 1076a7-9).

우리는 이 경설을 어떻게 이해하면 좋을까? 대저 부처의 힘이 무엇이기에, 또한 어느 정도이기에 깨어진 불발이 저절로 복원된다는 것인가? 앞서 말하였듯이 불발이 불타 정법의 상징인 이상, 불법이 비록 포악한 왕에 의해, 혹은 시절 인연에 따라 일시 멸진할지라도 진리 자체의 힘과 이를 수호하려는 호법 왕이나 불제자들의 선근력에 의해 다시 소생하는 것이라면 불발 역시 그러하다고 해야 한다. 여기서 중생들의 선근의 힘이란 당연히 무탐無貪·무진無瞋·무치無癡의 힘이겠지만, '부처의 힘(佛力)'이란 무엇을 말하는 것일까? 그것은 진실, 진실 자체의 힘이다. 진실의 힘은 노도 치며 흐르는 갠지스 강도 역류시킨다.* 진실은 시절 인연에 의해 일시 사라지는 일이 있을지라도 결코 파괴되지 않는 것이다. 사천왕이 바친 불발은 법(진실)에 의해 이루어진 '불괴不壞의 그릇'이었다.

*제3장 3-3 '역류의 기적' 참조.

대단히 흥미로운 사실은, 우연일지 모르지만 부처님께서 바이샬리를 떠나 열반처인 쿠시나가라로 가면서 이별을 슬퍼하는 바이샬리 사람들(즉 밧지 족)에게 추념의 선물로 당신의 발우를 주었다고 설한 『증일아함경』제42「팔난품八難品」제3경*에서는 선물 이야기 직후 '부처의 힘', 나아가 진실의 힘에 대해 설하고 있다는 것이다.

*제2장 4-1 참조.

부처님께서 쿠시나가라에 이르렀을 때, 힘센 장사 5백여 명이 길이가 120보步, 너비가 60보나 되는 큰 바위를 일으켜 세우려고 7일간 안간힘을 썼지만 그것은 꿈쩍도 하지 않았다. 그때 세존께서 오른손으로 바위를 들어 왼손바닥에 놓으시더니 다시 허공으로 던졌다. 바위는 범천까지 올라갔다.

바위가 보이지 않자 쿠시나가라의 역사力士들이 세존께 물었다.

"바위는 지금 어디에 있습니까? 우리 중 누구도 볼 수 없습니다."

"바위는 지금 범천에 있느니라."

"바위는 언제 이 염부제 땅으로 내려옵니까?"

"비유를 들어 말하면 어떤 사람이 범천에 올라가서 그 돌을 들어 이 염부제 땅으로 던질 경우 12년을 떨어져야 비로소 이 땅에 도달할 것이다. 그러나 여래의 위신력에 의할 경우 지금 바로 돌아올 수 있다."

여래께서 이같이 말하자마자 바위는 바로 돌아왔고 공중에서는 수백 종류의 하늘 꽃이 비처럼 흩날렸다. 5백여 명의 역사가 바위가 낙하하는 것을 보고 흩어져 도망쳤다. 이에 세존께서는 왼손을 펼쳐 바위를 잡고서 오른손으로 땅에 세우셨다. 삼천대천세계가 진동하였다.

5백여 장사들이 부처님께 물었다.

"여래께서는 어떤 힘으로 이 돌을 움직이셨습니까? 신통의 힘입니까, 지혜의 힘입니까?"

부처님께서 말씀하셨다.

"나는 신통의 힘도 쓰지 않았고 지혜의 힘도 쓰지 않았다. 나는 다만 부모로부터 물려받은 힘(父母之力)으로 바위를 세웠을 뿐이다."*

*T2, 749a19-b26.

세존께서는 신통의 힘이나 지혜의 힘을 빌릴 것도 없이 다만 부모로부터 물려받은 힘,* 즉 육체적인 힘(身力)만으로도 큰 바위를 일으켜 세울 수 있다는 것이다. 경에서는 계속하여 부처의 신통의 힘, 지혜의 힘은 성문제자 중 신통제일인 목건련, 지혜제일인 사리불의 그것보다 수억만 배 더 크다 하고서, 이 모든 힘을 능가하는 힘은 '무상無常'이라는 진실의 힘으로, 오늘밤 여래가 사라쌍수(雙樹) 아래서 열반에 드는 것도 무상의 힘에 따른 것이라고 말한다.*

'제행무상諸行無常, 유루든 무루든 생겨난 모든 것은 사라진다.'

이 세상 그 어떤 것도 이러한 진실의 힘을 능가할 수 없다. 진실인 무상의 힘은 육체적 힘은 물론이고, 신통과 지혜의 힘도 능가한다. 부처의 힘의 본질은 진실이며, 진실만이 영원한 것이기에 깨어진 발우는 이러한 진실의 힘에 의해 저절로 (자연적으로) 복원된 것이다.

그런데 여기서 더욱 흥미로운 사실은, 후술하듯『연화면경』에서 본래의 모습으로 회복된 불발은 인간세계를 떠나 여러 하늘세계를 유전하다 미륵불이 출현할 때 그의 처소에 이르러 오색광명을 발하는데, 시방세계로 펼쳐진 이 광명으로부터 제행무상을 비롯한 세 가지 진리(三法印)의 시구詩句가 울려 퍼진다는 것이다.(후술)

2)『연화면경』에서의 불발의 유전과 찬탄

(1) 현겁賢劫의 천불千佛, 하나의 발우

『연화면경』에서 본래의 모습대로 복원된 불발은 그 후 오래지 않아 시절의 인연이 다한 인간세계(閻浮提)를 떠나 하늘세계로 유전

*『불설역사이산경佛說力士移山經』(T2, 858b3ff)에서는 '유포지력乳哺之力', 즉 젖 먹던 힘.

*T2, 750b14-16.

한다. 그러나 법현은 스리랑카를 여행하면서 천축(인도)에서 왔다는 어떤 도인道人으로부터 인간세계에서의 유전에 대해 좀 더 자세하게 듣는다. 그것은 경본經本으로 전해진 것이 아니라 마음으로 구송口誦된 것, 다시 말해 결집에서 편찬된 것이 아니라 개인적으로 전승한 것이었다.

> 부처님의 발우는 본래 바이샬리(毘舍離)에 있었는데, 지금은 간다라(揵陀衛國)에 있다. 그러나 몇백 년―정확한 연수를 들었지만, 여행기를 쓸 때 잊어버렸다―이 지나면 발우는 다시 서쪽의 월지국月氏國에 이를 것이다. 다시 몇백 년이 지나면 호탄(于闐國, Khotan)에 이르러 머물다가 몇백 년이 지나 쿠차(屈茨國, Kucha)에 이를 것이다. 그러나 몇백 년이 지나면 〔발우는〕 스리랑카(師子國)에 이르게 될 것이고, 다시 몇백 년이 지나면 중국(漢地)에 이르게 될 것이다. 그리고 그로부터 몇백 년이 지나면 〔불발은〕 중인도(中天竺)로 돌아오게 될 것이다.*

*『고승법현전』(T51, 865c2-7).

우리는 이 이야기 또한 어떻게 이해하면 좋을까? 비록 인도 본토(천축)에서 온 도인의 말이라 하여 신뢰할 만한 것이라는 인상을 남겼을지라도 불발이 어찌 중앙아시아의 호탄과 쿠차를 돌아 스리랑카에 온다는 것이며, 이것이 어찌 다시 중국으로 갔다가 중인도로 되돌아온다는 것인가?* 뒤에 서술하듯이 나련제야사가 번역한 『불설덕호장자경佛說德護長者經』에서는 크나큰 신심과 위덕으로 불발에 공양함에 실제 부처의 발우가 사륵국(沙勒國, 현재 중국의 서

*이런 불합리 때문인지 도세의 『법원주림』에서는 간다라-월지-쿠차-중국-스리랑카-천축의 순으로 유전한다고 설한다.(후술)

단 카슈가르)에 이르고 마침내 수나라에 이른다고 하였으니, 인간세계에서의 불발의 유전은 이에 대한 중생들의 염원이 반영된 것이라고도 말할 수 있을 것이다.

아무튼 천축 도인이 전한 불발 유전에 관한 이야기는 중인도에서 끝나는 것이 아니고 바야흐로 도솔천에 올라 그곳에서 하생下生을 기다리던 미륵보살과도 조우하며, 온갖 천신들로부터 공양을 받는 등 하늘세계를 유전하다가 미륵보살이 성불하면 석가모니불 때와 마찬가지로 사천왕이 그에게 바친다는 이야기로 이어진다.

〔중천축에 돌아온 불발이〕 도솔천에 올라가면 미륵보살은 이를 보고 찬탄할 것이다.

"석가모니 부처님의 발우가 이르렀도다!"

그러면 모든 천신들이 함께 7일간 꽃과 향을 바쳐 공양한다. 7일이 지나 부처님의 발우가 다시 〔수미산 남쪽의 인간세계인〕 염부제閻浮提로 돌아오면 바다의 용왕이 용궁으로 갖고 들어가 공양한다. 나아가 미륵보살이 장차 성도하려고 할 때 발우는 다시 네 개로 분리되어 본래 있던 곳인 알나산頞那山으로 돌아갈 것이다.

미륵보살이 성도하면 사천왕은 마땅히 다시 〔미륵〕불에 대해서도 이전 〔석가모니〕 부처님의 법대로 생각할 것이니 (다시 말해 일찍이 석가모니불께도 발우를 올렸듯이 미륵불께도 올릴 것이니), 현겁賢劫의 천불千佛은 이렇듯 하나의 발우를 함께 사용하는 것이다.*

*『고승법현전』(T51, 865c7-12).

346

석가모니 부처님께서 사용하였던 발우는 인천人天의 세계를 유전하다 그것이 본래 출현하였던 알나산頞那山*으로 돌아가 미륵불의 출현을 기다린다. 불발은 미륵불뿐만 아니라 그 다음과 그 다음의 부처, 바야흐로 현겁의 천불로 이어진다.

여기서 현겁이란 일체 세간(器世間과 有情世間)의 성·주·괴·공의 대겁大劫을 과거·현재·미래의 삼세로 구분하여 현재 진행되고 있는 대겁을 말한다.* 인간수명 10세부터 8만 세로 늘어나기도 하고 다시 10세로 줄어들기도 하는 20번에 걸친 현겁의 주겁住劫 동안 중생들의 교화를 위해 구류손불拘留孫佛 내지 석가모니불 등을 비롯한 천불이 출현한다. 그래서 '현겁(賢劫, bhadra-kalpa)'이라 하였다. 천불전千佛殿의 '천불'이라 함은 바로 이들을 말한다.

법현이 천축의 도인으로부터 들은 불발 유전에 관한 이야기는 궁극적으로 불발은 하나이며, '현겁의 천불은 하나의 발우를 함께 사용한다'는 사상에 기초한 것이다. 이 같은 사상이 의미하는 바는 무엇인가? 그것은 아마도 '진리의 단일성' 혹은 '영원성'일 것이다. 불발의 유전은 다름 아닌 불법의 유전이다. 불법 자체는 언제 어디서나 존재하며 또한 동일하지만, 세상에 출현한 불법은 세상인심에 따라 흥망성쇠를 거듭하며, 이에 따라 수많은 부처가 출현한다. 그렇지만 그들이 깨달은 불법은 다른 것이 아니다. 마찬가지로 삼세 모든 부처님이 지녔거나 지닐 발우 또한 다른 것이 아니다. 미래세 미륵불이 사용할 발우는 이전의 석가모니불이 사용하였던 발우이다.

문제는 석가모니불의 발우가 어떤 식으로 미륵불로 전해질 것

<aside>
*수미산과 사대주 사이의 칠금산七金山 중 알습박갈나(頞濕縛羯拏 Aśvakarna)산.
</aside>

<aside>
*과거와 미래의 대겁은 각기 장엄겁莊嚴劫과 성수겁星宿劫이라 한다.
</aside>

인가? 하는 점이다. 동아시아에서 찬탄된 (혹은 선호한) 방식은 석
가모니 부처님의 상수제자였던 마하가섭이 직접 전하는 것이었지
만,* 간다라에서는 현실상황(세상인심)에 따라 발우 자체가 유전하
다 저절로 전해지는 것이었다. 이에 따라 그들은 불발 유전에 관한
거대한 서사를 생산하였다.

다시 말하지만 부처가 현겁賢劫에 천 번 출현할지라도 그들의 등
정각等正覺에 차별이 있는 것은 아니듯이 그들이 사용하는 발우 또
한 언제나 동일한 발우였다. 물론 천불의 단일성을 상징하는 것
이 발우만은 아니다.『석가방지』제6「통국편通局篇」이나『법원주
림』제36「가람편 치경부致敬部」에서는 부처님의 교화 이야기(化
迹)를 과거세 일체겁의 부처에 공통된 것과, 현겁賢劫의 부처에 공
통된 것, 그리고 석가모니불에게만 해당하는 것 등 세 가지로 정리
하는데, 현겁의 천불에 공통된 것으로 불발과 용궁에서의 부처의
그림자, 간다라 핍팔라 나무 밑의 설법 자리 등을 들고 있다. 물론
이러한 이야기들은 다만 세간에서 전하는 이야기일 뿐 진실, 즉 진
리법설과 관련된 것은 아니다.『대비바사론』에서는 "과거세의 모
든 부처님들도 카시(Kāsi)국의 선인주처仙人住處인 녹야원施鹿林에
서 처음으로 법륜(妙法)을 굴리셨네"라는 법선현의〔찬불〕송에 대
해 "이는 경·율·론 삼장의 말이 아니라 다만 작자 자의에 따른 노
래(kāvya: 文頌)일 뿐이기 때문에 이론적으로 해석할 필요가 없다"
고 비평하였다.* 삼세제불이 첫 설법을 반드시 사르나트 녹야원에
서 설해야 하는 이론적 타당성을 확인할 수 없기 때문이다.

따라서 불발 유전에 관한 이야기 또한 이치(正理)에 따른 진실

(法性)이 아니라 세간의 속설이나 전설이기 때문에 그것의 사실성을 따질 필요는 없다. 법현 또한 경본經本으로 전해진 것, 다시 말해 결집에서 편찬된 것이 아니라 천축의 도인이 마음으로 구송口誦한 것, 다시 말해 사사로이 전해들은 것이라 하였다. 『석가방지』와 『법원주림』에서는 법현이 전한 불발 유전에 관한 이야기를 〔세간에서〕 전해지는 전설(傳)로 인용한다.

〔현겁에 공통된 이야기 중〕 첫째는 하나의 발우를 천불이 함께 사용한다는 것으로, 〔세간에서〕 전하는 말이 있다.
석가모니께서 〔두 상인으로부터〕 밥을 받으려 할 때 사천왕이 발우를 바쳤는데, 그 발우는 석가모니께서 열반에 든 후 바이샬리로 흘러갔고, 몇백 년이 지난 후 다시 간다라에 이르렀으며, 다시 서쪽의 월지(月氏)·호탄(于闐)·쿠차(龜玆, 丘夷)에 이른다. 그런 다음 중국(震旦)에 이르고, 스리랑카로 되돌아갔다가 천축으로 돌아간다. 그리고 다시 도솔천에 올라가면 미륵보살이 이를 보고 "석가모니 부처님의 발우가 이제 이곳에 당도하였다"고 말하고서 7일간 공양한다. 그 후 발우는 다시 용궁으로 내려간다. 미륵보살이 성불할 때 사천왕은 다시 그것을 그에게 바칠 것이다.*

*T51, 973b6-10; T53, 597c13-18.

불발은 어떤 인연에서 이러한 경로로 유전하는 것인가? 여기에 왜 일찍이 가섭불도 찾아 설법하였다던 신라(『삼국유사』 제4 塔像)는 포함되지 않은 것인가? 불발에 대한 염원이 강하지 않아서인

『법원주림』에서는 4천왕에 대해 논의하면서 『의발기依鉢記』라는 문헌을 언급한다. 도세에 의하면 이는 종이 두 장 분량의 짧은 글로 갑자년(664년) 3월에 석간사石澗寺에 도착한 북천축의 승가야사僧伽耶舍라는 젊은 선사가 갖고 온 것이었다. 여기서는 불발의 유전과 관련하여 다음과 같은 간략한 내용의 말이 서술되고 있다.

> 『의발기』에서 말하였다. "석가여래께서 세상에 계실 때 사용하시던 푸른 돌 발우는 그 용량이 세 되 정도 담을 수 있는 것이었는데, 부처님께서 열반에 드신 후 이 발우는 인연을 따라 복福 있는 중생들에게로 간다. 그리고 최후 중국(漢境)으로 가 그곳을 교화하여 흥하게 한다.*

즉 여기서는 앞서 불발이 유전한 여러 나라들을 '복 있는 중생들〔의 나라〕'라는 말로 총칭하고 있다. 그렇다면 그곳을 떠난 것은 복이 다하였기 때문이다. 부처님으로부터 불발을 선물 받은 바이샬리는 복된 나라이지만, 불발이 바이샬리를 떠난 것은 그곳의 복이 다하였기 때문이며(혹은 반대로 발우가 사라졌기 때문에 복이 다한 것이며), 간다라를 떠난 것 역시 그러하였다.

제6장에서 설한 대로 6세기 북인도에는 파불破佛의 광풍이 불었다. 이른바 말법의 시대가 도래하였다. 이러한 시대 불발은 더 이상 존재하기 어렵다. 『연화면경』에 따르면 이제 불발은 염부제와 3계 5취의 중생계를 떠나 기세간에서 가장 깊숙한 곳, 금강제金剛際

*그러나 불발은 문수보살이나 미륵보살을 통해 자장율사와 진표율사에게도 전해진다. 제10장 1; 4-3 참조.

*『법원주림』 권30 「주지편 천왕부」(T53, 513b16f).

350

에 숨어들어 미륵불이 출현하기를 기다린다. 그에 앞서 화생化生의 중생들이 머무는 용궁과 욕계와 색계의 여러 하늘로 유전하며 그들의 공양과 예배를 받는다.

(2) 화생 중생들의 불발 찬탄

카슈미르를 떠나 북방과 파라발다국波羅鉢多國을 거치면서 본래의 모습을 회복한 불발은 말법의 시대가 도래한 인간세계(염부제)를 떠나 화생(용왕이나 천신)들의 세계로 순행한다. 그것은 그들로 하여금 정법의 상징인 불발을 직접 보고 찬탄하여 복덕을 짓게 하기 위해서였지만, 이는 표면적인 이유이고 실은 말법의 시대에도 보다 수승한 근기를 지닌 화생의 유정들은 여전히 불발에 예배한다는 사실을 보여주기 위함이 아니었을까?

아무튼 인간세계를 떠난 불발이 미래세 미륵불의 처소에 이르기까지의 도정과 그들의 예배를 『연화면경』에 따라 정리하면 다음과 같다. 우리는 이를 통해 당시 불발에 대한 간다라의 정서를 살펴볼 수 있다.

①염부제에서 사라진 불발은 먼저 사가라娑伽羅 용왕의 궁중에 나타난다. 용왕은 인다니보因陀尼寶 · 마하니라보摩訶尼羅寶 등의 온갖 종류의 보배로써 크게 공양을 베풀고 7일 동안 발우를 오른쪽으로 돌며 예배한다. 이에 따라 이들 용들 중에는 위없이 높은 깨달음(無上菩提, 즉 보살도)의 마음을 일으키는 자도 있고, 성문의 마음을 일으키는 자도 있으며, 벽지불의 마음을 일으키는 자도 있을 것이다.

그때 사가라 용왕은 두 손으로 발우를 받들고 이같이 찬탄한다.

상호相好들로 장엄된 손으로
온갖 종류의 맛난 음식 받으시어
이 발우에 가득 담으셨으니
이와 같은 〔발우〕 지니고서 식사하셨네.

②불발은 다시 사가라 용궁에서 사라져 사천왕천의 왕궁에 나
타난다. 비류륵차毘留勒叉・비류박차毘留博叉・비사문毘沙門・제두
뢰타提頭賴吒의 네 천왕은 일찍이 자신들이 바쳤던 그것에 7일 밤
낮으로 크게 공양을 베푼다. 꽃과 꽃다발, 바르는 향과 태우는 향,
등불과 온갖 노래들로 공양 예배한다. 이에 따라 이곳 천신들 중에
도 역시 위없이 높은 깨달음의 마음을 일으키는 자도 있고, 성문의

마음을 일으키는 자도 있으며, 벽지불의 마음을 일으키는 자도 있을 것이다.

　그때 남방의 비류륵차(즉 增長天王)의 권속인 구반다왕鳩槃茶王은 두 손으로 발우를 받들고 이같이 찬탄한다.

　여래, 최후의 음식
　대장장이 집에서 드셨음에도
　중생들을 교화하기 위해
　그의 발우, 이곳까지 이르렀네.

　③7일 뒤 불발은 다시 사천왕천에서 사라져 삼십삼천의 왕궁에 나타난다. 그때 전생에 부처님의 어머니였던 마야부인摩耶夫人이 이를 보고 화살이 심장에 박힌 듯 근심하고 괴로워하다 차마 견디지 못하고 나무둥치마냥 쓰러지며 탄식한다.

　"여래의 열반이 어찌 이다지도 빠른가? 수가타(修伽陀, sugata: 善逝, 여래의 다른 이름)의 적멸이 너무나 빠르지 않은가? 세간〔을 밝히는 지혜〕의 눈도 사라지고, 부처라는 나무(佛樹)도 넘어지고, 부처라는 수미산도 무너졌으며, 부처라는 등불(佛燈) 역시 꺼지고, 진리의 샘(法泉)도 말라버렸으니, '무상'이라는 마구니의 해가 부처라는 연꽃(佛蓮花)을 시들게 하였구나."

　마야부인은 계속하여 발우를 두 손으로 받들고서 여러 천신들에게 불발과 관련된 중요한 사건들을 언급한다. "이는 석가여래께서 항상 지니고 다니시면서 사용하던 발우로, 가장 용맹하시고 해와

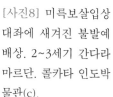

달보다 원만한 얼굴의 모습이 비치신 발우였고, 왕사대성王舍大城에서 시리굴다(尸利堀多 Śrīgupta)의 독이 든 밥을 받으신 발우였고, 수마가타修摩伽陁의 집에서 얻은 밥으로 성안의 사람들을 모두 배불리 먹인 발우였고, 우루빈라 가섭(가섭 삼형제)과 큰 독룡을 교화하실 때에 그들의 악룡을 잡아 가둔 발우였고, 흉년이 들어 4개월 간 말먹이용 보리를 보시 받은 발우였고, 세상에서 가장 가난한 이들의 밥을 받은 발우였고, 사가라 용궁에서 갖가지 음식을 받으신 발우였고, 여름 넉 달 동안 우리들의 밥을 받은 발우였고, 귀자모(鬼子母, Hārītī: 呵利鬼母)의 막내아들 프리얀카라(Priyaṅkara: 必利鹽迦羅)를 덮은 발우였습니다."

　여기서 '여름 넉 달 우리들의 밥을 받았다'고 함은 부처님이 모후 마야부인에게 설법하기 위해 도리천(즉 삼십삼천)에 올랐던 때를 말한다. 또한 귀자모 이야기는, 부처님이 남의 집 아이들을 잡아먹고 사는 귀자모의 만 명의 아들 중 막내아들을 발우 속에 감추자 귀자모는 매일같이 슬픔에 잠겨 눈물을 흘리며 아들을 애타게 찾다가 부처님에게 와 참회하고 5계를 받았다는 『잡보장경』 제106화 '귀자모가 아들 잃은 이야기' 말한 것이

[사진8] 미륵보살입상 대좌에 새겨진 불발예배상. 2~3세기 간다라 마르단. 콜카타 인도박물관(c).

354

다. 그리고 덕호장자德護長者로 번역되는 시리굴다가 외도의 사주로 부처님을 해치고자 밤에 독을 탔다는 이야기는『불설덕호장자경』에 나온다. 그렇지만 그의 아들 월광동자가 이를 막았고, 월광은 이후 대행왕이 되어 불발에 크게 공양하였다. (후술)

아무튼 마야부인은 삼십삼천에 나타난 불발에 탄식한 후 두 손으로 받들고 찬탄한다.

부처님이 받고자 하는 것은
모두 다 발우 안에 들어왔네.
이러한 부처님 내 뱃속에서
열 달을 온전하게 채우셨네.

삼십삼천의 천왕인 제석천도 7일 동안 밤낮으로 온갖 종류의 하늘 꽃과 하늘 향, 하늘 전단 향으로 크게 공양을 베풀고 발우를 오른쪽으로 돌며 예배한다. 이에 따라 삼십삼천의 신들 중에도 위없이 높은 깨달음의 마음을 일으키는 자도 있고, 성문의 마음을 일으키는 자도 있으며, 벽지불의 마음을 일으키는 자도 있을 것이다.

제석천왕은 두 손으로 발우를 받들고 이같이 찬탄한다.

지금 이 수승한 발우
중생들의 지혜 능히 증진시켰네.
불신佛身도 역시 그러하였으니
이로써 온갖 공덕 성취하셨네.

[사진9] 불발 예배.
2~3세기 페샤와르박
물관.

④불발은 다시 7일 후 삼십삼천에서 사라져 염마천(焰摩天, 신역
은 夜摩天)에 나타난다. 이때 염마천의 주인은 불발을 보고서 7일
동안 밤낮으로 온갖 종류의 히늘 만타曼陀 꽃과 하늘 전단 향과 갖
가지 꽃들과 노래로 불발에 공양하고 오른쪽으로 돌며 예배한다.
이로 인해 이 하늘의 여러 신들 중에도 역시 위없이 높은 깨달음의
마음을 일으키는 자도 있고, 성문의 마음을 일으키는 자도 있으며,
벽지불의 마음을 일으키는 자도 있을 것이다.

염마천의 주인은 두 손으로 발우를 받들고 이같이 찬탄한다.

천만 억의 중생들
발우 보고 모두 다 기뻐하니
수승하고 미묘한 과보 낳으라고
모니牟尼께서 이곳까지 오게 하셨네.

356

⑤불발은 다시 7일이 지나면 염마천에서 사라져 도솔천에 나타난다. 이때 도솔천왕은 불발을 보고 7일 동안 밤낮으로 하늘의 만타 꽃과 큰 만타 꽃과 그 밖의 온갖 종류의 미묘한 꽃들과 노래로 불발에 공양하고 오른쪽으로 돌며 예배한다. 그리고 두 손으로 발우를 받들고 찬탄한다.

상·중·하품의 모든 중생들에게
부처님, 자비의 마음 일으키시어
이 발우로 음식을 받으시고서
부처님께서 이곳까지 이르게 하셨네.

⑥불발은 다시 7일이 지나면 도솔천에서 사라져 화락천(化樂天, 신역은 樂變化天)에 나타난다. 이때 화락천왕은 불발을 보고 7일 동안 밤낮으로 온갖 종류의 하늘 꽃과 하늘 향과 하늘 노래로 크게 공양을 베풀고 오른쪽으로 돌며 예배한다. 그리고 두 손으로 발우를 받들고 찬탄한다.

희유하신 대도사大道師
중생을 불쌍히 여기심에
중생을 이롭게 하기 위해
발우를 이곳까지 오게 하였네.

나아가 그 밖의 다른 모든 하늘, 이를테면 욕계 제6천인 타화자

*이상 『연화면경』 권하 (T12, 1076a20-1077 a13).

재천他化自在天과 색계 17천, 그리고 아수라·가루라·건달바 등의 모든 신중神衆들마저 하늘의 온갖 꽃과 향으로 부처님 발우에 공양하고 나면, 석가모니의 불발은 다시 사가라 용왕의 궁중에 이르게 된다. 여기에는 사바세계의 염부제뿐만 아니라 그 밖의 시방세계에 출현하였던 부처님의 발우와 사리도 모두 다 존재한다.*

어째서 시방세계의 일체 불발과 불사리가 사가라 용왕의 궁중에 모여들게 된 것인가? 필자로서는 그 연유를 헤아리기 어렵다. 『대방등대집경』 권41에서는 구원을 바라는 무량 억 나유타(那由他, nayuta 10의 11승의 단위)의 백천의 용왕을 언급하면서 사가라 용왕을 염부제(남섬부주)의 첫 번째 용왕으로 언급하며, 같은 경 권45에서는 사가라 용왕이 산수算數로써는 그 공덕을 헤아릴 수 없다는 일장수기日藏授記의 대 다라니를 듣고자 여래를 대해에 있는 지신의 궁중으로 청하기도 하고 『일장대수기경日藏大授記經』을 베껴 궁중에 안치하기도 한다. 이라발伊羅鉢 용왕이 중천축의 대표 용왕이라면 사가라 용왕은 북천축의 대표 용왕이다. 『연화면경』에서 불타는 당신의 열반을 아난다에게, 그리고 삼십삼천에 알리고서 사가라 용궁을 방문하여 불법을 부촉(당부)하기도 한다. 이 용왕 또한 일찍이 세존께서 마가다 보리수나무 아래서 보름 후의 열반을 예고하고 떠나갈 적에 백만 억의 용들과 함께 슬피 울며 비통함을 노래하였다.

이라발 코끼리가 천 마리 넘게 덤벼들어도
여래의 손가락 마디 하나에도 미치지 못했거늘

이와 같이 크나큰 힘의 굳세고 용맹한 분

지금 무상無常에 의해 파괴되려 하시네.*   *T12, 1074b16f.

사가라 용궁은 인간세계(염부제)와 하늘세계의 중간 역이라도 되는 듯 불발이 인간세계를 떠나 하늘세계로 나아갈 때도, 다시 인간세계로 돌아올 때도 이렇듯 그의 궁을 거치고 있다.

아무튼 사가라 용궁을 거친 불발과 불사리는 이제 바야흐로 인천人天의 중생계를 떠나 금강제金剛際에 머물며 미륵불의 출현을 기다린다. 불교 우주관에 의하면, 우주, 즉 수미산을 중심으로 하는 사바세계는 처음 생겨날 때 이전 세상의 중생들의 업력에 의해 바람이 불어 풍륜風輪이 형성되고, 여기에 다시 비가 내려 수륜水輪이, 또 다른 바람이 수륜의 상층부를 후려침에 견고해져 금륜金輪이 형성되며, 이것이 융기함에 따라 수미산 등의 9산과 그 사이의 8해, 그리고 염부제(남섬부주) 등의 4대주가 생겨나는데, 여기서 금강제란 우주의 기단부가 되는 금륜 층을 말한다.

3. 미륵불의 출현과 불발 예배

1) 미륵불의 불발 예배

현겁賢劫의 천불千佛이 동일한 발우를 사용한다면 석가모니불의 발우는 당연히 미래의 부처인 미륵불에게로 전해져야 한다. 『법현전』에서는 발우가 유전하다 본래의 처소인 알라산으로 돌아오면 석가모니불 때와 마찬가지로 사천왕이 이를 미륵불에게 바친다고

*제8장 참조.

하였고,『아육왕전』 등에서는 마하가섭이 석가세존의 당부에 따라
이를 갖고 계족산에서 미륵불을 기다린다 하였지만,*『연화면경』
의 경우 금강제에 머물던 불발은 미륵불이 출현하면 저절로 그의
처소에 이르러 진리의 게송을 설하고 미륵불의 예배를 받는 등 상
식적으로 이해하기 어려운 매우 장엄한 종교적 광경을 연출하고
있다.

미래세 중생들의 수명이 8만 4천 세일 때, 자줏빛의 금색 몸에
한 길(尋, vyāma) 솟구친 광명, 대범천의 북소리처럼 크고 웅장
하며 가릉빈가 새소리처럼 맑고 부드러운 목소리 등의 32상相
과 80종호種好를 갖춘 미륵여래가 출현하면, 금강제에 머물고
있던 불발과 불사리는 거기서 나와 염부제의 미륵불의 처소에
이른다. 불발 등은 그때 미륵불 처소의 허공 중에 머물며 청靑·
황黃·적赤·백白·파리(頗梨, 수정)가 섞인 오색광명을 발한다.
오색광명은 다시 욕계의 첫 번째 하늘인 사천왕천으로부터 시
작하여 색계의 마지막 하늘인 색구경천에 이르기까지 일체 하
늘세계로 퍼지는데, 각각의 하늘세계에 이르게 되면 오색의 광
명 중에서 진리의 게송(노래)이 울려 퍼진다.

일체 모든 현상(行)은 무상하다는 것과
일체 모든 존재(法)에는 자아가 존재하지 않는다는 것
그리고 일체의 괴로움이 사라진 열반
이 세 가지가 바로 진리의 징표(法印)이니라.

광명은 다시 극열지옥에서 무간지옥에 이르는 일체의 지옥세계에 이르러서도 이를 설하며, 나아가 시방十方의 이와 같은 모든 세계에 이르러서도 역시 같은 진리의 게송을 설한다.

불발과 불사리에서 뿜어 나온 광명이 시방의 세계에서 진리의 게송을 설한 후 다시 본래의 처소로 돌아오면 불발 위 허공 중에 큰 광명의 구름덮개(光明雲蓋)가 형성된다. 참으로 희유希有한 일이다. 경에서는 이러한 신통하고도 희유한 불사佛事로 인해 80의 백억 중생이 아라한과를 얻을 것이고, 천억의 중생이 삭발 출가하여 신심이 청정해질 것이며, 1만의 중생이 아눅다라삼막삼보리의 마음을 일으켜 모두가 그로부터 물러나는 일이 없을 것이라고 하였다.

이제 새로운 부처가 출현하여 자신의 불사를 개시할 것이거늘 어찌 이미 멸도에 든 과거세 석가모니불의 발우와 사리에서 오색 광명과 함께 진리의 게송이 울려 퍼진다는 것인가? 이는 사실상 새로운 부처를 부처로 인정하고 이제 바야흐로 그의 시대가 시작되었음을 만방(시방세계)에 선언하는, 말하자면 전법게傳法偈와 같은 것이다. 당연히 미륵불의 공양과 예배가 따른다.

그때 미륵불은 불발과 불사리를 받들고 모든 천신들과 인간, 아수라·가루라·건달바 등의 신중들에게 이같이 말할 것이다.
"그대들은 마땅히 알아야 하니, 이 발우와 사리는 용맹한 대사(大士, mahāsattva)이신 석가모니여래·대웅大雄의 믿음과 지계持戒와 다문多聞과 정진과 선정과 지혜가 스며든 결정체(所熏修)이

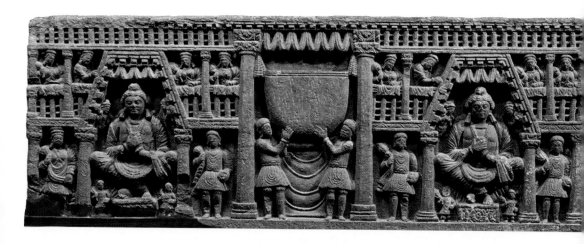

[사진10] 불발 공양과
미륵보살교각상. 3~4
세기 아프가니스탄. 동
경박물관(c).

*나유타那由他(nayuta)
는 10의 11승의 단위,
'억'은 십만. 오늘의
셈법으로 치면 10만
×100억×10만.

*T12, 1077b12-21.

다. 그대들은 마땅히 알아야 하니, 용맹한 대사이신 석가모니여
래·대웅께서는 이루 헤아릴 수 없는 백천 나유타 억*에 이르는
온갖 중생들로 하여금 열반의 성성城에 머물게 하신 분으로, 이
러한 분을 만나기란 우담발화優曇鉢花 보는 것보다 백천억 배나
더 어렵다. 발우와 사리는 이 같은 연유에서 여기까지 이르게
된 것이다."

나아가 미륵 정등각(삼먁삼불타)께서는 석가여래의 불발과 불
사리를 위해 네 곳에 보탑寶塔을 세우고 탑 안에 이를 안치할 것
이다. 그리고 미륵불을 비롯한 모든 하늘과 인간들, 아수라·가
루라·건달바 등의 신중들은 여기에 크게 공양을 베풀고 공경
예배할 것이다.*

석 달 후 열반에 들 것이라는 세존의 예고로 시작한 『연화면경』
은 법신法身의 근거가 된 여래의 살아있는 몸(生身)과 열반 후의 몸이라 할 수 있는 쇄신사리에 대한 공양과 찬탄을 주제로 한 경으로, 미래세에 닥칠 말법시대의 타락상에 대해 서술하면서 이것의 인연이 된 미히라쿨라(연화면의 후신)의 불발 파괴와, 복원과 유전, 그리고 이에 대한 미륵불의 찬탄과 예배도 함께 설하고 있는데, 경에서는 다음과 같은 불세존의 논평으로 불발 관련 이야기를 끝맺고 있다.

불타께서 아난에게 말씀하셨다.
"여래·응공·정변지의 사리와 발우는 크나큰 위엄과 공덕을 지니고 있다. 아난아! 그대는 〔이 같은〕 여래의 생신生身을 모시고 공양하였으니 이에 따른 공덕은 무량無量·무변無邊으로, 생각할 수도 없고 헤아릴 수도 없을 것(阿僧祇)이다."*

*T12, 1077b22-24.

이에 따른다면 불발은 단순히 석가모니불이 사용하였던 (밥을 얻어먹었던) 유물이 아니라 연등불로부터 수기를 받은 이래 3아승지겁 백겁에 걸친 석가여래의 수행의 결정체, 그의 분신과도 같은 것이다. 아니, 사리와 발우는 바로 여래의 생신이다. 미륵불이 이를 보탑에 안치하고 예배한 것도 이 같은 이유 때문이었다. 403년 법현 일행이 간다라의 푸루샤푸르에서 예배하였던 불발사佛鉢寺의 불발탑 또한 바로 이 같은 『연화면경』의 이념에 따라 조성되었을 것이다. 북량시대(379~439년) 서역을 순례한 축법유에 의하면 그곳에는 높이 30장丈의 7층 탑(浮圖) 2층에 금실 사슬로 치장한 불발이 안치되어 있었다.*

*제5장 3절 참조.

2) 동아시아에서의 불발탑 조성과 예배

제6장(1-2)의 본문에서도 일부 인용한 바 있지만,『잡아함』「법멸진상경」에서는 여래 멸도 후 천 년이 지나 교법이 멸할 때, 비법非法이 횡행하고 10선善이 무너짐에 우박이 폭우처럼 쏟아지고 강물이 마르며, 음식은 맛을 잃는 등 온갖 재앙이 넘쳐날 뿐만 아니라 사방에서 네 명의 무법 왕들이 쳐들어와 탑사를 파괴하고 비구들을 살해할 것이므로 "여래의 정골 사리(정수리 뼈)와 부처의 어금니(佛牙)와 부처의 발우(佛鉢)를 동방에 안치安置하라"*고 하였다. 이는 일종의 예언이나. 밀법시대가 도래하면 불발을 동방세계로 옮겨야 한다는 것이다. 여기서 '동방'은 어디인가?

「법멸진상경」에 상응하는『아육왕전』제10 「우파국다優波鞠多 인연」에서는 "〔그때〕 여래의 육계肉髻와 불아佛牙는 동천축에 이르게 될 것"*이라고 하여 동방을 동천축, 즉 동인도로 전하기도 하였지만, 365년 습착치習鑿齒가 지은 「여석도안서與釋道安書」에서는 불발의 동빙 이전을 중국으로의 이전으로 이해하기도 하였다.

*T2, 177c11.

*T50, 126c3.

364

저 위대한 가르침(大敎 즉 불교)이 동쪽(중국)으로 흘러 들어온 지 4백여 년이 됩니다. (중략) 해와 달이 비록 멀리 떨어져 있을 지라도 그 빛은 더욱 빛나 도업道業의 융성함이 지금보다 더 성한 때가 없었으니, 이 어찌 경에서 "월광동자가 입적하여 장차 중국 땅(眞土)에 태어날 것이다"라고 말하고 "영험한 부처님의 발우가 동쪽으로 옮겨와 문득 이 땅(즉 동방)에서 경험하게 될 것이다"고 말한 바라고 하지 않겠습니까?*

*『홍명집』(T52, 76c 23-77a1).

*『법원주림』권30 T53, 513b16f; 본장 2-2-1 참조.

전술한 대로 법현이 전한 천축의 도인이 마음으로 전승한 (혹은 '사사로이 전한') 경설에서도 불발의 유전 경로에 중국(漢地)을 포함시키고 있으며, 『의발기』에서는 최후로 중국(漢境)으로 간다고 하였다.* 『연화면경』의 역자이기도 한 나련제야사가 번역한 『불설덕호장자경』에서는, 외도의 계략에 따라 부처님을 초대하여 불구덩이와 독이 든 밥으로 해치려 하였던 덕호(Śrīgupta: 尸利崛多) 장자의 악행을 막은 아들 월광동자가 말법시대 염부제의 수隋나라에

[사진11, 12] 미륵보살 입상 대좌에 새겨진 불발 예배 상(좌·우). 3세기 간다라. 메트로폴리탄 미술관.

대행大行이라는 국왕이 되어 나라 안의 일체 중생들로 하여금 불법을 믿게 하여 선근을 심을 것이라 예언하며 이같이 말한다.

그때 대행왕은 크나큰 신심과 위덕으로 나의 발우에 공양할 것이다. 그로부터 수년 후 나의 발우는 사륵국(沙勒國, 현 중국서단 카슈가르)에 이르고, 그로부터 점차 수나라(大隋國)에 이르게 되면 대행왕은 불발을 안치한 곳(佛鉢所)에 크게 공양을 베풀 것이다. 또한 일체의 불법을 수지하고, 대승방광경大乘方廣經을 무량의 백천억 번 베껴 곳곳에 이러한 제불諸佛의 법장法藏을 안치하고서 법탑法塔이라 이름할 것이다.*

*T14, 849b24-29.

『속고승전』에 따르면 나련제야사는 북인도 웃디야나(烏場國) 사람으로 17세에 출가하여 21세 때 구족계를 받았는데, 어떤 이가 "어느 나라에 부처님의 발우가 있고, 어느 나라에 부처님의 옷(가사)이나 정골 사리, 치아가 있어 신이한 번화가 한두 가지가 아니다"라고 말하면 즉각 이에 대한 마음을 일으켜 우러러 받들 수 있기를 기원하였다고 한다.* 평생에 걸친 그의 유랑*도, 그가 번역한 경전에 불발 관련 이야기가 실린 것도 이러한 불적에 대한 관심과 무관하지 않을 것이다.

*T50, 432b1-3.
*그는 40여 년 동안 50여 나라를 거쳤다.

중국에서의 불발탑의 존재는 실제 유물로는 확인되고 있지 않지만, 문헌상에서는 곳곳에서 확인된다. 예컨대 유송劉宋시대 담마밀다曇摩蜜多가 번역한 『관허공장보살경』에서는 불타 반열반 후에 세운 쿠시나가라 등 10곳의 사리탑과 함께 천상의 네 탑(天上四塔)

366

과 인간세상의 네 탑(人間四塔)에 대한 예배의 공덕을 강조하는데, 인간세상의 네 탑이 룸비니 등의 4대 성지의 탑(즉 생탑·〔정각〕도량탑·전법륜탑·반열반탑)이라면 천상의 네 탑은 제석천이 사는 도리천(즉 삼십삼천)의 네 정원, 동쪽 조명원照明園의 불발탑佛髮塔, 남쪽 추삽원麤澁園의 불의탑佛衣塔, 서쪽 환희원歡喜園의 불발탑佛鉢塔, 북쪽 가어원駕御園의 불아탑佛牙塔을 말한다.[*] 그렇다면 당연히 중국에도 이러한 불탑이 세워지지 않았을까?

*T13, 679c18-22.

양나라의 여러 법사들이 함께 편찬한 『자비도량참법』에서도 4대 성지의 탑과 함께 "시방세계 여래의 일체 발탑髮塔과 일체 치탑齒塔과 일체 아탑牙塔과 일체 조탑爪塔과 일체 정상골탑頂上骨塔과 일체 신중사리탑身中舍利塔과 가사탑袈裟塔과 시발탑匙鉢塔과 조병탑澡瓶塔과 석장탑錫杖塔과, 이와 같은 등의 불사를 행한 분들께 귀의합니다.(1배)"[*]라고 하여 이러한 온갖 탑들을 참회(예배)의 대상으로 삼고 있다. 여기서는 발우에 숟가락(匙)을 더하고 있다는 점이 흥미롭다. 동아시아에서는 인도 등의 남아시아와 달리 손으로 밥을 먹지 않기 때문일 것이다.

*T45, 940c21-24.

이러한 탑들에 어떤 의미가 있는가? 일찍이 정각을 성취한 부처님께 첫 번째 공양을 올린 트라푸사의 말대로 머리카락이나 손톱 등은 세간에서도 천하게 여겨 버리는 것인데 어찌 탑까지 세워 예배하라는 것인가? 승우(僧祐, 445~518)는 부처님의 머리카락, 손톱과 발톱, 옷(가사), 그리고 발우를 모신 4대탑에 대해 진리의 현실태(法事), 즉 진리가 현실로 드러난 구체적 사태라고 말한다.

지극한 분(至人, 즉 여래)이 세간에 머물게 되면 그 이익 됨이 광대하여 머리카락이나 손톱, 의복, 발우는 모두 진리와 관련된 물건, 혹은 진리가 현실로 드러난 구체적 사태가 된다. 그래서 〔그것들을 안치한〕 보탑寶塔에서는 저녁노을〔과 같은 아름다운 공덕〕이 일어 하늘과 인간세계에 널리 미치니, 탑을 조성하는 근본정신은 다만 신체 〔일부〕를 여기저기 흩어 놓으려는 것이 아니다.*

*『석가보』(T50, 66c6-8); 『석가씨보』(동 97b4-6).

그러나 머리카락이나 손톱은 계속 자라니 각지에 안치할 수 있을지라도 의복이나 발우는 그 수량이 한정된 것 아닌가? 도세道世의 『법원주림』 제98 「법멸편 불발부」에서는 "미륵불이 석가여래의 불발과 불사리를 네 곳의 보탑寶塔에 안치하고 공경 예배한다"는 『연화면경』의 설을 인용한 다음 '도선율사의 주지감응'에 따라 불발탑의 인연에 대해 이야기하고 그것의 조성을 권장하고 있다. 이에 대해서는 본서 제6장 3-2 '깨어진 불발'편에서 그 일단을 인용하였다. 이는 비록 불설佛說의 형식을 띠고 있을지라도 당나라 때 율종律宗의 조사인 도선율사(596~667년)의 감응(영감)에 의한 것이기 때문에 동아시아 불발신앙의 한 단면이라 말할 수 있다.

여기서 불세존은 당신 스스로 계단戒壇에 보탑을 세워 라홀라가 다섯 조각으로 깨트린 불발을 안치하였고, 마왕도 이를 본받아 40유순이나 되는 마니보주摩尼寶珠 탑을 조성하여 불발을 봉안하였다.

그때 마왕이 부처님께 아뢰었다.

"저도 스스로 보주寶珠 탑을 조성하여 세존의 발우를 봉안하고
자 합니다. 제가 비록 천마天魔일지라도 부처님의 말씀을 공경
하여 따를 뿐만 아니라 미래세 악인들로 하여금 성교聖敎를 파
괴하지 못하게 할 것이고, 나쁜 비구들을 교화하여 그들이 부끄
러움(慚愧)을 알도록 하겠나이다."*

*T53, 1008c11-13.

또한 세존께서 열반에 드실 때 여래 멸도 후 제석천과 사천왕 등
에게 불발의 수호를 당부하고, 건달바 왕 등 8부의 신장神將들에게
이에 대한 공양을 권하기도 하였다.

"그대들은 나의 발우탑을 스스로 수호하다 내가 열반에 들고
난 후 정법이 멸진하고 나면 이를 계단 남쪽에 12년 동안 안치
하고서 그대들 사천왕이 밤낮으로 공양하고 수호하여 손상되
거나 망실됨이 없게 하라. 12년이 지나고서는 사갈라 용왕에게
부탁하여 이를 용궁 내의 비니대장소(毘尼大藏所, 율장보관소)에
안치하라. 또한 용왕에게 명하여 16개의 불발탑을 조성하고 탑
의 권속이 되게 하라. 그리고 다시 12년이 지난 뒤에는 제석천
과 사천왕에게 부탁하여 나의 발우를 수미산 꼭대기 제석천(즉
삼십삼천)의 〔선견궁善見宮 밖의 네 동산 중〕 환희원歡喜園의 금
사지金沙池 남쪽에 안치하라."

"그대 〔건달바 왕〕 등은 40년간 하늘의 노래를 지어 〔발우를 안

치한〕 보배탑에 공양할 것이며, 저같이 악이 지배하는 세상에서도 계율을 지닌 제자들을 위하여 마치 눈동자를 수호하듯 응량기(즉 발우)를 수호하라."*

*T53, 1008c15-25.

그리고 다시 제석천과 사천왕에게도 불발탑의 조성을 권유하고, 특히 북방의 천왕에게 하루 세 번 이에 공양할 것을 당부하기도 하였다.

"그대〔제석천과 사천왕〕들은 수미산 금강굴에서 황사석黃砂石을 가져다 돌 발우를 많이 조성하고, 새로 탑을 세워 거기에 안치하라. 크고 작은 크기의 발우를 다 나의 깨어진 발우처럼 다섯 조각을 꿰맨 형태로 만들어 탑 중에 안치하여 손상되거나 망실되지 않게 수호하라. 그리고 내가 열반에 들고 백 년이 지난 후 아쇼카 왕이 〔8만 4천의〕 탑을 조성하고 나면 그대들은 나의 〔불발〕탑을 〔삼천〕대천국토의 10억의 집들에까지 두루 이르게 하라. 혹은 만 리마다 두 개의 불발탑을 안치하라. 나아가 저 같은 〔삼천대천의〕 국토 중 옛 성인이 머물던 명산을 찾아 그곳에도 안치하도록 하라."

"그대〔북방천왕〕는 능가산楞伽山으로 가 우두전단향牛頭栴檀香을 채취하여, 매일 세 때마다 〔불발〕탑이 세워진 곳으로 가 향을 피워 공양하되 중단됨이 없게 하라. 나는 자재천(自在天, 대범천)에게도 발우탑들을 안치하게 할 것이다. 또한 사천왕과 건달

바왕을 보내 항상 향을 피우고 음악을 연주하게 하여 이에 공
양하게 할 것이다. 그대들 천신과 인간, 용과 신중들이 아직 〔탑
을 세워 발우를 안치하려는〕 나의 뜻을 아직 알지 못한다면, 그
것은 미래세 비법(非法, 불법)의 비구와 비구니들로 하여금 악을
고치고 선을 낳게 하기 위함이니, 그래서 이와 같이 〔저들로 하
여금〕 불발을 안치하게 한 것이다.*

*이상 『법원주림』(T53,
1008c26-1009a9).

여기서는 비록 미륵불과 관련짓지는 않았을지라도 불발탑의 조
성과 이에 대한 공양 예배를 장려하고 있다. 그것은 미래세 계율을
파괴한 비구와 비구니들의 개과천선改過遷善이라는 구체적 목적을
띤 것이었다. 이런 점에서 선업의 공덕을 쌓기 위한 불사인 불상이
나 불사리 탑의 조성과는 경우가 달랐을 것이다.

이러한 불발신앙이 우리나라에도 영향을 미쳤을 것임은 두말할
나위도 없다. 봉발탑과 석련지로 일컬어지는 통도사와 법주사의
석조 성물이 대표적인 사례로, 이 역시 새로운 시대의 부처인 미륵
불과 관련 있으며, 계법戒法 혹은 계단戒壇과도 관련 있다. 이들 사
찰의 개산조인 자장율사와 영심의 스승 진표율사는 계법을 얻고자
수행 중에 각기 문수보살과 미륵보살로부터 불발을 얻는다. 이에
대해서는 제10장 '우리나라의 불발' 편에서 다루게 될 것이다.

제8장 미륵세존과 불발

존자 마하가섭(大迦葉波)은 왕사성에 들어가 최후로 탁발하여 밥을 먹은 뒤 얼마 지나지 않아 계족산鷄足山으로 올라갔다. 산에는 세 개의 봉우리가 있었는데, 마치 닭의 발이 위로 치켜들고 있는 것과 같은 형상이었다. 존자는 [신통력으로] 세 봉우리를 갈라 중앙으로 들어가 다리를 꼰 자세로 앉아 간곡하게 말하였다.

"원컨대 이 몸, [세존께서 주신] 납의(가사)와 발우와 지팡이(석장)와 함께 파괴되지 않고 오래 머물러 57구지(俱胝 혹은 億) 60백천 년 후, 자씨(慈氏, Maitreya: 미륵) 여래께서 세간에 출현하실 그때도 부처님의 사업을 짓게 하소서."

존자는 이 같은 서원을 세우고서 바로 반열반하였고, 세 봉우리는 합쳐져 다시 하나의 산이 됨으로써 그 속에 존자를 엄폐하여 엄연히 머물게 하였다.

(『아비달마대비바사론』 제135권)

1. 미륵불과 불발

"현겁賢劫의 천불千佛은 하나의 발우를 함께 사용한다."

법현이 스리랑카를 여행하면서 들었다는 천축의 한 도인이 마음으로 전승한 이 경문으로 본다면 석가세존이 사용한 불발은 미래세의 부처인 미륵불로 이어져야 한다. 불발의 다음의 주인은 당연히 미륵불이다. 따라서 불발에 대해 이야기하면서 이 부처님이 불발을 얻게 되는 과정의 이야기를 빠트릴 수 없다.

미륵彌勒은 '친구', '우의', '자애' 등의 뜻을 지닌 미트라(mitra)에서 파생한 마이트레야(Maitreya)의 음역으로, '정이 깊은, 자애로운〔어머니〕'라는 뜻이다. 그래서 한역불전에서는 보통 부처로의 길을 걷고 있는 보살의 신분일 때는 자씨慈氏보살, 깨달음을 성취한 부처의 신분일 때는 자씨불, 자씨세존으로 의역하여 호칭하기도 한다. 미륵불은 말법사상과도 밀접한 관련이 있다. 오탁악세의 시절, 새로이 출현하실 부처님에 대한 희망은 당연한 것이리라.

미륵불은 석가모니불의 법이 멸진한 이후 출현하는 미래세의 구원불로, 지금은 과거 석가모니불이 그러하였던 것처럼 보살로서의 마지막 생을 도솔천에서 보내고 있다. 그는 조만간(57억 6백만 년 후) 사바세계에 출현한다. 이에 따라 그에 대한 신앙의 바탕에는 그가 하생하여 중생을 구제하는 모습을 그린『미륵하생경』*과, 현재 미륵보살이 계신 도솔천을 그린『미륵상생경』* 두 가지 경이 있다.

그렇지만 미륵 관련 이야기는 대승경전은 물론이고 이미 초기경

*『미륵대성불경彌勒大成佛經』,『미륵하생성불경』,『미륵내시경彌勒來時經』은 이것의 이역본이다.

*온전한 명칭은『불설관미륵보살상생도솔천경佛說觀彌勒菩薩上生兜率天經』.

전을 비롯한 경·율·론의 삼장을 가리지 않고 나타난다. 『중아함』 제66경 「설본경說本經」에서 세존께서는 미륵존자가 미래세(인간수명 8만 세일 때) 부처가 될 것이라 예언(授記)하고서 이모(마하파자파티)가 금실로 짠 옷(즉 僧伽梨衣 혹은 大衣)을 그에게 주어 불·법·승 삼보에 공양하게 하며, 『증일아함』 제48 「십불선품」 제3경은 먼 장래 미륵 지진至眞 등정각等正覺이 출현할 때의 사정을 설한 경으로 『미륵하생경』과 내용이 거의 동일하다.

미륵보살은 『사분율』에도 등장한다. 제1장(3-1)에서 부처의 머리카락 탑(佛髮塔)에 대해 논의하면서 진흙길에 자신의 머리카락을 펼쳐 연등불이 편안히 지나가도록 하였다는 미각彌却 소년에 대해 이야기하였는데, 여기서는 소년의 스승이었던 진보珍寶 선인이 미륵보살의 전신으로 설정되었다. 또한 『발지론』에서는 "자씨慈氏여, 그대는 내세 자씨여래·정등각이라는 이름의 부처가 될 것이다"는 경설과 관련된 지식에 대해 논의하며.* 『대비바사론』에서는 앞서 언급한 『중아함』 「설본경」에 따라 지금의 자씨보살(즉 미륵존자)이 여래가 되는 인연에 대해 논설하고 있다.*

*T26, 1018a16f.

*T27, 893c2ff.

아무튼 미륵이 미래세의 부처인 이상 현겁의 천불이 동일한 발우를 사용한다고 하였기 때문에 석존의 발우는 그에게로 돌아가지 않으면 안 된다. 그렇다면 석가모니불의 발우가 어떻게 미륵불에게로 전해지는가? 이는 불발과 관련된 또 다른 이야기일 수밖에 없다. 법현이 스리랑카에서 천축의 도인으로부터 전해들은 경설에 따르면 불발은 세간을 유전하다 원래 있던 곳인 알라산으로 돌아가며, 석가모니불 때처럼 미륵불이 정각을 성취할 때 사천왕이 다시 이를 갖다 바친다. 『연화면경』에서도 전후의 사정은 다르지만 미히라쿨라가 파괴한 불발은 다시 회복되어 인천人天의 세계를 유전한 후 금강제에 숨어들고, 마침내 미륵불이 출현하면 저절로 그의 처소에 이른다.[*]

*제7장 3-1 참조.

그러나 또 다른 버전의 전설에 따르면 불타의 전법傳法 제자인 마하가섭이 불발의 메신저로 등장한다. 이는 불교전통 상에 폭넓게 퍼져 있는 매우 오래된 이야기이다.

2. 석가세존의 메신저, 마하가섭

1) 가섭, 그는 누구인가?

불타께서 비록 '사람에 의지하지 말고 법에 의지하라'고 설하였을지라도 불법의 사자상승師資相承을 전하는 일련의 문헌에서 불타의 법을 이은 후계자는 마하가섭이다. 앞서 언급하였듯이, 중국 찬술로 의심받기도 하지만, 북위시대(472년) 길가야吉迦夜와 담요曇曜가 함께 번역한 『부법장인연전』에서는 불타 입멸 이후 법장法藏을 계승한 마하가섭으로부터 사자師子 비구에 이르는 23명의 이야기를 적고 있는데, 적어도 마하가섭-아난-상나화수商那和修-우파굽타優波鞠多-제다가提多迦로 이어지는 다섯 장로의 이름은 대소승의 모든 전승에서 일치한다.[*]

*『아육왕전』과 『아육왕경』에서는 아난과 상나화수 사이에 말전지末田地를 더한다.

이에 따르면, 불타께서는 일대사 인연을 다 마치시고 열반으로의 길을 열어 조만간 중생들에게 당신의 멸도滅度를 드러내 보이려고 하였을 때 대제자인 마하가섭에게 말하였다.

그대는 마땅히 알아야 하리라. 나는 이루 헤아릴 수 없는 장구한 세월(아승기겁)에 걸쳐 중생들을 위해 부지런히 고행을 닦고 한결같은 마음으로 위없이 높고 수승한 법을 추구하였다. 그리하여 나는 이제 옛날 서원한 대로 이를 완전히 충족하였다. 가섭은 마땅히 알라! 짙은 구름(密雲)이 하늘에 가득하면 단비가 쏟아져 만물이 싹트고 자라는 것처럼 위없는 진리의 비(法雨) 역시 그러하여 중생들의 선근 종자를 싹 틔워 자라나게 한다. 그런 까닭에 항상 가피로써 이를 수호하는 모든 부처님을 공경 찬탄하고 예배 공양해야 하리라. 나 이제 반열반般涅槃에 들려 한다. 이러한 깊고도 깊은 법을 그대에게 맡기니, 그대는 이후 나의 이 같은 뜻을 받들어 이 법을 널리 유포하여 단절됨이 없게 하라.*

*『부법장인연전』권1
(T50, 297b6-13).

이에 가섭존자는 "정법을 잘 받들어 미래세 중생들의 평등한 이익이 되도록 힘쓸 것이니, 세존께서는 염려마시라"는 말로 불타의 당부를 수용한다. 나아가 그 역시 아난다에게 "장로는 마땅히 알라! 옛날 바가바(婆伽婆, Bhagavān: 세존)께서 나에게 법을 당부하셨지만, 나 이제 노쇠하여 열반에 들고자 함에 세간을 [비추는] 뛰어난 눈(勝眼)인 [최승법을] 그대에게 당부하려고 하니, 삼가 부지런히 이 법을 수호하라"는 말로 불법을 전승하였다. 불타의 정법은 이 같은 방식으로 스승에게서 제자로 전승되었다. 이를 사자상승師資相承이라 한다.

가섭존자, 그는 누구인가? 그는 어떠한 이유에서 석가세존으로

[사진1] 가섭존자상. 18세기 조선. 메트로폴리탄박물관.

*T2, 168a12-14.

부터 불법을 물려받게 되었던 것인가? 우리는 그 이유를 『잡아함』 제604 「아육왕경」에서 아쇼카 왕에게 불타의 탄생지인 룸비니 등 4대 불적佛跡을 소개하고, 불타로부터 수기를 받은 불제자들의 탑을 안내한 우파굽타(優波崛, 네 번째 법장)의 평가에서 찾을 수 있다. 우파굽타는 사리불舍利弗을 "두 번째 법왕法王으로서 부처님을 따라 법륜을 굴리신, 여래를 제외한 일체 중생들의 지혜도 그의 1/16밖에 되지 않는 분"으로, 대목건련大目捷連을 "신통력(神足)이 제일이라서 발가락으로 땅을 밟아도 곧바로 땅이 진동하여 하늘궁전에까지 이르게 한 분"으로 평가한 데 반해 마하가섭摩訶迦葉에 대해서는 "욕심이 적고 만족할 줄을 아는 두타행이 첫 번째인 분으로, 여래께서도 그분에게 당신의 자리 반을 내어주시고 승가리僧伽梨를 주신, 항상 중생을 가엾게 여기고 정법을 일으켜 세우신 분"으로 평가하고 있다.*

마하가섭은 부처님의 10대 제자 중에서 '두타제일'로 불렸다. 두타(dhūta)란 원래 '흔들다', '털어버리다', '쫓아버리다'는 뜻의 √dhū에서 파생한 말로 번뇌를 털어버린다는 뜻이다. 옷을 흔들어 먼지를 털어내듯이 번뇌를 털어내기 위한 수행을 두타행이라 하였는데, 초기불교 이래로 12가지가 열거되었다. 시끄러운 마을을 떠나 아란야(阿蘭若, araṇya: 空閑處), 즉 고요한 곳에 머물고, 걸식만 하고, 넝마로 만든 옷(糞掃衣)만 입고, 하루 한 끼, 이것조차 주어진 음식의 3분의 2에 만족하고, 식사 이후 다음 날 식사 때까지 음료수도 마시지 않고, 나무 아래나 노지 혹은 무덤가에 머물고, 다만 세 가지 옷만 소유하고, 눕지 않고, 주어진 방사와 잠자리 등에 만족하는 것이 바로 그것이었다. 이는 곧 소욕少欲과 지족知足을 실천하는 생활법으로, 번뇌는 근본적으로 삶의 기본이 되는 의식주에 대한 탐욕과 과욕에서 비롯되기 때문이었다. 따라서 두타행은 청정한 계율을 수지하기 위한 전제가 된다. 나아가 지계持戒는 선정을 위한 것이고, 선정은 지혜를 위한 것이기 때문에 두타행은 궁극적으로 깨달음의 원천이라 할 수 있다.

『잡아함』제1141경(「極老經」)이나『별역잡아함』제116경에서 불타는 오랫동안 아란야행 등의 두타행을 실천한 가섭존자에게 이같이 말한다.

만약 두타법을 비방하는 사람이 있다면 그는 곧 나를 비방하는 것이요, 두타법을 찬탄하는 사람이 있다면 그는 곧 나를 찬탄하는 것이다. 왜냐하면 두타법은 내가 오랫동안 칭송하고 찬탄해 왔던 것이기 때문이다. 그러므로 가섭이여, 아란야행을 추구하는 자 마땅히 아란야행을 찬탄해야 하며, 누더기 옷을 걸치고 걸식을 추구하는 자 마땅히 분소의의 법과 걸식법을 찬탄해야 하리라.*   *T2, 301c24-29.

만약 두타법을 비방하는 사람이 있다면 그는 곧 나를 비방하는 것이요, 두타법을 찬탄하는 사람이 있다면 그는 곧 나를 찬탄하는 것이다. 왜냐하면 나는 〔지금껏〕 여러 인연과 헤아릴 수 없는 방편으로 두타행의 공덕을 찬탄해 왔기 때문이다. 그러니 두타를 확립하고 두타를 찬탄하라. 그것은 세상에 나타난 모든 것(諸行) 중 가장 수승한 것으로, 그대들은 지금부터 항상 스스로 아란야행을 닦아야 할 것이며 아란야행을 닦는 자를 찬탄해야 하리라.*

*T2, 416b26-c5.

이는 곧 '가섭을 찬탄하는 것은 바로 나(여래)를 찬탄하는 것'이라는 뜻으로 이해할 만한 극찬의 언사이다. 이에 따라 이어진 경*에서 불타는 누추한 복장(弊納衣)에 위엄도 없는 용모로 당신의 처소를 찾은 마하가섭에게 자리의 반을 내어주고서 "가섭이 먼저 출가했는지 내가 먼저 출가했는지 이제야 비로소 알겠다"고 말한다. 이는 곧 가섭과 자신 사이에는 출가 발심과 구도 상에 선후가 없다는 선언이기도 하다. 이를 의아하게 생각하는 비구들에게 마하가섭은 당신이 얻은 수승하고도 광대한 공덕을 얻었다고 말한다.

*『잡아함』 제1142 「衲衣重經」; 『별역잡아함』 제117경.

나는 욕망과 악한 불선법을 떠나 유심유사有尋有伺의 초선初禪을 완전하게 갖추어 낮에도 밤에도, 혹은 밤낮 없이 이에 머문다. 저 마하가섭 역시 그러하여 욕망과 악한 불선법을 떠나 밤낮없이 초선에 머문다. 나는 제2·제3·제4선을 완전하게 갖추어 낮에도 밤에도, 혹은 밤낮 없이 이에 머문다. 저 마하가섭 역시 그러하여 … 욕망과 악한 불선법을 떠나 (중략) 제4선을 완전하게 갖추어 낮에도 밤에도, 혹은 밤낮없이 이에 머문다. 나아가 나는 내가 원하는 대로 자慈·비悲·희喜·사捨〔의 4무량〕

와, 공무변空無邊·식무변識無邊·무소유無所有·비상비비상非想
非非想〔의 4무색정〕과, 신경神境·천이天耳의 신통과, 타심지他心
智·숙명지宿命智·생사지生死智·누진지漏盡智를 완전하게 갖추
어 낮에도 밤에도, 혹은 밤낮 없이 이에 머문다. 저 마하가섭 역
시 그러하여 … 누진지를 완전하게 갖추어 낮에도 밤에도, 혹은
밤낮 없이 이에 머문다.* *T2, 302a16-28.

    부처님께서 '자리의 반을 내어주었다'고 함은 동아시아 선종에
서 가섭전의迦葉傳衣, 가섭에게 승가리, 즉 법을 물려준 것을 시사
하는 삼처전심三處傳心의 하나로, 대소승의 여러 경전 상에서도 역
시 후계와 관련되어 설해진다. 예컨대『증일아함경』「서품」에서는
부처님께서 반열반에 든 후 상수제자(尊長)였던 가섭과 승중僧衆이
아난에게 법장의 결집을 청하자 아난은 그 일은 세웅世雄(즉 세존)
께서 법의 보존을 당부하고 당신의 자리 반을 내준 가섭존자만이
감당할 수 있다고 사양한다.* *T2, 549c2f.

    어떤 이유에서 세웅께서는 당신의 자리를 분반分半한 것인가?
앞서 인용한『잡아함경』에서는 서로가 얻은 공덕에 차이가 없다
하였고,『별역잡아함경』에서는 아예 "가섭이 먼저 출가하였고 내
가 나중에 출가했기 때문에 자리를 함께하자고 명한 것"이라 하였
다.『존바수밀보살소집론尊婆須蜜菩薩所集論』에서는 "당시 비구들
이 가섭을 업신여겨 그가 크나큰 법요法要에 든 것을 알지 못하였
기 때문에", "존자가 온갖 종류의 공덕을 지녔기 때문에", "세존께
서 계율을 부촉하고자 함에 후세 중생들이 그의 말을 신수信受하게

*T28, 762a12-19.

하기 위한 것"이라는 등의 몇 가지 이유를 제시하기도 한다.*

참고로 선종에서 말하는 삼처전심이란 부처님께서 다자탑 앞에서 가섭에게 자리의 반을 내어준 것(多子塔前分半座), 영취산에서 연꽃을 들어 보임에 가섭이 빙그레 웃은 것(靈山會上擧拈花), 니련선하 다비(화장)장에 늦게 도착한 가섭을 위해 관 밖으로 두 발을 내밀어 보인 것(泥連河畔槨示雙趺)으로, 세존은 이러한 이심전심以心傳心의 행적을 통해 가섭존자에게 법을 전하였다는 (다시 말해 가섭존자를 후계로 삼았다는) 것이다.

두 발을 관 밖으로 내밀어보였다는 전설은 『장아함』 제2 「유행경遊行經」에 나온다. 부처님의 열반처인 쿠시나가라에 늦게 (화장 직전에) 도착한 가섭이 부처님의 몸을 보여 달라고 세 번 청하였지만, 아난다는 아직 화장(闍維, 또는 茶毘 jhāpita, 팔리어는 jhāpeti)하지는 않았지만 무명천(劫貝)으로 5백 겹을 감싸 금관金棺에 넣어 쇠 궤짝(槨) 속에 안치하고 이를 다시 전단향나무 관으로 덮었기 때문에 뵙기 어렵다고 거절한다. 그러자 부처님께서 겹겹으로 둘러싼 관 밖으로 두 발을 내미셨다는 것이다.

이에 상응하는 남전 『대반열반경(Mahāparinibbāna Sutta)』에서는 다만 "가섭존자가 화장용 장작더미를 세 번 돌고서 발 쪽을 열어 세존 발에 머리로 예배하였다"고 하였지만, 주석서에는 "장로 가섭이 부처님 발 쪽을 열어보려고 결심하자 5백 겹의 천을 둘로 열어 제치고 마치 먹구름 사이에서 보름달이 나타나듯 두 발이 나왔다"고 해설하고 있다.*

*『디그하니카야(2)』 각묵 스님 옮김, p.301.

그러나 부처님이 연꽃을 들자 미소로 화답하였다는 '염화미소'

의 전설은 초기경전 상에서 찾을 수 없다. 이는 『대범천왕문불결의
경大梵天王問佛決疑經』 제2 「염화품」에서 유래한 이야기이지만, 이
경은 고려대장경에도 수록되지 않은 위경偽經으로 평가된 경이다.

다른 한편 『증일아함』 제41 「막외품莫畏品」 제5경에서 세존은 당
신의 법보法寶를 가섭과 아난에게 부촉하는데, 그것은 인천人天의
성문들 중에 이 두 사람만큼 뛰어난 이가 없을 뿐더러 과거 부처님

[사진2] 관 밖으로 나온
부처님의 발에 예배하
는 마하가섭. 19세기 중
반 미얀마. 영국박물관.
(wiki)

시절에도 이 두 사람이 경법經法을 수지하였지만, 그때 가섭은 정법이 존재할 때만 존재하고 정법이 사라질 때 그 역시 사라졌다면 지금의 가섭은 미륵불이 출현한 뒤에 열반에 들 것이기 때문에,* 그때의 아난은 다른 이의 말을 듣고 이해하였다면 지금의 아난은 여래가 말하기 전에도, 혹은 여래가 말하지 않은 것도 모두 알기 때문이었다. 즉 여기서는 가섭존자가 부처님으로부터 법을 물려받게 된 하나의 이유로 그가 정법이 사라진 이후 미륵불이 출현할 때까지 존속할 것이라는 사실을 들고 있는 것이다.

*T2, 746c13f.

2) 전법의 신표

아무튼 불타로부터 정법을 위임받은 이상 이를 후대에까지 이어지게 하지 않으면 안 된다. 이에 따라 마하가섭은 불타께서 열반에 든 바로 그해 왕사성 영취산의 칠엽굴에서 5백 명의 아라한과 함께 결집(경전편찬회의)을 개최하여 법장法藏을 보존하였던 것이다. 그의 또 다른 임무는 미래세 미륵불이 출현할 때 불타(서가모니불)로부터 전법의 신표로 받은 승가리(즉 가사)와 발우를 그에게 전하고서 그를 도와 그때의 인민들을 교화하는 것이었다. 『불본행집경』 제47 「대가섭인연품」에서는 이 두 가지 임무를 많은 이들을 위한 마하가섭의 큰 이익이라 하였다.

통상 의발衣鉢로 지칭되는 가사와 발우는 불법의 상징이었으며, 석가세존의 그것이 미륵세존에게 전해진다는 것은 석가모니 불법의 연속성/항구성을 의미하는 것이었다. 마하가섭은 바야흐로 석가세존의 메신저였다. 그가 비록 두타제일의 행자였을지라도 '누

384

추한 복장(弊納衣)에 위엄도 없는 용모'에 '변색된 옷에 수염과 머리털도 길고 위의도 갖추지 못한',* 혹은 '벌레같이 작고 누추한 자'*가 어떻게 미래세계의 부처인 미륵불로의 메신저가 될 수 있었던가? 이 역시 석존이 그의 두타행을 찬탄한 『잡아함』 제1141경에서 확인할 수 있다.

*『잡아함』 제1142경; 『별역잡아함』 제117경.
*『미륵대성불경』; 본장 3-2.

불타께서 가섭에게 말하였다.

"그대는 몇 가지 이익(義, *artha)을 관찰하였기에 아란야행을 익히고 아란야행을 찬탄하였으며, 누더기 옷(糞掃衣)을 걸치고 걸식을 행하면서 분소의의 법과 걸식법을 찬탄한 것인가?"

가섭이 불타께 고하였다.

"세존이시여, 저는 두 가지 이익을 관찰하였습니다. 하나는 지금 바로 안락을 얻어 머무는 이익이며, 다른 하나는 미래세의 중생들을 위해 큰 등불(大明)이 되는 것입니다. 미래세 중생들은 〔누추한 저를 보고〕 '과거의 상좌上座들은 여섯 신통이 있었다. 출가한 지 오래되어 범행이 순수하고 성숙하여 세존께서도 찬탄한 바였고, 지혜로운 범행자들도 받들고 섬기는 바였다. 그들은 밤과도 같은 기나긴 세월(長夜)동안 아란야행을 익히고 아란야행을 찬탄하였으며, 누더기 옷을 걸치고 걸식을 행하면서 분소의의 법과 걸식법을 찬탄하였다'고 생각할 것입니다. 그리고 이런 말을 듣는 모든 이들도 깨끗한 마음으로 이에 따르고 기뻐하여 밤과도 같은 기나긴 세월동안 안락과 이익을 얻게 될 것입니다."

불타께서 가섭에게 말하였다.

"훌륭하고 훌륭하다. 가섭이여! 그대는 오랫동안 중생들에게 많은 이익을 주었다. 중생을 안락하게 하였고 세간을 가엾이 여겼으며, 천상과 인간을 안락하게 하였도다."*

*T2, 301c14-24.

가섭존자가 석가세존의 메신저가 될 수 있었던 것은 두타제일인 누추한 형색의 그만이 아름다운 형색의 오만한 미래세 중생들(후술)을 교화할 수 있었기 때문일 것이다. 그런데 불타의 승가리와 발우를 어떻게 57억 년 후 미륵불이 출현할 때까지 보존할 것인가? 마하가섭이 택한 방식은 열반이었다. 이때 열반은 종교적 구원(목적)으로서의 열반이 아니라 석가모니불의 승가리와 발우를 미륵불에게 전하기 위한 방편이었다. 그의 열반은 일종의 가사假死 상태로, 계족산을 갈라 그 속에서 멸진정과 같은 깊은 명상(삼매)에 드는 것이었다.* 이 같은 일이 어떻게 가능한가?

*이를『근본설일체유부비나야약사』에서는 전신골쇄全身骨鎖의 형태로 존속한다고 전한다.(T24, 25a25ff)

그러나 여기서 우리의 관심은 다만 그가 석가세존의 발우를 미륵세존께 전한다는 사실이다. 가섭존자와 미륵불의 인연 이야기는 다양한 문헌에서 전하는데, 신표로 전하는 물건에 따라 분류하면 다음과 같다.

(1) 미래세 미륵불과의 만남만을 설한 것:『불본행집경』제47「대가섭인연품(하)」,[1]『근본설일체유부비나야약사』,[2]『고승법현전』.[3]

(2) 승가리(糞掃衣, 혹은 糞掃僧伽梨)를 전한다고 설한 것:『증일

1 T3, 870a18-b25.
2 T24, 25a25-b8.
3 T51, 863c27-864a5.
(후술)

아함경』 제48 「십불선품」 제3경,[4] 『불설미륵하생경』,[5] 『아육왕경』 「가섭인연」,[6] 『근본설일체유부비나야잡사』,[7] 『대당서역기』(금란가사)[8]

(3) 승가리와 발우를 전한다고 설한 것: 『아육왕전』 「마하가섭열반인연摩訶迦葉涅槃因緣」,[9] 『부법장인연전』.[10]

(4) 승가리와 발우 이외에 석장(지팡이)도 함께 전한다고 설한 것: 『대비바사론』,[11] 『대지도론』.[12]

여기서 『아육왕경』이나 『아육왕전』 『부법장인연전』은 첫 번째 법등法燈인 가섭존자에 대해 논설하면서, 『증일아함경』이나 『불설미륵하생경』에서는 미래세 출현하는 부처인 미륵불에 대해 논설하면서, 『설일체유부비나야잡사』에서는 오백결집(제1차 결집)에 대해 논설하면서, 『대비바사론』에서는 변화신이 머무는 것에 대해 논설하면서, 『대지도론』에서는 기사굴산(耆闍崛山, 영취산)에 대해 논설하면서 가섭존자가 미륵불에게 석가세존의 승가리나 발우 등을 전한 사실을 언급한다.

이처럼 각각의 문헌에서 가섭존자가 전하는 석가모니불의 신표의 수량이 다르지만, 그것들은 다 석존의 정법을 상징하기 때문에 근본적인 차이는 아니다. 예컨대 『마하마야경』에서는 불타의 어머니인 마야부인이 도솔천에서 불타의 열반 소식을 듣고 여래가 남긴 승가리(僧伽梨: 가사)와 발다라(鉢多羅: 발우)와 석장(錫杖: 지팡이)을 돌아보며 비탄에 빠진다. "내 아들이 전에 이와 같은 물건들을 입거나 쥐고서 세간을 널리 복되게 하였고 천인天人들을 이익 되게

4 T2, 788c26-789a25.

5 T14, 422b6-c8.

6 T50, 153a06-154b4.

7 T24, 409a15-409c8.

8 T51, 919c2-9.(후술)

9 T50, 114c16-115a29.

10 T50, 300c10-301a16.

11 T27, 698b11-26.

12 T25, 78b28-79a28.

*T12, 1013a2-4.

하였다. 그런데 이제 이 물건들의 주인이 없으니, 아! 괴롭도다. 이 아픔을 이루 말할 수가 없구나!"*

의정의 『남해기귀내법전』에 의하면, 불타는 마가다의 빔비사라 왕이 꾼, 한 장의 가사(疊)가 18조각으로 잘려지고 하나의 금 지팡이(金杖)가 18마디로 부러지는 꿈에 대해 교단이 분열할 조짐이라 풀이하면서 금 지팡이가 18마디로 부러져도 역시 금이듯이 18교

*T54, 205c6-8.

단 역시 하나의 해탈문으로 나아간다고 말한다.* 다른 한편『대비바사론』의 대가섭존자 관련기사에서는 납의(衲衣, 즉 가사)와 발우와 지팡이(錫杖)를 여래·응공·정등각이 불사佛事를 짓는 방편으로 묘사한다.

『미륵하생경』에서 비록 가섭존자가 미륵불에게 승가리만 전하였다고 설하였을지라도, 신라의 경흥憬興은 "대가섭이 마가다국의 경계인 비제촌毘提村의 산중에 머물 때…"라는 『미륵하생경』의 경설을 "대가섭은 왕사성에 들어가 걸식하고서 오래지 않아 계족산에 들어가 다리를 꼰 자세로 앉아 '인컨대 납의와 발우와 지팡이를 지닌 나의 몸, 괴멸하지 않고 오래 머물러 57억(구지) 60백천 년 지나 자씨 정등각이 출세할 때 불사佛事를 짓기 원하옵니다'고 말하

*『미륵하생경소』(H2, 108b20-c6).

였다"는 『대지도론』권35를 통해 읽고 있다.* 이는 곧 여러 문헌에서 가섭존자가 미륵불에게 승가리 한 가지만을, 혹은 승가리와 발우 두 가지를 전한다고 설하였을지라도 경흥은 이를 『대지도론』에 따라 정법의 신표로서 납의, 발우, 지팡이 세 가지를 전하는 것으로 이해하였다는 말이다. 이 세 가지는 언제나 함께 하는 것이기 때문이다.

3. 마하가섭의 열반 이야기

1) 계족산에서의 열반

마하가섭의 열반에 대해 설하는 모든 문헌은 비록 가섭존자가 미륵세존에게 전하는 물건의 수량 등에 차이가 있을지라도 결집을 마친 후 계족산으로 들어가 열반에 들고, 이후 선정에서 깨어나 자신을 찾은 미륵불에게 석가세존의 신표를 전한다는 이야기의 기본 구조가 동일하다. 『아육왕경』 제7 「불제자 5인이 법장을 전수한 이야기(佛弟子五人傳授法藏因緣品)」 중 첫 번째 가섭 편(迦葉因緣)에 근거하여 간추리면 다음과 같다.

왕사성 칠엽굴에서 수트라(經)와 아비달마(論), 비나야(律)의 결집을 마친 장로 마하가섭은 원지願智삼매에 들어 편찬한 법장法藏에 빠진 것이 없는지 관찰하였다. 이는 부처님의 은혜에 보답하는 일이자 미래세의 중생들을 위한 일이기도 하였다.

그리고서 생각하였다. '내 나이가 많아 육신이 노쇠함에 냄새나고 썩어 문드러진 몸 심히 혐오스럽다. 이제 열반에 들 때가 되었다.'

그리고 아난에게 법을 부촉咐囑(당부)하였다.

"장로 아난이여, 부처님께서 법장을 나에게 부촉하셨네. 내 이제 열반에 들려 함에 이 법을 그대에게 부촉하니, 그대는 잘 수호하기 바라네."

그는 열반에 들기 전 부처님의 자취가 서려 있는 유적과 유물에 예배 공양하고자 하였다. 먼저 허공을 날아 부처님이 태어나신 곳(룸비니), 성도하신 곳(붓다가야), 처음으로 법륜을 굴리신 곳(사르나트), 열반에 드신 곳(쿠시나라가)으로 가 지극한 마음으로 공경 예배하고, 다시 불사리를 안치한 여덟 곳의 탑에 예배 공양하였다. 그리고 사가라 용궁으로 들어가 부처님의 치아탑에 공양하고 바로 도리천궁(즉 삼십삼천)에 올라 부처님의 치아와 천관天冠과 마니보주摩尼寶珠와 발다라(鉢多羅, pātra, 즉 발우) 등을 친견하고 공양한다. 이는 가히 부처님을 대신할 만한 성물이기 때문이었다. 가섭존자는 도리천의 주인인 교시가(憍尸迦, 제석천)에게 이같이 말하였다.

"제가 이곳을 찾은 것은 괴로움이 다하였음을 (다시 말해 열반에 든다는 사실을) 고하기 위해서이며 부처님의 징표(佛相)를 보기 위해서입니다."*

왕사성으로 돌아온 존자는 열반에 들 때 아사세 왕에게 알리기로 한 약속을 지키기 위해 왕궁으로 갔지만, 그가 잠을 자고 있어 만나지 못하였다. 문지기가 왕의 잠을 깨우는 것을 두려워하였기 때문이었다. 왕이 깨어나면 가섭이 열반에 들기 전에 뵈러 왔었다고 아뢰어 줄 것을 부탁하였다. 그리고 성안으로 들어가 마지막으로 걸식하고서 계족산鷄足山으로 들어갔다. 계족산(Kukkuṭapāda-giri)은 영취산(기사굴산)의 일부로 (전승에 따라 두 산을 혼용하기도 한다) 마치 닭의 세 발이 하늘로 치켜선 것처럼 세 봉우리가 솟았기 때문에 계족산이라 하였다.*

가섭존자는 신통력으로 세 봉우리의 산을 갈라 그 중앙에 풀을 깔고서 그 위에 다리를 꼰 자세로 앉아 이같이 사유하였다.

옛날 여래께서 분소의糞掃衣를 내게 덮어(걸쳐) 주시면서 "법장法藏은 마땅히 미륵불이 출현할 때까지 머물라"고 하셨다. 그러니 나는 신통력으로 〔여래께서〕 분소의를 덮어준 이 몸을 미륵불이 출현할 때까지 지속시킴으로써 미륵불로 하여금 제자들을 교화하게 하리라.*

내 이제 부처님께서 주신 분소의를 걸치고, 쓰시던 발우를 지녔으니 미륵불이 출현할 때까지 더럽히거나 해지지 않게 해야 하리라. 그리하여 미륵의 제자들로 하여금 그들이 다 〔보잘것 없이 작은〕 내 몸을 보고 싫어하는 마음(厭惡心)을 내도록 하리라.*

*『아육왕경』(T50, 153c13-17).

원컨대 이 몸 〔세존께서 주신〕 납의(가사)와 발우와 지팡이(석장)와 함께 파괴되지 않고 오래 머물러 57구지俱胝 60백천 년(57억 6백만 년) 후, 자씨(慈氏, Maitreya: 미륵) 여래께서 세간에 출현하실 그때도 부처님의 사업(佛事) 짓게 하소서.*

*『아육왕전』(T50, 114c19-21); 『부법장인연전』(T50, 300c12f).

〔장로 마하가섭은〕 그때 부처님으로부터 얻은 승가리僧伽梨를 걸치고, 〔한쪽 팔로〕 의발衣鉢을 지니고 〔다른 팔로〕 지팡이를 짚고서 (중략) 기사굴산 꼭대기에서 이렇게 서원했다.
"내 몸이 괴멸하지 않게 하여 (다시 말해 썩지 않게 하여) 미륵께서 성불하시면 나의 이 골신骨身 다시 세상에 나와 이 같은 인연으로써 중생을 제도하리라."*

*『아비달마대비바사론』(T27, 114c19-21).

가섭존자가 이러한 서원과 함께 선정에 들자 세 봉우리는 다시 하나의 산으로 합쳐져 존자의 몸을 덮었다. 지하 동굴과도 같은 그 곳은 그 누구도 침범할 수 없는 은밀한 곳으로, 『설일체유부비나야 잡사』에서는 밀실密室, 석실石室이라 하였고, 『대지도론』에서는 바 위〔동굴〕 안(石內)이라고 하였다. 혹은 『아육왕경』에서는 어머니 뱃속(母腹)과 같은 곳이라고도 하였다.

*『대지도론』(T25, 78 c14-79a5).

> 그때 가섭은 이같이 생각하였다. "〔여래의〕 분소의를 입었을 뿐 만 아니라 〔계족산의〕 세 봉우리가 덮었으니, 내 몸은 마치 어 머니 뱃속에 들어 있는 자식처럼 어떤 경우에도 괴멸될 수 없는 상태로 미륵불이 출현할 때까지 머물게 되리라."*

『근본설일체유부비나야잡사』 등의 다른 전승에 의하면 선정에 든 가섭존자가 신통변화를 나타내 화광火光을 놓기도 하고 큰비 를 내리기도 한다. 그리고 석실 안으로 들어가 두 발을 포갠 채 오 른쪽 옆구리를 바닥에 대고 누워 열반에 든다. 그때 대지가 진동하 며, 무량의 백천 만억의 천중天衆이 온갖 종류의 하늘 꽃과 향 가루 를 뿌려 공양한다.

*『아육왕경』(T50, 153 c18-20).

『근본설일체유부비나야잡사』에서는 가섭존자의 열반을 완전한 열반(無餘依涅槃)이라고 하였지만, 그것은 『아육왕경』의 표현대로 열반에 든 것과 같은 경지였다. 『미륵대성불경』에 의하면 그것은 일종의 가사 상태인 멸진정에 든 상태로, 육신이 살아있던 생전의 모습 그대로였기 때문이다. 실제 『마하마야경』과 『불설미륵대성불경』에서는 이때 가섭의 열반을 멸진정에 든 것으로 설하고 있다.

한편 그제서야 잠에서 깨어난 아사세 왕은 가섭존자의 열반 소식을 듣고 아난과 함께 가섭의 육신에 공양을 올리기 위해 계족산으로 갔다. 존자는 선정에 들기 전에 아사세 왕과 아난이 오면 산을 열기로 약속하였었다. 열반 소식을 듣고 혼절한 왕이 자신의 몸을 보지 못하면 뜨거운 피를 토하고 죽을 것임을 익히 알고 있었기 때문이다.

그들이 계족산에 도착하자 산이 열렸다. 수많은 나찰羅刹들이 가섭의 몸을 보호하고 있었다. 그의 몸은 하늘 꽃에 덮여 있었고, 왕은 마치 코끼리에 부딪혀 넘어지듯 쓰러져 그의 발에 예배하였다. 예배를 마친 왕이 땔감을 찾았다. 가섭의 육신을 화장하기 위해서였다.

아난이 만류하였다.

"안 됩니다. 안 됩니다. 화장해서는 안 됩니다."

가섭의 몸은 미래세 미륵불이 출현할 때까지 보존되어야 하기 때문이었다. 아사세 왕이 공양을 마치고 성으로 돌아가자 갈라졌던 세 봉우리의 산은 다시 합쳐져 가섭의 몸을 덮었다. 이에 왕은 산 위에 탑을 세우고 갖가지 향과 꽃으로 공양하였다.*

2) 미륵불과 마하가섭의 만남

두타제일頭陀第一 가섭존자가 계족산에서 미래세의 부처인 미륵을 기다린다는 이야기는 불교전통에서 매우 오래된 전설이다. 『증일아함』제48「십불선품」제3경에서 세존은 가섭에게 이같이 말

*본장 사진4 참조.

한다.

대(마하)가섭은 반열반에 들지 말고 미륵께서 세상에 출현하실 때까지 기다려야 하리라. 왜냐하면 미륵께서 교화할 제자들도 다 석가모니불의 제자로 내가 남긴 교화로 인해 번뇌를 다할 것이기 때문이다. 대가섭은 저 마가다국의 비제마을(毗提村)의 산중에 머물도록 하라. 〔미래세〕 미륵여래께서 수많은 사람들에게 둘러싸여 이 산중으로 갈 것인데, 불은佛恩을 입은 온갖 귀신(즉 羅刹)들이 〔산〕문을 열어 가섭이 선정에 들어 있는 굴로 안내하여 그와 만나게 할 것이다.*

*T2, 789a6-12.

여기서는 계족산이라는 말 대신 비제마을의 산이라 하였지만, 비제가 비데하(Videha)의 음사라면 이 지역은 베다 후기시대 브릿지(팔리어 밧지) 연맹의 일부였고, 그 후 마가다 제국에 편입되었기 때문에 계족산과 전혀 무관한 것은 아니다.* 그런데『증일아함』(동진의 승가제바 역)의 이 경은『미륵하생경』(서진의 축법호 역)의 모본이 된 경으로, 『미륵하생경』에서도 동일한 문장이 설해진다.* 두 경에서는 계속하여 미래세 정각을 성취한 미륵불이 가섭존자와 만나는 장면을 다음과 같이 묘사하고 있다.

*후술하는 『미륵하생경』의 이역인 『미륵대성불경』이나 『미륵하생성불경』, 『대지도론』에서는 기사굴산, 즉 영취산으로 전한다.
*T14, 422b18-24.

그때 미륵불은 오른손을 펴서 가섭을 가리키며 여러 인민들에게 이렇게 말할 것이다.
"이 사람은 과거 까마득한 옛날 석가모니불의 제자로 이름은

가섭이다. 지금 현재까지 두타 고행을 실천함에 있어 첫 번째
가는 자이다."

그때(미륵불 시대) 사람들은 그를 보고서 일찍이 본 적 없는 이
였다고 찬탄할 것이고, 이루 헤아릴 수 없는 백천의 중생들은
번뇌가 다하여 청정한 법안法眼을 얻을 것이다. (중략)

아난이여! 그때 미륵여래께서는 가섭[이 지니고 있던 석가모니
불]의 승가리를 받아 입을 것이고, 그 순간 가섭의 신체는 돌연
별처럼 흩어질 것이다. 그때 미륵은 다시 가섭에게 온갖 향과
꽃을 공양할 것이다. 왜냐하면 모든 불세존은 정법에 대해 공경
하는 마음이 있기 때문이며, 미륵 역시 나(석가세존)로부터 정법
의 교화를 받아 무상無上의 바르고 진실된 도를 증득 성취하였
기 때문이다.*

이처럼 두 경은 설자說者가 석가세존이고 구성도 묘사도 비교적
단순하지만, 『미륵하생경』의 이역인 『불설미륵대성불경』(요진의 구
마라집 역)에서의 묘사는 보다 사실적이고 드라마틱하다.

*T2, 789a12-25; T14,
422b24-c8.

그때 (4성제의 미묘한 법륜을 굴리고 대범천왕과 석제환인이 미륵불
께 합장 공경하며 찬탄하였을 때) 미륵부처님은 전생에 사바세계
에서 굳세고 강한 몸을 지녔던 중생들과, 〔당신의〕 대 제자들과
함께 기사굴산耆闍崛山으로 갔다. 산 아래에 도착하여 편안한
모습으로 천천히 낭적산狼跡山에 올랐다. 산 정상에 이르러 발
을 들어 엄지발가락으로 산기슭을 밟는 순간 대지는 열여덟 가

지 형상으로 진동하였다. 정상에 오른 미륵부처님은 마치 전륜
왕이 큰 성문을 열어젖히듯 두 손으로 산을 갈라 열었다.

그때 범왕은 하늘의 향유香油를 마하가섭의 정수리에 부어 그
의 몸까지 흘러내리게 하였으며, 큰 건추(楗椎, 종)를 치고, 큰
법라(法螺, 소라나발)를 불어재꼈다. 그러자 마하가섭은 바로 멸
진정에서 깨어나 옷매무새를 가다듬어 오른쪽 어깨를 드러낸
채 오른쪽 무릎을 땅에 꿇고 합장하고서 석가모니 부처님의 승
가리를 미륵에게 건네며 말하였다.

"위대한 스승이신 석가모니, 타타가타(tathāgata: 여래), 아르하
트(arhat: 응공), 삼먁삼불타(samyak-saṃbuddha: 정변지)께서 열
반에 드실 때 이 법의法衣를 제게 맡기시면서 세존께 바치게 하
였습니다."*

*114, 433b11-22.

그런데 미륵세존의 시대는 석가모니불의 시대와 중생들의 사는
모습도 다르고 형색도 다르다. 그때 인간의 수명은 8만 세, 섬부주
의 땅(수미산 남쪽 대륙)은 넉넉하고 광활하며, 백성들도 번성할 뿐
더러 안온하고 풍요롭다. 도시가 크게 번창함에 마을과 도시(村邑)
의 성곽은 닭 우는 소리가 들릴 정도로 인접하고, 여인들은 5백 세
가 되어야 시집을 간다. 비록 대소변을 보고 더위와 추위, 기갈飢渴
도 느끼며, 음욕과 늙고 죽는 등의 우환이 있을지라도 그들은 모두
매우 빼어난 모습(勝妙)의 몸을 지니고 있다.* 이에 미륵불을 따라
온 대중들은 가섭존자의 형색을 보고 제각기 부처님에게 아뢴다.

"오늘 이 기사굴산 정상에서 사람 머리에 벌레같이 작고 누추한 자(人頭蟲短小醜陋)가 사문의 복색을 하고서 세존께 예배 공경하니, 이것이 어찌된 일입니까?"*

*『중아함』「설본경」; 『대비바사론』(T27, 893c3-7).

혹은 『대지도론』에서 가섭존자를 괴이하게 여긴 미륵불의 제자들은 이같이 묻고 있다.

*T14, 433b22-24.

"이 자가 누구이기에 사람 비슷한 작은 몸(似人而小身)에 법의를 걸치고 신통 변화를 보이는 것입니까?"*

『대지도론』에 의하면 미륵불이 출현할 무렵 인간의 수명이 8만 4천 세이고 키가 80척이며, 부처님의 경우 키가 160척이고, 얼굴의 길이는 24척이며 완전무결의 광채(圓光) 또한 10리에 뻗쳤기 때문에 가섭존자의 외모가 문제가 된 것이었다. 사실 가섭존자가 미륵불의 시대까지 몸을 보존하였던 것은 자신의 작고 누추한 몸을 미륵의 제자들에게 보여줌으로써 그들로 하여금 자신들의 교만을 반성하게 하기 위함이었다. 그 역시 과거 금빛의 몸을 갖고 있었다. 그래서 가섭, 즉 카샤파(Kāśapa: 飮光)였다.

*T25, 79a18f.

『미륵대성불경』에서 미륵불은 그의 제자들을 다음과 같은 시구(偈)로 꾸짖고 있다.

공작의 빛깔 아름다울지라도
송골매나 독수리에게 잡아먹히고

무량의 힘을 지닌 흰 코끼리
사자 새끼 비록 작아도 으깨듯 잡아먹으며
용왕의 몸 헤아릴 수 없이 클지라도
금시조金翅鳥에게 사로잡히고 만다.

키 비록 장대하고 풍만하며, 흰 살결에
단정하고 아름다울지라도(長大肥白端正好)
똥을 가득 담은 칠보 항아리와 같다면
그 더러움 심히 참기 어려우리라.

이 사람 비록 작달막할지라도
그의 지혜는 정련된 순금과 같고
번뇌의 습기 오래 전에 이미 다하여
생사의 괴로움 더 이상 남아 있지 않다네.

정법을 수호하였기에 이곳에 머무니
언제나 두타행을 닦음에
천인天人 중 가장 뛰어나니
이 사람만큼 고행한 이 아무도 없다네.

〔그런 까닭에〕 석가모니 양족존께서
〔이런 이를〕 나의 처소로 보내셨으니
그대들은 마땅히 한마음으로

398

합장하여 공경하고 예배해야 하리라.

그리고 계속하여 여러 비구들에게 이같이 말하였다.

〔과거세〕 석가모니 세존께서 오탁악세에서 중생들을 교화하실 때, 이 사람은 1,250인의 제자 중에 두타제일頭陀第一로서 몸이 금색이었다. 역시 금색의 아내를 버리고 출가하여 도를 배움에 밤낮으로 머리에 난 불을 끄듯이 정진하였다. 가난에 고통받는 천한 중생들을 불쌍히 여겨 항시 복업으로써 그들을 제도하고 정법을 세상에 〔오래도록〕 머물게 한 마하가섭이라는 이가 바로 이 사람이니라.*

『대지도론』에서 미륵불은 마하가섭을 비웃는 그의 제자들을 바로 꾸짖고 있다. "그때 인간의 수명은 대다수 백 세 이하, 이렇게 작은 몸으로도 능히 그와 같은 대사大事, 즉 두타행을 성취하였거늘 그대들은 어찌 큰 몸에 예리한 근기를 지녔음에도 그와 같은 공덕을 짓지 못하는 것인가?"*

*T14, 433b24-c13.

    지난날 속리산 법주사의 미륵대불의 사진은 이러한 가섭존자의 모습을 생생하게 보여주고 있다. 거대한 미륵대불 앞의 네모난 상자와 커다란 그릇(실은 반듯하게 접은 가사와 발우)을 머리에 인, 작고 누추하게 생긴 이상한 모습의 석상은 오늘날 희견보살상으로 알려지지만, 전후 맥락상 가섭존자일 수밖에 없다. 이에 대해서는 제10장(4-2)에서 다시 해설하게 될 것이다.

*T25, 79a23f.

[사진3] 미륵불에게 승가리와 발우를 바치는 가섭존자. 속리산
법주사 미륵대불.(1962년) 국가기록원 CET0054442. 미륵대불
앞의 작은 석상은 오늘날 희견보살상으로 알려지지만, 전후 맥
락상 가섭존자일 수밖에 없다.(제10장 4-2 참조)

아무튼 미륵불이 출현하는 시대 인간의 신장이 그렇게 컸다면 (오늘날 기준으로 1척 0.3m×80척=24m) 가섭존자가 전한 승가리와 발우 또한 미륵불에게 턱없이 작았을 것이다. 『미륵대성불경』에서는 그때 미륵불이 석가모니불의 승가리를 입는데 오른손도 다 덮지 못하고 겨우 두 손가락을 가릴 정도였으며 왼손 역시 두 손가락만 가릴 정도였다고 말하고 있다.

"부처가 어찌 이렇게 작은가!"

미륵의 제자들은 필시 이렇게 탄식하였을 것이다. 거의 모든 전승에서 이 같은 사실을 숨기지 않고 있다.

> "'이전 시대 부처는 어찌 이리도 보잘 것 없이 작은 몸(卑小)이었던가?' 사람들이 괴이하게 여기며 탄식하였다."*

> "그때 사람들의 몸이 이렇게 작았으니, 석가모니의 몸도 이와 같았다고 해야 할 것인가, 당연히 더 컸다고 해야 할 것인가?"*

*『미륵대성불경』(T14, 433c16).

> "과거 세상에서는 사람들의 몸은 작았지만, 부처의 몸은 광대하였을 것이다."*

*『아육왕경』(T50, 154a26f).

그러나 이는 다 미래세 중생들의 탐탁貪濁과 교만의 소치로, 미륵부처님은 마하가섭에게 신족(神足, 신통)을 보여주고 과거 석가모니불의 경법經法을 들려줄 것을 청한다. 『미륵대성불경』에서 계속하여 이같이 설하고 있다.

*『근본설일체유부비나야잡사』(T24, 409c2).

그때 마하가섭은 몸을 허공에 떠올려 열여덟 가지로 변화시켰다. 몸이 허공에 가득 찰 정도로 크게 만들기도 하고, 겨자씨처럼 작게 만들기도 하였으며, 작은 몸을 다시 크게 만들기도 하였다. 몸 위로 물을 뿜고 몸 아래로 불을 뿜으며, 물을 밟듯이 땅을 밟기도 하고 땅을 밟듯이 물을 밟기도 하였다. 공중에 앉거나 누워도 몸이 떨어지지 않았다. 동쪽에서 솟아올라 서쪽으로 사라지고 서쪽에서 솟아올라 동쪽으로 사라지며, 남쪽에서 솟아올라 북쪽으로 사라지고 북쪽에서 솟아올라 남쪽으로 사라지며, 가장자리에서 솟아올라 가운데로 사라지고 가운데서 솟아올라 가장자리로 사라지며, 위에서 솟아올라 아래로 사라지고 아래에서 솟아올라 위로 사라지기도 하였다.

신통변화로 허공 중에 만든 유리 굴에서 〔석가모니〕 부처님의 위신력을 이어받아 범음(梵音, 산스크리트어)으로 석가모니불의 12부경部經을 설하니, 대중들이 듣고서 일찍이 들어보지 못한 것이라 기이하게 여겼다. 80억의 사람들이 번뇌에서 벗어나 제법諸法 중에 있으면서도 제법에 집착함이 없는 아라한을 성취하고, 이루 헤아릴 수 없는 천인들이 보리菩提의 마음을 일으켰다.

이에 〔미륵〕불의 주위를 세 번 돌고 공중에서 내려와 부처님께 예배한 후 〔일체〕 유위법有爲法이 다 무상한 것임을 설하였다. 그리고 작별하고 물러나 본래의 처소였던 기사굴산〔의 석실〕로 돌아와 몸에서 화광火光을 내뿜으며 반열반에 들었다.

〔대중들이〕 몸의 사리를 수습하여 산 정상에 탑을 세우자 미륵

불이 찬탄하였다.

"대가섭 비구는 바로 석가모니 부처님께서 항상 '대중들 중의 두타제일', '선정과 해탈과 삼매에 통달한 이'라고 찬탄한 분이다. 이 사람은 비록 큰 신통력을 지녔을지라도 교만한 마음이 없었으며, 중생들로 하여금 크나큰 기쁨을 얻게 하고 항상 천하고 가난하며 고통받는 중생을 불쌍히 여겼다."

나아가 미륵불은 대가섭의 골신(骨身: 즉 사리)을 찬탄하였다.

"훌륭하도다, 대신덕大神德이여! 석釋 사자師子의 큰 제자 대가섭이여! 저 같은 악한 세상에서 능히 그 마음을 닦았도다."

이에 마하가섭의 골신도 바로 게송으로 말하였다.

두타행은 보배창고(寶藏)요
지계持戒는 감로甘露로다.
능히 두타행을 실천하는 자
반드시 불사不死의 땅에 이를 것이지만
계를 지키면 하늘에 태어나든지
열반의 즐거움과 함께한다네.

그리고서 바로 유리琉璃의 물처럼 탑 속으로 다시 〔흘러〕 들어갔다.*

3) 『대당서역기』에서의 계족산 이야기

우리는 이러한 가섭존자의 이야기를 어떻게 이해해야 할까? 비록

*T14, 433b11-434 a13.

『미륵대성불경』에서 가섭존자가 석가모니불의 경법을 설한 후 화광을 내뿜으면서 반열반엔 들었다고 하였을지라도 그것은 미래 사실을 설한 것이다. 만약 가섭존자의 이야기를 현재세의 부처인 석가모니와, 57억 년 후에 출현하는 미래세 부처인 미륵을 잇는 메신저로서의 종교적 서사로 여긴다면, 존자는 지금도 계족산에서 석가세존의 승가리와 발우를 지니고서 미륵불을 기다리고 있다고 하지 않으면 안 된다.

계족산은 오늘날 붓다가야 동북쪽 16마일 떨어진 구르파 언덕(Gurpa hill)으로 알려지는데, 법현도 현장도 그들의 여행기에 이곳에 대해 기록하고 있으며, 『대당서역구법고승전』에 따르면 의정 스님도 녹야원鹿野苑과 계봉鷄峰, 즉 계족산을 그리워하다가 이 산에 올랐다고 전하고 있다.

법현은 이 산에 대해 이같이 쓰고 있다.

[사진4] 가섭존자가 미륵불을 기다리는 계족산정의 스투파. 붓다가야 동북쪽 16마일 떨어진 구루파 언덕. (wiki)

여기(가야성)서 남쪽으로 3리를 가면 계족鷄足이라는 이름의 산이 나오는데, 대가섭께서 지금도 이 산중에 머물고 있다고 한다. 그는 산을 갈라 그 밑으로 들어갔는데, 일반 사람은 들어갈 수 없는 곳이다. 산 밑을 돌아 한참을 들어가니 옆으로 난 구멍(旁孔)이 있다. 가섭은 [열반에 든 후에도] 몸을 보전하여 이곳에 머문다고 한다. 구멍 밖에는 일찍이 가섭이 손을 씻었던 흙이 있었다. 그 지방 사람들은 두통이 날 때 이 흙을 머리에 바르면 바로 낫는다고 한다.

이 산중에는 지금도 나한들이 살고 있다. 여러 나라의 도인들이 해마다 찾아와 가섭에게 공양한다. 마음이 지극히 돈독한 자라면 밤이면 나한이 찾아와 함께 논의하는데, 의문이 풀리면 홀연히 [사라져] 나타나지 않는다 한다. 이 산에는 개암나무(榛木)가 무성하고 또한 사자·호랑이·늑대가 많아 함부로 다닐 수 없다.*

법현은 이처럼 가섭존자가 미륵불을 만나 석가세존의 가사를 전하는 이야기를 생략하였지만, 현장은 비교적 자세히 적고 있다.

*『고승법현전』(T51, 863c27-864a5).

마하 강(莫訶河)에서 동쪽으로 큰 숲으로 들어가 백여 리를 가면 쿠쿠타파다(Kukkuṭapāda: 屈屈吒播陀, 중국말로는 鷄足) 산에 이른다. 이 산은 또한 구루파다(Gurupāda: 窶盧播陀, 중국말로는 尊足) 산이라고도 한다. 높은 봉우리는 험난하기 이를 데 없고 깊은 골짜기는 바닥이 보이지 않을 정도로 아득하다. 산기슭의 골짜기에서는 교목들이 숲을 이루어 계곡을 뒤덮고 있다. 높은 산봉우리 세 개가 치솟았고 옆으로 벼랑이 이어졌는데, 기세가 하늘에 닿을 듯하였고 형상은 구름과도 같았다.

훗날 존자 대가섭파(大迦葉波, Mahākāśapa)께서 이 산중에 머물다가 적멸에 들 것이기 때문에 이 산의 이름(즉 계족산)을 바로 말하지 못하고 '존족산'이라 하였다. 마하가섭파는 성문제자로 6신통을 얻고 8해탈을 갖추었다. 여래께서 중생 교화의 인연을 끝내고 열반에 드시려고 하였을 때 가섭파에게 말씀하셨다.

"나는 억겁에 걸쳐 부지런히 고행을 닦고 중생들을 위해 무상법無上法을 추구하였다. 옛날부터 소원하였던 기약들을 이제 모두 완수하였다. 나는 이제 대열반에 들고자 함에 모든 법장法藏을 그대에게 위임하니, 법을 오랫동안 널리 유포하여 실추됨이 없도록 하라. 그리고 이모가 내게 바친 금실로 짠 가사는 자씨(慈氏, 미륵)가 성불할 때까지 지니고 있다가 그에게 전해주도록 하라.〔그때〕내가 남긴 법으로〔미륵불 회상에서〕수행하는 비구와 비구니, 우바새와 우바이를 먼저 구제하여 생사유전에서 벗어나게 하라."

대가섭파는 부처님의 뜻을 이어받아 정법이 오래 머물도록 결집結集을 단행하고서 20년이 지났을 때 세상의 무상을 싫어하여 열반에 들고자 계족산으로 갔다. 산의 북쪽으로 올라 산허리를 돌아 서남쪽 언덕에 이르렀다. 산봉우리는 몹시 험준하였고 벼랑에 난 길은 막혀 있었다. 그래서 석장錫杖으로 두드리자 칼로 벤 것처럼 산이 갈라졌다.〔존자는〕산이 열림에 길을 따라 나아갔다. 구불구불 돌기도 하고 경사진 곳을 지나기도 하며 마침내 산봉우리에 이르러 세 봉우리 사이로 들어가 부처님의 가사를 받들고 섰다. 그러자 [미륵불이 출현할 때까지 육신을 보존코자 한] 원력으로 인해 세 봉우리가 [존자를] 덮어 숨겼다. 그래서 지금도 이 산의 능선은 세 갈래로 솟아 있다.

미래세 자씨세존께서 세상에 출현하시어 [화림원華林園 용화수龍華樹 아래서] 세 번 설법한 후 [교화시키지 못한] 이루 헤아릴 수 없이 많은 교만한 중생들을 이끌고 이 산에 오르실 것이다. 가섭파의 처소에 이르러 자씨께서 손가락을 튕기면 산봉우리가 저절로 열리고, 저들 중생들이 [벌레같이 작고 누추한] 가섭파를 보게 되면 더욱 교만해질 것이다. 이때 대가섭파는 [미륵불께] 대의大衣 즉 승가리를 건네고 찬양의 말로 예경한다. 그리고서 몸을 허공으로 솟구쳐 여러 신통변화를 나타내 보이고서 변화시킨 불로 몸을 태워 적멸에 들 것이다. 그때 이를 우러러 본 대중들은 교만한 마음을 버리게 되고, 이로 인해 그들은 다 깨달음을 얻고 성과聖果를 증득하게 될 것이다.

산 위에 스투파(窣堵波, stūpa)는 이 같은 인연에서 세워놓은 것이다. 고요한 밤에 멀리서 바라보면 혹 밝은 횃불 같은 것이 보이기도 하지만 산에 올라 그것을 본 사람은 아무도 없다.*

『아육왕경』이나 『설일체유부비나야잡사』 등에서는 석존이 가섭에게 분소의糞掃衣 혹은 분소(즉 넝마)로 만든 승가리를 맡겼다고 하였는데, 이것이 어찌 이모가 금실로 짠 대의大衣로 바뀐 것인가?

*『대당서역기』(T51, 919b24-c24).

부처님의 이모 마하파자파티 고타미(Mahāpajāpatī Gotamī)가 부처님께 금실로 짠 황색의 의복을 바쳤다는 이야기는 『중아함』 제180 「구담미경瞿曇彌經」에 나온다. 이 경은 보시의 공덕에 대해 설한 경으로, 비구들에게 보시하는 것은 세존께 보시하는 것과 같은 것이라면서 금실로 짠 옷을 비구들에게 보시하라고 말한다.* 그리고 같은 경 제66 「설본경說本經」에서 부처님은 이 옷을 인간의 수명이 8만 세가 될 때 성불할 미륵존자에게 직접 주고서 삼보 전에 바치도록 하였다. "미륵이여, 그대는 여래로부터 이 금실로 짠 옷을 받아 불·법·승에 보시하라. 왜냐하면 미륵이여, 모든 여래·무소착·등정각은 세간을 보호하기 위해 정의와 중생의 이익(饒益)을 추구하고 행복(安穩)과 즐거움(快樂)을 추구해야 하기 때문이다."*

*이 이야기는 『대지도론』 권22(T25, 225b9-12)에서도 인용된다. 여기서는 이를 불보佛寶에 보시하든 승보僧寶에 보시하든 복덕에 차별이 없다고 말한다.

*T1, 511b5-7.

경의 취지로 본다면 금란가사는 단순히 위엄을 드러내기 위한 것이 아니라 세간을 보호하기 위한 것, 마치 보살이 입는 서원의 갑옷(誓鎧)과도 같은 것이었다. 아마도 이 같은 연유에서 미륵불께 전할 가사가 분소의에서 금란가사로 바뀌었을 것이다.

4. 선종에서의 전등傳燈과 의발衣鉢

이야기는 이야기를 낳는 법, 현장의 『대당서역기』(646년 찬)에서의 계족산 이야기는 도선道宣의 『속고승전』(649년 찬) 「석현장전」이나 『석가방지』(650년 찬), 도세道世의 『법원주림』(668년 찬) 21 「감통편感通篇 성적부聖迹部」 등에 인용된다. 뿐만 아니라 부처님의 금란가사, 혹은 의발衣鉢은 송대 선종의 문헌에서 가섭존자가 석존으로부터 받은 정법안장의 신표로 등장한다.

예컨대 남당南唐 시대 정수문등(淨修文僜, 884?~972)이 쓴 『조당집』 서문에서는 과거 7불과 역대 전등傳燈 33조의 이름을 밝히면서 제1조 대가섭에 대해 "석존께서 금란가사를 전한 이로서 지금 계족산에 있다. 즉 부처님께서는 가섭으로 하여금 이 옷을 미륵이 출세할 때까지 지니고 있다가 미륵불께서 세간에 출현하면 이를 전해줄 것을 당부하였으니, 옷을 신표로 삼았다"고 협주夾註하고, 제33조 혜능에 대해서는 "인도(天竺)와, 중국(震旦)의 6대에 걸쳐 의발衣鉢이 전해진 것은 여기까지였다"고 부기하고 있다.* 그리고 본문 「제1조 대가섭존자」 편에서는 결집 이야기와 더불어 정법안장正法眼藏으로서 석존의 승가리 옷(僧伽梨衣, 즉 大衣)을 계족산에 *K1503, 233ab. 서 자씨(慈氏: 미륵불)에게 전하는 이야기를 서술하는데, 계족산이라는 산 이름의 유래를 현장의 『서역기』에서 구하고 있을 뿐더러 가섭존자의 서원 또한 『아육왕전』 또는 『부법장인연전』*에서 인용한 것이다.

*본장 3-1 참조.

"이제 내 이 몸 부처님께서 주신 분소의를 입고 승가리 등을 지녔으니, 57억 6백만 년 지나 자씨불慈氏佛께서 세상에 출현하실 때까지 더럽히거나 해지지 않게 해야 하리라."*

『경덕전등록』 역시 초조인 가섭존자에 대해 「석가모니불」 편에 *K1503, 238a. 서 "그가 영산회상의 백만 대중 앞에서 세존께서 꽃을 들어보일 때 얼굴에 미소를 짓자, 세존께서 말씀하셨다. '나의 정법안장과 열반의 묘심妙心을 그대에게 전하노니, 그대는 세상에 널리 유포하여 단절하지 않도록 하라.' 그리고는 금실로 짠 승가리를 주며 자씨불慈氏佛이 세상에 출현할 때까지 손상되지 않게 하라"고 하였고, 「제1조 마하가섭」편에서 다시 가섭은 아난에게 전법傳法의 게송(후설)을 설하고서 "나는 〔금실로 짠〕 승가리 옷을 갖고 계족산으로 들어가 자씨의 하생을 기다릴 것이다"고 쓰고 있다.*

그런데 만약 『아육왕경』이나 『부법장인연경』 등 인도 찬술로 알려지는 일련의 문헌과 현장의 『서역기』 등에 따라 가섭존자가 지금도 계족산 속 암굴(밀실)에서 석가모니불의 승가리와 발우를 갖고 미륵불을 기다리고 있다고 한다면, 그것이 어떻게 역대 조사를 거쳐 혜능에까지 이를 수 있다는 것인가? 앞서 부처님은 열반처인 쿠시나가라로 떠날 때 불심이 강하였던 바이샬리 백성들에게 발우를 선물하였다고 하였고, 이곳 중천축에서 간다라 등지로 유전하였던 불발은 본래 있었던 곳인 삼십삼천의 알나산으로 돌아와 미륵세존이 출현하기를 기다린다고도 하였다.

우리는 이 문제를 어떻게 이해하면 좋을까? 제5장(1-1)에서 말한 대로 불발의 유전에 관한 이야기는 정리/논리에 기초한, 현성賢聖을 위한 법성法性의 불교가 아니라 감흥에 기초한, 세속의 대중을 위한 비유(譬喩, avadāna, 혹은 dṛṣṭānta), 즉 이야기 불교에 포함되기 때문에 이 정도의 상위相違는 감흥으로써 극복/해소될 수 있다고 해야 할 것인가? 그렇더라도 전후의 모순이 너무나 자명하기에 이야기의 흐름에 방해가 될 수 있다. 앞서 『아육왕경』의 「가섭존자의 열반 이야기」에서는 존자가 열반에 들기 전 도솔천에 올라 부처

님의 분신과 같았던 발우 등에 예배했다고 하였다. 그래서 계족산
에서 열반에 들 때는 승가리만을 지녔다고 하였다. 이에 반해『아
육왕전』에서는 도솔천에서의 발우 예배에 대해 언급하지 않았으
며, 그래서 승가리와 발우를 지니고서 선정에 들었다고 하였을 것
이다. 그런데 계족산에 있어야 할 부처님의 의발衣鉢이 어떻게 가
섭 이래 혜능에 이르기까지 역대 조사에게로 전해졌다는 것인가?
그것은 부처님의 또 다른 의발이었던가?

  그러나『아육왕경』이나『부법장인연전』등 인도 찬술의 전등록
에서는 법장의 신표로 의발이 이용되지 않았다. 대개는 이런 식
이다.

  마하가섭이 열반에 들 때에 최승最勝의 법을 아난에게 당부하
  면서 이같이 말하였다.
  "장로長老는 마땅히 알라. 옛날 바가바(婆伽婆: 세존)께서 법을
  나에게 당부하셨는데, 내 나이 노쇠하여 열반에 들려고 한다.
  세간의 뛰어난 눈(勝眼)을 지금 전하려고 하니, 그대는 부지런
  히 이 법을 수호하라."*

  사실『조당집』에서도 가섭존자가 아난다에게 의발을 전하였다   *『부법장인연전』(T50,
고는 말하지 않았다. 그것은 미륵불에게 전해져야 하는 것이기 때   301a23-26).
문이다. 대신 그에게 진리의 게송을 설해 준다. 이때 게송은 말하
자면 후계자임을 인정하는 일종의 인증서와 같은 것으로 통상 전
법게傳法偈라고 한다.『연화면경』에서도 인천人天의 세계를 유전하

고서 금강제에 머물던 불발은 미륵불이 출현하였을 때 그의 처소에 이르러 오색광명을 발하고 시방세계 온누리에 '제행諸行은 무상하다'는 등의 진리(삼법인)의 게송을 설하며, 미륵불은 이에 예배 찬탄한다. 여기서의 진리의 게송 또한 사실상 새로운 부처의 출현을 찬탄하는 인가의 게송이라 할 수 있다고 제7장(3-1)에서 논의하였다.

『조당집』에서 대가섭은 아난에게 불법을 전(부촉)하면서 이같이 말한다.

여래께서 정법의 눈(正法眼)을 나에게 맡기셨는데, 내 이제 늙어 부처님의 승가리 옷(가사)을 가지고 계족산에 들어가서 자씨(慈氏: 미륵불)의 하생을 기다릴 것이다. 그대는 부처님의 당부를 잘 받들어 정법을 널리 선양하여 끊어지지 않게 하라. 나의 게송을 들어라.

법을 법답게 하는 본래의 법에는
법도 없고 법 아닌 것도 없다.
어찌 하나의 법 중에
법과 법 아닌 것이 있을 수 있으랴.*

*K1503, 238a.

이후의 법장의 전승 역시 진리의 게송으로만 이루어진다. 그런데 제24조 사자師子 존자가 바사사다婆舍斯多에게 법을 전하면서 불현듯 승가리가 등장한다. "여래께서는 정법의 눈을 가섭에게 부촉하셨고, 이와 같이 스승에서 제자로 전해져 나에게 이르렀는데, 내가 지니고 있던 이 법과 승가리를 그대(바사사다)에게 전하니, 그대는 잘 지켜 단절되지 않게 하라."*

그리고 바사사다는 이 승가리를 신표로 삼아 남인도의 득승得勝 왕의 태자 불여밀다不如密多를 제자로 맞이한다. 항상 주술사의 말만 믿고 불법을 믿지 않는 태자의 부왕이 불교(佛宗)를 의심함에 이를 석가모니 불법의 신표로 삼았던 것이다.

*K1503, 239b28f.

왕이 말하였다.

"부처가 열반(滅度)한 지 이미 1천 2백 년이 지났고, 스님도 이제 나이가 70세인데 〔불교에서〕 무엇을 얻겠다는 것이오?"

조사가 말하였다.

"석가여래께서 교법을 전하신 뒤로 24대를 거쳤습니다. 제가 지금 배운 것은 사자師子 존자가 계승한 법으로, 지금 제 바랑 속에 이를 입증할 만한 승가리 옷(僧伽梨衣)이라는, 〔불법의〕 신표가 될 만한 옷(信衣)이 있습니다."

그리고는 꺼내 왕에게 보여주었다.

왕이 전법傳法의 가사袈裟를 보았지만 공경하며 믿지 않았다. 도리어 좌우에 불태울 것을 명하여 〔그의 말을〕 시험케 하였다. 불이 활활 타오름에 그 광명이 하늘을 뚫었고 상서로운 구름이 대지를 덮었으며 네 가지 꽃비가 내렸고 기이한 향기가 감돌았는데, 옷은 불이 다 탄 뒤에도 여전히 남아 있었다. 왕은 이런 상서를 보고서야 비로소 발심 참회하였다.*

이로 본다면 사자 존자의 전법에 승가리가 불현듯 등장한 것은 제자 바사사다가 불여밀다를 교화하는 데 그것이 필요하였기 때문이다. 『조당집』의 서문을 쓴 정수성등淨修省僜 또한 바사사다에 대해 이같이 찬탄하였다. "스승의 의발을 전해 받았으니 이는 중생을 제도하는 다리와 나룻배다. 마음의 미묘한 지견을 어찌 말을 빌려 표현하리오."* 조사의 의발은 말로 표현할 수 없는 불법의 취지(마음의 미묘한 지견)를 나타내어 중생을 구제하는 방편이라는 것이다.

그리고 다시 제28조 보리달마에 이르기까지 의발에 대한 언급이 없다가 달마대사가 혜가에게 법을 전하면서 다시 등장한다.

달마가 말하였다.

"(상략) 나에게 가사 한 벌 있으니, 그대에게 전하여 주리라."

혜가가 화상에게 말하였다.

"법이 이미 마음에서 마음으로 전해져 말(文字)조차 더 이상 소용없거늘 이 같은 가사로 무엇을 어찌하겠습니까?"

대사가 말하였다.

"안으로는 법인法印을 주어 깨달은 마음을 확인(契合)하게 하고, 밖으로는 가사袈裟를 전하여 종지宗旨를 확정토록 하기 위함이다. 비록 그러할지라도 가사가 법에 존재하는 것도 아니고, 법 역시 가사에 존재하는 것도 아니다.(다시 말해 법과 가사는 아무런 관계가 없다.) 이에 삼세의 모든 부처님들도 서로서로 수기授記를 주며 소통하였던 것이다. 그러나 나는 이제 가사 역시 신표로 삼아 〔제자에 대한〕 믿음을 나타내고자 한다. 즉 〔이로써〕 후

대 법을 전해준 자로 하여금 법을 이어받았음을 알게 하고, 도를 배우는 자로 하여금 종지를 알게 하여 중생들의 의혹을 끊고자 함이다."

혜가가 머리 조아려 예배하며 9년 동안 낮밤으로 섬기되 잠시도 곁을 떠나지 않았다.

이에 달마대사가 말했다.

"여래께서 청정한 법의 눈과 가사를 대가섭에게 전하셨고, 이와 같이 스승에서 제자로 이어져 나에게 이르렀으니, 내 이제 이를 그대(혜가)에게 부촉하노라. 나의 게송을 들어라.

내가 본래 이 땅에 온 뜻은
교법 전하여 미혹한 중생 구제하려는 것
꽃 한 송이에 다섯 꽃잎 펼쳐지니
열매는 저절로 맺으리라.*

주지하듯이 보리달마는 천축(인도)으로부터 동쪽나라(震旦)에 선법을 전한 이로서『조당집』에 따르면 그것은 그가 출세할 당시 불법(法藥)에 재난이 일어 하루아침에 쇠락하였기 때문이지만, 동쪽나라 또한 각 파가 대립함에 크고 작은 재난의 연속이었다. 그래서 스승(반야다라)은 남쪽에는 머물지 말라고 하였다. 당연히 정법안장의 신표가 필요하였던 시대였을 것이다.*

*K1503, 245a.

이렇게 하여 보리달마의 법은 가사(즉 승가리)와 함께 혜가로, 혜가의 법은 다시 승찬僧璨-도신道信-홍인弘忍에 이르게 되었다. 그

*참고로 『조당집』 보리
달마 편에는 『연화면
경』의 역자 나련〔제〕
야사가 등장하여 조
사의 후계에 관한 참
언讖言을 길게 진술하
고 있다.

리고 정수성등이 "열매는 적고 꽃이 많은 세상에서 홍인이 그의 의
발衣鉢을 전해 받았네"라는 게송으로 도신을 찬탄한 이래 선종의
사자상승師資相承 관계에서 가사와 발우(즉 '의발')라는 한 짝의 말
이 정법안장의 신표를 나타내는 말로 사용되었다.

그리고 익히 알려진 대로 제6조 혜능 대에 이르러 의발의 전승
은 폐지되었다. 분쟁의 빌미가 될 수 있기 때문이었다. 5조 홍인이
일개 행자 신분이었던 혜능에게 가사(혹은 의발)를 전하면서 이제
더 이상 이로써 불법의 신표로 삼는 일을 멈추라고 하였다.

행자(혜능)가 물었다.

"이 가사는 계속하여 전하리까?"

조사가 답하였다.

"후대에는 도를 얻는 이가 항하(갠지스 강)의 모래알만큼 많으
리라. 이제 이 신표의 옷(즉 大衣)은 그대에게서 멈추어라. 왜냐
하면, 달마대사께서 이 옷을 전하신 것은 사람들이 〔불법을〕 믿
지 않을까 염려하여 이를 신표로 삼았던 것이지만, 법을 듣는
것(聞法)이 어찌 옷에 있다 하겠는가? 만약 이 옷을 〔계속하여〕
전할 경우 몸을 다칠까 염려되니, 이 옷을 전해 받은 이는 신명
이 실 끝에 매달린 것처럼 위태로울 것이다. 더욱이 달마대사께
서도 '꽃 한 송이에 다섯 꽃잎 펼쳐지니 열매는 저절로 맺으리
라'고 말씀하셨으니, 이는 바로 이 땅에서 그대를 포함하여 다
섯 사람 인가한 것을 말한 것이다. 또 반야다라(般若多羅, 제27
조)께서도 '열매가 가득하면 보리菩提가 원만하고, 꽃이 피면 세

계가 일어난다'(달마에게 준 전법게)고 말씀하셨으니, 이 두 구절
역시 이제 법의法衣가 그대에게 이르면 더 이상 다른 이에게 전
해지지 않을 것임을 인가한 것이다."*

*K1503, 247a.

부처님의 가사(또는 발우)가 불법의 본질이 아니기에, 이로 인한
불상사를 막기 위해, 더욱이 보리달마의 스승 반야다라도 이미 인
가한 것이니만큼 이것의 전승을 폐지한다는 것이지만, 여기에는
또 다른 세상사의 이야기가 감추어져 있을 것이다.『조당집』제11
권 '운문화상' 편에 인용된「종맥송宗脈頌」에서는 대가섭으로부터
달마를 거쳐 혜능에 이르는 과정을 이같이 전하고 있다.

여래께서 열반에 드신 뒤
가섭에게 부촉한 이래
서천西天의 28대에 걸쳐
조사와 부처의 법인을 서로 전했네.

달마가 동토東土를 바라봄에
다섯 꽃잎의 기운이 이어졌지만
9년 동안 면벽面壁하며
단지 차나 마시라는 말만 하였네.

2조(혜가)가 상수上首가 된 뒤
달마는 서천으로 돌아갔고

6조(혜능)가 조계산에 주석한 이후

의발衣鉢은 더이상 전해지지 않았네.*

*K1503, 305a.   그러나 부처님의 발우는, 정수성등이 이를 중생을 제도하는 (말하자면 '피안의 세계로 건너가는') 다리와 나룻배에 비유하였듯이, 또 다른 일군의 문헌에서 천변만화千變萬化의 교화의 방편으로 등장하며, 우리나라의 자장율사나 진표율사의 전기상에도 등장한다. 물론 방편의 의미와 내용은 다르겠지만.

제9장 반야바라밀다와 불발

부처님께서 사리불舍利弗에게 말씀하셨다.

"가서 발우를 찾아오너라."

사리불은 곧바로 부처의 위신력威神力과 자신의 지혜의 힘으로 1만 가지 삼매에 들어 1만의 불국토(佛刹)를 지나며 발우를 찾았지만 끝내 찾을 수 없었다. 사리불은 삼매에서 깨어나 부처님께 아뢰었다.

"발우를 구하여 찾아보았지만 끝내 찾지 못하였습니다."

부처님께서 말씀하셨다.

"그만두어라."

부처님께서 또 대목건련大目犍連에게 말씀하셨다.

"네가 가서 발우를 찾아오너라."

목건련은 곧바로 부처의 위신력과 자신의 신통의 힘으로 8천 가지 삼매에 들어 8천의 불국토를 지나며 발우를 찾았지만 끝내 찾을 수 없었다. 목건련은 삼매에서 깨어나 부처님께 아뢰었다.

"발우를 구하여 찾아보았지만 끝내 찾지 못하였습니다."

부처님께서 수보리須菩提에게 말씀하셨다.

"네가 가서 발우를 찾아오너라."

수보리 역시 바로 1만 2천 가지 삼매에 들어 1만 2천의 불국토를 지나며 발우를 찾았지만 역시 끝내 찾을 수 없었다. 수보리는 삼매에서 깨어나 부처님께 아뢰었다.

"발우를 구하여 찾아보았지만 끝내 찾지 못하였습니다."

이렇게 하여 5백의 비구 존자들이 각기 신통을 일으켜 발우를 찾았지만, 끝내 찾지 못하였다.

(『불설아사세왕경』)

1. 반야바라밀다와 불발

1) 『반야경』에서의 불발

일체의 모든 존재가 꿈과 같고 신기루와 같으며, 물거품이나 그림자, 아침의 이슬과 같다고 여기는 대승에서는 불발에 대해 어떻게 생각하는가? 일체가 다 공空이라는 대승의 진리관인 반야바라밀다의 도리에서 본다면 불거불래不去不來, 가는 일도 없고 오는 일도 없다고 하였으니 불발 역시 인천人天의 세계를 오고가는 일이 없다고 해야 하지 않겠는가? 아니 본래무일물本來無一物, 본래 한 물건도 없다고 하였으니 불발 또한 실체가 없는 부질없는 한 물건이라고 하지 않으면 안 된다.

그런데 반야바라밀다에 의해 드러나는 제법諸法의 무소득無所得 공空을 천명하는 일련의 반야부 경전에서는 보살마하살이 이 같은 반야바라밀다를 행하여 무상無上 정등각正等覺의 온갖 공덕을 성취

[사진1] 사천왕 봉발. 3세기 스와트. 빅토리아 앨버트박물관(c).

하면 삼천대천세계의 사천왕이 발우를 바치게 될 것이라고 누누이 말한다.

부처님께서 사리불에게 말씀하셨다.

"만약 보살마하살이 반야바라밀다를 행하여 이와 같은 (정등각의) 공덕을 능히 성취하게 되면, 그때 삼천대천세계의 사대천왕이 모두 다 크게 환희하며 이같이 생각할 것이다. '우리들은 이제 옛날 천왕들이 앞서 출현하였던 여래·응공·정등각께 발우를 바쳤듯이 네 개의 발우를 이 보살에게 바쳐야 하리라.'"*

*『대반야바라밀다경』 초분 「학관품」(T5, 17a7-10); 제2분 「환희품」(T7, 11a10-12); 제3분 「사리자품」(동 432c21-24).

[사진2] 4천왕 봉발. 2~3세기 스와트. 영국박물관(c).

422

제석천왕이 말하였다.

"비구들은 마땅히 알아야 합니다. 이러한 보살마하살이 매우 심오한 뜻의 반야바라밀다를 행하면 (중략) 세상을 수호하는 사천왕은 각기 자신의 천중天衆들을 거느리고 그의 처소로 가 공양하고 공경 존중하며 다 함께 말할 것입니다.

'훌륭하십니다, 대사大士여! 보살마하살이 배워야 하는 법만 부지런히 배우시고, 성문이나 독각승 등이 배워야 할 법은 배우지 마소서. 만약 이와 같이 배우시면 미묘한 보리좌菩提座에 신속히 앉으실 것이고, 무상정등無上正等의 보리菩提를 신속히 증득하실 것이며, 앞서 출현한 여래·응공·정등각께서 사천왕이 바친 네 개의 발우를 받으신 것처럼 그대 역시 받으실 것이며, 옛날 세상을 수호하는 4대천왕이 네 개의 발우를 바친 것처럼 저희들도 역시 바치겠나이다.'"*

구마라집이 번역한 대품과 소품의 『반야바라밀경』에서도 역시 동일한 문장과 내용의 경문을 전하고 있다. 특히 『마하(대품)반야바라밀경』에서는 「봉발품奉鉢品」, 즉 '〔사천왕이〕 발우를 바치는 이야기'라는 이름의 장에서 반야바라밀다의 수행을 강조하고 있다.

부처님께서 사리불에게 말씀하셨다.

"만약 보살마하살이 반야바라밀을 행하여 능히 이 같은 〔정등각의〕 공덕을 짓게 된다면, 이때 〔삼천대천세계의〕 사대천왕이

* 『대반야바라밀다경』 초분 「巧便學品」(T6, 728c9-11); 제2분 「同學品」(T7, 294a29-b2); 제3분 「巧便品」(동 658c17-19); 제4분 「天主品」(동 843b28-c1); 제5분 「勝意樂品」(동 912a29-b2).

모두 다 크게 환희하며 말할 것이다. '우리는 이제 옛날의 천왕들이 〔앞서 출현하였던〕 이전 부처님께 발우를 바쳤듯이 이 보살에게도 네 개의 발우를 바쳐야 하리라.'"*

*『마하반야바라밀경』 제2「봉발품」(T8, 221 a22-24).

"만약 보살로서 이 같은 〔반야바라밀을〕 배우는 자라면, (중략) 그때 사천왕이 네 개의 발우를 갖고 그의 처소에 와 이같이 말할 것이다. '선남자여! 그대가 아뇩다라삼먁삼보리를 신속히 배워 증득하여 〔보리〕도량(菩提道場)에 앉을 때 우리는 마땅히 이 네 개의 발우를 바칠 것입니다.'"*

*『소품반야바라밀경』 제20「深心求菩提品」 (T8, 573a14-17).

경에서는 계속하여 사천왕천보다 위의 하늘인 삼십삼천에서 타화자재천他化自在天에 이르는 욕계의 하늘도 역시 크게 기뻐하며 이같이 반야바라밀다를 행하는 보살을 공경 공양하고 존중 찬탄할 것이고, 삼천대천세계의 범중천에서 색구경천에 이르는 색계의 모든 하늘 역시 기뻐하며 무상無上의 보리를 하루속히 증득하여 미묘한 법륜을 굴려 일체 중생을 이롭게 할 것을 청하면서, 그를 보거나 그의 말을 들은 삼천대천세계의 선남자와 선여인들이 모두 다 기뻐하며 그를 부모·형제·자매·처자·권속·지인·친구로 삼아 선업을 닦고 무상의 보리를 증득하기를 발원할 것이라거나 보살마하살 또한 저들을 위해 부모·형제 내지 친구가 되어주어야 한다고 설하고 있다.

반야부 경전에서는 성문·독각이 배우는 지혜를 닦지 말고 보살(혹은 대승)의 반야바라밀다를 닦을 것을 강조하면서도 이렇듯 이

[사진3] 사천왕 봉발.
콜카타 인도박물관(c).

에 따라 등정각을 성취할 경우 앞서 석가모니불이 활동하였던 사
바세계뿐만 아니라 삼천대천세계의 사천왕이 각기 네 개의 발우를
바칠 것이라는 인과법을 설하고 있다. 어찌 「봉발품」(『마하반야바
라밀경』의 경우)이라는 별도의 장에서 보살이 반야바라밀다를 닦는
첫 번째 대가(果報)로 사천왕의 봉발奉鉢을 설하고 있는 것인가? 이

*제2장 2-2 참조.

는 다만 사천왕의 봉발을 조건으로 보살의 하생을 재촉한 불전*의
답습인가? 그러나 보시바라밀이나 인욕바라밀조차 대가를 바라고
닦는 것이 아니거늘 하물며 반야바라밀다가 그러할 것인가? 정등
각자(부처님)에게 있어 발우가 무슨 소용일 것이며, 무슨 이익이라
는 것인가?

2) 『대지도론』에서의 발우 이야기
대승불교의 아버지, 용수龍樹가 찬술한 것으로 전해지는 『대지도
론大智度論』은 논의 이름 그대로 『마하반야바라밀경』(구마라집 역)

의 주석서로 여기서도 당연히 이러한 의문을 제기한다.

"「서품」에서 이미 반야바라밀에 대해 완전하게 찬탄하였는데, 이 「보응품報應品」(『마하반야바라밀경』의 「봉발품」)에서 다시 사천왕의 봉발 등으로 이를 찬탄하는 까닭이 무엇인가?"

『대지도론』에서는 이같이 해명한다.

반야바라밀을 행하는 것에는 두 가지 과보가 있다. 첫째는 부처를 이루어 중생을 제도하는 것이고, 둘째는 아직 성불하지 못하였을지라도 전륜성왕과 제석천왕과 삼천(대천)세계의 주인인 대범천왕으로부터 복락福樂과 공양을 모두 갖춘 세간의 과보를 받는 것이다. 지금 (이 「보응품」에서는 보살이) 세간의 과보를 받는다는 사실을 중생들에게 드러내 보이기 위해 이에 대해 설한 것이다.

또한 세간에서 대업大業을 이루고자 하는 이는 대개 (세간의 가치를) 무너뜨리고 어지럽히지만, 내적으로 마음이 이미 확립되어 있고 외적인 (세간)사와도 역시 부합하는 보살은 그렇지 않기 때문에 「보응품」에서 이 같은 (사천왕이 발우를 바친다는) 등의 이야기를 설하게 된 것이다.*

*T25, 314c5-12.

요컨대 반야바라밀다를 닦는 보살의 과보는 당연히 요익중생饒益衆生, 중생구제지만, 뭇 중생들에게 보살의 세속적 이익을 그들 눈높이에 맞게 보여주기 위해, 혹은 보살은 이미 마음이 확립되어 세간의 어떤 일도 감당할 수 있기 때문에 사천왕으로부터 발우를 얻는다는 이러한 세속적 과보를 설하였다는 것이다.

발우의 세속성과 관련하여 『대지도론』에서는 또 다른 근본적인 문제를 제기한다. 초기경전에서도 불타를 금강신金剛身, 즉 금강석처럼 견고한 몸을 지닌 분으로 표현하지만,* 예컨대 『대반야바라밀다경』에서는 보살마하살이 반야바라밀다를 행할 때 여래의 몸은 청정한 진리의 몸(法身)이고, 금강석처럼 견고한 몸임을 확신하여 이에 대해 한 점 의혹도 없어야 한다고 말한다. 혹은 『대반열반경』 제2 「금강신품金剛身品」에서도 여래의 몸을 무량 공덕의 결과이기에 결코 파괴할 수 없는 몸, 금강석처럼 견고한 몸, 음식에 의해 성취된 것이 아닌, 이것저것 아무 것이나 먹지 않는 몸(非雜食身), 바로 법신으로 규정한다. 그리고 말한다. "이러한 여래의 법신은 당연히 성문이나 연각이 알 수 있는 바가 아니다."*

*『잡아함』 제604 「아육왕경」(T2, 167b3).

*T12, 382c27-29; 383b7.

[사진4] 공양자상. 2~4세기 간다라. 빅토리아 앨버트박물관(c).

그럴 때 진리의 몸을 지닌 여래께서 어찌 이러저러한 온갖 음식을 드실 것이며, 그런 이에게 발우가 무슨 소용일 것인가? 이에 『대지도론』「초품」에서는 다음과 같은 흥미로운 문답의 논의를 펼치고 있다.

문: 경에서 설한 것처럼 부처의 금강신金剛身은 남에게 빌은 밥(仰食)에 의지하지 않거늘 어찌 발우를 가질 것인가?

답: 불법에는 두 가지의 도가 있다. 첫째는 성문의 도(聲聞道)이고, 둘째는 부처의 도(佛道)이다. 성문의 법에서 부처는 인간들의 법도(人法)에 따라 씹어 먹는 음식(즉 段食)을 취하지만, 마하연(摩訶衍, 대승)의 법에서는 인간들을 위한 방편으로 씹어 먹는 음식을 취하는 것일 뿐 진실로 그것을 드시는 것은 아니다.

문: 여기서 방편이란 무엇을 말한 것인가?

답: 부처님은 사람들을 제도하고자 인간들의 법도를 실행하여 보여주신 것이다. 만약 그렇게 하지 않았을 경우 사람들은 '부처는 사람이 아닌데 우리가 어찌 그의 법을 행할 수 있을 것인가'라고 생각할 것이다. 또한 어떤 이들은 보시〔의 공덕〕으로 인해 제도되기 때문에, 부처님은 이런 이들을 위해 짐짓 그들의 음식을 받은 것이다. 즉 그들은 '나의 음식이 부처님의 몸을 도와 이롭게 하였다'고 생각하고 크게 기뻐하며, 기뻐하였기에 부처님의 말씀을 믿고 받아들이게 된다. 이는 마치 대국의 왕이 신하가 음식을 대접하려고 할 때 비록 그의 음식이 필요 없을지라도 그를 포섭하기 위해 일부러 약간의 음식을 먹어 그를 기뻐

하게 하는 것과 같다. 이와 같은 등의 인연에서 부처님은 사람들로부터 음식을 받는 모습을 보여주신 것이다.

문: 만약 부처님께서 음식을 〔진실로〕 드시는 것이 아니라고 한다면, 받은 음식은 어디에 있는 것인가?

답: 부처의 일은 불가사의不可思議하므로 이같이 물어서는 안된다. 또한 어떤 이들은 부처님이 주신 음식을 먹고 제도되기도 하고, 그의 말씀(聲)을 듣거나 그의 모습(色)을 보고서, 혹은 그의 몸(身)과 접촉하거나 그의 향내(香)를 맡고서 제도되기 때문에, 부처님은 당신의 음식을 먹고 제도되는 그들에게 당신이 받은 음식을 나누어주기도 한다. 예컨대 『밀적금강경密迹金剛經』에서 "부처님은 입안에 음식을 넣고 다니시다 불도를 구하는 하늘이 있으면 시방세계 어디라도 가 그들에게 베푼다"고 설하고 있는 것이다.

문: 만약 그렇다고 한다면 염승念僧들은 "어떠한 중생도 부처의 밥(佛食)을 먹을 수 없다"고 설하였는데, 어떤 뜻에서 이같이 말한 것인가?

답: 부처님께서 주지 않은 것은 아무도 먹을 수 없다는 뜻이다. 그렇지만 여기서는 '부처님께서 그들에게 베푼 것'이라고 하였기 때문에 먹을 수 있다. 이 같은 사실을 어떻게 알게 된 것인가? 하면, 부처님께서 말먹이 용 보리(馬麥)를 잡수실 때* 그것을 아난에게 주셨고, 또 사문 이십억이二十億耳가 맛있는 국을 부처님께 올렸을 때 부처님은 남은 국을 빔비사라 왕에게 주셨다. 이 같은 사실로 볼 때 부처님께서 보시 받은 음식을

*『중본기경』 제15 「불식마맥품佛食馬麥品」 참조.

[사진5] 공양상, 2~4세기 간다라. 빅토리아 앨버트박물관(c).

준 것이라면 먹을 수 있지만, 주지 않은 것이라면 능히 소화시킬 수 없음을 알아야 한다. 또한 부처님을 위해 마련된 음식으로서 부처님께서 아직 드시지 않은 것이면 누구도 이를 소화시킬 수 없지만, 부처님께서 드시고 남은 것을 준 것이라면 능히 소화시킬 수 있다.

그렇기 때문에 부처님께서는 비록 진실로 음식을 드시는 것은 아닐지라도 사람들을 제도하기 위해 음식을 받고 발우를 지니는 것을 보여주신 것이다.*

*T25, 253a18-b13.

이상의 논설은, 밥을 먹고 배설하는, 나아가 죽고 태어나는 색신色身의 부처가 아니라 대승에서 추구하는 진리법신의 불신관에 따른 발우와 공양에 대한 해석이다. 보살마하살이 반야바라밀다를 닦아 정등각의 공덕을 성취할 때 사천왕이 발우를 바친다는 반야

[사진6] 부처님의 공양. 1~2세기 간다라 폐샤와르. 그리스의 코르푸 아시아 미술관(c).

경설에 비록 보살의 지혜는 성문·독각의 그것과는 차원이 다르다는 변별이 포함되어 있고, 삼천대천세계에 존재하는 모든 사천왕이 발우를 바친다고 하는 등 불전佛傳보다 과장되게 이야기하고 있을지라도 사천왕이 무상정등각無上正等覺에게 발우를 바친다는 이야기는 불교전통을 계승한 것이라 말할 수 있다.『대지도론』의 논설대로 사천왕이 부처님께 발우를 올리는 것은 과거·현재·미래 모든 부처님들의 법도였다.* 따라서『대지도론』에서 불발 관련 이야기는 기본적으로 불전문학을 비롯한 초기불전의 그것과 동일하다.

*T25, 253a7f.

　참고로『대지도론』「보응품」에서는 발우와 관련하여 또 다른 흥미로운 이야기를 전하는데, 우리는 여기서 제기되는 의문과 해명을 통해 이 논이 찬술될 당시 불발에 대한 북인도 불교도들의 정서를 엿볼 수 있다.*

문: 부처님은 몸이 하나인데, 어떤 이유에서 네 개의 발우를 받으시는 것인가?

답: 사천왕의 힘이 평등하기 때문에 한 명의 발우만을 받들 수 없는 것이다. 또한 〔중생들이〕 부처님께서 신통력으로 네 개의 발우를 포개어 하나로 만드는 것을 보게 되면, 기쁜 마음과 청정한 믿음에서 '우리가 보살께서 처음 태어날 때로부터 이제 성불에 이르기까지 행하였던 공양의 공덕이 헛된 것이 아니구나!'라고 생각할 것이기 때문이다.

문: 사천왕의 수명은 5백 세이고 보살은 무량의 아승기겁을 거

*용수의 저작으로 알려지는『대지도론』에는 서북인도를 무대로 하는 본생담(자타카)이나 비유(아바다나)가 대량으로 설해지고 있을 뿐만 아니라 설일체유부 비바사사毘婆沙師의 삼장에 대해 자세하게 설명하고 있다는 점에서 카슈미르와 관련 있다. 이런 점에서 E. 라모트는『대지도론』의 저자를 서북인도 출신으로, 설일체유부에 출가하였다가 훗날 대승으로 전향한 4세기 초 중관학파의 학승으로 추정한다.(平川彰 1991: 44f)

친 후 성불한다. 따라서 지금 [보살이 반야바라밀다를 닦을 때]의 사천왕은 훗날 [정등각을 성취할 때]의 천왕이 아닐 것인데 어찌 기뻐한다는 것인가?

답: 종성(姓)은 동일하기 때문으로, 비유하자면 고귀한 종성의 후사가 백대에 걸쳐 아주 멀리까지 이어질지라도 다른 종성이라 할 수 없는 것과 같다. 혹은 어느 때 보살이 6바라밀을 더욱 더 부지런히 닦는 것을 본 행자가 "이 보살께서 성불할 때 내가 발우를 바치리라"는 원을 세웠기 때문에 [등정각을 성취할 때] 태어날 수 있는 것이다. 또한 사천왕의 수명은 인간세상의 50년을 하루 낮밤으로 삼고, [이 같은 낮밤의] 30일을 한 달, 12달을 1년으로 삼았을 때의 5백 세이다. 이렇게 계산하였을 때 사천왕천의 수명 5백 세는 인간세상의 9백만 년에 상당한다. 이러한 [등정각의] 공덕을 지은 보살이 성불에 가까워졌을 때 처

[사진7] 부처님 공양.
스와트박물관.

음 태어난 사천왕이라면 충분히 〔등정각과〕 만날 수 있을 것이다.

문: 예컨대 『마하연경摩訶衍經』에서는 "잘게 나누어 섭취하는 음식(즉 段食)을 먹지 않고 기쁨(喜)을 먹거리로 삼는 부처가 있으니, 예컨대 의복과 차림새/모양새(儀容)는 세속인(白衣)과 다름이 없지만 발우의 밥(鉢食)을 먹지 않는 천왕불天王佛이 그러한 경우이다"고 설하였는데, 어떠한 까닭에서 사천왕은 "결정코 발우를 바칠 것이다"고 말한 것인가?

답: '결정코'라는 말은 발우를 사용하여 밥을 드시는 분에 해당되는 것으로, 사용하지 않는 분의 경우 해당되지 않는다. 또한 대부분의 부처님이 발우를 사용하였고, 사용하지 않은 분은 그 수가 매우 적다. 그래서 다수에 준하여 "결정코"라고 말한 것이다.*

*T25, 315a27-b16.

2. 문수보살의 불발 찾기

1) 불가득의 반야바라밀다

대승경전에서 반야바라밀다의 일차적 의미는 공(空, śūnya)에 대한 지혜의 완성/성취이다. 그러나 여기서 공은 구체적인 인식대상이 아니기 때문에 불가득不可得이며, 따라서 인식하기 매우 어렵다. '제법본무諸法本無, 모든 법은 본래 존재하지 않는다'거나 '제법개공諸法皆空, 모든 법은 다 공하다'는 도리로써 아사세阿闍世 왕이 부왕을 시해한 역죄逆罪의 고통에서 벗어나게 하였다는 『아사세왕경

(Ajātaśatrukaukṛtyavinodana)』에서 불타는 사리불에게 제자(즉 성문)가 배우는 불교는 구체적이고도 잡을 수 있는 유한유착有限有著의 법, 따라서 배워야 할 것도 그에 대한 지혜도 약소한 데 반해 보살이 배우는 불교는 구체적이지도 않을 뿐더러 걸림도 없는 무한무애無限無礙의 법, 따라서 배워야 할 것도 광대하고 알아야 할 것도 끝이 없을 뿐더러 설하는 것도 걸림이 없다고 말한다.*

*T15, 392b19-23.

『금강반야바라밀경』(줄여서『금강경』)에서 불타는 "위없이 높고 평등한 깨달음으로의 마음을 일으킨 선남자善男子와 선여인善女人은 어떻게 살아야 합니까?"라는 장로 수보리의 물음에 "보살은 아상我相·인상人相·중생상衆生相·수자상壽者相 등 자아와 관련된 어떠한 관념도 갖고 있지 않기 때문에 무량무수의 중생을 구제하고도 진실로 한 중생도 구제한 일이 없다고 여겨야 하고, 보고 들은 등의 어떠한 인식대상(6境)에 대해서도 집착함이 없이(無所住) 보시하고 나아가 지혜를 일으켜야 한다"고 설파하고 있다.

『아사세왕경』에서 문수보살 또한 "보살은 삶에 대한 집착 없이 살아야 한다. 이는 곧 삼계에 머물면서도 삼계에 집착하지 않는 것으로, 일체 제법으로서 그 자체로서 인식될 수 있는 것은, 다시 말해 존재라고 할만한 것은 아무 것도 없기 때문"이라고 설하고 있다. "연꽃은 진흙탕에 피지만 진흙에 물들지 않는다"거나 "배는 물 위에 떠 있지만 물이 스며들지 않는다", "거미는 거미줄에 머물지만 거미줄에 매이지 않는다"는 대승의 명언들은 이렇듯 말만으로도 무애 자재한 경지를 엿볼 수 있게 하지만, 실제 삼계에 대한 집착 없이 삼계에 머무는 것은, '진리'라는 구체적 대상 없이 진리를 인식하는 일은 결코 쉬운 일이 아니다. 대승의 보살은 세간의 선행인 보시조차 집착 없이, '보시한다'는 생각도 없이 보시해야 하며, 지계와 인욕, 정진, 선정은 물론 정등각으로의 지혜인 반야바라밀다 또한 '반야바라밀다를 추구한다'는 생각도 없이 추구해야 하였다.

더욱이 3아승기겁에 다시 백겁을 더한 석가보살의 보살행은 한편으로는 찬양과 예배의 대상이 될 수 있을지라도 내가 가야 하는 길일 때에는 문제가 달라진다. 내가 어찌 감히 그 같은 길을 가겠는가? 비록 보리심을 일으켜 보살로의 길로 들어섰을지라도 마음이 견고하지 못한 이들은 차라리 성문이나 독각(혹은 연각)의 도를 구하는 것이 낫지 않을까? 하고 생각할 것이다. 그것은 다만 부처님의 말씀을 듣거나 12인연을 관하여 괴로움의 세간으로부터, 생사로부터 벗어나는, 구체적이고도 손으로 잡을 수 있는 불교였기 때문이었다.

'부처님께서 발우를 내려놓은 이야기'라는 뜻의『불설방발경佛說放鉢經』(역자불명)이라는 대승경이 있다. 일체법이 공이라는 반야바라밀다와 이에 기초한 보살도에 대한 믿음이 견고하지 않은 일단의 보살들이 차라리 아라한(성문)이나 벽지불(독각)의 도를 추구하려고 함에 문수보살이 부처님께서 내려놓은 발우를 찾아오는 일련의 이야기를 통해 이들의 동요를 잠재웠다는 내용의 경이다. 원래 서진西晉 때(287년) 축법호竺法護가 번역한『문수사리보초삼매경文殊師利普超三昧經』제3「거발품擧鉢品」이나 후한(後漢, 147~186년)의 지루가참支婁迦讖이 번역한『불설아사세왕경佛說阿闍世王經』중의 하나의 서사(내러티브)로 존재하였지만, 이를 독립된 경으로 편찬 번역한 것이다. 중국 양나라 때(516년) 승민僧旻과 보창寶唱이 편찬한 『경율이상經律異相』 제5 「보살부」에서는 『아사세왕경』에서의 해당 이야기를 '문수보살이 여러 세계에 몸을 나투어 부처님께서 내려놓은 불발을 가져와 〔대승의〕 가르침을 널리 펼친 이야기(文殊現身諸剎取鉢弘敎)'라는 제목으로 요약하기도 하였다.

『불설방발경』을 비롯한 세 역본은 역어 상의 차이와 문구 상의 증감이 있을지라도 줄거리와 내용이 동일하다. 『방발경』을 저본으로 삼아 우리에게 비교적 익숙한 술어를 선택하여 세 역본의 이야기를 다시 구성해 본다.(단락구분과 제목은 필자)

2) 부처님께서 발우를 내려놓은 이야기

(1) 보살도를 포기하려는 이들을 위한 퍼포먼스

어느 때 부처님께서 사위국의 기원정사에 계셨다. 그때 보살들과 비구와 비구니들, 우바새·우바이, 여러 천왕들과 제석천·범천, 아수라와 귀신과 용龍, 온갖 사람들과 사람 아닌 이들 등 이루 헤아릴 수 없는 이들이 다 함께 모여 있었다.

불타께서 보살법菩薩法에 대해 말씀하셨다.

"〔보살은〕 이루 헤아릴 수 없는 겁劫에 걸쳐 지옥에서 고통받는 중생들과 짐승들, 담쟁이처럼 얽혀 힘들게 사는 시방세계의 중생들을 위해 금과 은, 진귀한 보배, 수레와 말, 노비는 물론 아내와 자식, 자신의 머리와 눈과 살을 보시하였다. 이것들을 시방세계의 사람들에게 아낌없이 보시한 것은 그들이 힘들고 괴로워하였기 때문이었다."

그때 도리천忉利天의 2백 명의 천자들이 전생부터 보살도를 행하였지만 아직 그 마음이 견고하지 못해 구도求道가 이처럼 힘들고 어려운 일이라는 불타의 말씀을 듣고 보살도를 성취하지 못할 바에야 차라리 아라한(성문)이나 벽지불(독각)의 도를 구하여 열반에 드는 편이 나을 것이라 생각하였다. 불타께서는 이들의 생각을 아시고 누구와도 비교할 수 없는 단정한 장자長者의 모습으로 변화하여 나타났다.

그는 맛난 음식들로 가득 채운 발우를 들고 부처님 계신 곳으로 가 무릎을 꿇고 두 손 모아 예배하고서 아뢰었다.

"원컨대 부처님이시여, 저를 가엾게 여겨 이 음식을 받으소서."

부처님께서 발우를 받으시자 그 앞에 앉아 있던 좌중의 보살들 중 문수사리文殊師利라는 이름의 보살이 부처님께 아뢰었다.

"옛날의 은혜를 잊지 마소서."

좌중의 보살들이 이 말을 듣고 서로에게 물었다.

"문수사리가 전생에 부처님께 무슨 은덕을 베풀었기에 장자가 보시한 부처님의 밥(佛飯)을 다시 얻으려 하는 것인가?"

사리불이 여쭈었다.

"부처님께서는 지난 세상에 문수사리로부터 무슨 은혜를 입었기에 그가 은혜를 잊지 말라는 것입니까?"

"조금만 기다려라. 내 이제 너의 의심을 풀어 주리라."

부처님께서는 이렇게 말씀하시고서 발우를 땅에 내려 놓으셨

다. 그러자 발우는 곧장 아래로 빠져 여러 부처님들의 국토(佛刹)를 거치고, 다시 아래쪽으로 갠지스 강(恒河)의 모래알과 같은 수의 세계를, 그것도 72번을 지나 명개벽(明開闢 혹은 바타사波陀沙, 조요炤燿)이라는 이름의 세계에 이르러 허공에 뜬 채로 멈추었다. 그곳의 보살들이 이를 보고 그들의 세존인 광명왕불(光明王佛 혹은 뇌비라야賴毘羅耶 여래)께 여쭈었다.

"이 발우는 어디서 왔으며, 어찌하여 땅에 떨어지지 않는 것입니까?"

그곳의 부처님(광명왕불)이 말씀하셨다.

"잠시 기다려라. 그대들은 조만간 부사의한 힘에 의해 나타나는 어떤 한 보살을 보게 되리라."

438

(2) 문수보살의 불발 찾기

① 그때 세존께서 마하목건련摩訶目揵連에게 말씀하셨다.

"가서 발우를 찾아오너라."

마하목건련은 곧바로 8천 가지 삼매三昧에 들어 8천 곳의 불국토를 두루 찾았지만 끝내 찾지 못하였다. 삼매에서 깨어나 부처님께 아뢰었다.

"발우를 찾아보았지만 어디에 있는지 끝내 찾지 못하였습니다."

부처님께서 말씀하셨다.

"그만두어라."

부처님께서 사리불舍利弗에게 말씀하셨다.

"네가 가서 발우를 찾아오너라."

사리불이 바로 만 가지 삼매에 들어 아래로 만 곳의 불국토를 지나며 발우를 찾았지만 끝내 찾지 못하였다. 삼매에서 깨어나 부처님께 아뢰었다.

"제가 아래로 만 곳의 불국토를 지나며 발우를 찾아보았지만 끝내 찾지 못하였습니다."

부처님께서 다시 마하가섭(摩訶迦葉, 혹은 수보리須菩提)에게 말씀하셨다.

"네가 가서 찾아오너라."

마하가섭이 바로 1만 2천 가지의 삼매에 들어 다시 아래로 1만 2천 곳의 불국토를 지나며 발우를 찾았지만 끝내 찾지 못하였다. 삼매에서 깨어나 부처님께 아뢰었다.

"발우를 찾아보았지만 끝내 찾지 못하였습니다."

그때 사리불이 미륵보살에게 말하였다.

"그대는 지혜와 공덕이 충만하여 다음 세상에 부처가 될 분이니 발우가 어디 있는지 아실 것입니다. 부디 당신께서 발우를 찾으소서."

미륵보살이 사리불에게 말하였다.

"제가 비록 지혜와 공덕이 충만하여 미래세의 부처가 될지라도 지금으로서는 문수사리가 닦은 삼매에 미치지 못합니다. 저는 그가 닦은 삼매의 이름조차 알지 못합니다. 제가 성불하였을 때라도 시방세계의 갠지스 강 모래알보다 많은 중생들은 문수사리라야 제도할 수 있습니다. 저는 그분이 발을 들고 내리는 것조차 알 수 없습니다. 문수사리만이 깊은 삼매에 들 수 있으니, 오로지 그분만이 부처님의 발우가 있는 곳을 아실 것입니다."

이에 사리불은 자리에서 일어나 부처님 계신 곳으로 가 무릎을 꿇고 합장한 채 아뢰었다.

"문수사리보살로 하여금 발우를 찾게 하소서."

②부처님이 문수사리에게 말씀하셨다.

"그대가 가서 발우를 찾아오너라."

문수보살은 '사리불이 자리에서 일어나기도 전에 발우를 가져오리라'고 생각한 즉시 바로 삼매에 들었다. 마치 해가 뜨는 순간 그 광명이 비치지 않는 곳이 없는 것처럼, 보살이 삼매에 들면 시방세계에 이르지 못할 곳이 없었다.* 문수가 가사袈裟 속으로 가만히 손을 뻗어 아래쪽으로 열 곳의 불국토를 거치며 발우를 찾았다. 불국토를 지날 때마다 손가락 마디마디에서는 천만 갈래의 광명이 뿜어져 나왔고 (혹은 팔뚝의 털/털구멍마다 백천억 갈래의 광명이 뿜어져 나왔고), 광명마다 끝에는 한 송이 연꽃이 있어 문수사리와 같은 모습의 보살이 한 명씩 앉아 있었는데, 모두 석가모니 부처님의 목소리로 그곳 부처님께 인사하고 나서 다시 문수사리의 목소리로 예배하였다.

계속하여 문수사리의 손은 갠지스 강의 모래알과 같은 수의 세계를 72번 지나 마침내 광명왕불의 세계에 이르렀다. 그곳의 보살들이 광명왕불에게 여쭈었다.

"이 손은 누구의 손이기에 그 끝을 볼 수 없고, 또한 윤곽(際)도 볼 수 없는 것입니까?" (혹은 "이 손은 누구의 손이기에 뿜어 나온 광명 끝의 연꽃마다 보살들이 나타나 부처님들의 공덕을 노래로 찬탄하는 것입니까?")

광명왕불이 보살들에게 말씀하셨다.

"위쪽으로 무수히 많은 불국토를 지나면 석가모니불의 사바세계(sahālokadhātu, 혹은 사하루타沙訶樓陀, 忍世界)가 있는데, 그곳의 법회에 있던, 그 누구와도 비교할 수 없는 광명과 지혜를 지닌 문수사리라는 이름의 보살이 저 허공에 떠 있는 발우를 가져가기 위해 손을 뻗어내려 여기에 이른 것이다. 즉 저 발우는 석가모니불이 그곳의 타락한 보살들을 교화하기 위해 일부러 내려보낸 것이다."

*이에 따라 문수의 삼매를 '보초삼매普超三昧'라고 하며, 본 이야기의 경명을 『문수사리보초삼매경』이라 하였다.

이 말을 들은 광명왕불 세계의 보살들은 목마른 사람이 물을 찾듯 사바세계의 석가모니불과 문수보살을 친견하기를 갈망하였다. 그들은 다 함께 광명왕불에게 아뢰었다.

"지금 저희들은 석가모니불과 문수사리를 비롯하여 저들의 세계를 보기 원합니다."

광명왕불이 바로 이마 위(혹은 두 눈썹 사이)로 천억 갈래의 광명을 뿜어내고, 중앙의 광명은 무수한 불국토를 비추었는데, 그 중 하나가 석가모니불의 사바세계에 이르렀다. 그 광명을 본 사바세계의 사람들은 다들 전륜성왕이라도 된 듯 몸이 편안해졌고, 보통의 비구들은 수다원과須陀洹果를 증득하였으며, 〔번뇌와 업과 괴로움의 현실이라는〕세 길(三道)에서 벗어난 이들은 다 8해탈에 들어 아라한과를 증득하였다. 그리고 보살의 몸으로서 이러한 광명을 받은 이들은 다 일명日明삼매를 얻었다.

광명왕불 세계의 보살들은 그 자리에서 사바세계와 이곳의 성문들과 보살들을 보더니 눈물을 흘리면서 말했다.

"사바세계의 보살들은 애석하게도 저 같은 〔탐·진·치가 뒤섞인〕세상에 태어났으니, 청정한 수정과 마니摩尼 보배가 진흙탕에 떨어진 듯 참으로 애석합니다."

광명왕불이 저들 보살에게 말씀하셨다.

"그대들은 잘 알지도 못하면서 그렇게 말하지 말라. 왜냐하면 나의 국토에서 닦는 천겁의 선정도 저 석가모니불의 국토의 사람들이 아침 식사하기 전에 닦는 자비행의 공덕에 비하면 그 절반에도 미치지 못하기 때문이다. 저 국토의 보살들은 비록 과거

숙업이 있을지라도, 진리를 행하기만 하면 손가락을 튕기는 정도의 짧은 시간에 죄업을 모두 다 없앨 수 있느니라."*

한편 사바세계의 보살들도 석가모니불께 여쭈었다.

"이 광명이 어디서 왔기에 이렇듯 몸을 편안하게 하는 것입니까?"

부처님께서 말씀하셨다.

"아래쪽으로 갠지스 강의 모래알과 같은 수의 세계를 72번 지나면, 명개벽(明開闢, 혹은 구하사漚呵沙)이라는 이름의 세계가 있는데, 그곳의 광명왕불께서 두 눈썹 사이 정수리로 뿜어낸 광명이니라."

이 말을 들은 보살들이 다 같이 부처님께 아뢰었다.

"원컨대 명개벽세계와 광명왕불을 보여주소서."

이에 석가모니께서는 발바닥에 새겨진 천 폭의 법륜 상에서 광명을 뿜어내었다. 광명은 아래쪽으로 갠지스 강의 모래알과 같은 수의 세계를 72번 지나 명개벽세계와 광명왕불을 비춤에 그곳이 환하게 열렸고,* 광명에 비친 그곳 보살들은 다 수미광명(須彌光明, 혹은 마비저摩比低) 삼매를 얻었다.

그리하여 이곳의 보살들은 마치 수미산 꼭대기에서 지상의 염부제의 성城들을 내려다보듯이 저 세계와 그곳의 부처를 내려다보았고, 저 세계의 보살들 역시 지상에서 해와 달과 별들을 올려다보듯이 이 세계와 이곳의 부처를 올려다보았다.

③[두 세계의 부처님의 말씀이 끝나자] 문수사리보살이 아래

* 이하 『방발경』에서는 광명왕불/뢰비라야불 賴毘羅耶佛이 사바세계/사하루타로 올라가 석가모니불과 문수사리 등 그곳의 불보살께 공양하고 싶다는 명개벽세계의 보살들에게 사바세계에 대해 자세하게 설명한다.

* 그래서 그곳 세계의 이름이 '명개벽'이었다.

로 손을 뻗어 발우를 찾았다. 광명왕불의 국토가 크게 진동하였다. 진동은 무수한 불국토를 지나 석가모니불의 국토에까지 미쳤다. 모든 사람들이 놀라 두려워하였다. 사리불이 자리에서 일어나 무릎을 꿇고 합장한 채 부처님께 여쭈었다.

"지금 무슨 까닭으로 이렇듯 대지가 진동하는 것입니까? 놀라 두려워하지 않는 이가 없습니다."

부처님께서 말씀하셨다.

"지금 대지가 진동하는 것은 문수보살이 발우를 찾고 있기 때문이다."

"발우가 어디에 있습니까?"

"발우는 아래 세계에 있느니라. 무수히 많은 불국토를 지나면 광명왕(뇌비라야)이라는 이름의 부처가 계시는 명개벽이라는 세계가 있는데, 발우는 그곳에 있느니라."

"지금 〔이 세계의〕 보살들과 아라한, 모든 천중과 사람들, 아수라와 귀신과 용들이 저 아래 쪽 광명왕불의 국토와 거기에 이르는 무량의 불국토를 보고 싶어 하며, 문수사리가 변화의 신통력으로 발우를 갖고 오는 모습도 보고 싶어 합

[사진9] 발우를 든 불타좌상. 5세기 간다라. 빅토리아 앨버트 박물관(c).

444

니다."

부처님께서 바로 발 아래로 백억의 광명을 뿜어 시방세계의 무수히 많은 불국토들을 비추었다. 그리하여 모든 이들이 광명왕불의 국토와 그곳의 보살들을 보았고, 문수사리보살이 변화의 신통력으로 발우를 갖고 오는 모습을 보았다.

문수사리의 오른손이 이루 헤아릴 수 없는 백천의 보살들의 호위를 받으며 발우를 가지고 올라오고 있었다. 올라오는 동안 내려가면서 손가락 마디마디(혹은 팔뚝의 모공)에서 뿜어져 나온 광명과 연꽃들도 하나씩 사라져 갔다. 발우를 잡은 손이 이곳 영취산에 이르자, 문수사리보살은 자리에서 일어나 부처님께 예배하고 발우를 바치면서 아뢰었다.

"은덕을 베푸시어 이 발우를 받으소서."

부처님께서 발우를 받으셨다.

[사진10] 발우를 든 부처님. 파키스탄 스와트 붓카라 제1 사원지. 1세기. (유근자 제공)

(3) 문수보살의 은혜

①문수사리의 오른손을 따라 올라온 아래 세계의 보살들이 부처님께 예배하고 각기 자신들이 모시는 부처님의 이름으로 석가모니불께 인사를 전한 후 각자의 자리로 가 앉았을 때, 사리불이 일어나 앞으로 나와 무릎을 꿇고 합장한 채 부처님께 여쭈었다.

"문수사리가 부처님께 무슨 은혜를 베풀었기에 옛날의 은혜를 잊지 말라고 한 것입니까?"

부처님께서 사리불에게 말씀하셨다.

아주 먼 옛날, 이루 헤아릴 수 없을 정도로 많은 아승기겁 전에 막능승당(莫能勝幢, 혹은 용막능승勇莫能勝, 라타나기羅陁那祇)이라는 이름의 부처가 있었다. 그 시절은 오탁악세로, 막능승당불은 8만 4천 명의 성문과 12만(億) 명의 보살을 거느리고 삼승교三乘教에 대해 연설하였다. 그들 중 혜왕慧王이라는 이름의 비구(혹은 야나라야惹那羅耶라는 보살)가 아침에 발우를 들고 성에 들어가 걸식하고 돌아오는 길에 유모의 품에 안겨 재롱을 부리는 어린아이를 보았다. 아이는 존자(혹은 장자)의 아들로 이름은 이구비(離垢臂, 혹은 이구왕離垢王, 유마라바휴惟摩羅波休)였다.

혜왕비구가 오는 것을 본 어린아이는 유모의 품에서 내려와 그에게로 가 음식을 나눠 달라고 하였다. 비구가 석밀과 밀떡(蜜餠, 혹은 모특밀단摸特蜜搏)을 주었다. 어린아이가 매우 맛있게 먹고는 계속 비구를 따라갔다. 유모가 쫓아가 이를 말렸다. 음식

446

을 다 먹은 어린아이도 돌아가려 하였다. 그러자 비구가 또 음
식을 주니 아이는 또 그를 따라갔다. 그리하여 마침내 여래의
처소에 이르게 되었다.

그때 혜왕비구는 음식이 담긴 발우를 어린아이에게 주면서 말
하였다.

"아이야, 이 발우의 음식을 여래께 올려라."

어린아이가 발우를 받아 부처님께 올렸다. 부처님께서 이를 받
아 배불리 드셨지만 아이가 올린 발우의 음식은 조금도 줄어들
지 않았다. 또한 8만 4천의 비구와 12만의 보살들도 다 함께 배
불리 먹었지만 역시 그대로였다. 이렇게 7일을 공양하였어도
역시 그러하였다.

혜왕비구는 어린아이를 가르쳐 부처님과 법과 성중聖衆에게 귀

[사진11] 어린아이의
공양. 2~3세기 샤흐리
바르홀. 페샤와르박물
관.

의하게 하고, 5계를 설하여 잘못을 뉘우치고 공덕을 닦도록 도와줌에 아이는 결국 무상정등각의 마음을 일으키게 되었다.

그때 아이의 부모가 아들을 찾아 헤매다가 막능승당 여래의 처소로 왔다. 어린아이가 부모에게 인사하고 말하였다.

"저는 이제 보살도에 들어 일체 중생들을 구제하고자 하오니, 부모님께서도 큰 서원 세우소서. 부처님의 32상과 80종호를 보시옵소서. 그의 지혜는 두루 미치지 않는 곳이 없고 그의 도는 모든 경계에서 해탈하셨으니, 저도 이제 사문이 되고자 합

[사진12] 어린아이의
공양. 스와트박물관.

448

니다."

이에 부모는 말했다.

"참으로 훌륭하구나. 네가 하고자 하는 바를 즐거이 추구하라. 우리도 너를 따라 역시 발심하여 불법을 위해 살아가리라. 이제 집으로 가 모든 것을 정리하고 너처럼 사문이 되리라."

②부처님께서 사리불에게 말씀하셨다.

"이제 그대의 의심을 풀어 주리라. 그때의 혜왕비구가 누구였겠느냐? 바로 지금의 문수사리보살이니라. 그리고 존자의 어린 아들 이구비는 바로 나였느니라. 문수사리는 본시 나의 스승이었고 과거 무량의 부처도 바로 문수사리의 제자였으며, 앞으로 올 부처 역시 그의 가피와 은덕에 따른 것이니라. 비유하자면 마치 세간의 어린아이에게 부모가 있는 것처럼, 문수는 불도佛道의 부모이니라."

이때 〔앞서 보살도에서 물러나려고 생각하였던〕 도리천의 2백명의 보살들은 스스로 생각하였다.

'부처님께서 본래 문수보살에게 교화되어 공덕을 짓고 부처가 되었다면, 문수사리는 어찌하여 부처님 앞에 있으면서도 성불하지 못한 것인가?'

부처님께서 말씀하셨다.

"문수는 중생을 널리 교화하고자 뛰어난 방편도에 깊이 들어갔기 때문에 불도를 얻지 않은 것일 뿐이다."

부처님께서 보살들과 비구 4중衆과, 앞서 말한 2백 명의 천자와 그 밖의 사람들에게 말씀하셨다.

"보살들이 2승(즉 아라한과 벽지불)을 추구하려고 했던 것을 후
회한다면, 문수의 [신통] 변화를 보아라. [이제] 내가 그의 은혜
에 보답할 것이다. [그대들] 모두 지금 다시 무상無上의 마음을
일으켜 보살도를 닦으면 [내가 그러하였듯이] 후세에 모두 부
처가 되리라."

『방발경』에서 부처님의 발우는 문수보살의 은혜를 갚기 위한 일
련의 퍼포먼스의 중요한 도구로 사용되고 있다. 즉 발심한 지 얼마
되지 않은 도리천의 2백 명의 천자가 보살행의 어려움을 알고 2승
(성문·연각)으로 회심回心하려고 하였을 때, 문수보살은 부처님께
아득한 옛날 혜왕비구(문수보살 전신)로서 존자의 아들 이구비(석가
여래의 전신)를 인도하여 보리심을 일으키게 한 은혜의 보답 차원에
서 그들의 회심을 막으라고 하였고, 부처님은 당신의 발우를 문수
보살의 변화 신통(神變)을 보여주기 위한 방편으로 활용하고 있는
것이다. 문수보살이 부처님께 과거의 은혜를 갚으라고 한 것은 2
백 명 천자의 2승(즉 소승)으로의 회심을 막아달라는 것이었다. 문
수보살이 그같이 요구할 수 있었던 것은 그가 과거세뿐만 아니라
미래에 출현할 부처에게도 부모와 같은 존재이기 때문이었다.

3. 성문의 발우와 보살의 발우

1)『보초삼매경』에서의 공양 이야기

『방발경』에서 세존께서 하계로 내려보낸 발우를 지혜제일의 사리불도, 신통제일의 목건련도, 두타제일 마하가섭(『보초삼매경』과 『아사세왕경』에서는 해공제일 수보리)도 찾지 못하였고, 나아가 미래 생에 성불이 기약된 미륵보살조차 자신은 문수보살의 발꿈치도 따라갈 수 없다면서 불발을 찾는 일을 그에게로 미룬다. 경에서는 이처럼 성문의 제자와 보살을 차별 대립시킨다. 이 경을 설한 목적도 보살도를 포기하고 생사에서 벗어나는 열반을 추구하려고 생각한 일단의 보살들을 구제하기 위한 것이었다.

『방발경』을 경의 한 품(제3「거발품擧鉢品」)으로 포함하는 『문수사리보초삼매경』(全13品)이나 이것의 이역인 『불설아사세왕경』에서는 거의 모든 품에서 성문과 보살을 대립시키고 있다. 예컨대 제4「유동품幼童品」에서는 세 아이를 등장시켜 생사를 두려워한 나머지 보리심을 일으키지 못하고 열반에 들려고 하는 사리불 등의 성문제자들을 추궁한다.

> 아주 먼 옛날 일체도一切度라는 이름의 부처님이 계셨다. 그는 백억의 제자를 거느렸지만 두 명의 뛰어난 제자가 있었다. 막능승莫能勝이라는 비구는 지혜가 뛰어났고, 득대원得大願이라는 비구는 신통이 뛰어났다. 어느 날 8천의 보살을 앞세우고, 이 두 제자를 좌우로 거느리고서 상명문常名聞이라는 나라에 들어

가 탁발하는데, 성안의 세 장자의 아이들이 이들의 모습을 찬탄하며 자신들이 걸치고 있던 목걸이의 하얀 구슬을 공양하려 하였다.

한 아이가 두 아이에게 물었다.

"너희들은 이 공덕으로 무엇을 구하고자 하는가?"

그들 중 한 아이는 오른쪽의 비구처럼 지혜가 뛰어난 이가 되기 원한다고 하였고, 다른 한 아이는 왼쪽의 비구처럼 신통이 뛰어난 이가 되기 원한다고 하였다.

두 아이도 한 아이에게 물었다.

"너의 원은 무엇이냐?"

그 아이는 바로 대답하였다.

"나는 부처님처럼 그 누구도 비할 바 없는 광명을 지니고, 사자처럼 홀로 걸으며 항상 무리를 이끄는 이가 되고 싶다."

세 아이가 부처님의 처소에 이르러 예배하고서 각자의 구슬을 부처님 머리 위로 뿌렸다. 성문의 뜻을 일으킨 두 아이의 구슬은 부처님의 어깨에서 멈추었으나 무상정등각의 마음을 일으킨 아이의 구슬은 부처님의 정수리 위 허공에서 구슬 꽃 장식으로 변하였다. 여래께서 빙그레 웃으셨다.

시자 사갈沙竭이 여쭈었다.

"여래의 웃음에는 반드시 의도가 있으시니 그것을 말해 주소서."

일체도 부처님께서 말씀하셨다.

"성문의 생각을 일으킨 두 아이는 생사를 두려워하여 하루 속

히 열반에 들려고 하였기 때문에 보살의 마음을 일으키지 못한
것이다."

"저들 아이들은 미래 어떻게 되겠습니까?"

"가운데 아이는 훗날 스스로 성불成佛하게 될 것이다. 좌우의
두 아이는 각기 지혜와 신통이 뛰어난 성문이 될 것이다."

이에 석가모니불께서 사리불에게 말씀하셨다.

"그대는 중앙의 아이가 누구인지 알겠느냐?"

사리불이 말했다.

"모르겠습니다."

부처님께서 말씀하셨다.

"바로 나이니라. 오른쪽과 왼쪽의 아이가 누구인지 알겠느냐?"

사리불이 말했다.

"모르겠습니다."

부처님께서 말씀하셨다.

"그때의 오른쪽 아이가 바로 사리불이고, 왼쪽의 아이가 대목
건련이니라."

이후 경에서는 공양이나 발우와 관련하여 성문과 보살을 차별시
킨다. '아사세 왕, 회개하여 고통에서 벗어난 이야기'라는 원래의
제목(Ajātaśatrukaukṛtyavinodana)대로 경에서는 이쯤(제5「無吾我品」)
에서 아사세 왕을 등장시킨다. 아사세 왕은 왕권을 얻기 위해 부왕
빔비사라를 시해한 이로, 부처님을 찾아 죄를 짓게 되는 인연에 대
해 묻고, 마음의 의혹을 풀어 중죄가 가벼워지게끔 은혜를 베풀어

줄 것을 청한다. 부처님이 왕의 병은 문수보살의 감응感應으로만 치료할 수 있겠다고 생각하자 사리불이 이러한 사실을 왕에게 전하였고, 왕은 문수보살과 그를 따르는 5백 명의 대중을 다음날 아침 공양에 초대한다.

그날 밤 보살은 공양법회의 감동感動을 위해 동쪽으로 8만 2천의 불국토를 지나 존재하는 유정수불惟淨首佛, 혹은 이문수여래離聞首如來의 상명문常名聞 세계의 보살 2만 2천 명을 사바세계로 초청한다. 그리고 보살의 방에 모인 그들에게 초저녁과 한밤중, 그리고 새벽의 세 번에 걸쳐 도의 근본인 총지법總持法과, 바다처럼 일체법을 수용하는 보살장菩薩藏, 물러남이 없는 법륜의 금강행金剛行에 대해 설법한다.*

*이상 『문수사리보초삼매경』 제6「총지품」, 제7「삼장품」, 제8「불퇴전품」.

다음날 아침, 왕이 사자를 보내 보살을 모시게 하였다. 그때 5백 명의 비구와 함께 아침 탁발을 나가던 마하가섭이 문안인사 차 문수보살의 처소에 들렀는데, 보살이 동행하기를 청하였다. 마하가섭은 왕의 음식준비 관계상 청만으로 이미 공양 받은 것이나 다름없다고 사양하였다가 대법大法 공양도 함께 이루어진다는 말에 '음식은 놓쳐도 법은 놓칠 수 없다'는 생각에서 초대에 응하였다.

이에 문수보살은 일침을 놓는다. "오늘 함께 공양을 받는 보살마하살들은 생사를 떠나려고도 하지 않고 열반에 들려고도 하지 않으며, 세속의 사업(欲事)에서 벗어나려고도 도를 증득하려고도 하지 않습니다. 공양법회의 음식이 늘어나는(남는) 일도, 줄어드는(모자라는) 일도 없을 것이며, 제법諸法 또한 받아 지닐 것도, 버릴 것도 없을 것입니다."*

*『아사세왕경』(T15, 399a18-21).

아사세 왕의 공양법회 이야기*는 경의 하이라이트. 문수사리보살과 그의 권속 5백 명, 유정수불 회상會上의 보살 2만 2천 명, 마하가섭과 그를 따르는 5백 명의 비구, 도합 2만 3천 명이 왕사성에 들어섰다.

*『문수사리보초삼매경』 제9「변동품變動品」.

"우리는 문수보살과 그의 권속 5백 명 분의 음식만 준비하였는데, 이제 무엇으로 저들을 공양할 것이며, 저들은 다 어디에 앉을 것인가?"

아사세 왕은 걱정이 태산 같았다. 그러나 이는 현실의 구체적이고도 객관적 대상인 유한유착有限有著의 음식과 의자에 대한 걱정이다. 대승의 진리관에 따르면, 이는 실체로서 존재하는 것이 아니다. 꿈과 같고 환상이나 물거품, 그림자와 같은 것이다. 우리 범인凡人은 대개 우리에게 인식된 것을 실재하는 것으로 여긴다. 아사세 왕의 걱정은 실체로서의 음식과 의자에 대한 것이지만, 공空의 도리에서 본다면 그것들은 어떠한 경우에도 그 자체로서는 불가득不可得, 인식될 수 없는 것이다. 아사세 왕이 걱정함에 문수보살이 변화하여 나타난 휴식심休息心이라는 천왕이 야차 금비와 함께 와 말하였다.

"아사세 왕이시여! 겁내지도 당황하지도 말고, 곤란하게 여기지도 마십시오. 뛰어난 방편의 끝없는(無極) 지혜를 일으키고 공덕의 광명을 완전하게 갖춘 문수보살께서 오고 있습니다. 그의 신통한 공덕으로 말하자면, 발우 하나의 음식으로 문수보살의 권속은 물론이거니와 삼천대천세계의 모든 이들이 다 배불

*『아사세왕경』(T15, 399c19-24).

리 먹고도 남음이 있을 것인데, 어찌 2만 3천 명이 걱정거리가 되겠습니까?"*

뿐만 아니라 보살들은 발우도 갖고 오지 않았다. 발우는 비구의 필수품 중의 하나였고* 불타 또한 비록 비구와 차별하여 돌 발우를 지녔을지라도 역시 그러하였다. 그렇지만 보살은 아상我想을 지니지 않듯이 발우도 들고 다니지 않는다. 보시바라밀다도 진실로 보시바라밀다가 아니며, 반야바라밀다도 진실로 반야바라밀다가 아닌 이상 발우 역시 진실(실유)의 발우가 아니기 때문이었다.

*제2장 1-1 참조.

아사세 왕은 생각하였다.
'여기에 오신 분(보살)들은 아무도 발우를 가지고 오지 않았으니, 이제 무슨 그릇으로 음식을 드시려고 하는가?'
문수보살이 왕의 생각을 알고 바로 말하였다.
"보살들은 발우를 들고 다니지 않습니다. 공양하는 곳에서 발우를 생각하기만 하면 바로 그 국토의 발우가 저절로 와 그들의 손에 놓이게 됩니다."*

*『아사세왕경』(T15, 400a21-24).

"보살(正士)들은 어딜 가든 발우를 들고 다니지 않습니다. 어떠한 부처의 국토에 가든 앉아 밥 먹으려고 하면 발우는 저절로 〔그들의 손에〕 이르게 됩니다. 이는 보살들이 전생에 세운, 또는 저들의 여래가 옛날에 세운 서원으로, 발우는 허공으로부터 와 그들의 손에 놓이게 됩니다."*

*『문수사리보초삼매경』(T15, 420b24-28).

실제 경에서는 문수보살이 말한 그대로의 광경을 연출해 내고 있다.

보살들이 발우를 생각하자 때맞춰 발우가 날아와 한 줄로 늘어서서 아뇩달阿耨達 연못에 이르더니 그 물을 가득 담아 저절로 씻겼다. 용왕의 채녀婇女들이 2만 3천 개의 발우를 들고 와 상명문常名聞세계의 보살들에게 올리자, 그들은 각기 그것을 잡아 손에 놓았다.
문수사리보살이 아사세 왕에게 말했다.
"이제 음식을 나누어 드리십시오."*

*『아사세 왕경』(T15, 400a29-b5).

이에 아사세 왕이 공양법회에 참석한 모든 이에게 골고루 음식을 나누어 주었지만, 음식은 줄지 않고 그대로였다.
앞서 『방발경』(혹은 『보초삼매경』 제3 「거발품」)에서도 이구비라는 어린아이가 혜왕비구로부터 얻은 밀떡을 부처님께 올렸을 때 8만 4천의 비구와 1만 2천의 보살들이 7일간 배불리 먹고도 그대로였다고 하였다. 우리는 이 이야기를 어떻게 이해하면 좋을까? 기독교에서도 이와 유사한 이야기가 전해진다.

저녁이 되어 제자들이 말하였다.
"이곳은 빈 들판으로 때도 이미 저물었으니 [치료받으려 모인] 군중들을 마을로 보내어 먹을 것을 사먹게 하소서."
예수께서 말씀하였다.

"마을로 갈 것 없다. 너희들이 먹을 것을 주어라."

제자들이 말하였다.

"우리에게 있는 것이라고는 빵 다섯 개와 물고기 두 마리뿐입니다."

가라사대 그것을 내게 가져오라 하시고 예수께서 하늘을 우러러 찬미를 드리신 다음 빵을 떼어 제자들에게 주시니, 제자들이 그것을 군중에게 나누어 주었다. 그들이 다 배불리 먹고도 열두 바구니에 가득 남았으니, 먹은 이는 여자와 아이를 빼고도 5천 명이나 되었다.*

*마대복음 14: 19-2.

이른바 '오병이어五瓶二魚' 이야기이다. 우리는 이 또한 어떻게 이해해야 하는가? 독실한 신자라면 이렇게 물을 것도 없을 것이다. 이는 하나님의 아들로 절대적 권능을 지닌 예수의 이적으로 성경에서 설한 그대로가 진실이기 때문이다. 그렇다면 예수는 6천 명, 혹은 7천 명은 먹일 수 없었던 것일까? 혹자는 이때 빵을 예수의 뜻으로 이해한다. "성경에는 물고기 한 마리가 두 마리, 세 마리로 불어났다는 기록은 없다. 하늘에서 떨어졌다는 이야기도 없다. 그럼 예수님이 보이신 진정한 기적은 뭘까. 다름 아닌 꼭꼭 닫혔던 사람들의 마음을 여신 거다. 사람들이 예수님의 마음, 예수님의 사랑으로 이웃과 도시락을 나누게 하신 거다. 그것이야말로 진정한 기적이다."*

*백성호(2016).

기독교의 오병이어의 이야기를 불교식으로 이해하면, 예수님이 당신의 위신력이나 하나님의 은총으로 5천 명을 배불리 먹인 것은 세속적 진실(즉 세간에 통용되는 이야기로서의 진실)이고, 승의적(본질적) 진실은 이때 빵은 밀가루로 만든 빵이 아니라 말씀의 빵, 아니 말씀에 담긴 그분의 뜻으로서의 빵이라고 할 수 있다. 5천 명, 아니 만인萬人은 이것으로만 영원히 배부를 수 있기 때문이다.

　대승보살도에서의 발우 또한 음식을 담는 발우가 아니라 여래의 무량 복덕의 발우이다.(차항 참조) 예수님의 뜻이 사랑이라면 그 사랑은 먹으면 먹을수록 늘어나듯이 부처님의 자비복덕 역시 그러하여 아무리 먹어도 줄어들지 않는다. 어린 동자 이구비도 노래하였다. "감미로운 음식 〔먹어도 먹어도〕 줄어들지 않고, 발우 속의 공양진미 퍼낼수록 많아지네."*

　　　　　　　　　　　　　　　　　　　　　*『문수사리보초삼매경』
　　　　　　　　　　　　　　　　　　　　　　　(T15, 412c19).

　『보초삼매경』에서의 공양 이야기는 보살의 신통력(이적)을 말하기 위한 것이 아니라 이를테면 자비와 같은 보살의 광대한 무한무착無限無著의 공덕에 대해 말하려는 것으로, 이는 당연히 지혜의 산물이다. 그리고 이때 공덕은 언제나 성문의 협소한 유한유착有限有著의 공덕과 대비된다.

2)『유마경』에서의 공양 이야기
『유마힐소설경』(구마라집 역) 제10「향적불품香積佛品」은 아사세 왕의 공양법회 이야기와 동일한 취지의 경이다. 경은 유마거사가 침묵(默然)으로 불이법문不二法門을 설하였을 때, 다음과 같은 사리불의 의심으로부터 시작한다. "이제 식사시간이 다 되어 가는데 〔8천에 달하는〕 이 많은 보살들은 무엇을 먹을 것인가?"

　사리불은 제6「부사의품不思議品」에서도 문수사리보살이 데리고 온 8천의 보살을 보고 이러한 의문을 제기한다. "이렇게 많은 보살과 수많은 대 제자들은 다 어디에 앉아야 할 것인가?"

이에 대해 유마거사는 "그대는 진리(法)를 구하기 위해 온 것입니까, 앉을 자리를 구하기 위해 온 것입니까?"라고 따져 묻고, 진리를 구하러 왔다는 사리불에게 다음과 같이 설법한다.

아! 사리불이시여, 대저 진리를 구하는 이라면 신명도 돌아보지 않아야 하거늘 하물며 앉을 자리에 집착해서야 되겠습니까? 대저 진리를 구하는 이라면 [중생들의 조건인] 색色·수受·상想·행行·식識도 구해서는 안 되며, [18]계界나 [12]입처入處도, [거주처인] 욕계·색계·무색계도 구해서는 안 되는 것입니다.*

*T14, 546a8-10.

유마거사는 진리(不二)의 법문을 들으면서도 먹을 것을 생각하는 사리불을 꾸짖으면서도 그에게 일찍이 그가 먹어보지 못한 음식을 주려고 하였다. 유마거사는 먼저 『보초삼매경』에서 문수보살이 대중들에게 하방의 명개벽세계를 보여주었던 것처럼 삼매에 들어 신통력으로 향적불香積佛의 국토인 중향국衆香國을 대중들에게 보여준다. 그곳은 이곳 사바세계에서 위쪽으로 갠지스 강 모래알만큼 많은 불국토를 42번 지나 이르는 세계로, 시방세계 중에서 향기(음식)가 가장 뛰어난 곳이다. 유마거사는 대중들에게 중향국의 음식을 얻어오라 하였지만 나서는 이가 없자 스스로 보살로 변화하여 그곳으로 간다. 먼저 그곳 부처님에게 예배하고 유마거사의 인사를 전한 다음 음식을 청하였다.

원컨대 세존께서 잡수시고 남은 음식을 얻어 사바세계에서 불사佛事를 베풀고자 합니다. 소법小法을 좋아하는 이곳〔사바세계〕의 중생들에게 대도大道를 널리 펴고 또 여래의 명성이 널리 퍼지게 해 주소서.

여기서 '소법'이 소승의 성문도를, '대도'가 대승의 보살도를 가리키는 말임은 두말할 나위도 없다. 이에 향적여래는 온갖 향기가 배여 있는 발우(衆香鉢)에 향기 그윽한 음식(香飯)을 가득 담아 유마거사가 변화한 보살에게 주었다. 변화보살은 사바세계를 보기 원하는 중향국의 9백만 보살들과 함께 향적불과 유마거사의 위신력에 힘입어 순식간에 유마의 집에 이르렀다. 향기로운 음식 냄새가 온 집안에, 바이샬리에, 나아가 삼천대천세계에 가득하였다.

이에 리차비 종족의 왕 월개月蓋가 8만 4천 명의 사람들을 대동하고 유마거사의 집을 찾았고, 지신地神들과 허공신虛空神, 그리고 욕계와 색계의 천신들도 모두 음식 향기를 맡고 유마거사의 집으로 모여들었다.

유마거사가 사리불 등의 대 성문들에게 말하였다.

"여러분, 향적여래의 감로 맛의 밥을 드십시오. 이는 부처의 대비大悲의 향이 서려 있는 것으로, 한정된 생각(限意)으로 먹어 소화가 되지 않는 일이 없어야 할 것입니다."

그때 어떤 한 성문이 이같이 생각하였다.

'이렇게 적은 음식으로 어떻게 이 많은 대중이 다 먹을 수 있다는 것인가?'

변화보살이 말하였다.

"성문의 작은 복덕과 작은 지혜로써 여래의 무량의 복덕과 지혜를 헤아리려고 해서는 안 됩니다. 사해가 마르는 일은 있어도 이 음식이 다하는 일은 없을 것이니, 여기에 모인 모든 사람들이 다 먹을 수 있습니다. 추측컨대 그 양은 수미산과 같아 여기에 모인 모든 사람들이 1겁劫 동안 먹는다 해도 오히려 다함이 없을 것입니다. 왜냐하면 다함이 없는 계戒·정定·혜慧·해탈解脫·해탈지견解脫知見의 공덕을 갖추신 분이 먹고 남긴 것은 끝내 다 먹을 수 없기 때문입니다."*

*T14, 552c12-17.

그리하여 향적여래가 준 중향발衆香鉢의 음식을 거기에 모인 모든 대중들이 배불리 먹었지만 조금도 줄지 않았다는 것이다.

3) 『보장경』에서의 공양 이야기
흔히 빛이나 광명, 혹은 금강金剛으로 표현되는 대승의 진리법신으로서의 부처가 어찌 씹어 먹는 세간의 음식(즉 段食)으로 육신을 보존한다고 하겠는가? 그럼에도 공양을 받는 것은 세간을 구제하기 위한 방편이라고 앞서 『대지도론』에서 말하였다. 대승의 불보살에게 있어 발우는 더 이상 음식을 담는 그릇이 아니다. 그들의 발우에 담긴 것은 계·정·혜·해탈·해탈지견의 법신(진실)이며, 발우(pātra: 鉢)는 이를 담는 그릇, 즉 법기法器이다. 따라서 아무리 많은 이들이 먹더라도 줄어들지 않는 것은 당연하다.

대승경전에서의 발우나 공양 관련 이야기는 이러한 사실들을 기조로 한다. 서진西晉의 축법호竺法護가 번역한『불설문수사리현보장경佛說文殊師利現寶藏經』에서는 그릇의 비유로써 성문과 보살이 지닌 법기의 차이를 설명하고, 발우 관련 에피소드를 통해 문수보살의 지혜와 신통력(神足)에 대해 이야기한다. 이역인 유송劉宋의 구나발타라求那跋陀羅가 번역한『대방광보협경大方廣寶篋經』을 참조하여 이 두 가지 이야기를 옮기면 다음과 같다.(단락 구분과 제목은 필자)

(1) 성문의 그릇과 보살의 그릇

어느 때 부처님께서는 천 2백5십 명의 대비구와 1만 명의 보살과 함께 사위국의 기수급고독원에 계셨다. 세존께서는 가리라迦利羅 강당에서 이루 헤아릴 수 없는 백천의 무리에 둘러싸여 법을 설하고 있었다. 그때 문수사리가 5백의 보살과 제석천, 범천, 사천왕 등의 권속들과 함께 여래의 처소에 왔다. 부처님 발에 머리를 숙여 예배하고 부처님을 세 번 돈 다음 한쪽에 물러나 앉았다. 그리고 부처님께 아뢰었다.

"세존께서는 조금 전 무슨 법을 설하셨습니까? 천중天中의 천天이시여! 원컨대 강설하신 바를 존중하여 받들고자 합니다."

현자 수보리須菩提가 부처의 위신력을 물려받아 문수사리에게 말하였다.

"앞서 세존께서는 제자(즉 성문)의 일에 대해 설하셨으니, 원컨대 이제 상인上人께서는 보살의 실천에 대해 설해 주소서."

문수사리: 일체 제자들과 연각緣覺은 보살의 그릇이 되지 못하는데 어찌 보살의 실천에 대해 묻는 것입니까?

수보리: 원컨대 〔불법의〕 그릇에 대해 해설해 주소서. 이를 듣고 수지受持하고자 합니다.

문수사리: 존자 수보리께서는 어떤 이가 〔보살의〕 그릇이고, 어떤 이가 〔보살의〕 그릇이 아닌지 알고 있습니까?

수보리: 〔여래의〕 제자(즉 성문)들은 매번 다른 이의 말씀(聲音)을 듣고 해탈을 증득하려는 이들인데, 우리가 어찌 〔보살의〕 그릇인지 〔보살의〕 그릇이 아닌지를 알겠습니까? 그래서 청하여 물은 것으로, 원컨대 즐거이 듣고자 합니다.

문수사리: 수보리여! 어두움(즉 무명의 세간)에서 벗어나려는 이들은 다 불법의 그릇이 되지 못합니다. 그러나 가령 어두운 곳에 광명을 비춘다면, (다시 말해 어두운 곳에서 나와 밝은 곳으로 들어가는 것이 아니라 어두운 곳에 광명을 비추어 밝은 곳으로 만든다면) 어두움에 떨어지지 않을 뿐더러 중생도 구호하여 어두움과 관계(合)하지 않게 되니, 〔그때는 광명을 비추는 자든 비추어지는 자든〕 존재하는 모든 이들은 다 불법의 그릇이 됩니다.

또한 수보리여! 〔계·정·혜 3학의〕 한계를 증득하여 배운 자(이는 곧 수다원 등의 有學의 성자), 배워야 할 법을 이미 성취한 자(이는 곧 無學의 성자)는 일체 모든 사람들을 주지 않는 것을 취하는 이(즉 도적)로 여겨 그들을 두려워하거나 싫어하고 더럽게 여기며, 삼계도 두려워하여 기뻐하거나 즐겁게 여기지 않을 것인데,

이러한 이는 불법의 그릇이 되지 못한다고 해야 합니다. 그러나 가령 미래세 수천 겁劫에 걸쳐 삼계를 돌아다니더라도(윤회하더라도) 두려움이 없고 〔탐·진·치〕 삼독(三垢)에 무심하여 마치 누각이나 원림, 강당으로 놀러 다니듯 생사를 즐기며, 왕래(윤회)하는 모든 곳에 기뻐하지만 여섯 현실(六事, 지옥 내지 하늘 등의 6趣)이 존재하지 않는 이, 이러한 이는 바로 불법의 그릇이라 말할 수 있습니다.

또한 수보리여! 보살은 애욕愛欲을 바로 나타내 보이지만 욕망(欲樂)이 없고, 미움과 분노를 나타내 보이지만 화내거나 해코지하는 일이 없으며, 어리석음(愚痴)을 나타내 보이지만 어두움(暗冥)이 없습니다. 사납고 굳세며, 괴수 같은 모습을 나타내 보이면서도 번뇌(塵垢)가 없습니다. 길을 잃고 삼계를 헤매는 이들을 올바로 이끌어주는 이, 중생들을 위해 그들의 무거운 짐을 벗겨주는 이, 일체법을 가르쳐 삼보가 끊어지지 않게 하는 이, 세 가지 통달의 지혜(즉 三明, 宿命·天眼·漏盡智證明)를 얻어 널리 나타내 보인 이, 이러한 이는 바로 불법의 그릇이라 말할 수 있습니다.

수보리: 모든 법은 평등하여 다 같은 하나의 진실(本際, 實際)이라면서 어찌 이는 그릇이고 이는 그릇이 아니라고 분별하는 것입니까?

문수사리: 비유하자면 질그릇을 굽는 이가 똑같은 진흙으로 온갖 종류의 그릇을 만들고, 그것을 모두 한곳에 모아 같은 불로 구울지라도 어떤 것에는 요구르트를 담고, 어떤 것에는 기름을,

혹은 감로甘露의 꿀을, 혹은 더러운 오물을 담지만 진흙 자체는 동일 평등한 것으로 어떠한 차별도 없는 것처럼, 수보리여! 이와 마찬가지로 모든 법은 동일 평등하여 진실은 하나이지만, 인연에 따른 현실상의 차별이 있는 것입니다. 여기서 요구르트와 기름을 담는 그릇은 제자(성문)와 연각에 비유한 것이고, 감로의 꿀을 담는 그릇은 보살에 비유한 것이며, 더러운 오물을 담는 그릇은 하천한 범부들에 비유한 것입니다.

수보리: 문수사리여! 그렇다면 온갖 중생들(諸有)로서 그릇이지만 그릇이 되지 않은 이, 그릇이 되지 않지만 그릇인 이도 존재하는 것입니까?

문수사리: 그렇습니다. 왜냐하면 수보리여! 중생들 중에는 일체의 번뇌(欲塵)를 담는 그릇이 있으며, 또한 온갖 번뇌를 능히 끊은 자라도 그들이 다 불법의 그릇은 아니기 때문입니다.*

수보리: 문수사리여! 그릇〔자체〕에 어찌 높고 낮음이 있다는 것입니까?

문수사리: 그렇습니다, 수보리여! 그릇〔자체〕에는 높음도 없고 낮음도 없습니다.

수보리: 문수사리여! 그릇으로서 높고 낮은 것이 없다는 것은 무슨 말입니까?

문수사리: 〔그릇은〕 진실로 높은 것도 없고 낮은 것도 없으니, 높고 낮음이 없이 머물기 때문에 견고한 그릇인 것입니다. 만약 높고 낮음이 존재하는 것이라면 이는 파괴될 수 있는 그릇임을 알아야 합니다.*

*온갖 번뇌의 그릇이 되는 이(이생 범부)는 능히 번뇌를 끊는 성도(聖道, 무루도)의 그릇(즉 성문)이 아니며, 이러한 그릇 역시 생사와 열반을 차별 짓지 않는 마하반야(대지혜)의 그릇(즉 보살)은 아니라는 뜻.

*높은 것도 인연에 따라 그보다 더 높은 것을 만나면 바로 낮은 것이 되고 만다는 뜻.

466

그렇습니다. 수보리여! 허공은 약초와 수목, 숲 등 만물의 그릇으로, 여기에는 그 밖의 다른 어떠한 그릇도 존재하지 않는 것처럼, 이와 마찬가지로 수보리여! 보살은 일체 불법의 그릇으로, 여기에는 그 밖의 다른 어떠한 그릇도 존재하지 않습니다. 마치 허공이 지상에 생겨난 나무를 수용하여 길러내는 큰 그릇인 것처럼, 이와 마찬가지로 수보리여! 청정하고 평등한 마음을 일으킨 보살은 지혜바라밀을 받들어 길러내는 크나큰 그릇인 것입니다.*

*T14, 452b17-453a9; 466b8-467a2.

(2) 다함이 없는 보살의 발우

①어느 때 큰비가 내리고 구름과 안개로 인해 7일 밤낮이 캄캄해짐에 비구들은 5일간 음식(공양)을 얻지 못하였다. 큰 신통을 얻은 비구는 선정에 들어 삼매의 힘으로 스스로 생존(自立)할 수 있었지만, 그렇지 못한 이들은 기력이 쇠약해져 부처님도 뵐 수 없을 뿐더러 목숨조차 위태로운 지경이었다. 아난이 이 일을 부처님께 고하자 문수보살에게 이러한 사실을 말해 주라 하였다.

문수보살의 방으로 가 제석천과 범천과 사천왕들을 위해 설법하는 그에게 이 사실을 고하자 그는 말하였다.

"아난이여, 〔우리〕 다 같이 자리를 깔고 〔선정에 드세나〕. 그리고 〔식사〕 때가 되면 건추犍椎를 울려 때나 알려주시게."

아난이 자리를 펴고 앉았다가 문수사리가 탁발하러 정사를 나갔는지 알아보기 위해 그의 방에 가보았다. 그는 여전히 좌선 중이었다. 그러나 실은 행입제신정行入諸身定이라는 삼매에 들어 정사精舍를 나와 사위성으로 가 탁발(걸식)하는 중이었다. 마왕 파순이 방해하였지만 진실의 원을 일으키니 모든 집들이 문을 열어 문수보살을 맞이하였다. 문수사리의 변화신이 얻은 가지각색의 감미로운 음식이 발우에 가득하여 천 2백5십 명의 비구와 1만 2천의 보살을 청하고도 남을 정도였다. 이는 발우 속의 조화(鉢中所變)였다.

②정사로 돌아가는 길에 문수사리는 발우를 땅바닥에 놓고 그를 따르는 마왕에게 발우를 들게 하였다. 그러나 발우는 꼼짝도 하지 않았다.

"그대의 세력과 신통은 끝이 없으니 큰 신력神力으로 이 발우를 들어보시오."

마왕이 신통의 변화를 일으켰지만 터럭만큼도 땅에서 떨어지게 할 수 없었다.

파순이 문수사리에게 말하였다.

"저는 이사타伊沙陀 산도 한 찰나에 손바닥으로 허공에 띄워 올릴 수 있는데 이 작은 발우를 들 수도 없습니다."

문수사리가 마왕 파순에게 말하였다.

"왜 발우를 들 수 없는가? 그것은 그대가 매번 자신의 힘을 보살 대인大人들의 힘과 비교하였을 뿐더러 이 발우에 집착하였기 때문이네."

그리고 땅에서 발우를 들어 올려 마왕에게 주며 들고 가게 하였
다. (중략)

③식사 때가 되었음에도 문수사리가 자신의 방에서 나오지 않
자 아난이 부처님께 고하였다.

"아직 문수사리가 자신의 방에서 나오는 것을 보지 못하였습
니다."

부처님이 아난에게 말씀하였다.

"강당을 살펴보지 않았더냐?"

강당에는 문수사리와 마왕이 들고 온 발우가 있었다.

"네, 세존이시여, 강당에 음식이 가득 담긴 발우가 있는 것을 보
았습니다."

"건추를 쳐 대중들을 모이게 하라."

"예, 그리하겠습니다. 그런데 세존이시여, 비구 대중의 수가
매우 많은데 어찌 발우 하나의 밥으로 배불리 먹을 수 있겠습
니까?"

부처님께서 아난에게 말하였다.

"그만 잠자코 시키는 대로 하라. 그 발우의 밥은 삼천대천세계
의 사람들이 백천 년을 먹는다 할지라도 끝내 모자라거나 줄어
들지 않을 것이다. 왜냐하면 문수사리의 거룩한 뜻(聖旨)과 신
통한 변화(神化)가 이 발우의 밥이 다할 수 없게끔 하였기 때문
이며, 문수사리의 지혜와 그가 갖춘 신통에 의한 보시는 중생을
제도하는 데 끝이 없기 때문이다."

아난이 부처님의 분부에 따라 건추를 쳐 대중 비구들을 모이게 하였다. 하나의 발우에 담긴 갖가지 양분과 맛을 지닌 밥과 이루 말할 수 없을 정도로 감미로운 반찬은 마치 많은 그릇들(衆器) 속에 가득 담긴 특이하고도 맛난 온갖 음식들과 같았다. 여러 비구들과 보살들이 이를 배불리 먹었지만, 발우의 음식은 결코 다함이 없었다.

④그때 천마天魔 파순이 문수사리가 마련한 공양을 방해하기 위해 추악하게 생긴 4만의 비구로 변화하였다. 그들은 더럽고 냄새나는 몸에 해지고 더러운 옷을 걸치고 깨진 발우를 들고 대중들 틈에 앉아 초조한 마음으로 공양을 받았다. 그럼에도 문수사리가 얻어온 발우의 음식은 역시 줄지도 떨어지지 않았다. 파순이 변화한 비구들이 먹고 또 먹고 아무리 많이 먹어도 발우는 비워지지 않았다.

그런데 문수사리가 위신威神의 변화를 나타냄에 저들 비구들의 발우는 항상 가득하였지만, 음식을 먹으면 목이 메어 목구멍으로 넘어가지 않았고, 밥을 집어 입으로 가져가려 하면 입 앞에서 손이 멈추었다.

이에 문수사리가 파순에게 물었다.

"저 비구들은 어째서 먹지 못하는 것인가?"

파순은 대답하였다.

"이제 비구들은 죽을 것 같습니다. 저들에게 독이 섞인 음식을 준 것이 아닙니까?"

문수사리가 말하였다.

"독 없는 사람이 어찌 독을 행하겠으며, 더러움이 없는 이가 어찌 남에게 더러운 독을 주겠는가? 음욕과 분노와 우치가 있어 이것이 바로 독이 된 것이니, 보살이 품어온 법(法品)과 율(律儀)에는 이러한 독들이 없다.(하략)"*

*T14, 458a1~459a17 필자 축약.

4. 불발은 어디 있는가?

발鉢 또는 발우鉢盂는 범어 파트라(pātra: 鉢多羅)의 역어로 그릇을 말한다. 사발의 '발'도 여기서 유래한다. 불타는 당시 무소유를 계목戒目으로 삼을 정도로 극단적인 고행자였던 아지비카나 자이나교 등과는 달리 발우의 소유를 허용하였다. 이는 삼의三衣와 함께 출가수행자의 최소한의 필수품이었다. 이에 따라 가사와 발우는 외도와 구별되는 불교사문의 표식이 되었다. 그러나 비구의 발우와 달리 아뇩다라삼먁삼보리, 무상無上의 정등각正等覺을 증득한 부처님의 발우는 매우 특별한 의미를 갖는다. 그것은 세간을 지키고 불법을 수호하는 사천왕이 바친 것이었다.

사천왕이 발우를 바치는 것은 삼세 모든 부처님에게 공통된 법도(常法)로, 보살이 하생할 때의 약속이기도 하였고, 대승의 보살마하살이 무상의 정등각을 증득하기 위해 반야바라밀다를 행할 때의 약속이기도 하였다. 불발은 다만 음식을 담는 그릇이 아니라 정법을 담는 그릇, 법기法器였기에 불법 수호의 의무를 지녔을 뿐더러 수미산 중턱 일곱 금산金山의 주인인 사천왕이 바치게 되었던 것이다.

아무튼 불타 입멸 후 불교도들, 특히 간다라 불교도들에게 있어 불발은 매우 각별한 것이었다. 그것은 불타 정법의 상징이었기에 불법을 믿는 이들은 이에 공양 예배하였지만, 불법을 멸진시키려는 이들은 이를 파괴하려 하였다. 불발의 파괴는 다름 아닌 정법의 파괴이기에, 정법이 멸진된 말법末法의 시대는 불발의 파괴와 함께 도래하는 것이라고 간다라의 불교도들은 생각하였다. "불발이 깨어졌기 때문에 불제자들은 점점 청정한 계율을 더럽히게 되고 … 경·율·론 삼장의 독송도 좋아하지 않을 것이며, 왕들도 지켜야 할 법도에 의지하지 않음에 세상은 황폐해지고 음식도 맛을 잃게 될 것이다."*

*『연화면경』; 제6장 3-2 참조.

말법의 시대, 불발은 정법이 구현되는 세계로 유전하며, 종극에는 미래세의 부처인 미륵불의 처소에 이르게 된다. 불발 유전에 관한 전설은 필경 이 같은 말법사상에 따라 생겨났을 것이다.

전설에 의하면 불타는 당신의 발우를, 열반처인 쿠시나가라로 떠나면서 못내 아쉬워하는 바이샬리 사람들에게 이별의 선물로 주었지만(『증일아함경』), 쿠샨의 카니시카 왕은 파탈리푸트라를 정벌하고 배상금 대신 부처님의 발우를 얻어 당시 제국의 수도였던 푸루샤푸르로 가지고 왔다.(『마명보살전』과 『부법장인연전』) 이후 불발은 미히라쿨라에 의해 깨어짐에 북방으로, 페르시아로, 혹은 월지-우전 등으로 유전하다 다시 중천축으로 돌아와 원래 존재하였던 알나산으로 돌아가며, 다시 사천왕에 의해 미륵불에게로 전해진다.(『연화면경』과 『고승법현전』)

또 다른 전설에서는 수미산 꼭대기 삼십삼천(도리천) 환희원에 안치되어 천신들의 공양을 받다가(『대지도론』등), 혹은 우주(기세간)의 기단부라고 할 수 있는 금강제金剛際에 머물다가 미륵불이 출현하면 그의 처소에 이른다고도 하였고(『연화면경』), 혹은 마하가섭이 석가세존의 당부에 따라 미륵불에게 이를 직접 전하기 위해 왕사성의 계족산에 머물고 있다고도 하였으며(『증일아함경』, 『아육왕경』등), 가섭으로부터 보리달마를 거쳐 혜능에 이르기까지 전법의 신표로 전해졌다고도 하였다.(『조당집』등의 선종문헌)

그렇다면 불발은 지금 어디에 있는가? 알나산인가? 대승의 반야경전에 의하면 그것은 협소한 유한유착有限有著의 불발이다. 혹은 계족산인가? 적어도 설일체유부 비바사사에 의할 것 같으면 그것은 세간 현유現喩, 즉 세간 속설에서 전하는 불발일 따름이다. 불발이 정법을 담는 법기라면, 그것의 크기는 무량이고 무한이다. 불발은 석가모니여래의 정진과 선정과 지혜가 스며든 결정체로서* 거기에 담긴 감로의 밥은 부처의 대비大悲가 서려 있는 것,* 따라서 8만 4천의 사람이 1겁 동안 먹는다 해도 다하는 법이 없다. 이러한 불발은 어디에 존재하는가?

말법사상의 경전적 근거가 된 『대집경』, 『대승동성경』, 『연화면경』등을 번역한 나련제야사 역의 『불설덕호장자경佛說德護長者經』에 의하면 미래세 말법시대 덕호장자의 아들 월광月光이 수나라(大隋國)의 대행大行이라는 이름의 왕이 되어 크나큰 신심과 위덕威德으로 부처님의 발우에 공양함에 불발은 그 수년 뒤 사륵국(沙勒國, 현 중국의 서단 카슈가르)에 이르고, 점차 [동쪽으로] 유전하여 마침

*『연화면경』: 제7장 3-1.
*『유마경』: 본장 3-2.

제7장 3-2. 내 수나라에 이른다고 하였다. 그렇다면 불발은 중생들의 염원에 따라 어디든 나타나기도 하는 것인가?

『법원주림』 제35 「경탑편經塔篇 고탑부故塔部」에는 비록 도선율사의 감응에 따른 전설일지라도 다음과 같은 이야기가 전해진다.

도선道宣율사가 사천왕에게 물었다.

"〔세존께서 열반에 드신 후〕 세존의 승가리는 어디 두었으며, 발우와 지팡이는 또 어디 두었습니까?"

〔사천왕이〕 답하였다.

"세존의 승가리는 견질천堅疾天에게 당부하여 잘 지키게 하였고, 발우와 지팡이는 빈가천頻伽天에게 당부하여 어디 있든 공양하게 하였습니다. 세존께서는 승가리를 먼저 기원정사 〔계단戒壇〕에 보내 12년을 두게 하였고, 발우는 영취산에 보내 15년을 두게 하였으며, 지팡이는 용천龍泉에 보내 40년을 두게 하였습니다." (중략)

"무엇 때문에 불발을 15년 동안만 영취산에 두라 하셨습니까?"

"세존께서는 열반에 드시기 전에 영취산의 정사精舍에 계시면서 백호白豪의 광명을 백천 갈래(分)로 나누어 그중 한 갈래의 광명을 말법末法시대의 제자들에게 남겼습니

[사진13] 발우를 든 불타.
보스톤MFA (디지털간다라)

474

다. 계를 지킨 자도, 계를 깨뜨린 자도, 나아가 천신·용·귀신 등의 무리도 여래의 법(즉 불법) 중에서 능히 일념으로 선을 행한다면 이러한 광명을 베풀 것입니다. 세존께서 처음 성도하였을 때 사천왕이 부처님께 돌 발우를 바쳤습니다. 그러나 이것은 오로지 세존만이 사용할 수 있고 다른 사람은 사용할 수 없는 것입니다. 〔그래서〕 여래께서는 멸도하신 후 이것을 영취산에 두고 이에 백호의 광명을 부여하여 〔중생〕 모두에게 이익 되게 한 것입니다. 말법시대에는 마땅히 이 불발에 따라 다른 나라에서도 비구들에게 음식을 베풀 것이고, 아울러 천신·용 등의 무리도 부처님의 뜻(佛意)을 따르기만 하면 비록 제멋대로 비법非法을 지었을지라도 끝내 허물로 보지 않을 것입니다."

"〔그렇다면〕 무엇 때문에 〔입멸 후〕 15년 동안은 영취산의 정사에 두라고 한 것입니까?"

"처음 5년은 비구들로 하여금 5온(陰)을 관찰하여 삼매를 증득하게 하기 위함이었고, 10년은 제법諸法을 이해하는 이들로 하여금 백 가지 법문을 얻게 하기 위함이었습니다. 그러나 〔불발은〕 이후부터 연緣에 따라 법이 멸할 때까지 여러 나라로 유행流行하게 될 것입니다."*

[사진14] 발우를 든 불타. 2~3세기 간다라 탁티바히. 페샤와르박물관.

*T53, 589b20-c21.

불발은 원래 부처님만 사용할 수 있는 것이었지만, 불타 열반 후

15년간은 당대의 비구들을 위해 영취산의 정사에 두게 하였고, 그이후부터는 일체 중생들의 이익을 위해, 말법시대의 제자들은 물론이고 다른 나라의 비구들, 심지어 불법에 뜻을 둔 이라면 일찍이 비법을 행한 이들의 이익을 위해서조차 인연에 따라 여러 나라로 유전한다는 것이다.

불발은 어디에 존재하는가?

불발은 중생들의 염원에 따라 어디라도 존재할 수 있으며, 그것의 이익은 부처님의 뜻에 따르는 이라면 누구라도 향유할 수 있다. 부처님의 밥은 누구라도 먹을 수 있다는 말이다.

제10장 우리나라의 불발[*]

자장법사慈藏法師는 중국 오대산의 문수보살의 진신眞身을 친견하고자 선덕왕 때인 정관貞觀 10년 병신년(636년)에 당나라에 들어갔다. 처음에 중국 태화지太和池 연못가의 문수보살 석상에 이르러 7일간 경건히 기도하였더니, 홀연히 대성大聖이 현몽하여 네 구절로 된 시구를 주었다. 꿈을 깬 후 시구는 기억하였지만 그것은 모두 다 인도 말(梵音)로 된 것이어서 그 뜻을 알지 못해 망연해하였다.

다음날 아침 어떤 스님이 금빛 점이 찍힌 붉은 비단 가사袈裟 한 벌과 부처님의 발우 한 벌과 부처님 정골 사리(佛頭骨) 한 조각을 갖고 홀연히 나타나 시구를 번역하여 그 뜻을 알려주고서 … (중략) … "이 물건들은 본사本師이신 석가세존의 도구道具로 그대가 잘 보관하라"고 말하며 이를 맡아 달라 부탁하였다.

(『삼국유사』 제4 「탑상」 중 '대산 오만진신')

[*]이 글은 『문학/사학/철학』 제70호(2022년 가을)에 실린 필자의 「한국의 불발佛鉢신앙」을 본서의 체제에 맞춰 재구성한 것이다.

1. 통도사 봉발탑

통도사에는 예로부터 봉발탑奉鉢塔이라 일컬어진 부처님 발우탑이 존재한다. 탑이라 하였지만, 받침 돌 아래위로 연꽃무늬를 새긴 굄돌을 놓고 그 위에 높이 1m, 직경 90cm의 뚜껑을 덮은 돌그릇을 얹어놓은 형태(전체 높이는 3m)로 통상 우리가 알고 있는 탑과는 다른 형태이다. 이런 형식의 탑은 세상 어디서도 찾아보기 어려운 것으로 통도사 봉발탑이 거의 유일하다고 할 수 있다. 혹자는 이는 사리가 봉안된 것이 아니기 때문에 탑이라 해서는 안 되며 봉발대라 해야 한다고 하였지만, 탑에는 사리를 봉안한 탑도 있지만, 봉안하지 않은 탑도 있다. 불타 탄생지인 룸비니나 성도지인 붓다가야 등에 조성된 네 탑(이를 '人間四塔'이라 한다)과 도리천의 네 원림園林에 세워졌다는 불발탑佛鉢塔이나 불의탑佛衣塔 등의 네 탑(이를

[사진1] 통도사 용화전 앞의 봉발탑. 국립문화재연구소(c).

478

'天上四塔'이라 한다)이 그러한 것이었다.*

간다라 불발은 불탑 안의 보대寶臺에 안치되어 있었고,* 축법유
는 이를 '금 궤짝(金机)'으로 표현하였지만,* 봉발탑의 굄돌과 받침
돌 역시 일종의 보대와 보좌(寶座, royal seat)라고 말할 수 있을 것
이다.

어떤 연유에서 통도사에 이런 석조 유물이 전해 오게 된 것일까?
문화재청 국가문화유산포털의 〈양산 통도사 봉발탑〉에서도 역시
이러한 의문을 제기하고 있다.

영축산에 자리한 통도사는 우리나라 3보 사찰 가운데 하나인
불보사찰로, 선덕여왕 15년(646)에 자장율사가 세운 절이다. 자
장율사가 당나라로부터 귀국할 때 가져온 불사리와 승복의 하
나인 가사袈裟, 그리고 우리나라 최초로 대장경을 모시고 창건
하였기 때문에 초창기부터 중요한 절이었다.

이 봉발탑은 통도사의 용화전 앞에 서 있는 것으로 무슨 용도인
지는 알 수 없으나, 석가세존의 옷과 밥그릇을 미륵보살이 이어
받을 것을 상징한 조형물로 여겨진다. 기본 형태는 받침부분 위
에 뚜껑 있는 큰 밥그릇을 얹은 듯한 희귀한 모습이다. 받침부
분의 돌은 아래·가운데·윗부분으로 구성되며 장고를 세워 놓
은 듯한 모양이다. 받침돌 위에는 뚜껑과 높은 굽 받침이 있는
그릇 모양의 석조물이 있다.

만들어진 연대는 연꽃조각과 받침부분의 기둥 양식으로 보
아 고려시대로 추정되지만, 받침부분과 그릇 모양의 조각물과

*제1장 3-1; 제7장 3-
2 참조.
*현장이 푸루샤푸르 불
발사佛鉢寺에 갔을 때
는 빈 보대만이 남아
있었다고 하였다. (제
7장 1-1 참조)
*제5장 3절. 제5장 사
진10-17; 제7장 사진
7-9, 11, 12 참조.

는 품격의 차이가 느껴지므로 동시대의 작품인지 의문을 갖게
된다.

통도사 내의 봉발탑 안내판에서는 이같이 해설하고 있다.

봉발탑은 스승과 제자 간에 진리의 가르침을 전하는 징표인 발
우를 형상화한 것으로 석가모니 부처님의 발우를 미륵부처님
이 받들어 이어받는다는 의미에서 봉발탑이라고 한다. 봉발탑
이 미륵불을 모신 용화전 앞에 세워져 있는 이유도 미륵불이 석
가여래를 이어 중생을 제도할 미래불임을 상징하기 때문이다.
봉발탑은 하대석, 간주석, 상대석과 덮개가 있는 유개有蓋발우
로 구성되어 있다. 간주석의 형태와 연꽃무늬의 특징으로 미루
어 볼 때 고려시대에 조성된 것으로 추측된다.

어디서도 이 탑의 유래에 대해서는 침묵하고 있지만, 우리는 이
를 『삼국유사』에서 확인할 수 있다. 『삼국유사』 제5 「의해義解 중
자장정율慈藏定律」 편에서는 자장율사가 인평(仁平, 선덕왕의 연
호) 3년(636년)에 당나라 청량산淸凉山을 찾아 만수대성(曼殊大聖,
Mañjuśrī: 문수사리)의 소상塑相 앞에서 기도한 다음날 한 신이한 승
려로부터 가사袈裟와 사리舍利를 얻었다고 하였고, 제4 「탑상塔像
전후소장사리前後所將舍利」 편에서는 『국사國史』를 인용하여 법사
가 중국에서 가져온 부처님의 머리뼈, 치아, 사리 백 립粒, 부처님
이 친히 입으신 금빛 점이 있는 붉은 비단으로 지은 가사 한 벌 중

사리 일부와 가사를 통도사 계단戒壇에 두었다고 하였지만, 「대산
오만진신臺山五萬眞身」 편에서는 부처님의 발우도 함께 얻어왔다
고 하였다. 제8장(2-2)에서 논의하였듯이 가사(즉 승가리)와 발우는
전법의 신표로서 항상 함께하는 것이었다.

　자장은 입당入唐 초 오대산 북대北臺 아래 태화연못(太和池) 가의
문수보살 석상 앞에서 7일간 경건히 기도하였는데, 꿈에 홀연히
대성大聖이 나타나 네 구절로 된 시구(四句偈)를 주었다. 꿈을 깬 후
시구는 기억하였지만 그것들은 다 인도 말(梵音)로 된 것이어서 그
뜻을 알지 못해 망연해하였다. 다음날 아침 어떤 스님이 금빛 점이
있는 붉은 비단 가사 한 벌과 부처님의 발우 한 벌, 부처님 정골 사
리(佛頭骨) 한 조각을 갖고 나타나 시구를 번역해 주고서 가사 등의
물건을 주며 "이는 우리의 본사本師이신 석가세존이 남기신 도구道
具, 즉 중생교화의 방편이니 그대가 잘 보관하라"고 말하였다.

　문수보살이 누구던가? 사리불舍利弗의 지혜와는 차원이 다른 마
하반야(대지혜)의 상징적 존재로, 『문수사리보초삼매경』에서 중생
교화의 도구인 부처님의 발우를 찾고 과거세의 은혜를 갚는 차원
에서 소승(성문·연각)으로 전향하려는 일단의 보살들을 막아달라
고 한, 삼세제불의 부모와 같은 분이었다.* 이런 분으로부터 불발
등을 얻었다는 창건설화로 볼 때, 봉발탑이 비록 고려시대 조성된
것으로 추정할지라도 통도사는 창건 당시부터 불발과 모종의 관련
이 있었을 것이다.

　두 가지 점에서 생각해 볼 수 있다.

　하나는 계단戒壇과 관련된 것이다. 비록 『법원주림』에 전해진 도

*제9장 2-2 참조.

선율사의 감응에 의한 경설일지라도 이에 의하면 불타는 라훌라가
깨트린 불발을 수선하여 보탑寶塔에 안치한다. 여기서 '깨어진 불
발'은 미래세 악비구와 악비구니들이 법기를 가벼이 여기게 될 조
심을 나타낸 것으로, 그늘로 하여금 부끄러움(慚愧)을 낳게 하기 위
한 도구였다. 즉 불타는 미래세 정법의 상징인 불발을 가벼이 여기
는 이들을 경책하고 말법시대가 도래함을 경계하기 위해 불발탑을
조성하였다. 세존께서는 열반에 들 때에도 제석천과 사천왕에게
불발 수호를 당부하며, 정법이 멸진한 이후에는 계단 남쪽에, 그리
고 다시 용궁 내의 율장보관소(毘尼大藏所)에 안치하였다가 제석천
(도리천) 환희원에 안치할 것을 당부하고 있다. 뿐만 아니라 파계나
정법 멸진의 경책으로 삼기 위해 그들에게 곳곳에 불발탑을 세울
것을 촉구하기도 하였다.*

자장 또한 승가의 파괴를 경계하기 위해 통도사에 계단을 쌓고

*제6장 3-2; 제7장 3-
2 참조.

482

문수보살에게서 얻은 사리 등을 안치하였을 뿐만 아니라 승단의 최고 지도자인 대국통大國統이 되어 승니(비구와 비구니)의 기강과 규범을 통괄하였다. 『삼국유사』에서 비록 '율사'로 호칭하지 않았을지라도 제5「의해義解 자장편」의 제목이 자장정율慈藏定律-'율을 규정한 자장'이었다.

또 다른 하나는 미륵불과의 관련성이다. 봉발탑이 세워진 위치는 금강계단 남동편, 용화전 앞이다. 용화전은 미륵불을 모신 전각이다. 용화龍華란 미래불인 미륵불의 다른 이름으로, 미륵보살이 하생하여 깨달음을 얻은 뒤 용화수 아래에서 세 번에 걸쳐 설법하기 때문에 붙여진 이름이다. 불발을 불타 정법의 상징으로 이해한 이상 이는 현겁의 천불이 공유하기 때문에, 다음 주인은 당연히 미륵불이다. 앞서 살펴보았듯이 석가세존의 발우가 미륵불에게 전달되는 경로에는 두 가지가 있었다. 하나는 석가세존으로부터 가사(혹은 가사와 석장)와 함께 이를 위임받은 마하가섭이 전하는 것으로, 그는 계족산 중에서 선정(멸진정)에 든 상태로 미륵불이 출현하기를 기다리고 있다. 다른 하나는 인천의 세계를 유전하다 원래의 처소(사천왕천의 알나산)로 돌아오고, 이를 사천왕이 미륵불에게 바치는 것이었다.

그러나 다른 한편 『연화면경』에서는 미륵불이 자신의 처소에 이르러 오색광명을 발하며 진리의 게송을 설한 불발을 석가여래의 믿음과 지계, 나아가 선정과 지혜가 스며든 결정체(所熏修)로 찬탄하고 보탑을 세워 안치하기도 한다.* 그렇다면 용화전 앞의 봉발탑은 미륵불이 찬탄 예배하는 불발일 수도 있고, 미륵불의 출현을 기

*제7장 3-1 참조.

다리는 불발일 수도 있다. 봉발탑의 성격에 대해 통도사 스님들 사이에는 미륵불의 출세를 기원하는 의미에서 용화전 앞에 건립되었다는 이야기가 전해져 왔다고 한다.*그렇다면 후자의 의미일 것이다. 이는 후술하듯이 용화보전(혹은 미륵대불) 앞에서 커다란 그릇을 머리에 이고 있는 '희견보살상'으로 일컬어지는 법주사의 석상(사실인즉 가섭존자의 봉발상)과 동일한 형식으로, 통도사 웹사이트에서도 이러한 사실을 언급한다.

*이산현문(2020): 368.

『통도사사적비』에 의하면 용화전은 고려 공민왕 을유년(1369년)에 건립되었는데, 봉발탑 역시 이 무렵 조성되었을 것이다. 계법戒法의 방편/메타포인 불발이나 불사리와 함께 이러한 석가세존의 도구가 안치된 계단에 대한 공양 예배는 창건 때부터 이어졌겠지만,* 용화전이 건립됨에 따라 이에 상응하는 성물로서, 불발의 새로운 주인으로 언젠가 출현할 미륵불을 고대하는 마음에서 봉발탑도 함께 조성하였을 것이다.

*자장율사가 문수보살로부터 얻어온 불발을 통도사 어딘가에 안치하였다면 그것은 계단일 수밖에 없다.

혹은 미래세 불발의 주인 될 분이 계시는 도솔천으로의 왕생을 꿈꾸며 조성하였을 수도 있다. 흥덕사의 청동 불발이 그러한 것이었다.

2. 흥덕사의 청동 불발

주지하는 바대로 현존하는 세계에서 가장 오래된 금속활자 인쇄본은 현재 프랑스 국립도서관에 보관된 백운화상 경한(景閑, 1299~1374년)이 선의 요체를 간략히 정리한 『불조직지심체요절佛

祖直指心體要節』이다. 간기刊記에 따르면 이 책은 선광宣光 7년(고려 우왕 3년, 1377년) 청주목淸州牧 교외 흥덕사興德寺에서 찍은 것으로, 그간 흥덕사의 위치가 분분하였지만 1985년 충북 청주시 흥덕구 운천동 양병산 기슭에서 '흥덕사'라는 명문이 적힌 쇠북(金甌)과 불발이 발굴됨으로써 이곳이 『직지심체요절』을 찍은 청주목의 흥덕사 절터임이 확인되었다.

여기서 우리 관심은 세계 최고最古의 금속활자본 『직지심체요절』이 아니라 흥덕사 절터에서 발굴된 높이 13.6cm, 입 지름 31.7cm의 청동 불발이다. 불발 구연부에 다음과 같은 명문이 새겨져 있다.

황통 10년(고려 의종 4년, 1150년) 경오 4월, 흥덕사에 살고 있는 승려 중대사重大師 영인領仁이 정토로의 왕생을 발원하여 구름 무늬가 새겨진 구리 불발佛鉢 하나를 바친다. 여기에 들어간 구리의 무게가 2근 2량이다.*

홍덕사는 '대중(大中, 당나라 선종 연호) 3년'(849년)의 명문이 새겨진 기와도 함께 발굴됨에 따라 통일신라 말기에 창건되었을 것으로 추정되는 사찰이다. 발굴에 의하면 남북 방향으로 중문, 탑, 금당(대웅전), 강당이 일직선으로 배치되고 그 좌우로 회랑이 둘러쳐

*皇統十年庚午四月 日, 興德寺依止重大師領仁, 往生淨土之願, 佛鉢一盂具鈒雲□. 入重二斤二兩印.

져 있다. 강당 서편에도 전돌이 깔린 건물의 터가 확인되었지만, 그 밖의 지역은 택지 조성으로 훼손되어 당시의 전체 규모는 헤아리기 어려운 형편이다. '중대사重大師'는 고려시대 승려의 법계法階의 하나로, 국가에서 실시하는 승과僧科인 대선大選에 합격하면 대덕大德이 되고, 이후 대사大師－중대사－삼중대사三重大師로 승진하며, 그 위로는 교종과 선종으로 나누어져 각기 승통僧統과 대선사大禪師가 최고의 법계였다. 따라서 왕생 발원의 당사자인 영인 스님은 어느 정도 중고위직의 승려였을 것으로 생각된다.

그리고 여기서 '왕생 정토'의 정토는 아미타불의 극락세계가 아니라 이제 성도까지 최후의 일생만을 남겨둔(一生補處) 미륵보살이 머물고 있는 도솔천의 세계, 미륵정토일 것이다. 석가세존 입멸 후의 불발은 이제 바야흐로 미륵보살이나 미륵불을 위한 것이기 때문이다. 도솔천은『불설관미륵보살상생도솔천경佛說觀彌勒菩薩上生兜率天經』(일명『미륵상생경』)에 따르면 보시바라밀을 닦은 5백 만억의 천인이 조만간 하생할 미륵보살을 위해 치장하고 장엄한 하늘 세계로, 경에서는 필설로는 이루 형용할 수 없는 광경들을 연출하고 있다.

5백 만억 천인들의 보관寶冠에서 변화한 5백 만억의 보궁寶宮에는 일곱 보배(칠보)로 이루어진 일곱 겹의 담이 있고, 보배 하나하나마다 5백억 광명이 뿜어 나오고, 각각의 광명에서는 5백억의 연꽃이 피어나고, 각각의 연꽃마다 일곱 보배로 된 5백억의 나무들이 줄지어 늘어서고, 각각의 나뭇잎에서는 5백억의 보배 빛깔이 비쳐나고, 보배 빛깔 하나하나마다 염부단의 금빛 같은 5백억의 광명이 발하고, 각각의 광명에서 5백억의 아름다운 천녀들이 나와 백억의 보배와 무량의 영락瓔珞을 쥐고서 나무 아래서 미묘한 음악을 연주하면 그때 그 음악은 '물러남이 없는 진리의 법(不退轉地法輪)'을 연설한다. (중략)

보궁의 담장은 높이가 62유순이고 두께가 14유순인데, 5백억의 용왕이 담장을 둘러싼 채 일곱 보배로 된 5백억의 나뭇〔잎〕을 비처럼 내려 담장을 장식한다. 그러면 저절로 바람이 불어 나무를 흔들고 나무들은 서로 부딪치면서 〔일체 모든 존재는〕 괴롭고 공空하고, 무상無常하고 무아無我라는 네 진리와 6바라밀에 대해 연설한다.(하략)*

*T14, 418c22-419a7.

미륵정토 신앙은 미륵보살의 하생을 기다릴 것이 아니라 적극적으로 내가 직접 그곳으로 가 미륵보살을 친견하려는 염원에서 비롯된 사상이다. 이른바 '미륵상생上生'의 신앙이다. 미륵신앙은 신라시대에 유행하였던 신앙형태로, 중고기의 미륵신앙이 미래불로서의 미륵에 대한 것이었던 데 비해 중대의 미륵신앙은 도솔정토에 왕생하고자 하는 상생신앙 위주였다.

원효는 그의 『미륵상생경종요彌勒上生經宗要』에서 상품의 사람은 관불삼매觀佛三昧를 닦거나 참회행법懺悔行法을 통해 지금 바로 미륵을 친견하지만, 중품의 사람은 관불삼매를 닦거나 청정한 업을 지어 다음 생에 도솔천에 태어나 미륵을 친견하며, 하품의 사람은 보시와 지계 등 여러 선업을 닦고, 이를 근거로 미륵을 친견하기를 발원하여 그가 하생하여 성도할 때 친견한다고 해설하였다. 즉 원효는 하생신앙을 하품의 성문도로, 상생신앙을 중품의 보살도로 이해하였던 것이다.

『미륵상생경』에서 부처님은 우팔리 존자에게 도솔천으로 왕생하는 인연에 대해 이렇게 설하고 있다.

내가 멸도한 뒤 도솔천에 태어나고자 하는 4부部의 제자(즉 비구·비구니·우바새·우바이)나 천인, 용, 귀신들은 오로지 한 생각으로 도솔천(兜率陁天, Tuṣitadeva)을 사유 관찰하고 부처의 계율을 지켜야 한다. 하루에서 7일 동안 십선十善을 생각하고 십선도를 행해야 한다.* 나아가 이러한 〔십선의〕 공덕을 회향하여 미륵세계에 태어나기를 발원해야 하니, 이러한 자는 마땅히 이같이 〔도솔천을〕 관해야 한다. 이같이 관하는 자로서 〔도솔천의〕 한 명의 천인을 보거나 한 송이의 연꽃을 본다면, 혹은 1찰나 한 생각으로라도 미륵의 이름을 부른다면, 그는 마침내 1천 2백 겁 동안 생사윤회하며 지은 죄를 모두 제거하게 될 것이다. 〔아니〕 미륵의 이름을 듣고 합장 공경만 하더라도 50겁 동안 생사윤회하며 지은 죄를 제거하게 되리라. 그러나 만약 진실로 미륵을 공경 예배하는 자라면 백억 겁 동안 생사윤회하며 지은 죄를 제거하게 되리라. 설혹 도솔천에 태어나지 못한다 할지라도 미래세에 용화龍花 보리수 아래서 만나 무상無上의 〔보리〕심을 일으키게 될 것이다.*

*10선은 마음과 말과 몸으로 짓는 10가지 선업, 즉 몸으로 짓는 불살생不殺生·불투도不偸盜·불사음不邪淫, 입으로 짓는 불망어不妄語·불양설不兩舌·불악구不惡口·불기어不綺語, 마음으로 짓는 무탐無貪·무진無瞋·무치無癡. 제2장 2-2 참조.

*T14, 420b21-c2.

『삼국유사』에 의하면 신라의 태현(太賢, 8세기 중엽)은 남산 용장사에 머물며 항상 미륵장육석상을 돌며 예배하였고, 충담忠談은 남산 삼화령의 미륵세존에게 매년 3월 3일과 9월 9일에 차를 공양하며 미륵의 그리워하였지만, 12세기 고려 흥덕사의 중대사 영인領仁은 불발을 공양하며 도솔천으로의 왕생을 발원하였다. 앞서 통도사 봉발탑은 미륵보살께서 이 땅에 하생하기를 염원하며 조성한 것이라 하였다. 내가 직접 그곳으로 가 친견하든, 57억 년 후 하생하실 그분의 회상에서 친견하든 고려시대의 불교도들은 이렇듯 미륵을 친견하기 위한 한 방편으로 불발을 조성하였다. 석가세존의 불발은 이제 바야흐로 그분의 것이기 때문이다.

그렇다면 이러한 불발신앙은 12~14세기 고려시대에 불현듯 등장한 것이 아니라 이미 그 전시대의 불교전통에서 비롯된 것이라 해야 하지 않을까?

3. 백제의 불발

1) 백제 석조

백제시대의 석조공예를 대표하는 유물로 '백제 석조石槽'로 일컬어지는 세 점의 보물이 전해 온다. 각기 보물로 지정될 당시의 소재지에 따라 '부여 석조', '중동中洞 석조', '반죽동班竹洞 석조'라는 이름으로 불려진다. 현재 부여 석조는 국립부여박물관 중앙 홀에, 뒤의 두 석조는 국립공주박물관 앞마당에 전시되고 있다.

높이 48cm의 받침돌 위에 놓인 높이 101cm, 동체의 최대 구경

198cm, 주둥이 쪽 구경 166cm의 둥근 사발 모양의 부여 석조는 원래 부여현 관아가 있었던 관북리에서 옮겨온 것이다. 그러나 이 일대가 백제 궁궐지로 추정되기 때문에 이 유물을 백제 궁궐에서 사용하던 것으로 추측한다. 여기에는 다수의 명문銘文이 있지만, 현재로서는 660년 백제를 멸망시킨 당나라의 대장군 소정방이 부여 정림사지 5층 석탑에 새긴 것과 동일한 '대당평백제비명(大唐平百濟碑銘, 대당이 백제를 평정하여 비를 새기다)'을 제외한 나머지 부분은 마모가 심하여 판독이 불가능한 상태이다. 이와 같은 등의 정보에 따라 국립부여박물관 웹사이트에서는 이 유물에 대해 이렇게 해설하고 있다.

석조는 장방형 또는 원형의 돌 내부를 파내어, 절 등에서 물을

[사진4] 부여 석조. 국립부여박물관.

저장하는 용도로 쓰던 석조물이다. 부여 석조로 알려진 이 석조는 원래 있던 장소가 백제의 왕궁 터로 전해지고 있으며, 백제인의 미감을 살린 형태나 세부 표현 기법으로 보아 백제 왕궁에서 사용되었을 가능성이 높아 보인다. 아울러 석조 표면에 새겨진 글의 내용이 부여 정림사 터 오층석탑 1층 탑신에 새겨진 것과 같은 당나라가 백제를 평정하였다는 것이어서 그러한 추정을 뒷받침해 주고 있다.

문화재청 국가문화유산 포털에서는 이같이 해설한다.

부여 석조는 왕궁에서 연꽃을 심어 그 꽃을 즐겼다는 전설이 있는 백제시대의 유물로, '공工'자 형의 받침대 위에 둥근 꽃망울 형태로 올려져 있다. 받침대는 아무런 장식이 없는 간결한 모양이다. 그 위에 놓인 석조는 입구가 약간 오므라들면서 밖으로 둥글게 원호를 그리며, 바닥은 평평한 듯하나 완만한 곡선이다. 표면에는 일정한 간격을 두고 8개의 세로줄이 새겨져 있고, 부여 정림사지 오층석탑(국보)의 1층 탑 몸돌에 새겨진 당나라가 백제를 평정했다는 내용과 같은 글을 새기려던 흔적이 보인다. 이 석조에는 연꽃무늬 장식이 전혀 없는 것으로 보아 사찰과 관계된 유물은 아닌 것으로 보이며, 본래 이 석조가 있었던 장소가 백제시대의 왕궁 터로 전해지고 있어 당시 왕궁에서 쓰이던 석련지石蓮池가 아니었나 짐작된다. 형태가 풍만하면서도 깔끔한 곡선으로 처리된 석조로, 백제인의 간결하고 소박한 미적 감각이 잘 나타나 있다.

한편 국립공주박물관의 두 석조는 원래 공주시 반죽동에 위치한 대통사大通寺 절터에 있었던 것이다. 대통사는 『삼국유사』 제3 「흥법興法」 편에서 이차돈의 순교를 설하고서 언급하는 매우 오래된 절이다. 즉 이차돈의 순교 후 불법이 크게 흥성하여 '절들이 하늘의 별처럼 펼쳐졌고(寺寺星張), 탑들이 기러기 나는 것처럼 늘어섰다(塔塔鴈行)'면서 "대통大通 원년(527년)에 양무제를 위하여 웅천, 즉 지금의 공주에 절을 짓고 대통사라 하였다"는 것이다.

아무튼 그중 하나가 일제 강점기 때 일본 헌병대가 주둔하였던 공주시 중동으로 옮겨졌다가 1940년 공주박물관으로 이전됨에 따라 각기 다른 명칭의 보물로 지정된 것이다. 그렇지만 두 석조는 크기나 구조, 조각수법이 동일하여 애당초 한 쌍으로 제작된 것이다. 이 역시 석조石槽라는 말이 지시하듯 큰 돌을 파서 만든 돌그릇, 돌 대야(물을 담아두는 용기)나 형태상의 아름다움으로 인해 보다 특별한 용도, 이를테면 연꽃을 심어 관상하기 위한 석련지石蓮池로 사용되었을 것이라고 추측한다. 국립공주박물관의 웹사이트상에서는 이 두 석조에 대해 이같이 해설하고 있다.

중동 석조(전체높이 72cm, 지름 134cm)
돌 대야는 절에서 주로 연꽃을 담아 장식하기 위해 사용된 것으로 보인다. 공주시 반죽동의 대통사 터와 중동에 있던 것을 국립공주박물관으로 이전하였다. 각각 공주 반죽동 석조, 공주 중

동 석조로 불린다. 두 유물은 양식이나 조각 기법이 동일하여 한 쌍으로 동시에 만들어졌던 것으로 생각된다. 화강암의 안을 파내어 만든 돌 대야는 굽이 높은 사발을 확대한 모양으로 네모난 바닥 돌 이외에는 거의 동그란 구조이다. 바닥 돌 위에 원기둥으로 된 받침기둥을 세우고, 그 위로 돌 대야를 얹었다. 받침기둥에는 12개의 잎을 가진 연꽃무늬를 새겼다. 그 위로 놓여 있는 돌 대야의 입구 가장자리에는 굽처럼 넓적한 띠를, 중앙에는 8개의 연꽃잎을 가진 꽃송이와 2줄의 띠를 새겼다.

반죽동 석조(전체높이 78cm, 지름 188cm)

공주 중동 석조와 같이 대통사 터에 있었던 백제의 유물로, 절에서 주로 연꽃을 담아 장식하기 위해 사용된 것으로 보인다. 공주 중동 석조와는 규모만 다를 뿐 양식이나 조각수법이 거의

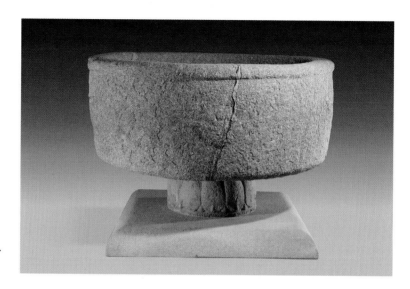

같아서, 두 석조는 어느 한 건물 앞에 한 쌍으로 두려고 동시에
만들었던 것으로 보인다. 석조는 굽이 높은 사발을 확대한 모양
으로 네모난 바닥 돌 이외에는 거의 둥그란 구조이다. 바닥 돌
위에 원기둥으로 된 받침기둥을 세우고, 그 위로 둥글고 큰 석
조를 얹었는데, 석조는 화강암의 안을 파내어 만든 것이다. 받
침 기둥에는 전형적인 백제 수법으로 12개의 잎을 가진 연꽃무
늬를 도드라지게 새겨 두었는데, 이 무늬는 공주지방에서 나온
기와무늬와도 같은 모양이다. 그 위로 놓여 있는 석조는 입구
가장자리에 굽처럼 넓적한 띠를 돌리고, 중앙에는 2줄의 띠를
돌렸으며 띠에는 8개의 연꽃잎을 가진 꽃송이를 사방에 도드라
지게 새겨 장식하였다. 통일신라시대의 직사각형 석조와는 달
리 연꽃잎을 장식한 받침기둥 위에 놓인 이 석조는 바깥 면에도
풍만한 연잎과 단아한 띠를 돌려 귀족적인 느낌을 준다.

494

고려 때의 문인 서거정(徐居正, 1420~1488)은 1452년(문종 2년) 무렵 공주지역을 유람하면서 공주의 10경景을 예찬한 〈공주십경시〉을 지었는데, 그중 제10경이 '대통사 옛터에 남아 있는 돌구유에서 자란 창포(石饗菖蒲)'이다.

백제의 옛 물건은 다만 이 돌 항아리
배만 크고 펀펀하니 무엇에 쓰는 물건일꼬.
창포菖陽가 천지의 정기임을 그 누가 알아
구름 헤치고 돌 쪼개어 여기다 옮겨 심었을까.

구절九節 창포의 뿌리는 이무기 용이 늙은 것
신령스러운 그 약성藥性 천하에 드물리라.
이를 먹으면 불로장생할 수 있을 것이거늘
무엇하러 구구하게 신선초(瑤草) 찾으리.*

1651년(효종 2년) 충청도 관찰사로 부임한 김홍욱(金弘郁, 1602~1654)도 공주감영에 머물며 같은 세목의 시를 짓지만,* 이는 이미 대통사 옛 절터에 남은 백제의 석조가 그 기능과 용도를 상실한 채 누가 심은지도 알 수 없는 창포를 보고 읊은 것일 뿐 '창포 재배'가 원래의 용도일 수는 없다. 서거정 역시 이 돌 항아리의 용도에 대한 의문을 시의 모티프로 삼고 있다.

세 점의 석조 모두 단순히 물을 담거나 연꽃을 키우기 위한 돌대야, 수조水槽로 보기에는 너무 크고 너무 아름답지 않은가? 한정호

* 『신증동국여지승람』 충청도 공주목公州牧 편.

* "나라 망한 지 천 년 옛 자취만 남았는데/ 창포는 새 잎 자라 바람에 한들거리네/ 아리따운 여인네들 잎 꺾어 치마 띠로 두르고/ 단옷날 내달리며 좋은 절기 즐긴다네." (『학주전집鶴洲全集』 제5 한국학중앙연구원 - 향토문화전자대전)

교수(2020)는 「백제 석조의 성격과 미륵신앙」이라는 글에서 세 점의 백제 석조의 용도에 대해 의문을 제기한다.

"백제의 석조를 생활용수를 위한 용기로 보기에는 그 높이가 지나치게 높고 구조적으로도 불합리하다. 배수구가 없을 뿐더러 돌로 제작된 수조의 경우 아무리 큰 석조라 하더라도 높이가 최대 90cm를 넘는 사례가 없다. 그에 비해 부여 석조는 추가된 지대석을 빼더라도 높이가 150cm에 육박하여 물을 담고 퍼내기에 불합리한 구조이다. 석련지라는 주장 또한 물과 연관된 석조라는 시각의 연장선에서 일반 석조와 구별하기 위해 제시된 대안일 뿐 확실한 근거는 없다. 그러므로 백제 석조의 용도를 파악하기 위해서는 석조라는 명칭이 주는 고정된 시각에서 벗어나 다각적인 검토가 필요하다."

그리고 이들 백제 석조는 미륵신앙과 관련된 불발의 조형이라고 결론짓는다. 그 근거는 이러한 것이다.

첫째, 재질과 크기는 다르지만 부여 석조는 형태적으로 일본 동대사東大寺 금동발우나 정창원正倉院의 은제발우와 매우 흡사하다. 동대사의 발우가 일반승려들이 사용하는 발우가 아니라 불전에 공양을 올리는 용도로 제작된 것이기 때문에 석가가 소지했던 발우, 즉 '불발佛鉢'의 형상이 반영된 발우일 가능성이 크다.

둘째, 불교경전 상에서 불발은 사천왕이 바친 네 개의 돌 발우를 포개어 하나로 만들었기 때문에 네 개의 테두리(四際)가 생겨나 있는데, 부여 석조에도 구연부가 파손되어 분명하지는 않지만 3개의 선을 음각하여 네 겹으로 겹쳐진 발우를 테두리를 표현하였다.

[사진7] 부여 석조의 사
제四際. 한정호(2020):
80.

셋째, 통도사 봉발탑은 비록 연꽃무늬가 새겨진 받침돌 위에 기
둥을 세우고 그 위에 다시 받침돌을 놓고 뚜껑이 있는 발우를 안치
하였을지라도 기본적인 형태는 부여 석조와 유사하다. 또한 그것
은 용화전(미륵전) 앞에 위치하는데, 이는 미륵불의 출세를 기원하
는 의미로 이러한 사실은 『연화면경』을 통해 확인할 수 있다.

넷째, 6세기 공주지역 또한 신라의 흥륜사의 승려 진자眞慈가 미
륵선화를 만나기 위해 이곳(熊津)의 수원사水源寺를 찾을 정도로
미륵신앙이 성행하였다. 뿐만 아니라 570년대 남악혜사 문하에서
수학한 현광玄光이 귀국하여 공주 옹산翁山에서 교화를 펼쳤는데,
혜사는 미륵불의 출현에 대비하여 금자金字『반야경』을 서사할 정
도로 강력한 미륵신앙을 지니고 있었다.

다섯째, 대통사지의 두 석조는 부여 석조와 달리 불발의 표시인
네 개가 포개진 흔적은 없지만, 이것의 기대석(받침돌)에는 통도사
봉발탑처럼 연화무늬가 새겨져 있고, 그 위 동체에도 중앙에 두 줄

의 띠를 두르고 네 곳에 연화무늬가 양각되어 있다. 이는 일반적인 장식이 아니라 통일신라시대 불탑 상륜부의 복발覆鉢에 표현되는 것으로, 복발은 말 그대로 발우를 뒤집어 놓은 모양이다.

　여섯째, 중동 석조는 파손된 동체 일부를 새로운 자재로 보강 복원된 것인데, 잘려나간 부분이 마치 칼로 자른 것처럼 깔끔하게 처리되어 있다. 이는 충격에 의한 파손이 아니라 처음부터 의도된 것으로, 『연화면경』에서의 '깨어진 불발'을 형상화한 것으로 짐작된다. 부여 석조 역시 처음부터 깨어진 불발을 표현한 것으로, 이 또한 대통사지의 두 석조처럼 한 쌍(깨어진 것과 깨어지지 않은 것)으로 제작되었다고 볼 수 있다.

　이에 따라 한 교수는 부여박물관과 공주박물관에 소장된 세 점의 백제 석조는 말법사상에 기반을 둔 백제 미륵신앙의 단면을 보여주는 귀중한 물질자료이자 페샤와르를 중심으로 성행했던 간다라의 봉발신앙과 불발조형이 백제에 전래되었음을 보여주는 불교미술품으로 다시 평가할 수 있다고 결론짓고 있다.

2) 공주지역과 불발신앙

필자도 이에 적극 동의한다. 파손부분이 인위적으로 조성되었을 것이라는 관찰력은 놀랍기까지 하다. 이는 『법원주림』(668년 당 도세 찬술)에서의 불발 제작 지침이었을 뿐더러* 중국에서도 이같이 의식적으로 깨뜨린 동시대(남북조시대)의 발우가 발굴되기도 하였다.* 다만 『연화면경』에서의 불발 이야기는 미륵의 출현을 기원하는 의미에서 설해진 것이 아니다. 『대반열반경』처럼 불타가 열반

*제6장 4. '동아시아에서의 깨어진 불발', 제7장 3-2 '동아시아에서의 불발탑 조성과 예배' 참조.
*안귀숙(2007): 265 주 64.

에 들기까지 석 달 간의 이야기를 서술한『연화면경』에서의 불발 이야기*의 핵심은 '진리(불법)의 단일성' 혹은 '영원성'에 관한 것이었다. 그럴지라도 깨어진 불발은 정법 멸진의 조짐을 나타낸 것으로, 중생교화의 한 방편이었다.*

남악혜사(515~577년) 문하에서 수학한 현광玄光이 귀국하여 공주 옹산에서 교화를 펼쳤다는 사실은 이 지역의 불발신앙과 관련하여 매우 의미심장하다. 혜사는 그의 시대가 말법시대라는 신념 하에 미륵불의 세상에 태어나기를 서원한「입서원문」의 저자로, 그의 문하에서는 필시 중국의 말법신앙에 가장 큰 영향을 끼친 북천축 웃디야나(烏仗那國) 출신의 사문 나련제야사(490~589년)가 번역한『대방등대집경』「월장분」,『대승동승경』,『연화면경』등 일련의 정법 멸진 관련 경전들을 학습하였을 것이기 때문이다.

현광이 활동한 공주지역은 비슷한 시기(진지왕 576~579년) 경주 흥륜사의 승려 진자眞慈가 이곳 수원사水源寺에서 화랑으로 변화한 미륵대성(彌勒仙化)을 친견하였다고『삼국유사』*에 기록될 만큼 미륵신앙이 성행하였던 곳으로, 당시 미륵신앙의 중심지였다.* 이런 점에서도 당시 공주지역의 유력한 사찰이었던 대통사의 예사롭지 않은 −특정의 의미를 지닌 것처럼 보이는− 두 개의 석조가 다만 '연꽃 장식용'이나 '창포 재배용' 돌확일 수는 없는 것이다.*

공주지역에서의 불발신앙의 자취를 보여주는 두 점의 유물이 존재한다. 하나는 너무나도 유명한 발굴지의 출토품이지만 거의 주목받지 않은, 무령왕릉에서 발굴된 높이 10cm, 입 지름 17cm, 몸통 지름 20.4cm 크기의 금동발金銅鉢이다. 전국박물관 소장품 검

*미히라쿨라의 불발 파괴, 이에 따른 말법시대의 도래, 불발의 인천人天세계로의 유전, 미래세 미륵불 처소에 이르러 방광放光과 설법, 그리고 이에 대한 미륵불의 찬탄과 예배.
*제7장 2절, 3절 참조.

*제4 탑상「미륵선화미시랑진자사彌勒仙花未尸郎眞慈師」.
*최연식(2011): 8.

*부여석조의 8개의 세로줄 역시 전혀 예사롭지 않다. 8지支 성도聖道(즉 8정도)와 같은 특정의 의미를 지닌 것이라 해야 할 것이다.

색 사이트인 e뮤지움에 따르면 이 유물은 왕비의 머리 쪽에서 출
토되었는데, 발굴 당시 장식도조와 동제 숟가락을 한 점씩 담고 있
었다고 한다. 왕의 무덤에 발우를 부장품으로 넣은 이유가 무엇일
까? 발우 구연부에 그어진 세 줄을 네 개의 발우를 포갤 때 나타나
는 경계선(즉 四際)으로 이해할 수 있다면 이는 다름 아닌 불발이
다. 숟가락은 불발에 전례가 없는 일이지만, 무령왕(501~523년 재
위)과 같은 시대(502~519년) 양나라의 대법사들이 편찬한『자비도
량참법』에서도 예참禮懺의 대상으로 시발탑匙鉢塔, 즉 '불발과 숟
가락을 안치한 탑'을 언급한다.* 중국이나 우리나라에서는 저들(천
축)과 달리 밥을 손으로 먹지 않고 숟가락으로 먹으니 그렇게 말하
였을 것이다.

*T45, 940c23, 제7장
3-2 참조.

　무덤에 금동제 불발과 숟가락을 넣어두었다면, 이는 왕비를 위
한 것이 아니라 도솔천의 미륵보살을 위한 것이다. 왕비가 저승 가
서 배곯지 말라는 염원에서가 아니라 청주 흥덕사의 영인이 바친

500

불발과 마찬가지로 미륵보살이 머물고 있는 도솔정토로의 왕생을 기원해서일 것이다. 흥미롭게도 반죽동 석조가 전해진 대통사는 『삼국유사』에 의하면 무령왕 다음 왕인 성왕 7년(529년)에 창건되었다.

　다른 하나는 1960년 공주 인근 연기군 전의면(현재 세종특별자치시) 소재 비암사碑巖寺에서 발견된 미륵보살반가사유비상(彌勒菩薩半跏思惟碑像, 보물)이다. 탑비塔碑와 비슷하게 생겼다 해서 비상碑像이라 한 것으로,[*] 아래 대좌, 중앙의 불상, 위의 덮개돌이 하나의 돌(높이 40~58cm, 너비 21~32cm)로 이루어져 있는데, 네 면 모두에 조각이 있다. 문화재청 국가문화유산포털에서는 이 유물에 대해 이같이 해설하고 있다.

[*]이 유물이 발견된 인연에 대해서는 서동철(2017) 참조.

[사진9] 비암사 미륵보살반가사유비상 국립청주박물관. 문화재청 국가문화유산포털 사진.

　T자형을 이루고 있는 이 비상은 정면에 왼발을 내리고 오른발을 왼쪽 다리에 올린 반가상을 크게 새기고 있다. 오른손을 들어 뺨에 대고 생각하는 자세를 취하고 있는 반가상은 머리에 화려한 관冠을 쓰고 있으며 목걸이와 구슬장식을 갖추고 있다. 양 측면에는 두 손에 보주를 들고 정면을 향하고 있는 보살입상이 새겨져 있는데, 반가상을 본존으로 삼아서 3존 형식을 의도한 것으로 보인다. 뒷면에는 보탑寶塔을 크게 새겼는데 이 보탑으로 보아서 정면의 반가상이 미륵보살을 형상화한 것으로

해석할 수 있다.

4각형의 대좌에는 중앙에 둥근 화병을 놓고 그 좌우에 꿇어앉은 공양자의 모습을 조각하였는데, 대좌의 양 측면에도 정면을 향해 꿇어앉은 공양자의 모습을 표현하였다.

이 석상은 삼국시대 우리나라에서 유행한 미륵신앙을 배경으로 크게 발달한 반가사유상 양식의 귀중한 유품이며, 만든 연대는 조각솜씨로 미루어 보아 충남 연기군 비암사에서 함께 발견된 계유명전씨아미타불삼존석상癸酉銘全氏阿彌陀佛三尊石像과 같은 673년으로 추정된다. 백제가 멸망한 지 얼마 되지 않은 시기에 그 영역에서 조성된 이들 석상은 백제의 석조미술 수준을 확인할 수 있게 해주는 좋은 예이다.

대좌의 공양물을 여기서는 '둥근 화병'이라 하였고, 또 어떤 이는 '둥근 향로'라고도 하였지만, 필자의 눈에는 밥과 꽃이 수북이 담긴 발우로 보인다. 사천왕이 부처님께 발우를 바칠 때에도 하늘 꽃(天花)을 가득 담았으며,[*] 간다라 출토 불발 부조 중에도 꽃이 가득 담긴 것이 있었다.[*] 당시 간다라에서 불발에 꽃을 담는 것은 하나의 관례였다. 법현도 불발의 신이함에 대해 말하면서 "가난한 이는 꽃을 조금만 던져도 가득 찼지만 큰 부자는 많은 꽃으로 공양하였다"고 하였다.[*] 그리고 이 같은 형식의 불발 예배 상은 간다라 출토 불보살상의 대좌나 스투파 박공에서 흔히 볼 수 있는 양식이었다.[*] 특히 애슈몰린박물관에 소장된 석가모니보살상 대좌에 새겨진 불발예배상(제5장 사진10)과 매우 유사하다.

*제2장 1-2 참조.

*제5장 사진 16, 17 참조.

*제5장 4-2 참조.

*제5장 사진10-12; 제7장 사진8, 9, 11, 12 참조.

502

이 비상이 제작된 673년은 백제가 멸망한 660년으로부터 십여 년이 지난 때이다. 함께 발견된 계유명아미타불삼존석상(국보)에 '국왕·대신 및 칠세七世에 걸친 부모와 모든 함령(含靈, 중생)을 위해 절을 짓고 불상을 만들었다'는 명문과 함께 이 불사佛事를 주도한 이들의 관직과 이름이 새겨진 것으로 볼 때, 신라-백제 전쟁에서 희생된 이들의 정토왕생을 기리기 위한 것으로 추측할 수 있다. 아미타불삼존석상이 극락정토로의 왕생을 기원한 것이라면, 미륵보살반가사유비상은 도솔정토로의 왕생을 기원한 것으로, 무령왕릉이나 청주 흥덕사지에서 발굴된 금동/청동 불발 역시 이 같은 염원에서 조성된 것이었다.

4. 법주사의 석련지와 희견보살상

1) 석련지는 연꽃을 띄우는 용기인가?

세 점의 백제 석조도 연꽃을 담는 용구로 이해되었지만, 속리산 법주사의 석조는 언젠가부터 아예 '석련지石蓮池'라는 이름으로 불리고 있다. 이 석물은 백제 석조보다 훨씬 크고 화려하다. 지대석에서 난간석까지 전체 높이가 2.57m이며, 구경 또한 2m나 된다. 그래서인지 1962년 문화재보호법이 제정되면서 국보로 지정되었다. 예배소에 놓여 있는 종교시설의 용도를 묻는 것 자체가 이상한 일이기는 하지만 ─예배소의 종교시설은 예배를 위한 것이다.─ 이 아름다운 석물의 용도는 무엇인가?

문화재청 국가문화유산포털에서는 이렇게 해설한다.

법주사 천왕문을 들어서서 동쪽에 위치한 돌로 만든 작은 연못
으로, 연꽃을 띄워 두었다고 한다. 불교에서 연꽃은 극락세계를
뜻하여 사찰 곳곳에서 이를 본뜬 여러 형상들을 만날 수 있다.
석련지는 8각의 받침돌 위에 버섯 모양의 구름무늬를 새긴 사
잇돌을 끼워서 큼지막한 몸돌을 떠받치고 있는 모습이다. 몸돌
은 커다란 돌의 내부를 깎아 만들었는데, 반쯤 피어난 연꽃 모
양을 하고 있어 그 쓰임과 잘 어울리며, 외부의 곡선과도 아름
다운 조화를 이룬다. 표면에는 밑으로 작은 연꽃잎을 돌려 소박
하게 장식하였고, 윗부분에는 큼지막한 연꽃잎을 두 겹으로 돌
린 후 그 안으로 화사한 꽃무늬를 새겨두었는데, 현재는 균열되

어 철제 꺾쇠로 연결해 놓았다. 입구 가장자리에는 낮은 기둥을 세워 둥글게 난간을 이루었는데, 그 위로도 짧은 기둥을 새긴 후 난간 모양이 되도록 조각해 놓아 마치 난간이 두 줄로 된 듯하다. 위 난간에 세워진 기둥은 아주 기발한 착상이라 할 수 있는데, 불국사 다보탑에 새겨진 돌난간의 기둥과도 비슷하여 예스러움을 간직하고 있다. 밑의 난간 벽에는 여러 가지 무늬를 새겨 놓아 화려함을 한층 더 살려준다.

8세기경에 제작된 통일신라시대의 작품으로, 절제된 화려함 속에 우아함이 피어나는 아름다운 자태는 석련지의 대표작이라 불릴 만하다.

법주사 석련지를 소개하는 어떤 한 블로거는 이 같은 문화재청의 해설을 인용하고 "용도의 의미는 알겠지만, 과연 어떻게 물을 담고 뺄 수 있었을까? 사다리를 타고 올라가 바가지로 한 번씩? 2미터 정도로 높아 연꽃을 심어 두었어도 제대로 볼 수 있을 것 같지 않다. 그 자체가 꽃인 걸…"이라고 논평하기도 하였다. 그리고 한마디 덧붙이고 있다. "법주사에 유독 특이한 용도와 모양의 문화재가 많이 남아 있는 것은 어떤 연유일까?" 그렇다. 법주사에는 '희견보살상'이라는 좀 이상하게 생긴 석상도 존재한다.(후술)

법주사의 석조를 석련지, 즉 '돌로 만든 연꽃 모양의 연못' 혹은 '연꽃을 키우기 위한 돌로 만든 연못'으로 여긴 것은 우리 고적에 대한 미술사적 탐구가 이루어지면서부터이다. 1912년 이미 이 석조를 '석련지'라고 이름한 일본의 건축사가 세키노 다다시(関野貞,

1867~1935)는 1916년에 발간한 자신의 『조선고적도보朝鮮古蹟圖譜』에서 이렇게 해설하고 있다.

석련지는 먼저 받침돌에 연화좌를 새기고 그 위에 솟아오르는 구름을 조성하여 위대한 돌 연꽃을 만들어내고 있다. [돌] 연꽃은 반구半球보다 큰 형태로 매우 아름다운데 주변으로 크고 작은 꽃잎을 두드러지게 새겼다. 큰 꽃잎의 표면에는 보상화寶相華가 보인다. 수법이 정교하고 아름다우며, 기품이 따뜻하고도 고와 참으로 감탄할 만하다. 돌로 된 연꽃 윗면에는 속을 깊이 파 물을 저장하여 연을 재배할 수 있도록 하였다. 그리고 그 주위로는 난간을 둘렀는데, 이는 완전히 우리 야마토(寧樂)시대의 [동대사東大寺 법화당法華堂 불단에서 보여지는] 수법이다. 이 석연지의 제작연대는 불분명한데, 그 양식으로 볼 때 아마도 [신라] 성덕왕대일 것이다.(필자 윤문)*

*신은영(2020): 46f 재인용.

조선 후기 송시열의 문인으로 청주 문의文義에서 활동한 한천당寒泉堂 오재정(吳再挺, 1641~1709) 역시 법주사의 이 석물을 '연을 심는 그릇(種蓮器)'으로 이해하였다. 그는 「속리산유람록遊俗離山錄」에 이같이 쓰고 있다.

[용화보]전龍華寶殿 앞에 석불石佛이 있었는데, 돌로 된 그릇(石盆)을 머리에 이고 서 있었다. 또 주둥이 부분에 난간을 둘러친 돌로 된 물 단지(石樽)가 있는데, [아마도] 연을 심는 그릇일 것

이다. 깨지고 없어진 부분을 철편을 대고 정丁자 모양으로 꿰매
었다. 또 돌로 만든 장명등長明燈도 있었다.*

*신은영(2020): 41 재
 인용.

서거정이 대통사 절터의 석조에 창포가 자라는 것을 보고 한편
으로는 의심하면서도 창포 재배용으로 묘사하였듯이 오재정 또한
그 용도를 몰라 연을 심는 용기로 추측하였을 것이다. 그렇지만 오
재정이 전하고 있듯이 과거 법주사는 본당인 용화보전(지금의 미륵
대불) 앞으로 돌그릇(石盆)을 이고 있는 석불(오늘날 '희견보살상')과
석등('사천왕 석등'), 그리고 난간을 둘러친 돌로 된 물 단지(즉 '석련
지')가 나란히 배치되어 있었다. 이는 법주사의 사상적 이념적 정체
성을 직접적으로 드러내는 징표이기 때문에, '석련지'로 일컬어진
석물 또한 이러한 관점에서 이해하지 않으면 안 된다.(후술)
　법주사 웹사이트에서는 석련지에 대해 이같이 해설한다.

국보 제64호로 지정되어 있는 석련지는 신라 성덕왕 19년(720
년)경에 조성된 것으로, 8각의 지대석(받침돌) 위에 3단의 괴임
을 만들고 다시 복련을 두른 굄돌을 올렸으며, 그 위에 구름을
나타낸 동자석을 끼워 연지를 받치고 있다. 원래 이 석련지는
법주사의 본당이었던 용화보전이 있었을 때 그 장엄품으로 설
치했던 것으로 극락정토의 연지를 상징하며 화강석으로 조각
한 것으로 전해지고 있다. 구품 연화장으로 환희원만 영원무궁
상품상생 광도중생 무량수의 감로천이다.

그런데 좀 이상하다. 법주사 웹사이트에서는 법주사를 신라시대 법등을 밝힌 이래 '오늘날 이 땅의 미륵신앙의 요람'으로 규정하면서, 또한 법주사의 본당이었던 용화보전(현재는 미륵대불)을 장엄하기 위해 설치한 것이라면서 석련지를 극락정토의 연지蓮池를 상징한다고 말하고 있다. 극락정토의 연지는 아미타불의 세계이다. 서방 극락세계의 16가지 모습을 관할 것을 강조하는『관무량수경』에서는 "만약 지극한 마음으로 서방정토에 왕생하고자 하는 이는 무엇보다 먼저 연못의 물 위에 있는 1장 6척의 무량수불(아미타불의 의역어)의 형상을 관하라"*고 하였다. 미륵신앙의 요람에 와서, 그것도 33미터의 미륵대불 아래의 이 석련지를 통해 극락정토의 아미타불을 관하는 것은 대불에 대한 예의가 아니다. 미륵대불에 대해 예의를 지키고자 한다면 이 석물을 극락정토의 9품 중생들을 위한 연지라고 해서는 안 될 뿐더러 연을 띄워 관상하는 돌확(즉 石蓮池)이라 해서는 더더욱 안 된다.

*T12, 344b25f.

필자는 이 석물을『연화면경』에서 미륵불이 찬탄한 석가세존의 발우로 이해한다. 이 석물의 정체는 애당초 이것이 설치되었던 장소와 관련하여 고찰되어야 한다. '석련지'로 불리는 이 석물은 원래 법주사의 중심 전각인 팔상전을 뒤로 하고 용화보전*을 마주보는 지점에 있었다. 그리고 이것과 용화보전 사이에 다시 사천왕 석등과 오늘날 '희견보살상'으로 일컬어지는 석상이 있었다. 다시 말해 대원군이 경복궁 역사에 필요한 당백전當百錢을 만들기 위해 미륵장육존상 등을 파괴할 때 훼철된 2층 35간의 용화보전 정면으로 희견보살상과 사천왕 석등, 그리고 석련지와 팔상전이 일직선으로

*옛 시멘트 미륵대불 자리, 현 청동미륵대불 10m 북쪽.

배치되어 있었다.

그랬던 것이 1987
년, 훼철된 용화보전 자
리에 세워졌던 콘크리
트 미륵대불을 해체하
고 청동미륵대불을 대
체 건립하는 과정에서
희견보살상은 원통보전
뒤편 공터로, 석련지는
남쪽 철 당간 좌편으로,
화사석火舍石에 사천왕
을 새긴 석등은 대웅보
전 앞으로 옮겨졌고(대
웅보전 앞에는 이미 쌍사
자 석등이 있었다), 미륵
대불 또한 남쪽으로 10
미터 가량 이동하여 팔

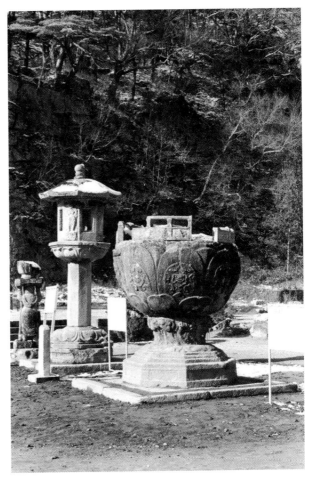

[사진11] 희견보살상과
사천왕 석등과 석련지.
1960년대 사진.

상전 정면에서 벗어났다. 그럼으로써 팔상전(즉 석가세존의 전각)으
로부터 석련지-사천왕 석등-희견보살상-미륵대불(즉 용화보전)로
이어지는 미륵신앙의 축이 무너져버렸다. 법주사는 팔상전에서 쌍
사자 석탑-대웅보전으로 이어지는 화엄신앙의 축도 존재하지만,
한 연구에 따르면 미륵신앙의 축은 대원군 때 용화보전이 훼철되
기 전까지 법주사의 중심축이었다.*

*장현석(2005): 86. 이
에 따르면 법주사는 8
세기 진표율사의 수
제자였던 영심永深에

따라서 석련지를 비롯한 사천왕 석등, 희견보살상은 석가모니불 따라서 석련지를 비롯한 사천왕 석등, 희견보살상은 석가모니불의 전각인 팔상전과 미래 미륵불의 전각인 용화보전 두 전각과 관련하여 생각하지 않으면 안 된다.

2) 희견보살상과 용화보전

법주사에는 그 정체가 불분명한 또 하나의 석물이 있다. '희견보살喜見菩薩 상'으로 일컬어지는 석상이 바로 그것이다. 이것이 희견보살로 불리게 된 것은 그리 오래된 일이 아니다. 앞서 인용한 대로 한천당 오정연은 이를 '돌그릇(石盆)을 머리에 이고 서 있는 석불石佛'로 호칭하였다. 그런 것이 언제부터인가 법주사 사적기인『속리산대법주사』(창건 이후 1873년까지의 법주사 관련 기록)에 적힌 '희견보살석상'으로 비정되었고, 급기야 이러한 이름('석조 희견보살입상')으로 지방유형문화재(1976년)와 국가지정문화재(2004년)로 지정되었다.

희견보살*은『법화경』제23 「약왕보살본사품」에서 일월정명덕불의 사리와『법화경』을 찬탄하여 천 2백 년 동안 향유를 마시고 바른 자신의 몸을 불태워 공양하는 약왕보살의 전생으로 등장한다. 한쪽 무릎을 꿇은 채 두손을 맞잡고 앉아 있는 형태의 월정사의 '공양보살 좌상'도 일명 희견보살이라 하지만, 법주사의 석상과는 형태가 전혀 다르다.

아무튼 법주사의 희견보살은 자신의 몸을 불태우는 모습이 아님에도 이고 있는 그릇을 '뜨거운 향로'로 간주하여 희견보살이라는 호칭을 합리화한다. 국가문화유산포털과 법주사의 웹사이트에서

의해 중창될 때에는 수정봉과 용화보전, 그리고 팔상전을 잇는 미륵신앙에 따른 가람배치가 이루어졌지만, 고려 중기 이후 관음봉과 대웅보전 그리고 팔상전과 천왕문을 잇는 화엄신앙 축이 미륵신앙 구성 축과 교차하는 이중구조 체계를 형성하게 되었다.

*온전한 명칭은 '일체중생희견보살'.

510

는 각기 이같이 해설하고 있다.

성불成佛의 소원을 이루기 위해 머리의 뜨거움과 손의 뜨거움을 잊고 일심으로 향로를 머리에 이고 아미타불 앞에 공양하는 모습을 한 희견보살상을 형상화한 것이다. 이 보살상은 지대석地臺石 위에 밥그릇 모양의 뜨거운 향로를 머리에 이고 부처님 앞에 나아가는 공양상으로서, 지대석과 신체 및 향로 세 부분으로 구성되어 있다. 얼굴 부분은 닳고 손상이 심하여 세부 표현을 얼른 알아볼 수 없지만 신체에는 속옷 위에 겉옷을 걸치고 있으며, 띠 매듭과 옷자락이 무릎 위에서 투박하게 처리되어 있다. 잘록하고 유연한 허리와는 대조적으로 그릇받침을 받쳐든 양팔은 무거워 힘에 부치는 듯한 모습을 꽤 사실적으로 나타내고 있다.

[사진12] 법주사 희견보살상. 문화재청 국가문화유산포털.

이 보살상은 석련지와 사천왕석 등과 함께 신라 중기에 만들어진 뛰어난 조각으로 추정된다.

신라 33대 성덕왕 19년(720년)경에 조성된 입상으로 향로를 머리에 이고 있으며, 향로 용기의 면에는 연화문이 조각되어 있고, 보살상은 앞가슴 부분의 법의가 벌어져 있고, 힘이 들어간 듯한 근육이 조각 자체를 강하게 느껴지게 한다. 구원겁토록 부처님께 향불을 공양하고 있는 희견보살의 모습을 조성해 놓은 것으로 알려져 있다. 높이 약 2m, 붉은 화강석 재료의 조각상이다.

용화보전 앞에 서있는 석상에 대해 아미타불에게 향불을 공양하는 보살이라니, 이 또한 이 석상이 간절히 바라보고 있는 (혹은 기다리고 있는) 부처님에 대한 예의가 아니다. 혹자는 부릅뜬 두 눈이 주는 강렬한 인상 등의 도상적 특성에 근거하여 미륵불에 공양하는 곤륜노(崑崙奴, 검은 피부색의 야인) 상이라 하였지만,* 경전상의 근거를 확인하기 어렵다. 미륵불이 하생할 국토를 청소하는 야차나 나찰 정도의 의미로 해석하지만, 궁색한 변명이다. 직업을 탓하는 것은 아니지만 어찌 일개 청소부를, 그것도 특정의 스토리(서사)도 갖지 않은 이를 보전寶殿 앞에 세울 것인가?

*허형욱(2006).

이는 앞서 말하였듯이 통도사 용화전 앞에 세워진 봉발탑과 동일한 형식의 구조로, 용화보전(혹은 미륵대불) 앞의 석상이면 당연히 가사와 불발을 갖고 미륵불을 기다리는 가섭존자이다. 이 서상이 문제가 되는 것은 심하게 마모되었기 때문이기도 하겠지만 그 모습이 전혀 예사롭지 않다는 사실이다. 그래서 자신의 몸을 불태우는 희견보살이라거나 곤륜노라는 등의 온갖 추측이 난무하게 된 것이다. 『미륵대성불경』(일명 『미륵하생경』)에 의하면 미륵불과 만날 때 가섭존자의 모습은 사람의 형색이었지만 벌레같이 작고 비루하였다. 게다가 범천왕이 그가 열반(멸진정)에서 깨어나도록 하늘의 향유를 정수리에 부어 그의 몸까지 흘러내렸다. 이에 미륵불을 따라온 대중들이 물었다. "사람의 머리를 한 벌레처럼 작달막하고 누추한 자(人頭蟲短小醜陋)가 사문의 복색을 하고서 세존께 예배 공경하니, 어찌 된 일입니까?"*

*T14, 433b23f; 제8장 3-2 참조.

『대지도론』에 의하면 미륵불이 출현할 무렵 인간의 키는 80척이었으니(부처는 160척), 두타제일의 가섭은 눈 아래의 벌레처럼 보였을 것이다.* 그렇지만 마하가섭이 이런 모습으로 미륵불 앞에 선 것은 그의 제자들에게 자신의 비루한(작달막하고 추하고 거무튀튀하고 못생긴) 몸을 보여주고 그들로 하여금 자신들의 장대하고 풍만하며 흰 살결에 단정하고 아름다운 몸(長大肥白端正好)에 대해 싫어하는 마음(厭離心)을 낳게 하기 위함이었다. 이에 관한 전후 사정에 대해서는 제8장 3-2 '미륵불과 마하가섭의 만남'에서 이야기하였다.

*제8장 사진3 참조.

'회견보살상'이라 불리는 용화보전 앞의 석상은 전형적인 정대상頂戴像으로, 여기서 머리에 이고 있는 것은 부처님의 분신과도 같았던 두 물건, 반듯하게 접은 가사와 연꽃 문양이 새겨진 발우이다.* 이 석상은 석가세존의 당부에 따라 당신의 승가리와 발우를 갖고 계족산에서 미륵불을 기다리고 있는 가섭존자의 정대상이다. 이러한 주장은 이미 몇몇 이들에 의해 제기되었다.*

*『대당서역기』에서 여래는 방형의 불탑기단을 반듯하게 접은 가사에 비유하였다. (제1장 3-3)

*김봉렬 외(1994): 40; 정각(1993): 69-70; 권중서(2008), 염중섭(2014): 138-144. 다만 염중섭은 발우의 경우 미륵경전 어디에서도 확인되지 않는다는 이유에서 이를 배제하였다.

'부처의 발우를 머리에 인다(頂戴佛鉢)'는 말은 불발을 바친다는 말이기도 하고 찬탄 예배한다는 말이기도 하다. '3보를 머리에 인다(頂戴三寶)'는 말은 삼보를 찬탄한다는 말이다. 불타께서 법을 설함에 대중들이 듣고 '기뻐하며 머리에 이고 받들었다(歡喜頂戴)'는 말은 유통분(流通分, 경전의 결말)을 장식하는 관용구로, 대장경 정

대불사頂戴佛事 또한 여기서 유래한다. 천축을 구법 여행한 고승들
역시 이 같은 방식으로 불발에 예배하였다. 양나라 혜교가 편찬한
『고승전』에 따르면, 구마라집은 사륵국(카슈카르)에 이르러 불발을
머리에 이었고, 도보道普 역시 서역의 여러 나라를 돌아다니며 부
처의 존영尊影에 공양하고 부처의 발우를 머리에 이었으며, 석혜람
釋慧覽 역시 그러하였다.*

*제5장 3절 참조.

이에 따라 이 석상 뒤에 세워진 사천왕 석등(보물)의 의미는 분명
해졌다. 이 석등 화사석火舍石 네 면에는 사천왕이 새겨져 있다. 사
천왕이 누구인가? 우리는 대개 사천왕을 호세왕護世王, 동시남북
사방의 중생들의 길흉을 살피고 불법을 지키는 천왕으로만 이해하
지만, 불전佛傳 상에서 그들의 첫 번째 임무는 정각을 이룬 불타께
발우를 바치는 것이었다. 불발은 애당초 사천왕이 바친 것이었다.
혹 어떤 문헌에서는 도리천 환희원에 안치되어 있던 불발을 사천
왕이 미륵세존에게 전한다고도 하였지만, 법주사에서 그들은 가섭
존자가 석가세존의 가사와 발우를 미륵불에게 전하는 것을 불 밝
히고 있다. 애당초 이 석등이 위치하였던 곳이 용화보전(=미륵불)
과 팔상전(=석가모니불) 사이, 보다 구체적으로는 석련지(실은 '석가
세존의 불발')와 희견보살상(실은 '가섭존자의 정대상') 사이가 아니었
던가? 이는 법주사만의 서사(내러티브)였지만, 가섭존자의 정대상
도, 사천왕 석등도, 불발('석련지')도 제자리를 벗어남으로써 서사
또한 해체되어 공허한 이야기가 되고 말았다.

그리고 이제 '석련지'. 이를 두고 어떤 이는 향로라고도 하였지
만, 세상 어디에 이렇게 높고 큰 향로가 있을 것인가? 향을 피우

려면 사다리를 타야 하니, '연을 키우는 돌 연못'만큼이나 비현실적이다. 또 어떤 이는 다기茶器라고도 하고 연화좌蓮華座라고도 하였지만, 팔상전과 용화보전 사이에 다기를 둔 이유가 무엇일 것이며, 두 전각 사이에 다시 무슨 불상을 세울 것인가? 이는 두말할 것도 없이 불발이다. 이것의 정밀실측조사보고서에서도 대뜸 "연지는 발우 모양으로 물을 담을 수 있는 석조"라고 해설하고 있다.* 여기에 이중으로 새겨진 화려한 연꽃 문양은『연화면경』에서 설해진 미륵불이 불발에 예배하는 장엄한 광경*을 떠올린다면 문제될 것이 없다. 마투라와 간다라에서 출토한 대형발우도 연꽃잎이 2단 혹은 3단으로 새겨진 것이었다.*

*예그린 건축사사무소 (2018): 67.

*제7장 3-1 참조.

*제5장 사진18, 19 참조.

난간 또한 일반적인 난간과는 다르다. 그것은 구연부 주위를 모두 둘러친 것이 아니고 4개 조로 나누어 남동·북동·북서·남서 방향에 배치하고, 동서남북의 4면에는 난간을 끊어 개방된 공간으로 남겨두었다.* 이는 또 무슨 이유 때문일까? 왕릉의 호석護石 난간(둘레돌)도 처음에는 단순히 무덤을 보호하기 위한 것이었지만, 통일신라시대로 접어들면서 보호기능과 함께 일종의 무덤을 장엄하는 장식으로 발전하였다.* 그렇지만 괘릉(원성왕릉)이나 김유신 묘에서 보듯이 둘레를 모두 둘러쳐 장엄하였다. '석련지'로 일컬어진 석물의 난간은 보호용(추락방지용)이 아니라 특별한 의미를 갖는 장식일 것이다.

*예그린 건축사사무소 (2018): 74.

*『한국민족문화대백과사전』'호석' 참조.

불발의 장식은 이미 불전佛傳 상에도 나타난다.『불본행집경』이나『방광대장엄경』상에서 사천왕이 불타께 바친 발우는 구름이 뭉게뭉게 피어나는 듯한 문양의 감청색으로 반듯(端正)하여 가

히 기뻐할 만한 것으로, 거기에는 하늘의 꽃(天花)이 가득 담겨 있

*제2장 1-2 참조.

고, 좋다는 온갖 향이 칠해졌다고 하였다.*『연화면경』에서는 불발

에서 오색광명이 뿜어 나오기도 하고 불발 위 허공 중에 큰 광명의

*제5장 4-2 참조.

구름덮개(光明雲蓋)가 형성되기도 한다. 이에 따라 간다라 출토 불

발 부조 중에도 꽃문양이나 연꽃잎이 새겨진 것도 있

었고, 구름모양의 가리개(傘蓋)를 쓴 것도 있

었다.* 법주사에서도 연꽃잎을 2단 (혹은 3

단)으로 새기고, 이를 구름무늬가 새겨

진 간석(말하자면 光明雲臺) 위에 안치

하였다.

법주사는 애당초 팔상전의 석가

세존-석존이 성취한 정법의 상징

으로서 불괴不壞의 불발-이를 바

친 사천왕-가섭존자를 통한 미

륵불에게로 전달, 혹은 미륵불의

불발 찬탄-용화보전의 미륵불로

이어지는 서사가 구현된 절이었

다. 규모는 다르지만, 이러한 형

[사진13] 미륵보살·대
신변도·불발예배상. 3
세기 간다라. 찬디가르
박물관(c).

식을 갖춘 간다라의 부조도 존재한다. 인도 찬디가르 박물관에 소장된 〈미륵보살·대신변도·불발 공양 부조〉가 그것이다. 미야지 아키라(宮治 昭)에 의하면 이는 석가모니의 위대한 법의 개시開示를 나타낸 광경으로, 상단은 석가세존의 법을 계승하기 위해 도솔천에서 기다리는 미륵보살을, 하단의 불발은 미륵불로의 계승을 나타내는 석존의 법을 상징한다.*

*宮治 昭(1988): 4.

　법주사는 불발신앙의 완결판이라 말할 수 있다. 법주사는 가히 불발에 관한 수많은 에피소드의 종합 집합소라고 할 만하다. 법주사가 어째서 이 같은 서사를 구현한 절이 된 것인가? 우리는 그 기원을 창건설화에서 찾을 수 있다.

3) 법주사와 불발

『법주사사적기』에 따르면 법주사는 신라 진흥왕 14년(553년) 황룡사와 함께 창건된 절로 그 무렵 의신義信이 서역에 갔다가 흰 노새에 경전을 싣고 왔기 때문에 대법주사라고 하였지만, 실질적인 개산조는 영심永深이다. 그는 진표율사의 제자로, 그의 면모는 진표를 통해 엿볼 수 있다.

　진표의 생애는 『삼국유사』 제5 「의해」에 두 가지 버전이 전한다. 하나는 '진표가 간자를 전한 이야기(眞表傳簡)'이며, 다른 하나는 일연의 제자 무극無極이 풍악산 발연수 주지 영잠瑩岑의 「관동 풍악산 발연수 개창조 진표율사 진신골장 입석비명關東楓岳山鉢淵藪開創祖眞表律師眞身骨藏立石碑銘」 중 진표의 전기 부분만 발췌한 것(關東楓岳鉢淵藪石記)이다. 전자는 영심에 대해 진표의 으뜸가는 법제자 중 한 명으로 간자를 전수받아 속리산에 살면서 법통을 계승하였다고 설할 뿐이지만, 후자의 기록은 좀 더 자세하며 법주사와 불발의 관계를 엿볼 수 있는 단서도 전한다.

이에 따르면 진표율사는 12살 때 금산수金山藪의 순제법사順濟法師에게로 출가하여 스승으로부터 사미계와 함께『공양차제비법供養次第秘法』과『점찰선악업보경占察善惡業報經』을 얻는다. 그리고 '미륵과 지장 두 보살 앞에서 간절히 참회하여 그들로부터 직접 계를 받으라'는 스승의 교시에 따라 27세 때(上元 원년, 760년) 변산의 부사의방不思議房에 들어 미륵상 앞에서 삼칠일(21일)을 기한으로 용맹 정진하여 첫 7일이 지났을 때 지장보살로부터 가사와 발우를 얻고, 세 번의 7일을 다 채웠을 때 미륵보살로부터 보살의 손가락 뼈로 만든 시각始覺과 본각本覺 두 각覺을 상징하는 간자를 얻는다. 이후 금산사를 창건하고 미륵장육존상을 주조 봉안한 뒤 금강산으로 가 발연사를 세워 7년간 점찰법회를 연다.

그 후 다시 부사의방을 찾고 고향 근처 진문대덕방眞門大德房에 머물고 있을 때, 속리산의 대덕 영심永深이 융종融宗·불타佛陁 등과 함께 진표율사에게 와 법을 청하였다.

"저희는 천리를 멀다 여기지 않고 계법戒法을 구하러 이곳까지 왔습니다. 원컨대 법문을 내려주소서."

율사가 묵묵히 답이 없자 세 사람은 복숭아나무 위로 올라가 땅에 거꾸로 떨어지며 용맹 참회하였다. 이에 율사가 전교傳敎의 관정灌頂을 행하고, 일찍이 지장보살로부터 얻은 가사와 발우, 스승으로부터 얻은 두 권의 참법서, 그리고 미륵보살로부터 얻은 간자를 주며 말하였다.

"이것을 갖고 속리산으로 돌아가 길상초吉祥草가 자라는 곳에 정사精舍를 세워 이러한 교법에 의거하여 인천人天을 널리 제도하고, 후세에 이르도록 널리 유포하라."

영심 등이 속리산으로 돌아와 길상초가 난 곳에 절을 창건하고 길상사吉祥寺라고 하였으니, 이곳이 바로 오늘날의 법주사이다.

여기서 진표율사는 지장보살로부터 가사와 발우를 얻는다. 이때 가사와 발우가 부처님의 것임은 두말할 나위도 없겠지만, 무슨 연고로 지장보살이 전해준 것인가? 우리는 지금껏 불발에 대해 탐구해 왔지만 지장보살은 금시초문이다.

그런데 『송고승전』「진표전(唐百濟國金山寺眞表傳)」에 의하면 지장보살은 다만 진표를 경책하고 계戒의 인연과 앞으로의 방편을 일러주었을 뿐이며, 미륵(慈氏)보살이 가사와 발우를 주고 '진표'라는 이름도 하사한다. 여기서는 그날의 광경을 이같이 묘사하고 있다.

세 번째 칠일 날 새벽이 밝아오자 길상조吉祥鳥가 나타나 "보살이 오신다!"며 지저귀었다. 이에 바라보니 흰 구름이 내려앉으며 어지럽게 피어나더니 높낮이가 없어짐에 산천은 평평한 은빛세계가 되었다. 이리저리 자유자재로 행하는 도솔천의 주인과 찬란한 모습의 호위병들이 〔진표가 있는〕돌단(石壇)을 에워쌌다. 향기로운 바람이 불고 꽃비가 내리니, 흔히 볼 수 있는 세상 풍경이 아니었다. 그때 미륵(慈氏)보살이 천천히 걸어와 돌단에 이르자 손을 뻗어 진표의 이마를 쓰다듬으며 말하였다.

"훌륭하구나, 대장부여! 이와 같이 계戒를 두 번 구하고 세 번 구하니 가히 수미산(蘇迷盧)은 손으로 밀쳐낼 수 있을지라도 그대 마음은 끝내 물러나게 할 수 없을 것이니, 법을 내려 주리라."

진표는 의식과 낙근樂根이 상응하는 제3정려에 이른 듯 심신이 희열에 젖었다. 4만 2천의 복덕의 강(福河)이 항시 흘러 일체의 공덕을 성취하고 천안통天眼通이 열렸다.

이에 미륵보살은 친히 세 가지 법의法衣와 와발瓦鉢을 주고 '진표'라는 이름도 내려 주었다. 또한 상아로 만든 것도 아니고 옥으로 만든 것도 아닌 8자와 9자가 쓰인 점치는 간자(籤檢)를 무릎 아래서 꺼내주었다. (중략) 〔두 간자에 대한〕 당부의 말을 마치자 제석천과 호위병들이 돌아가고 산천의 구름도 개였지만, 〔진표는 여전히〕 천의天衣를 지니고 천발天鉢을 쥐고 있었다.*

*T50, 794a18-b15.

이처럼 진표는 도솔천왕과 그의 권속들을 앞세우고 온 미륵보살로부터 세 법의法衣와 와발瓦鉢, 즉 질그릇 발우를 얻고 있다. 미륵보살은 어찌 계법戒法을 얻고자 용맹 정진한 그에게 법의와 와발(혹은 天衣와 天鉢), 8자와 9자가 쓰인 간자를 준 것이며(『송고승전』), 진표율사 또한 계법을 구하러 온 영심에게 지장보살로부터 얻은 가사와 발우 등을 준 것인가?(「진신골장비」) 가사와 발우는 계법과 무슨 관계가 있기에 계법을 구하는 이에게 이를 준 것인가? 미륵사상과 계법의 관계는 일찍부터 주목되었지만,* 여기서의 '발우'의 의미에 대해서는 누구도 주목하지 않는 것 같다.

*박광연(2013): 289.

520

『양고승전』에 따르면, 일찍이 서역을 주유하며 불발을 머리에 인 혜람은 선정에 들어 도솔천에 머물며 미륵보살로부터 보살계를 받은 카슈미르(罽賓)의 달마達摩 비구로부터 계법을 전수받았고, 그 또한 귀국길에 호탄(于闐)에 이르러 그곳 승려들에게 계법을 전해 주었다.* 앞서 통도사의 봉발탑에 대해 설명하면서도 비록 도선율사의 영감에 의한 불설이지만, 불타는 미래세 악비구들의 파계 (정법 멸진)를 막고자 깨어진 불발을 계단에 안치하였고, 자장율사 역시 그러하였다고 하였다. 필시 이같이 생각하였을 것이다. "불발은 계법(선법)을 낳는 방편으로 불발이 깨어지면 불법도 세간도 파괴되기 때문에 결코 가벼이 여겨서는 안 되며, 이에 공양 예배해야 한다."

*T50, 399a11-15.

자장율사가 창건한 통도사와 진표율사가 창건한 금산사에 계단 戒壇이 설치된 것은 우연이 아니다. 두 절 모두 불발과 관련 있다. 『삼국유사』에서는 자장에 대해 '율을 규정한 분(定律)'이라 하였지만, 진표에 대해서는 아예 '율사'로 부르고 있다. 그가 왜 율사인가? 그는 율종律宗 소속이 아니다. 또한 비록 『삼국유사』 제5 「의해」 '심지계조心地繼祖' 편에서 189개의 간자 중 8과 9를 『점찰경』에 따라 '받기 원하는 묘계妙戒를 얻는 것(所欲受得妙戒)'과 '일찍이 받은 계를 완전하게 성취하는 것(所曾受得戒具)'으로 해설하였을지라도 점치는 간자로 인해 그같이 불리지는 않았을 것이다. 여기서 계법은 말법신앙과 관련 있다. 『연화면경』에 의하면 말법은 불발이 깨어짐으로써 초래되었다.*

*제6장 3-2 참조.

한편 『송고승전』에서는 진표율사가 미륵보살로부터 얻은 세 법의와 와발, 즉 질그릇 발우를 천의天衣와 천발天鉢이라고도 하였다. 그같이 말한 이유가 무엇일까? 이는 천상의 네 탑 중의 성물이었기 때문이다. 즉 부처님은 정각 후 상인의 공양을 사천왕이 바친 돌 발우로 받았지만, 정각 전 고행을 포기하고 나이란자나 강가 마을의 여인(우리의 불타전기에서는 통상 '수자타')으로부터 우유죽 공양을 받았을 때는 발우와 함께 받았다. 그런데 어떤 불전(예컨대『태자서응본기경』)에서는 성도 전의 보살의 고행을 불교적인 고행(安般念과 3禪)으로 전한다.*제3장 1-2 참조. 그럴 경우 이는 정각으로 이어지기 때문에 이를 포기한 일이 없으며, 우유죽 공양은 정각 후 첫 공양이 될 수밖에 없다.(두 상인의 공양은 두 번째)『법원주림』에 따르면 이를 받은 발우는 가섭불의 당부에 따라 산신이 올린 질그릇 발우이며,*제3장 3-1 참조. 정법 멸진 후 제석천이 이를 제석천(즉 삼십삼천) 환희원에 안치하였다.

석존의 질그릇 발우를 이해하기 위해서는 매우 복잡하고도 긴 이야기가 필요하지만, 아무튼 사천왕이 올린 돌 발우는 가섭존자를 통해 미륵불로 전해져야 하기 때문에, 진표율사가 이를 얻을 수는 없었을 것이다. 진표율사가 얻은 발우는 산신이 올린 바로 그 질그릇 발우로, 제석천이 환희원에 안치하였던 것이기 때문에 이를 다시 '천발天鉢'이라 하였을 것이다. 나아가 찬영(『송고승전』 작자)은 진표가 중생구제를 위해 세속으로 내려올 때 공중에서 "보살이 산에서 내려오는데 어찌 영접하지 않느냐!"라고 외침에 마을의 남녀 사람들이 머리를 풀어헤쳐 진흙길을 덮었다고 했는데, 이는 바로 3아승기겁 전 유동보살(석가모니불의 전신)이 연등불(정광여래)을 친견할 때의 모습이다.*제1장 3-2 참조. 요컨대 진표율사가 미륵보살로부터 얻

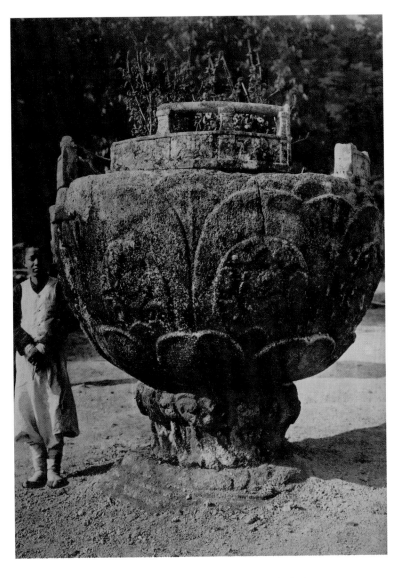

[사진14] 법주사 석련
지. 조선총독부박물관
유리건판 016467.

은 질그릇 발우(혹은 天鉢)는 바로 불발이라는 것이다.

『송고승전』「진표전」에서는 영심과의 관계에 대한 언급이 없지
만, 『삼국유사』에 의하면 영심은 진표의 제자로 스승이 지장보살

제10장 우리나라의 불발

523

에게서 얻은 가사와 발우를 다시 얻고 있다. 그렇다면 자장이 중국 오대산의 문수보살로부터 얻은 부처의 가사와 발우, 머리뼈 일부를 통도사 계단에 안치하였듯이 영심 역시 이를 길상사(즉 법주사)에 안치하였을 것이고, 이런 연유에서 통도사에 봉발탑이 불발의 다음 주인이 계신 용화전 앞에 세워진 것이라면 법주사도 역시 그러하다고 해야 한다. 용화보전(혹은 미륵대불) 앞 물동이처럼 생긴 아름다운 거대한 석물이 바로 바로 그것인 것이다.

그렇다면 진표율사가 창건한 금산사는 불발과 어떤 연관이 있는가?

5. 금산사 미륵전의 철수미좌

금산사는 사적事績에서 법왕 원년(599년) 왕이 칙령을 내려 살생을 금하고 이듬해에 금산사에서 승려 38명을 득도시켰다고 전하기 때문에 이를 개산開山의 기원으로 삼지만, 실질적인 창건주는 진표이다. 따라서 일정 부분 법주사와 창건설화를 공유한다.

「진표율사 진신골장 입석비명」에 의하면 율사는 부사의방에서 지장보살과 미륵보살로부터 가사와 발우, 간자를 얻고 산을 내려오자 큰 못의 용왕이 율사에게 다시 옥발玉鉢과 가사를 바치고, 8만의 부하 권속과 함께 모악산에 이르러 가람을 짓기 시작하여 얼마 되지 않아 완성하였다. 이때 미륵보살이 구름을 타고 도솔천에서 내려와 [예전에] 진표율사에게 수계授戒할 때의 광경을 금당金堂 남쪽 벽에 그려 두었는데, 도솔천중들이 내려오는 모습의 이 그림을 보고 크게 감명 받은 율사는 미륵장육금상彌勒丈六金像을 주조鑄造하여 금당에 안치하였다. 773년의 일이다.

오늘날 금산사 미륵전은 3층의 전각으로, 정유재란 때 불탄 것을 인조 13년(1635) 수문대사가 중건한 후 네 차례의 중수를 거쳤다. 미륵전은 금산사의 중흥주인 혜덕왕사 소현(韶顯, 1038~1096) 당시에는 삼층장육전三層丈六殿이라 불렸기 때문에 아마도 진표율사가 창건할 때에도 역시 3층이었을 것이다. 각 층마다 이름을 달리하여 1층에는 「대자보전大慈寶殿」, 2층에는 「용화지회龍華之會」, 3층에는 「미륵전彌勒殿」이라는 편액이 걸려 있지만 동일한 의미의 명칭으로, 3층 전체가 뚫려 있는 통층의 구조이다.

진표율사는 미륵장육금상만 주조하였다고 했지만, 오늘날 미륵전에는 중앙에 높이 8.79m의 법화림法花林과 대묘상大妙相 두 보살을 거느린 11.82m의 거대한 미륵본존불이 봉안되어 있다. 이는 수문대사가 금산사를 재건하면서 봉안한 것이다. 1934년에 실화로 본존불이 소실되어 현재의 불상은 1938년 김복진(1901~1940)에 의해 조성된 것이다.

그런데 미륵전 본존불(미륵장육금상) 아래 수미단에는 미륵불의 대좌臺座 역할을 하는 연대 미상의 그릇 모양의 조형물이 있다. 지금도 불단 아래로 쪽문을 열고 들어가면 비록 뒷부분을 시멘트로 봉해버렸을지라도 앞면의 일부를 볼 수 있다. 무쇠로 된 대좌이기 때문에 철수미좌鐵須彌座로 일컬어졌지만, 오늘날 사찰 측의 공식 명칭은 '철제 연화대'이다. 그러나 여기에 연화문양은 확인되지 않는다. 이는 아마 정유재란 때 불타기 전에도, 혹은 '삼층장육전'으

로 일컬어지던 혜덕왕사 시절이나 진표율사가 창건할 당시에도 존
재하였을 것이다. 미륵본존불은 수문대사가 재건할 때는 소조塑造
였고, 지금은 석고에 도금한 것이지만, 진표율사가 처음 조성할 때
는 쇳물을 부어 만든 철불鐵佛이었기 때문이다.

『금산사지金山寺誌』(1930년)에서도 역시 이같이 추측하고 있다.

미륵전 본존불상 좌대 아래에는 속칭 막제부莫啼釜, '밑 빠진 솥'
이 존재한다. 솥 바닥(釜之底)에 장방형의 두 개의 구멍(孔穴)이
있는 것으로 보아 부처의 입상立像을 안치하였던 수미좌須彌座
가 분명하다. 생각해 보건대 본래 개산 당시 쇳물로 주조한 미
륵상(彌勒鑄像)을 안치하였던 것인데, 인조 5년 정묘에 미륵존
상을 소상塑像으로 다시 조성함에 따라 철제 수미좌는 불필요
하여 미륵불상 좌대 아래 방치하였을 것이다.*

*한국학문헌연구소편
(1982): 157.

진표율사는 왜 미륵불의 대좌를 그릇 모양으로 만들었으며, 새
건하면서 불필요하여 방치하였다면서 그 일부를 공개한 것은 무슨
연유에서였을까? 항간의 소문대로 이를 만지면 업장이 소멸하고
소원을 성취하는 신물이기 때문인가? 흥미롭게도 모악산 금산사
를 배경으로 탄생한 신흥종교에서는 이를 매우 중시하여 자신들의
교조와 관련지어 떡을 찌는 '시루(甑)'라고도 하고 '솥(鼎)'이라고
도 한다. 솥단지 위에 미륵불이 서 있는 것은 개벽의 의미로, 그릇
중의 가장 큰 그릇인 시루는 모든 것을 익히고 완성하는, 천지에서
가장 큰 도의 그릇이라는 것이다.『증산교 도전道典』(2-67)에서는

이같이 설하고 있다.

상제께서 하루는 성도들에게 물어 말씀하였다.

"미륵불이 어찌 모악산에 있을까? 또 어찌 금산사 삼층전에 있
고 솥 위에 서 있으며, 용龍이 없는데도 어찌 여의주如意珠를 손
에 받고 있을까? 잘 생각해 보라. 이 이치를 알면 용화세계를 아
는 사람이 될 것이다."

그리고 말씀하였다.

"금산사 미륵불이 솥 위에 서 있으니, 솥이라 하는 것은 항시 새
것을 취하는 법이니라."

[사진15] 금산사 미륵
전의 철수미좌.

필자가 보기에 이는 영락없는 발우이다. 간다라 출토 미륵불/보살상 중에도 대좌臺座에 재가자나 출가자가 예배하는 모습의 불발을 새긴 것이 자주 발견될 뿐더러* 앞서 소개한 비암사의 미륵보살 반가사유비상도 역시 그러하였다. 미륵불/보살상의 대좌에 불발을 새긴 이유가 무엇일까? 일차적으로 불발은 법기法器로서 정법을 상징하기 때문으로, 미륵불/보살에 대한 찬탄의 의미를 띠고 있을 것이다.

*제7장 사진8, 11, 12 참조.

그러나 다른 한편 미륵은 과거세 석가모니의 제자(그 때 이름은 아지타)였기 때문에 석존의 불발은 미륵불/보살의 존립기반이기도 하다. 『미륵하생경』과 이것의 모본이라 할 만한 『증일아함』 제48 「십불선품」 제3경에서 세존은 미륵의 하생과 정각에 대해 설하고서 마하가섭에게 이같이 교시한다.

마하가섭은 반열반에 들지 말고 미륵께서 세상에 출현할 때까지 기다려라. 왜냐하면 미륵께서 교화할 제자도 다 석가모니불의 제자로, 내가 남긴 교화教化로 인해 번뇌를 디할 것이기 때문이다. 마하가섭은 저 마가다국 비제촌의 산(즉 계족산) 중에서 머물라. 그러면 미륵여래께서 수없이 많은 사람들에게 둘러싸여 그 산중으로 가게 될 것이다.*

*T14, 422b18-23; T2, 789a6-10.

미륵불이 계족산으로 가는 것은 석가모니불의 가사와 발우를 얻기 위한 것으로, 불발의 계승은 불법의 계승을 의미한다. 이런 의미에서 불발은 전술하였듯이 법의 연속성, 영원성을 상징한다. 금산사 미륵전 본존불의 철제 대좌가 불발이라면, 이는 미륵불의 법이 석가모니불에 토대하고 있다는 법의 연속성을 의미한다. 이는 사실상 법주사에서의 용화보전(현재 미륵대불)과 팔상전 혹은 '석련지'로 일컬어진 불발의 대칭과 동일한 구조이다.

미륵전은 대적광전과 함께 금산사의 중심 전각으로, 오늘날 금산사 역시 법주사와 마찬가지로 미륵신앙 지역과 화엄신앙 지역으로 나누어진다.[*] 법주사의 미륵신앙 지역의 대표 조형물이 용화보전과 희견보살상(실은 '가섭존자 頂戴衣鉢 상')과 사천왕 석등, 석련지(실은 '蓮文佛鉢')라면, 금산사의 대표 조형물은 미륵전과 바로 옆 높은 단 위에 설치된 '방등계단方等戒壇'일 것이다. 본장 1절에서 말한 대로 불교전통에서 불발은 계법의 방편이거나 상징이었다. 고려시대 혜덕왕사 당시 방등계단의 명칭은 미륵수계전彌勒授戒殿이었다.

*홍윤식(1986): 35f.

오늘날 금산사에서는 미륵전을 미륵하생 신앙에 근거한 전각으로, 방등계단을 미륵상생 신앙에 입각한 도솔천궁으로 이해한다. 그렇다면 금산사에서의 수계는 미륵보살에 의한 것이다. 앞서 논하였듯이 카슈미르에서 불발을 머리에 인 혜람의 스승 달마비구 역시 도솔천에 올라 미륵보살로부터 보살계를 받았다. 말법의 시대 의지할 분은 미래세 대각을 이룰 미륵보살밖에 달리 없기 때문일 것이다. 『송고승전』에서 미륵보살이 계법을 구하는 진표율사에게 발우를 준 것도 이 같은 이유에서였을 것이다.

금산사 미륵전의 그릇 형태의 철제 대좌는 시루도 아니고 솥도 아니다. 그것은 석가불의 발우로, 이는 미륵불의 존립기반이자 근

*제7장 3-1 참조

거이다. 그래서 『연화면경』에서 미륵불은 이에 공양하고 찬탄 예배하였던 것이다.* 통도사와 법주사에서 용화전과 용화보전 앞에 봉안되었던 불발이 금산사에서는 미륵전 미륵장육상의 대좌로 표현되었다. 미륵전의 대좌는 방치하거나 감추어야 할 것이 아니라 적극 드러내어야 할 성물이다. 그래서 금산사 미륵전이 '시루'라는 이름의 신흥종교의 성지가 되는 일은 없어야 할 것이다.

참고자료

H: 한국불교전서, K: 고려대장경, T: 신수대장경

1. 불전佛傳

『修行本起經』제5「出家品」, 後漢 西域三藏 竺大力·康孟詳 공역 (T3, No.184).

『佛說太子瑞應本起經』, 吳 月支優婆塞 支謙 역 (T3, No.185).

『佛說普曜經』제22「商人奉麨品」, 西晉月氏三藏 竺法護 역 (T3, No.186).

『方廣大莊嚴經』제24「商人蒙記品」, 唐 天竺三藏 地婆訶羅 역 (T3, No.187).

『過去現在因果經』, 宋 天竺三藏 求那跋陁羅 譯 (T3, No.189).

『佛本行集經』제35「二商奉食品」, 隋 闍那崛多 역 (T3, No.190).

『佛說衆許摩訶帝經』, 北宋 法賢 역 (T3, No.191).

『中本起經』제1「轉法輪品」, 後漢 曇果·康孟詳 공역 (T4, No.196).

『阿育王傳』西晉 安法欽 역 (T50, No.2042).

『佛所行讚』馬鳴, 鳩摩羅什 역 (T4, No.192).

The Buddha-Carita, or The Life of Buddha by Aśvaghoṣa edited and translated by
    Edward B. Cowell.

    https://www.ancient-buddhist-texts.net/Texts-and-Translations/
    Buddhacarita/Buddhacarita.pdf (2021. 12. 25)

『본생경(Jātaka)』중「인연이야기(Nidānakāthā)」, 남전대장경3.

The Nidānakathā, or Introduction to the Jātaka Stories from Buddhist Birth Stories
    or Jātaka Tales, translated by T. W. Rhys Davids 1880, A revised edition by
    Ānandajoti Bhikkhu November, 2020.

    https://www.holybooks.com/wp-content/uploads/The-Nidanakatha.pdf
    (2021. 12. 25)

Lalitavistara, ed. Lefmann, 1874.

    https://www.scribd.com/doc/234772410/LalitaVistara-tr-Lefmann-1874

Bijoya Goswami(2004), Lalitavistara, Asiatic Socity.

Mahāvastu, ed. by Émile Senart, 1882.

    https://www.wisdomlib.org/buddhism/book/mahavastu-sanskrit

2. 삼장三藏

『디그하니카야』 제16 「대반열반경」; 각묵 스님 옮김, 『디가니까야2』, 초기불전
    연구원, 2006.

『맛지마니카야』 제36경(Mahāsaccaka Sutta), 대림 스님 옮김(2), 초기불전연구
    원, 2012.; The Collection of The Middle Length Sayings (tr. I. B. Horner), The
    Pali Text Socity, 1976.

『상윳타니카야』 각묵 스님 옮김(2), 초기불전연구원, 2006.

『앙굿타라니카야』, 대림 스님 옮김(1)(4), 초기불전연구원, 2006, 2013.

『중아함경』(T1, No.26).

『잡아함경』(T2, No.99).

『별역잡아함경』(T2, No.100).

『증일아함경』(T2, No.125).

『테라가타』, 전재성 역주, 한국빠알리성전협회, 2019(재간).

『숫타니파타』, 원의범 역, 『불타의 말씀』, 삼성미술문화재단, 1983.

『잡보장경』(T4, No.203).

『대반야바라밀다경』 현장 역 (T6-8, No.220).

『마하반야바라밀경』 제2 「봉발품奉鉢品」 구마라집 역 (T8, No.223).

『금강반야바라밀경』(줄여서 『금강경』) (T6, No.235).

『대반열반경』 제2 「금강신품金剛身品」 (T12, No.374).

『마하옥야경摩訶摩耶經』(T12, No.383).

『연화면경蓮華面經』 那連提耶舍 역 (T12, No.386).

『대방등대집경』 「월장분月藏分」 那連提耶舍 역 (T13, No.397).

『불설덕호장자경』 那連提耶舍 역 (T14, No.545).

『佛說觀彌勒菩薩上生兜率天經』(일명 『미륵상생경』) 沮渠京聲 역 (T14, No.452).

『佛說彌勒下生經』 축법호 역 (T14, No.453).

『佛說彌勒下生成佛經』 구마라집 역 (T14, No.454).

『佛說彌勒下生成佛經』의정 역 (T14, No.455).

『佛說彌勒大成佛經』구마라집 역 (T14, No.456).

『佛說文殊師利現寶藏經』竺法護 역 (T14, No.462).

『維摩詰所說經』구마라집 역, 제10「향적불품香積佛品」(T14, No.475).

『佛說四天王經』劉宋 智嚴·寶雲 공역 (T15, No.590).

『佛說阿闍世王經』(T15, No.626).

『文殊師利普超三昧經』제3「거발품擧鉢品」(T15, No.627).

『佛說放鉢經』(T15, No.629).

『金光明最勝王經』「사천왕품」唐 義淨 역 (T16, No.665).

『大乘同性經』闍那耶舍 역 (T16, No.673).

『正法念處經』元魏 瞿曇般若流支 역 (T17, No.721).

『陀羅尼雜集』失譯 (T21, No.1336).

『迦丁比丘說當來變經』(T49, No.2028).

『佛使比丘迦旃延說法法沒盡偈百二十章』(T49, No.2029).

『율장 대품(Vinayapiṭaka Mahavagga)』제1「대건도」, 남전대장경3; 최봉수 옮김,
    『마하박가1』, 시공사, 1998.

『五分律』劉宋 佛陀什·竺道生 공역 (T22, No.1421).

『摩訶僧祇律』東晉 佛陀跋陀羅·法顯 공역 (T22, No.1425).

『四分律』姚秦 佛陀耶舍·竺佛念 等 공역 (T22, No.1428).

『十誦律』弗若多羅·鳩摩羅什 공역 (T23, No.1435).

『薩婆多部毘尼摩得勒伽』劉宋 僧伽跋摩 역 (T23, No.1441).

『根本說一切有部毘奈耶破僧事』大唐 三藏法師 義淨 역 (T24, No.1450).

『根本薩婆多部律攝』唐 義淨 역 (T24, No.1458).

『대지도론』龍樹菩薩 造, 구마라집 역 (T25, No.1509).

『大毘婆沙論』五百羅漢 造, 玄奘 역 (T27, No.1545).

『尊婆須蜜菩薩所集論』尊婆須蜜 造, 승가발징 등 역 (T28, No.1549).

『俱舍論』世親 造, 현장 역 (T29, No.1558); 권오민 역,『아비달마구사론』, 동국역
    경원, 2002.

AKBh: *Abhidharmakośabhāṣya*, Edited by P Pradhan, Patna: Kashi Prasad Jayaswal
    Research Institute, 1976.

『순정리론』衆賢 造, 현장 역 (T29, No.1562).

『成實論』訶梨跋摩 造, 구마라집 역 (T32, No.1646).

『유가사지론』彌勒菩薩 說, 현장 역 (T30, No.1579).

『청정도론』제11「삼매품」; 대림 스님 옮김(2), 초기불전연구원, 2005.

3. 동아시아 찬술문헌

法藏,『華嚴一乘教義分齊章』(T45, No.1866).

宗密,『都序(禪源諸詮集都序)』, 全種植 역해, 도서출판 禮學, 2007.

彦悰,『대자은사삼장법사전』(T50, No.2053).

吉迦夜・曇曜 공역,『부법장인연전』(T50, No.2058).

慧皎,『高僧傳』(T50, No.2059).

道宣,『속고승전』(T50, No.2061).

法顯,『高僧法顯傳』(T51, No.2085); 이재창 역,『法顯傳』, 동국대학교부설 역경
　　　원, 1980.

惠生,『北魏僧惠生使西域記』(T51, No.2086).

楊衒之,『洛陽伽藍記』(T51, No.2092); 서윤희 역,『낙양가람기』, 눌와, 2001.

圓照,『悟空入竺記』(T51, No.2089).

道宣,『釋迦方志』(T51, No.2088).

道原,『경덕전등록』(T51, No.2076); 김월운,『경덕전등록(1)』, 동국역경원,
　　　2008.

辯機, 玄奘 譯,『大唐西域記』「縛喝國」조 (T51, No.2087); 권덕주 역, 일월서각,
　　　1983.

習鑿齒,「與釋道安書」(『홍명집』권12 所收) (T52, No.2102).

寶唱 등,『經律異相』(T53, No.2121).

度世,『法苑珠林』(T53, No.2122).

僧祐,『出三藏記集』(T55, No.2145).

智昇,『開元釋教錄』(T55, No.2154).

道世,『諸經要集』(T54, No.2123).

淨修文燈,『조당집』(K1503).

원효,『열반종요』(H1).

원측,『해심밀경소』(H1).

경흥,『미륵하생경소』(H2).

균여,『석화엄교분기원통초』(H4).

일연,『삼국유사』, 권상노 역해, 동서문화사, 1978.

4. 기타 외도 등의 문헌

『수경주』권2「하수河水」편 (Chinese Text Project:
　　　https://ctext.org/shui-jing-zhu/2 (2022. 7.9)

『예문유취』권73「잡기물부雜器物部 발우(鉢)편」(Chinese Text Project:
　　　https://ctext.org/text.pl?node=547456&if=en (2022. 7.9)

Tattvārthādhigama Sūtra by Sri Umasvami Acharya, Edited with Introductions,
　　　Translation, Note and Commentary in English by J. L. Jaini, Published by
　　　Today & Tomorrow's Printers $ Publishers, New Delhi, 1990.

Yoga Sūtra,『요가수트라 주석』, 정승석 옮김, 소명출판, 2010.

5. 이차자료

권오민(2012a),『상좌 슈리라타와 경량부』, 씨아이알.

_____(2012b),「다양성과 유연성의 불교② 법성: 성전의 기준과 불설 정의」,
　　　『문학/사학/철학』제31-32 합본호, 한국불교사연구소.

_____(2019),『불교학의 고향, 카슈미르와 간다라를 가다』, 씨아이알.

권중서(2008),「우리가 기다리는 미륵부처님」, 불교신문 2439호.

김봉렬 외(1994),『법주사』, 대원사.

박광연(2013),「신라 진표眞表의 미륵신앙 재고찰」,『불교학연구』제37호.

백성호,〔백성호의 현문우답〕예수를 만나다 28 - 빵 다섯 개와 물고기 두 마리
　　　로 수천 명이 배불리 먹다?(중앙일보, 2016. 9. 7).

서동철,〔서동철 논설위원의 스토리가 있는 문화유산기행〕'신라왕 극락왕생 빈
　　　백제 유민… 불비상에 아로새긴 망국의 한'(서울신문 2017. 8. 12).

손진(2019),「남북조시대의 파불을 통해 본 중국 말법사상의 고찰」,『인문연구』
　　　87, 영남대학교 인문과학연구소.

신은영(2020),「법주사 용화보전 석조물 배치의 내러티브와 '石蓮池'」,『미술사

학』 제40호, 한국미술사교육학회.

안귀숙(2007), 「佛鉢의 圖像的 성립과 전개-중국 남북조시대를 중심으로」, 『시각문화의 전통과 해석: 靜齊 金理那 敎授 정년퇴임기념 미술사 논문집』, 예경.

염중섭(2014), 「法住寺 喜見菩薩像과 石蓮池에 대한 사상적 고찰」, 『대동철학』 제66집, 대동철학회.

에띠엔 라모트 지음, 호진 옮김, 『인도불교사(Ⅰ)』, 시공사, 2006.

예그린 건축사사무소, 『보은 법주사 석련지 정밀실측조사보고서』, 충청북도 보은군, 2018.

이산현문 편(2020), 『신편 통도사지 상』, 담앤북스.

이주형(2007), 「발우鉢盂의 유전流轉-인도 불교미술의 불발佛鉢 경배」, 『中央 아시아 硏究』 12, 중앙아시아학회.

_____(2003), 『간다라 미술』, 사계절.

_____(2004), 『아프가니스탄, 잃어버린 문명』, 사회평론.

_____(2006), 「간다라 미술과 경전상의 자료: 고행불상과 『랄리타비스타라』, 『카루나푼다리카』」, 중앙아시아학회, 『실크로드의 삶과 종교』, 사계절.

장현석·최효승(2005), 「속리산 법주사 가람배치의 변천에 관한 연구」, 『건축역사연구』 14-3.

정각(1993), 『法住寺』, 법주사 출판부.

최연식(2011), 「백제 후기 미륵사상의 전개과정과 특성」, 『韓國思想史學』 제37집, 한국사상사학회.

하인리히 짐머 초록·조셉 켐벨 엮음, 김용환 역(1992), 『인도철학: 세속과 열반의 만남』, 대원사.

韓國學文獻硏究所 編, 『金山寺誌』, 서울: 亞細亞文化社, 1982.

한정호(2020), 「백제 석조의 성격과 미륵신앙」, 『미술사학연구』 제306호, 한국미술사학회.

허균, 〈봉발대: 미륵불 하생 염원담은 발우 석조물〉 불교신문 152호. (2005. 8. 27).

허형욱(2006), 「崑崙奴 도상에 관한 연구-法住寺 石造 人物像을 중심으로」, 『불교미술사학』 4, 불교미술사학회.

홍윤식(1986), 「금산사의 가람과 미륵신앙」, 『마한‧백제문화』 제9집, 원광대학
    교 마한‧백제문화연구소.

증산교 도전道典, https://www.dojeon.org/?cc=dojeon.

한국민족문화대백과사전 호석護石. http://encykorea.aks.ac.kr/Contents/
    Item/E0063796

한국민족문화대백과사전 미륵보살반가사유비상彌勒菩薩半跏思惟碑像. http://
    encykorea.aks.ac.kr/Contents/

金香淑(1996), 「インドの四天王の図像的特徵」, 『密教図像』 15, 密教図像学会.

山田明爾(1963a), 「キダーラクシャンについて」, 『印度學佛教學研究』 11-2, 日本
    印度學佛教學會.

山田明爾(1963b), 「ミヒラクラの破仏とその周辺(上)(下)」 『仏教史学』 11巻 l, 2
    号, 東京: 平楽寺書店.

山田龍城(1955), 「蓮華面經について」, 『山口博士還暦記念 : 印度学仏教学論叢』,
    京都: 法蔵館.

杉本瑞帆(2013), 「佛鉢禮讚の諸相」, 『龍谷大學佛教學研究室年譜』 17호, 京都: 龍
    谷大学仏教学研究室.

森 章司, 「仏伝諸経典および仏伝関係諸資料のエピソード別出典要覧」 中 23-01
    〈聖道-村の乙女の供養〉(『中央學術研究所紀要』 モノグラフ篇 No.3)
    http://www.sakya-muni.jp/monograph/03/3-1/2324.html (2021. 12.
    20).

桑山正進(1983), 「罽賓と佛鉢」, 『展望 アジアの考古學, 樋口隆康教授退官記念論
    集』, 東京: 新潮社.

桑山正進(1990), 『カーピシ‧ガンダーラ史研究』, 京都大學 人文科學研究所.

栗田 功 編著(2003), 『ガンダーラ美術Ⅰ』, 東京: 二玄社.

靜谷正雄(1978), 『小乘佛教史の研究』, 京都: 白華苑.

定方 晟(2002), 「二商人奉食の伝説について」, 『東海大学紀要文学部』 第76集.

平川彰, 이호근 역(1991), 『印度佛教의 歷史(하)』, 민족사.

平川彰, 釋慧能 옮김(2004), 『비구계의 연구Ⅱ』, 민족사.

Bhante Dhammika, The fate of the Buddha's begging bowl, THE NATION

TAILAND (2017. 11. 18). https://www.nationthailand.com/perspective/
30331957

Chandrashekhara, Buddha's Original Alms-Bowl, Sand Prints (2011. 11. 26).
https://chandrashekharasandprints.wordpress.com/2011/12/26/buddhas-
original-alms-bowl/

Franklin Edgerton, Buddhist Hybrid Sanskrit Dictionary
https://gandhari.org/dictionary?section=bhsd (2021. 12. 25).

G. P. Malalasekera, Dictionary of Pali Proper Names, 1939.

Ghani ur Rehman, The Power of Bodhi: The Miraculous Mergence of the Four
Begging Bowls by the Buddha Represented in Gandhara Sculpture, *Pakistan
Journal of History and Culture*, Vol.XXXI, No.2, 2010.

Harry Falk, The Buddha's Begging Bowl, South Asian Archaeology 2001, volume II
Historical Archaeology and Art History.
https://www.academia.edu/2097774/The_Buddhas_Begging_Bowl.

Ihsan Ali, Muhammad Naeem Qazi, *Gandharan Sculptures in the Peshawar
Museum (Life Story of Buddha)*, Hazara University Mansehra NWFP – Pakistan
2008.

J. J. Jones(1949), *The Mahavastu (great story)* | ISBN-10: 086013041X.
https://www.wisdomlib.org/buddhism/book/the-mahavastu/d/doc242633.
huml (2021. 12. 24).

Jason Neelis (2011), *Early Buddhist Transmission and Trade Networks-Mobility
and Exchange within and beyond the Northwestern Borderlands of South Asia*,
LEIDEN · BOSTON.

Maj. General A, Cunningham, Report of Tours in north and south Bihar in 1880-
81, Calcutta, 1883.
https://books.google.co.kr/books?id=wnYIAAAAQAAJ&pg=PA16&hl=ko
&source=gbs_toc_r&cad=3#v=onepage&q&f=false

Monier-Williams, Sanskrit-English Dictionary, Oxford University Press, 1963.

SHOSHIN KUWAYAMA(1990), The Buddha's Bowl in Gandhara and Relevant
Problems, *South Asian Archaeology* 1987, pp.945~978. Rome: IsMEO, 1990,

p.949.

Shosin Kuwayama(2002), A cross the Hindukush of the First Millenium: A Collection of the Papers, INSTITUTE FOR RESEARCH IN HUMANITIES KYOTO UNIVERSITY.

Teena Thacker, Buddha's bowl or not? Archaeological Survey of India can't decide, DECCAN Chronicle (2014. 9. 21).

https://www.deccanchronicle.com/140921/nation-current-affairs/article/buddha%E2%80%99s-bowl-or-not-archaeological-survey-india-can%E2%80%99t-decide

T. W. Rhys Davids, *The Pali Text Society's Pali-English Dictionary*, Pali Text Society, 1952. http://www.ahandfulofleaves.org/documents/PTS_Pali_Dictionary.pdf

Ven. Mingun Sayadaw(1990), *The Great Chronicle of Buddhas*: Chapter 45a - The Life Stories of Male Lay Disciples, Biography (1) Tapussa and Bhallika.

https://www.wisdomlib.org/buddhism/book/the-great-chronicle-of-buddhas/d/doc365052.html (2021. 12. 19).

Ven S. Dhammika, Tapussa and Bhallika, the Buddha's First Disciple, *Essays on Buddhist History and Culture*.

https://budblooms.org/2020/05/10/tapussa-and-bhallika-the-buddhas-first-disciple/(2021. 12. 20).

6. 웹사이트

GANDHARAN ARCHIVES KURITA (栗田 功의 간다라 아카이브).

http://gandharan-archives.blogspot.com/search/label/0.Gandharan%20Archives%20Kurita) (2023. 3. 20).

고엥카 위빠사나 연구소 Vipassana Research Institute founded by S. N. Goenka in the tradition of Sayagyi U Ba Khin

https://www.vridhamma.org/Tapussa-and-Bhallika (2021. 12. 20).

디지털간다라 https://digitalgandhara.com

동국역경원의 〈불교사전〉 https://abc.dongguk.edu/ebti/c3/sub1.jsp (2022.7.9.)

동북아역스넷 http://contents.nahf.or.kr/item/item.do?levelId=jo.
k_0015_0098_0010_0320 (2022.3.5.)

문화재청 국가문화유산포털 https://www.heritage.go.kr

불교기록문화유산 아카이브, 동국대학교 불교학술원
https://kabc.dongguk.edu/index

불교 혼성 산스크리트 사전 https://gandhari.org/

위키피디아.
Kanishka casket, https://en.wikipedia.org/wiki/Kanishka_casket

kesaria stupa, https://en.wikipedia.org/wiki/Kesaria_Stupa

Kidara, https://en.wikipedia.org/wiki/Kidara_I (2022. 1. 30.)

Rabatak inscription, https://en.wikipedia.org/wiki/Rabatak_inscription
(2020. 2. 22.)

e뮤지엄 https://www.emuseum.go.kr

인터넷 아카이브(INTERNET ARCHIVE).
https://archive.org/details/dli.csl.6222/page/n183/mode/2up

지혜도서관 Wisdom Library, https://www.wisdomlib.org/

저자 **권오민**

동국대학교 불교학과와 동 대학원 수료. 철학박사.

1988~2022년 경상국립대학교 철학과 교수. 현재 동 대학 명예교수.

1989년『구사론』상의 경량부를 주제로 박사학위를 취득한 이래 30여 년
에 걸쳐 경량부의 일실문헌인 상좌 슈리라타의『경부비바사』를 연구 집성
하였고, 지금은 이를 바탕으로『성유식론』을 읽고 있다.

주요 저서로는『경부비바사』관련 연구물인『상좌 슈리라타와 경량부』,『상
좌 슈리라타의 경량부 사상』,『상좌 슈리라타의 경부비바사 산일문 집성』
과『아비달마불교』,『인도철학과 불교』,『불교학과 불교』,『불교학의 고향,
카슈미르와 간다라를 가다』등이 있고,『팔건도론』,『발지론』,『입아비달마
론』,『구사론』,『순정리론』,『현종론』등 아비달마 주요 논서를 번역하였다.

불발, 부처님 발우 이야기

초판 1쇄 인쇄 2024년 5월 2일 | 초판 1쇄 발행 2024년 5월 10일
지은이 권오민 | 펴낸이 김시열
펴낸곳 도서출판 운주사 (02832) 서울시 성북구 동소문로 67-1 성심빌딩 3층
　　　전화 (02) 926-8361 | 팩스 0505-115-8361
ISBN 978-89-5746-769-5　03220　　값 35,000원
http://cafe.daum.net/unjubooks 〈다음카페: 도서출판 운주사〉